Learning Irish

An Introductory Self-Tutor

Mícheál Ó Siadhail

Yale University Press · New Haven and London 1988

Do m'athair

First published 1980 by the Dublin Institute for Advanced Studies
Reprinted 1980, 1981, 1983, 1984, 1990

Printed in Great Britain at The Bath Press, Avon

ISBN 0-300-04224-8
LC Catalog Card Number 87-51376

CONTENTS

FOREWORD

I wish to express my gratitude to Professor David Greene and Professor Brian Ó Cuív of the School of Celtic Studies, Dublin Institute for Advanced Studies, for their support during the preparation of this book; to Professor Tomás Ó Concheanainn and Professor Tomás de Bhaldraithe for their help; to Mr. Pól Breatnach; and particularly to Dr. Pádraig de Brún and Dr. Arndt Wigger for their constant aid and advice; to Miss Doreen Callan, Máire Uí Chinnseala, Mrs. Patricia Dunne and to Miss Cathleen Sheppard who were associated with the preparation of the typescript; to Mr. Pádraig Ó Cearbhaill and to Bríd Ní Chearbhaill without whose patience and help this book would never have been completed.

ABBREVIATIONS

adj.	adjective	*n.*	noun.
adv.	adverb	*neg.*	negative
alt.	alternative(ly)	*num.*	numeral
art.	article	*pl.*	plural
comp.	comparative	*prep.*	preposition
conj.	conjunction	*pron.*	pronoun
ctd.	continued	*rel.*	relative
fut.	future	*sing.*	singular
gen.	genitive	*superl.*	superlative
habit.	habitual	*v. adj.*	verbal adjective
incl.	including	*vb.*	verb
len.	lenition	*v.n.*	verbal noun
lit.	literally	*voc.*	vocative

INTRODUCTION

THE IRISH LANGUAGE

Irish is one of the many languages spoken across Europe and as far east as India, that trace their descent from Indo-European, a hypothetical ancestor-language thought to have been spoken more than 4,500 years ago. Irish belongs to the Celtic branch of the Indo-European family, as the diagram below shows. It and three other members of this branch – Scottish Gaelic, Welsh and Breton – are today alive as community languages.

The form of Celtic that was to become Irish was brought to Ireland by the invading Gaels – about 300 B.C. according to some scholars. Later it spread to Scotland and the Isle of Man. Scottish Gaelic and Manx gradually separated from Irish (and, more slowly, from each other), and they can be thought of as distinct languages from the seventeenth century onwards. The term 'Gaelic' may be used to denote all three.

It appears that the early Irish learned the art of writing at about the time of their conversion to Christianity, in the fifth century. After that, the language can be seen to go through four stages of continuous historical development, as far as its written form is concerned: Old Irish (approximately A.D. 600-900), Middle Irish (c. 900 - 1200), Early Modern Irish (c. 1200 - 1650), and Modern Irish. Throughout this development Irish borrowed words from other languages it came into contact with, pre-eminently from Latin, from Norse, from Anglo-Norman (a dialect of French), and from English.

From the earliest times Irish has been cultivated for literature and learning. It in fact possesses one of the oldest literatures in Europe.

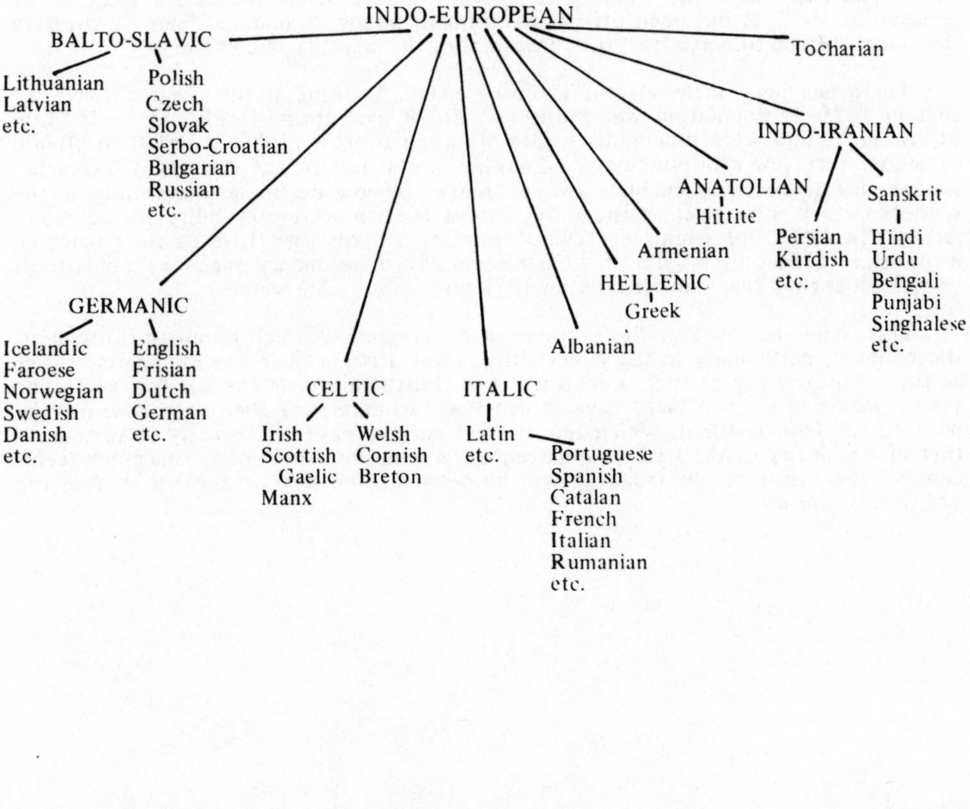

MODERN IRISH

In the 16th century Irish was the language of nearly everyone in Ireland. The educated and upper classes, moreover, were familiar with a standardised literary dialect, Classical Irish, used throughout the Gaelic world. This dialect was the special care of poets, who used it most notably for intricate verse in praise of the Gaelic and Norman-Gaelic aristocracy, their patrons.

When, in the 17th century, that aristocracy was annihilated or dispersed and the Bardic schools suppressed, Classical Irish began to die out (though its spelling, with modifications, survived until the spelling reform of 1945). Popular dialects, which undoubtedly had always been present in Irish, as in any language, came to the fore.

Though cultivated less and less by a literary class, Irish was still spoken throughout the countryside and to some extent in the towns, including Dublin. But the language of many of the new colonists was English; the language of government, of politics, of schooling, and of every sort of material advancement was also now English. Not surprisingly, Irish gradually retreated, in time ceasing to be the majority language and eventually becoming the almost exclusive property of some of the rural poor. Yet since the population was increasing enormously, there were probably more Irish-speakers than ever before on the eve of the Great Famine (1846-48), which, hitting the poorest hardest, changed the picture drastically.

Ireland became, for the most part, a nation speaking what is called Hiberno-English, a dialect (or set of dialects) of English much influenced by Irish. The Irish language itself survived, as a community language, only in the isolated and shrinking rural districts we call the Gaeltacht.

At the end of the 19th century a movement to restore Irish grew up and became popular. It eventually played an important part in the struggle for national independence, and thus, since the winning of formal political independence for most of the country in 1922, it has been official government policy, in name at least, to preserve the Gaeltacht and to make Irish the vernacular of the majority elsewhere.

There has been little success in doing either. Looking at the Gaeltacht, we see that in 1925 its population was found (no doubt over-optimistically) to be 257,000 of whom 12,000 were monoglots; today its population is probably less than 30,000 of whom very few are monoglots. Looking at the rest of the country ('Galltacht') we see that Irish is spoken little and, moreover, is now declining disastrously in the schools (which were given, mistakenly, almost the whole responsibility for its restoration). In 1941, for example, 12% of primary schools used Irish as their teaching medium; in 1970 only 6% did. In 1937-8 some 28% of secondary pupils were in schools using Irish as their teaching medium; in 1972 only about 2.8% were.

This is not to say that there has been no progress. A small minority throughout the country, particularly in the larger cities, speak Irish in their homes and try to live as full a cultural life as such a minority can. Furthermore, in the last few years, the young people in the Gaeltacht have shown a will to determine their own fate. But the wish to see Irish restored, which reports and surveys have consistently shown to be that of a majority of the Irish people, remains a wish not acted upon. This much seems certain: the future of the language will be decided, one way or another, before the end of this century.

THE IRISH IN THIS BOOK

Two hundred years ago a good speaker of Irish, travelling slowly from Kerry to Antrim (and on to the north of Scotland), could have spoken the language all the way and noticed only minute dialectal changes as he passed from place to place. One dialect shaded into another in the most gradual fashion.

Today, however, the Irish-speaking areas are separated geographically by wide stretches of English-speaking territory, and their dialects would seem fairly distinct to a man going from one Irish-speaking area to another. A good speaker of any dialect can, with a little practice, understand any other fully, but the old linguistic and communicative bridges between them have fallen, and they have tended to drift apart. We may hope that this drift has been stopped in recent years by broadcasting in Irish and by increased social contact between people from the various Gaeltachtaí.

In such circumstances, what sort of Irish should one teach to beginners ? A dialect must be used, for though there has been one Official Standard of Irish spelling since 1945, there is as yet no standard pronunciation.[1] No one dialect, however, has established itself as socially superior. A choice must be made.

The Irish in this book with regard to pronunciation and grammar is based on that of Cois Fhairrge, Co. Galway, and the vocabulary is that which might be expected from a native speaker who has assimilated a modicum of newly-coined terms. The dialect of Cois Fhairrge has some decided advantages for the learner, since it is fairly central, geographically and linguistically, and since it has a relatively large number of native speakers. Furthermore, it has been more fully described linguistically than any other dialect.[2]

When faced with a large variety of forms within the dialect of Cois Fhairrge, it has sometimes been necessary to make a choice and those forms which seemed to be most common were chosen. No statistics of frequency were available.[3] In the matter of spelling, the Official Standard has been generally adhered to, though for the sake of the learner there have been certain deliberate departures. These are explained in Appendix III. After completing the book the learner should be advanced enough to change over to fully Standard spellings without difficulty.

The vocabularies at the end of this book contain only words introduced in the preceding Lessons and Appendices. Extensive modern dictionaries are: Niall Ó Dónaill (ed.): Foclóir Gaeilge - Béarla (Dublin 1977); Tomás de Bhaldraithe (ed.): English - Irish Dictionary (Dublin 1959).

[1] Proposals for such a standard have recently been made by D. Ó Baoill Lárchanúint don Ghaeilge (Dublin 1987).

[2] The standard works are T. de Bhaldraithe : The Irish of Cois Fhairrge, Co. Galway (Dublin 1944) and T. de Bhaldraithe: Gaeilge Chois Fhairrge, An Deilbhíocht (Dublin 1953) and they have been extensively drawn upon in the preparation of this book.

[3] There are, however, certain statistics available concerning the frequency of words in Irish in general (Buntús Gaeilge, Réamhthuarascáil, An Roinn Oideachais, Baile Átha Cliath, 1966) and these have been useful in choosing vocabulary for this book.

LESSON 1

1. ALPHABET

Irish, like other European languages, uses an alphabet inherited from Latin. Two slightly differing forms of the letters are in use: ordinary Roman, and Gaelic, a medieval variation. Roman has become by far the commoner of the two, since it can be used more cheaply for printing. It will be used throughout this book.

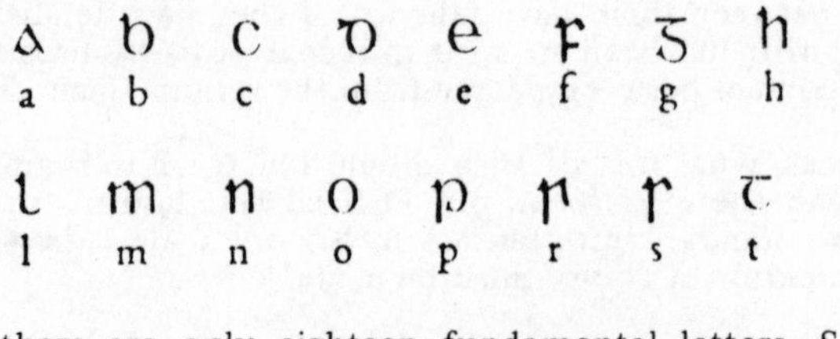

Note that there are only eighteen fundamental letters. Six others (*j, q, v, w, x,* and *z*) do, however, sometimes appear in loan words from other languages, foreign place-names, scientific and mathematical terms, etc.

The letters are widely called by their English names (though, when they are, *a* is often called 'ah' as in Hiberno-English). Irish names for the letters, better representing their true sounds in the language, are given in Appendix IV, which may best be referred to after reading the rest of this lesson.

The letters *a, e, i , o, u* are said to be vowels; all the others are said to be consonants. The vowels may be written short, as in the list below, or long; when long, a length-mark is used thus: *Á, á; É, é; Í, í; Ó, ó; Ú, ú*.

2. LEARNING TO PRONOUNCE IRISH

This book is based on the dialect of Cois Fhairrge, Co. Galway, and the best way of learning to pronounce the words in it is from a native speaker of the dialect. For many readers who will not be able to learn directly from a native speaker, the cassettes available in connection with this book should prove useful. Also the pronunciation of all words is given in the list at the beginning or during the course of each lesson. In doing so, use has been made of phonetic symbols. These symbols, to be further explained in this chapter, are listed in the first column of the fold-out table inside the back cover. Whenever they appear in the text, they are set off by parallel strokes: /ə/, /bɑ:r/, /a:gəs/.

Readers who wish to connect spelling and sound in a more methodical manner may, from Lesson 2 onwards, consult Appendix I. The Irish words that appear in the rest of this lesson are merely illustrations of certain points of pronunciation. It is not yet necessary to be much concerned about their meaning or use.

3. STRESS

In most dialects of Irish, including that taught here, the first syllable of simple words is stressed. Therefore, in a word of more than one syllable, the stress falls on the first syllable: *bacach* /ˈba:kəx/ 'beggar'; *báisteach* /ˈbɑ:s´t´əx/ 'rain'; *rásúirí* /ˈrɑ:su:r´i:/ 'razors'. There are exceptions to this rule. The second syllable is stressed in a number of adverbs which are historically compounds (like English 'behind'), e.g. *anseo* /ə'n´s´o/ 'here'; *anois* /ə'n´is´/ 'now'; *aniar* /ə'N´i:ər/ 'from the west'; *amáireach* /ə'mɑ:r´əx/ 'to-morrow', as well as some few loan-words, e.g. *tobac* /tə'ba:k/ 'tobacco'.

The upright mark ' indicates that stress falls on the syllable following the mark. Occasionally there are two stresses, a primary and a secondary, as in the place-name *Conamara* /ˌkuNə'marə/. The upright mark before the /m/ shows that primary stress falls on the syllable that follows it; the lower upright mark before the /k/ shows that secondary stress falls on the syllable that follows it.

When they appear in unstressed syllables, the vowels *a, e, i* and *o* as well as certain combinations (all of which are considered 'short' in spelling) are generally made obscure, or 'neutral'. (The same thing may happen, at least to a certain extent, in other languages too; the English word 'bullock' e.g. might be spelt 'bulluck' or 'bullack'). The neutral vowel-sound is represented by the symbol /ə/ in phonetic transcription. Observe the use of this symbol in unstressed syllables in the examples above.

4. 'BROAD' AND 'SLENDER' CONSONANTS

(i) Pronouncing 'broad' and 'slender' consonants:

Irish can be regarded as having two complete (or nearly complete) sets of consonant sounds. Whereas most European languages have for practical purposes only one sort of b, c, d, f, etc., Irish has two sorts. Here are two pairs of examples:

beo 'alive'	and	*bó* 'cow'
bí 'be'	and	*buí* 'yellow'

Ignoring the spelling of the words for the moment, let us consider their pronunciations. The first pair both have the vowel-sound /o:/ (for which see the fold-out table): b + /o:/; b + /o:/. The second pair both have the vowel-sound /i:/: b + /i:/; b + /i:/. Nothing in fact distinguishes the sound of *beo* from that of *bó*, and that of *bí* from that of *buí*, but the sort of *b* used. The sort in *beo* and *bí* is traditionally called 'slender'; the sort in *bó* and *buí* is traditionally called 'broad'; more technically, the terms 'palatalised' and 'non-palatalised' are used.

Both *b*'s are roughly similar to an English one, but there are very important differences between them. Slender consonants are in general made by raising the front of the tongue towards the hard palate (the front part of the roof of the mouth, just behind the teeth-ridge), or, in the case of sounds made with the lips, by spreading these. These consonants may be said to have an *i*-quality; you could make a very weak *i*-sound (as in 'fit') after them. Thus we might represent *beo* as /b^{i}o:/, and *bí* as /b^{i}i:/. Broad consonants, on the other hand, are in general made with the back of the tongue raised towards the soft palate (the back part of the roof of the mouth). They may be said to have a *u*-quality; again, you could make a very weak *u*-sound after them. We might represent *bó* as /b^{u}o:/, and *buí* as /b^{u}i:/.

The *i*-quality of a slender consonant is most clearly heard when the consonant comes directly before the vowel-sounds /ɑ:/, /o:/, or /u:/. The *u*-quality of a broad consonant is most clearly heard when the consonant comes directly before the vowel-sounds /i:/ or /i/. To show this we might write /b^{i}o:/, /b$^{(u)}$o:/ and /b$^{(i)}$i:/, /b^{u}i:/. To simplify the phonetic transcription, however, and to conform to standard methods, we do not, in practice, use the signs ^{i} and ^{u}. Rather a slanted mark ´ is written after the phonetic symbol for a slender consonant, and no mark at all after the symbol for a broad one. So we re-spell:

beo	as	/b´o:/	instead of	/bⁱo:/
bó	as	/bo:/	instead of	/b⁽ᵘ⁾o:/
bí	as	/b´i:/	instead of	/b⁽ⁱ⁾i:/
buí	as	/bi:/	instead of	/bᵘi:/

(ii) Recognising 'broad' and 'slender' consonants in spelling:

In phonetic transcription, as has been seen, we can show the difference between broad *b, d, f,* etc., and slender *b, d, f,* etc., by writing /b/, /d/, /f/, etc., for the broad sounds, and /b´/, /d´/, /f´/, etc. for the slender ones. In normal Irish spelling, however, you know whether a consonant, or group of consonants, is broad or slender only by looking at the neighbouring vowel-letter:

if next to *a, o, u* ('back vowels'), it is 'broad';
if next to *i, e* ('front vowels'), it is 'slender'.

Consider these examples:

bád 'boat': *b* and *d* are both broad, /bɑ:d/
fear 'man': *f* is slender, *r* is broad, /f´æ:r/
maoin 'riches': *m* is broad, *n* is slender, /mi:n´/
mín 'smooth': *m* and *n* are both slender, /m´i:n´/
glúin 'knee', 'generation': *gl* is broad, *n* is slender, /gLu:n´/

If a consonant, or group of consonants, is between vowels, then these flanking vowels must agree in showing that the consonant is either broad or slender. Therefore the word *bacach* /ba:kəx/ 'beggar', has 'broad' (back) vowels on both sides of the *c* /k/, showing it to be broad. On the other hand, the word *báisteach* /bɑ:s´t´əx/ 'rain', has 'slender' (front) vowels on both sides of the group *st* /s´t´/, showing that these two consonants are slender. (This compulsory agreement of flanking vowels is, however, ignored in a handful of common words, e.g. *anseo* /ən´'s´o/ 'here'.

5. DROPPING OF THE VOWEL /ə/

The neutral vowel (to which all unstressed short vowels are reduced) is not pronounced before or after any other vowel.

Taking for example the words *duine* /din´ə/ 'person', *balla* /ba:Lə/ 'wall', *ard* /ɑ:rd/ 'tall', and *eile* /el´ə/ 'another', and ignoring for the present the grammar involved, we can see how this rule applies:

duine ard	/din´ɑ:rd/	a tall person
balla eile	/ba:L el´ə/	another wall
duine eile	/din´el´ə/	another person
balla ard	/ba:L ɑ:rd/	a tall wall

This rule is basic to the pronunciation of Irish. It also helps to explain the pronunciation of individual words as shown in Appendix I.5

6. PHONETIC EXERCISE

The learner should listen to these examples on the cassettes published in connection with this book or have them pronounced by a native speaker of the dialect.

(i) Broad and slender consonants:

(a) in initial position:

Consonant	Broad		Slender	
b	*buí*	/bi:/	*bí*	/b´i:/
	bhuí	/wi:/	*bhí*	/w´i:/
	bó	/bo:/	*beo*	/b´o:/
	bhó	/wo:/	*bheo*	/w´o:/
c	*caoirigh*	/ki:r´ə/	*círe*	/k´i:r´ə/
	chaoirigh	/xi:r´ə/	*chíre*	/x´i:r´ə/
	cúis	/ku:s´/	*ciumhais*	/k´u:s´/
	chúis	/xu:s´/	*chiumhais*	/x´u:s´/
d	*dúil*	/du:l´/	*diúil*	/d´u:l´/
	dhúil	/ɣu:l´/	*dhiúil*	/ɣ´u:l´/
	dá	/dɑ:/	*deá*	/d´ɑ:/
	dhá	/ɣɑ:/	*dheá*	/ɣ´ɑ:/
f	*faoi*	/fi:/	*fiche*	/f´i:/
	fál	/fɑ:L/	*feall*	/f´ɑ:L/
g	*gall*	/gɑ:L/	*geall*	/g´ɑ:L/
	ghall	/ɣɑ:L/	*gheall*	/ɣ´ɑ:L/
	ngall	/ŋɑ:L/	*ngeall*	/ŋ´ɑ:L/
	gaoth	/gi:/	*gí*	/g´i:/
l	*lae*	/Le:/	*léigh*	/L´e:/
	lá	/Lɑ:/	*leáigh*	/L´ɑ:/
m	*maoin*	/mi:n´/	*mín*	/m´i:n´/
	mall	/mɑ:L/	*meall*	/m´ɑ:L/
	mhall	/wɑ:L/	*mheall*	/w´ɑ:L/
n	*naoi*	/Ni:/	*ní*	/N´i:/
p	*puca*	/pukə/	*piocadh*	/p´ukə/
	phuca	/fukə/	*phiocadh*	/f´ukə/
r[1]	*croí*	/kri:/	*crích*	/k´r´i:/
s	*suí*	/si:/	*sí*	/s´i:/
	súil	/su:l´/	*siúil*	/s´u:l´/
t	*tuí*	/ti:/	*tí*	/t´i:/
	tús	/tu:s/	*tiús*	/t´u:s/

[1]*R* in absolute initial position is always pronounced broad (see table in Appendix I).

(b) in non-initial position and differentiating between grammatical forms:

Consonant	Broad		Slender	
b	*lúb*	/Lu:b/	*lúib*	/Lu:b´/
d	*bád*	/bɑ:d/	*báid*	/bɑ:d´/
g /g/	*bréag*	/b´rē:g/	*bréig*	/b´r´e:g´/
/k/	*Nollag*	/NoLək/	*Nollaig*	/NoLək´/
p	*scóp*	/sko:p/	*scóip*	/sko:p´/
r	*caora*	/ki:rə/	*caoirigh*	/ki:r´ə/
s	*bás*	/bɑ:s/	*báis*	/bɑ:s´/

(c) Double and single slender *l* and *n*. As well as the double slender *l* and *n* illustrated in (a) above there is also a single slender *l* and *n*:

Consonant	Double		Single	
l	*buille*	/biL´ə/	*buile*	/bil´ə/
	caill	/kɑ:L´/	*cáil*	/kɑ:l´/
n	*cinneadh*	/k´iN´ə/	*cine*	/k´in´ə/
	Spáinn	/spɑ:N´/	*'spáin*	/spɑ:n´/

This distinction can be used to differentiate between grammatical forms (which will be explained in later lessons):

Consonant	Double		Single	
l	*léigh*	/L´e:/	*léigh*	/l´e:/
n	*nigh*	/N´i/	*nigh*	/n´i/

(iii) Long and short vowels:

Vowel	Short		Long	
e	*te*	/t´e/	*té*	/t´e:/
i	*min*	/m´in´/	*mín*	/m´i:n´/
o	*posta*	/postə/	*pósta*	/po:stə/
u	*cur*	/kur/	*cúr*	/ku:r/

There is no short *a* in this dialect. The *a* which is written without a length mark is normally pronounced /a:/ or (in certain circumstances - see Appendix I) as /æ:/ :

cas /ka:s/ *cás* /kɑ:s/
ceas /k´æ:s/

EXERCISE

First, if at all possible, listen to the phrases given below. Then using the fold-out table inside the back cover study the pronunciation and learn them by rote. The words and grammar involved will recur and be explained in the ensuing lessons.

Cén fáth ?	/k´e:N fɑ:/	Why ?
Cén áit ?	/k´e:N ɑ:t´/	Where ?
Úna atá orm	/u:Nə tɑ: orəm/	I am called Úna
Gabh mo leithscéal	/go mə l´is´k´e:L/	Excuse me !
Tá go maith !	/tɑ: gə ma:/	Alright !
Más é do thoil é	/mɑ:s´e: də hil´e:/	Please !
Go raibh maith 'ad	/gə rə ma: a:d/	Thank you !
Tá fáilte romhat	/tɑ: fɑ:L´t´ə ru:t/	You are welcome !
Cén[1] *chaoi a bhfuil tú ?*	/k´e xi: wil´ tu:/	How are you ?
Oíche mhaith !	/i: wa:/	Good night !
Mar sin é ?	/ma:r s´in´e:/	Is that so ?
Muise !	/mus´ə/	Indeed !

[1]Exceptionally the *n* in *cén* is not pronounced. Note also in fast speech neighbouring consonants may affect one another. The final consonant of a word may be influenced by the quality of the first consonant of the next, e.g. /k´e: xi: wiL tu:/ where the *l* of *bhfuil* is made broad in preparation for the *t* of *tú*. This, however, need not trouble the beginner.

LESSON 2

VOCABULARY

Word	Pronunciation	Plural	Plural pronunciation	Meaning
bord	/baurd/	pl. *boird*	/baurd´/	table
cóta	/ko:tə/	*cótaí*	/ko:ti:/	coat
cupán	/kupɑ:N/	*cupáin*	/kupɑ:n´/	cup
doras	/dorəs/	*doirse*	/dors´ə/	door
duine	/din´ə/	*daoine*	/di:n´ə/	person, people
fear	/f´æ:r/	*fir*	/f´îr´/)	man, husband
gasúr	/ga:su:r/	*gasúir*	/ga:su:r´/)	child
lampa	/La:mpə/	*lampaí*	/La:mpi:/	lamp
múinteoir	/mu:N´t´o:r´/	*múinteoirí*	/mu: N´t´o:r´î:,	teacher
rud	/rud/	*rudaí*	/rudi:/	thing
teach	/t´æ:x/	*tithe*	/t´î: /	house
timpiste	/t´î:m´p´əs´t´ə/	*timpistí*	/t´î:m´p´ə s´t´î:/	accident
Bríd	/b´r´î:d´/			*(woman's name)*
Cáit	/kɑ:t´/			*(woman's name)*
Máirtín	/mɑ:rt´î:n´/			*(man's name)*
eile	/el´ə/			other, another
sásta	/sɑ:stə/			satisfied, willing, pleased
ann	/ɑ:N/			there *(see this lesson)*
anois	/ə'n´is/			now
anseo	/ə'n´s´o/			here
ansin	/ə'n´s´in´/			there, then
ansiúd	/ə'n´s´u:d/			there *(see this lesson)*
ar bith	/ə b´î/			any ... (at all), no ... (at all)
ach	/a:x/			but, however
ach a oiread	/a:x er´əd/			either
agus, is	/əgəs/, /a:gəs/, /əs/			and
freisin	/fros´ən´/			too, also, indeed
ná	/Nɑ:/			(neither ...) nor
tá	/tɑ:/			is
níl	/N´î:l´/			is not
an bhfuil	/ə wil´/			
nach bhfuil	/Nax wil´/			*(see this lesson)*
go bhfuil	/gə wil´/			
táthar	/tɑ:r/			one is, people are
níltear	/N´î:L´t´ər/			one is not, people are not
bhfuiltear	/wil´t´ər/			*(see this lesson)*
deir	/d´er´/			says
mé , mise	/m´e:/, /m´îs´ə/			I
tú, tusa	/tu:/, /tusə/			you
sé, seisean	/s´e:/, /s´es´əN/			he, it
sí, sise	/s´î:/, /s´îs´ə/			she
muid, muide	/mid´/, /mid´ə/			we
sibh, sibhse	/s´îb´/, /s´îb´s´ə/			you *(pl.)*
siad, siadsan	/s´î:əd/, /s´î:ədsəN/			they

VOCABULARY NOTE:

A second person singular pronoun, e.g. *tú, tusa,* is used when addressing one person. A second person plural pronoun, e.g. *sibh, sibhse*, is used when addressing more than one person. The plural is not used to express politeness or formality.

GRAMMAR

1. NO INDEFINITE ARTICLE

Irish has no indefinite article. 'A man' is simply expressed by *fear*.

2. THE VERB *TÁ* ('IS')

(i) Statement

Tá Cáit anseo.	Cáit is here.
Tá fear agus gasúr anseo.	There is a man and a child here.
Tá mé anseo.	I am here.

(ii) Negation.

Níl Cáit anseo.	Cáit is not here.

(iii) Questions

An bhfuil Cáit anseo ?	Is Cáit here ?
Nach bhfuil sí anseo ?	Is she not here ?

(iv) Indirect speech

Deir sé go bhfuil Cáit anseo.	He says that Cáit is here.
Deir sé nach bhfuil Cáit anseo.	He says that Cáit is not here.

(v) Summary table:

<table>
<tr><td></td><td colspan="2">Tá
Níl</td><td rowspan="3">Cáit
mé
mise, etc.</td><td rowspan="3">anseo.</td></tr>
<tr><td></td><td>An
Nach</td><td rowspan="2">bhfuil</td></tr>
<tr><td>Deir sé</td><td>go
nach</td></tr>
</table>

(vi) Usage

The verb *tá* originally meant 'stands' but has come to mean 'is'. It is, however, as we will see, not used to link two nouns or pronouns.

When a sentence with the verb *tá* does not contain an adjective, e.g. *Tá Cáit sásta* 'Cáit is content', or an adverb/adverbial phrase of place, e.g. *Tá Cáit anseo* 'Cáit is here', *ann* is inserted: *Tá fear ann* 'There is a man (there)' or 'A man exists'. In the case of a noun describing an event, e.g. *timpiste* 'accident', an adverb of time is sufficient.

(vii) Autonomous form

Táthar sásta anseo. People are content here.

This form expresses the idea 'one is' or 'people (in general) are'. It is autonomous, that is, it stands on its own, needing no specific subject.

	Táthar *Níltear*		*sásta anseo.*
	An *Nach*	*bhfuiltear*	
Deir sé	*go* *nach*		

3. CONTRAST

In Irish, contrast is expressed by a special set of pronouns, rather than by stress.

Tá mise anseo ach tá sise ansin. **I** am here but **she** is there.

Contrast forms have also some more marginal functions which are dealt with in later lessons.

4. MEANING OF *ANSIÚD*

Ansiúd means 'there' and emphasises distance (i.e. not present, or not previously mentioned), as opposed to *ansin* 'there' which simply points out where something is.

TEXTS

I.

1. *Tá Máirtín ansin.*
2. *Tá sé ansin anois.*
3. *Tá Cáit ansin freisin.*
4. *Tá sí ansin freisin.*
5. *An bhfuil siad sásta ?*
6. *Tá seisean sásta, ach níl sise sásta.*
7. *Tá mé anseo.*
8. *Tá muid anseo.*
9. *Tá mise sásta, ach an bhfuil tusa sásta ?*
10. *Níl sibh anseo anois.*
11. *Nach bhfuil duine ar bith sásta ?*
12. *Níltear sásta anseo anois.*

II.

1. *Tá teach ansin.*
2. *An bhfuil duine ar bith ann ?*
3. *Níl duine ar bith ann anois.*
4. *Deir siad nach bhfuil Cáit ann anois.*
5. *Ach an bhfuil Bríd ann ?*
6. *Níl Bríd ann ach a oiread*

7. *Tá doras anseo.*
8. *Tá bord agus lampa ansin.*
9. *Tá cupáin agus rudaí eile ansin freisin.*
10. *Deir siad go bhfuil múinteoir anseo anois.*
11. *Tá muide sásta, ach an bhfuil siadsan sásta ?*

EXERCISE

TRANSLATE:

1. Máirtín and Bríd are *there*[1] 2. There is a house *there.* 3. Aren't there tables and other things ? 4. There aren't any doors at all here. 5. There are neither men nor children here. 6. Isn't there any lamp ? 7. There is no lamp at all. 8. There is neither a door nor a lamp here. 9. I am satisfied now. 10. Are you satisfied ? 11. He says that they are here too. 12. *We* are satisfied, but are *you (pl.)* satisfied ? 13. There are teachers and other people too. 14. *You* are not content but *I* am content. 15. One is content *there.*

[1] The word 'there' is italised where the demonstrative *ansin* is required.

LESSON 3

VOCABULARY

airgead	/æ:r´əg´əd/		money, silver
am	/ɑ:m/	pl. *amanna* /a:məNi:/	time, *pl.* sometimes
anam	/a:nəm/	*anamnacha*	soul
athair	/æ:r´/	*athaireacha*	father
bád	/bɑ:d/	*báid*	boat
balla	/ba:Lə/	*ballaí*	wall
bóthar	/bo:r/	*bóithrí* /bo:r´i:/	road
cailín	/ka:l´i:n´/	*cailíní*	girl
feilméara	/f´el´əm´e:rə/	*feilméaraí*	farmer
fuinneoig	/fiN´o:g´/	*fuinneoga*	window
garraí	/ga:ri:/	*garranta* /ga:rəNti:/	field, garden
geata	/g´æ:tə/	*geataí*	gate
leabhar	/L´aur/	*leabhartha*	book
mac	/ma:k/	*mic* /m´ik´/	son
mapa	/ma:pə/	*mapaí*	map
muintir	/mi:N´t´ər´/		near relations, inhabitants
páipéar	/pɑ:p´e:r/	*páipéir*	paper, newspaper
peictiúr	/p´ek´t´u:r/	*peictiúir*	picture
seomra	/s´u:mrə/	*seomraí*	room
tarbh	/ta:ru:/	*toirbh* /ter´əw´/	bull
uncail	/u:ŋkəl´/	*uncaileacha*	uncle

Bairbre	/ba:r´əb´r´ə/	*(woman's name)*
Ciarraí	/k´i:əri:/	Kerry *(place-name)*
Diarmaid	/d´i:ərməd´/	*(man's name)*
Donncha	/duNəxə/	*(man's name)*
Fionnasclainn	/f´iNəskLəN´/	*(place-name)*
Gaoth Sáile	/ˌgi: ˈsɑ:l´ə/	*(place-name)*
Glinsce	/g´l´i:n´s´k´ə/	*(place-name)*
Máire	/mɑ:r´ə/	*(woman's name)*
Meireacá	/m´er´əkɑ: /	America
Ó Bia	/ˌo: ˈb´i:ə/	*(surname)*
Páidín	/pɑ:d´i:n´/	*(man's name)*
Peige	/p´eg´ə/	*(woman's name)*
Sasana	/sa:səNə/	England
Seáinín	/s´ɑ:n´i:n´/	*(man's name)*
Séamaisín	/s´e:məs´i:n´/	*(man's name)*
Tír an Fhia	/ˌt´i:r əˈN´i:/	*(place-name)*
Tomáisín	/tumɑ:s´i:n´/	*(man's name)*

feicim	/f´ek´əm´/	I see
cá bhfuil	/kɑ:l´/	where is ?
go leor	/gə L´o:r/	plenty of, enough *(before or after noun)*
ar chor ar bith	/ə xor ə b´i/	at all

VOCABULARY NOTE:

All plural forms of more than one syllable ending in *-cha, -nna, -nta, -óga* are pronounced as though spelt *-chaí, -nnaí, -ntaí, -ógaí*, e.g. *athaireacha* /æ:r´əxi:/, *amanna* /a:məNi:/, *fuinneoga* /fiN´o:gi:/. A general guide to the formation of the plural is given in Appendix II.

GRAMMAR

1. LENITION

cóta Cháit	Cáit's coat
muintir Chiarraí	the people of Kerry

When a proper noun (i.e. names of people or places, but not of languages) follows directly, in genitive relation, on another noun, its initial consonant changes, e.g. *c* → *ch*.

This table shows how the consonants affected by this change called 'lenition' are replaced by a related sound:

c	*Cáit*	*muintir Cháit*
	Ciarraí	*muintir Chiarraí*
p	*Páidín*	*muintir Pháidín*
	Peige	*muintir Pheige*
g	*Gaoth Sáile*	*muintir Ghaoth Sáile*
	Glinsce	*muintir Ghlinsce*
d	*Donncha*	*muintir Dhonncha*
	Diarmaid	*muintir Dhiarmaid*
b	*Bairbre*	*muintir Bhairbre*
	Bríd	*muintir Bhríd*
m	*Máire*	*muintir Mháire*
	Meireacá	*muintir Mheireacá*
f	*Fionnasclainn*	*muintir Fhionnasclainn*
t	*Tomáisín*	*muintir Thomáisín*
	Tír an Fhia	*muintir Thír an Fhia*
s	*Sasana*	*muintir Shasana*
	Séamaisín	*muintir Shéamaisín*
	Seáinín	*muintir Sheáinín*

(*s* when followed by any consonant, except *l, n, r,* is not affected.)

Lenition is shown in spelling by writing an *h*. Study closely the fold-out table at the back of the book and be sure to understand the change in pronunciation.-

Cáit *c* /k/ → *ch* /x/
Ciarraí *c* /k´/ → *ch* /x´/
Páidín *p* /p/ → *ph* f /f/
etc.

2. LENITION IN PERSONAL NAMES

Often in rural areas where Irish is spoken, a person whose 'official' name is for example *Máirtín Ó Bia* and whose father (or some other important relation) is *Seáinín*, may be known as *Máirtín Sheáinín* (Máirtín of Seáinín, Seáinín's Máirtín).

TEXTS

SEOMRAÍ

'Tá seomraí go leor anseo.'

'An bhfuil Donncha agus Cáit agus Peige agus Bairbre anseo ?'

'Tá seomra Dhonncha ansin, seomra Cháit ansin, seomra Pheige ansin agus seomra Bhairbre ansin.'

Nach bhfuil Páidín agus Máire agus Diarmaid ann freisin ?'

'Tá seomra Pháidín ansin agus tá seomra Dhiarmaid ansin freisin. Tá seomra Mháire anseo.'

Tá cóta Mháire anseo agus airgead Mháire freisin. Níl leabhartha Shéamaisín anseo.'

MAPA

'Tá mapa Thomáisín anseo.'

'Cá bhfuil Conamara agus Ciarraí ?

'Tá Conamara anseo agus Ciarraí ansin.'

'Feicim Tír an Fhia agus Glinsce anseo agus Fionnasclainn ansin.'

'Nach bhfuil Gaoth Sáile anseo ?'

'Níl Gaoth Sáile anseo. Tá Gaoth Sáile ansin.'

'An bhfuil feilméaraí Chiarraí sásta ?'

'Tá feilméaraí Chiarraí sásta ach níl feilméaraí Chonamara sásta. Níl muintir Ghlinsce ná muintir Fhionnasclainn sásta ar chor ar bith.'

'Deir uncail Cháit nach bhfuil muintir Ghaoth Sáile sásta ach a oiread.'

TEACH MHÁIRTÍN

'Tá bóthar Thír an Fhia ansin. Tá garraí eile ansin. Anseo tá balla agus geata agus ansin tá teach Mháirtín.'

'Tá mac Mháirtín agus athair Bhríd ann anois freisin, ach tá go leor seomraí ann.'

'Tá go leor leabhartha agus peictiúir agus páipéir ann. Feicim mapa Shasana agus mapa Mheireacá ansin freisin.'

EXERCISE

TRANSLATE:

1. There is a picture, a paper, a book and tables here. 2. Páidín's boat is *there* and there is a map here. 3. Neither the people of America nor the people of England are satisfied now. 4. Donncha's girl and Peige's husband are *there*. 5. The farmers of Kerry are not pleased and the farmers of Conamara are not content either. 6. Seáinín's field is *there* and Seáinín's bull is *there* too. Diarmaid's house is here. 7. Tomáisín's people are pleased. 8. There are plenty of rooms here. Bairbre's uncle's room is also here. 9. Where is the Gaoth Sáile road ? 10. There aren't any (news)papers here at all, but there are other books.

LESSON 4

VOCABULARY

áit *fem.*	/ɑ:t´/	pl. *áiteacha*	place
báisteach *fem*	/bɑ:s´t´əx/		rain
bean *fem.*	/b´æ:N/	*mná* /mrɑ:/	woman
cabaire	/ka:bər´ə/	*cabairí*	talkative person, natterer
candáil *fem.*	/ka:Ndɑ:l´/		auction(ing)
ceann	/k´ɑ:N/	*ceanna* /k´æ:Nə/	head, end, roof, one
cearc *fem.*	/k´æ:rk/	*cearca*	hen
cláirseach *fem.*	/kLɑ:rs´əx/	*cláirseacha*	harp
coláiste	/kuLa:s´t´ə/	*coláistí*	college
Éireannach	/e:r´əNəx/	*Éireannaí*	Irish person
feadaíl *fem.*	/f´æ:di:l´/		whistling
fuacht	/fu:əxt/		cold
Gaeilge *fem.*	/ge:l´g´ə/		Irish language
Gaeltacht *fem.*	/ge:Ltəxt/	*Gaeltachtaí*	Irish-speaking area
moladh	/moLə/	*moltaí*	praise, suggestion
náisiún	/Nɑ:s´u:N/	*náisiúin* /Nɑ:s´u:n´/	nation
póca	/po:kə/	*pócaí*	pocket
pota	/potə/	*potaí*	pot
sagart	/sa:gərt/	*sagairt*	priest
scéalaí	/s´k´e:Li:/	*scéalaithe*	storyteller
scian *fem.*	/s´k´i:N/	*sceana* /s´k´æ:Nə/	knife
scian phóca *fem.*	/s´k´i:N fo:kə/		pocketknife, penknife
solas	/soləs/	*soilse* /sail´s´ə/	light
talamh	/ta:Lə/	*taltaí* /ta:Lti:/	ground, land
tír *fem.*	/t´i:r´/	*tíreacha*	country, land

Éirinn	/e:r´əN´/	Ireland
álainn	/ɑ:LəN´/	beautiful, lovely
aoibhinn	/i:w´əN´/	pleasant, delightful
beag	/b´og/	small, little
breá	/b´r´ɑ:/	fine
cinnte	/k´i:N´t´ə/	certain(ly), surely
deas	/d´æ:s/	nice
dona	/duNə/	bad, ill
iontach	/i:Ntəx/	wonderful, extraordinary
leisciúil	/L´es´k´u:l´/	lazy
maith	/ma:/	good
mór	/mo:r/	big
olc	/olk/	bad, evil
réasúnta	/re:su:Ntə/	reasonable (-ly), fair(ly)
a	/ə/	*(vocative particle)*
an	/ə/	the *(see Lesson 5)*
ar	/er´/	on
ar aon chaoi[1]	/er´ e: xi:/	at any rate, anyway, anyhow
arís	/ə'r´i:s´t´/	again
b'fhéidir	/b´e:d´ər´/	(followed by *go/nach*) maybe, perhaps
bhoil	/wel´/	well *(pause-word)*

[1]The final *n* of *aon* is not pronounced in this phrase.

GRAMMAR

1. VOCATIVE PARTICLE

A Cháit !	Cáit !
An bhfuil tú ansin, a Bhríd ?	Are you there Bríd ?

The vocative particle *a* (which is not stressed) lenites a following noun.

2. GENDER

In Irish a noun is either masculine or feminine. In the vocabularies in each lesson feminine *(fem.)* will be marked; all other nouns are masculine.

(i) General principles

There is no absolute rule for determining gender. There are, however, some general principles:

(a) nouns describing males (of humans and, where the distinction is made, of animals), e.g. *Máirtín, uncail* 'uncle', *tarbh* 'bull', and occupations originally associated with males, e.g. *sagart* 'priest', are all masculine.

(b) Nouns describing females, e.g. *Cáit, bean* 'woman', *cearc* 'hen' and names of countries and languages, e.g. *Éirinn* 'Ireland', *Gaeilge* 'Irish', are almost all feminine.

(c) Otherwise, nouns ending in a broad consonant tend to be masculine, e.g. *gasúr* 'a child', and those ending in a slender consonant are feminine, e.g. *muintir* 'people'.

(ii) Apart from those general principles:

(a) Nouns with the following endings are consistently masculine:

	-án	*cupán*	cup
	-ín	*cailín*	girl
	-úr	*gasúr*	child
	-ún	*náisiún*	nation
	-as	*doras*	door
	-(ái)ste	*coláiste*	college
(agent nouns)	*-óir/eoir*	*múinteoir*	teacher
	-aire	*cabaire*	talkative person
	-éara	*feilméara*	farmer
	-aí	*scéalaí*	storyteller
	-adh	*moladh*	praise
(with two syllables)	***-a*** [1]	*cóta*	coat
(formed from noun)	*-ach*	*Éireannach*	Irishman
(with one syllable)	***-cht*** [1]	*fuacht*	cold

(b) Nouns with the following endings are consistently feminine:

	-óig/eoig	*fuinneoig*	window
	-áil	*candáil*	auctioning
	-aíl	*feadaíl*	whistling
(more than one syllable)	*-acht*	*Gaeltacht*	Irish-speaking area
(mass nouns)	*-ach*	*báisteach*	rain
	-seach	*cláirseach*	harp

[1] Excepting a few nouns which are feminine.

LESSON 4

3. ADJECTIVES

(i) Predicative use

Níl Bríd mór.	Bríd is not big.
Tá Cáit agus Páidín sásta.	Cáit and Páidín are content.

About eight adjectives indicating subjective judgment (when not qualified by an adverb) take the unstressed particle *go*. If the adjective begins with a vowel, *h* is prefixed:

Tá sé	*go maith*	It is	good/well
	go breá		fine
	go deas		nice
	go dona		bad
	go haoibhinn		pleasant
	go hiontach		wonderful
	go hálainn		beautiful
	go holc		wicked

(ii) Modifying and directly following nouns in the singular:

Tá gasúr mór ansin.	There is a big child there.
Tá fuinneoig mhór anseo.	There is a big window here.
Tá bean mhór bhreá ansin.	There is a fine big woman there.

An adjective directly following and modifying a feminine noun is lenited.[1] *Go* is not required with adjectives of subjective judgment in this usage.

4. LENITION OF SLENDER *l, n*

Tá Máire leisciúil anseo.	Lazy Máire is here.

Lenition of *l* or *n* is not shown in spelling but a distinction is made in pronunciation by some speakers of the dialect.

leisciúil /L´/	*Máire leisciúil* /l´/

In the same way, lenited /N´/ becomes /n´/. Study the fold-out table at the back of the book and see also phonetic exercise (c) in Lesson 1.

TEXTS

MAPA EILE

'A Cháit, an bhfuil mapa ann ?'

'Tá mapa ann cinnte.'

'Tá go leor tíreacha ar an mapa. Tá Meiriceá ansin agus tír mhór eile anseo.'

1 In certain expressions where a noun is used attributively (i.e. like an adjective) it is also lenited after a feminine noun, e.g. *scian phóca* 'pocketknife'.

'Níl an solas go maith anseo. Níl fuinneoga ar bith ann.'

'Tá lampa maith anseo.'

'Anois, cá bhfuil Éirinn agus cá bhfuil Conamara ?'

'Tá Éirinn anseo agus tá Conamara ansin.'

'An bhfuil Conamara mór ?'

'Tá sé réasúnta mór.'

'Cá bhfuil Ciarraí ? An bhfuil Gaeltacht ansin freisin ?'

'Tá go leor Gaeilge ansin freisin.'

'An bhfuil coláiste ann ?'

'B'fhéidir go bhfuil ceann ann. Níl mé cinnte. Tá áit dheas eile ansin agus tá Gaeltacht bheag ann freisin.'

PEICTIÚIR

Bhoil, tá peictiúir go leor anseo ar aon chaoi. Nach bhfuil siad go deas ? Tá Cáit agus bean bhreá eile ansin agus tá mná eile anseo. Tá peictiúr deas eile anseo ach tá báisteach ann agus níl an solas go maith. Tá sagart ansin agus bean Pháidín agus Éireannach eile anseo. Tá siad go hiontach ! Tá ceann iontach eile anseo. Tá rudaí go leor ar an talamh ansin. Tá teach Bhríd anseo agus tá cearc mhór agus pota beag ann. Tá ceann álainn eile ansin agus tá cláirseach mhór agus scian phóca ansin. Tá siad go hálainn !

EXERCISE

TRANSLATE:

1. There are lots of countries on the map. 2. Cáit, where is England ? 3. There is a big window *there* and another nice window here. 4. It is nice now. It is beautiful. 5. There is a good man *there* and a good woman too. 6. There is good Irish here. There is no college at all. 7. Diarmaid, there is a big room *there* and there is also a fine harp. 8. There is a fine big window here. 9. There are lots of countries and nations. 10. Maybe Páidín's wife and Bríd's husband are here. 11. There is rain and cold. 12. There is a nice woman, and a priest, a big farmer and another tall Irish person here. 13. There is a big Gaeltacht here, in any case. 14. There is a fine place here and perhaps there is another one *there*. 15. We are here again. It is wonderful.

LESSON 5

VOCABULARY

abhainn *fem.*	/auN´/	pl. *aibhneacha* /aiw´Nəxi:/	river
Béarla	/b´e:rLə/		English (language)
bia	/b´i:ə/		food
bliain *fem.*	/b´l´i:ən´/	*blianta* /b´l´i:əNtə/	year
cathaoir *fem.*	/kair´/	*cathaoireacha*	chair
cisteanach *fem.*	/k´is´t´əNəx/	*cisteanacha*	kitchen
cloch *fem.*	/kLox/	*clocha*	stone, stoneweight
clog	/kLog/	*cloganna*	clock, bell
cupla	/kupLə/	(followed by sing.)	a few
deoch *fem.*	/d´ox/	*deochanna*	drink
éan	/e:N/	*éanacha*	bird
farc	/fa:rk/	*farcanna*	fork
fón	/fo: N/	*fónanna*	(tele)phone
Fraincis *fem.*	/fræ:ŋ´k´əs´/		French (language)
gloine *fem.*	/gLin´ə/	*gloiniúcha*	glass
láimh *fem.*	/Lɑ:w´/	*lámha* /Lɑ:wə/	hand, handle
leaba *fem.*	/L´æ:bə/	*leapacha*	bed
oíche *fem.*	/i:/	*oícheanta*	night
orlár	/aurLɑ:r/	*orláir*	floor
pláta	/pLɑ:tə/	*plátaí*	plate
pláta mór			dinner plate
pláta beag			side plate
sásar	/sɑ:sər/	*sásair*	saucer
seomra codlata	/s´u:mrə koLətə/	*seomraí codlata*	bedroom
spúnóig *fem.*	/spu:No:g´/	*spúnóga*	spoon
spúnóig bheag *fem.*			teaspoon
spúnóig mhór *fem.*			tablespoon
stail *fem.*	/stæ:l´/	*staltracha* /sta:Ltrəxi:/	stallion
suíleáil *fem.*	/si:l´ɑ:l´/	*suíleálacha*	ceiling
taobh	/ti:w/	*taobhanna*	side
tine *fem.*	/t´in´ə/	*tintreacha* /t´i:N´t´r´əxi:/	fire

Lochán Beag	/Loxɑ:N b´og/	*(place-name)*
a	/ə/	his
amháin	/ə'wɑ:n´/	one, only
an	/ə (N)/	the
ard	/ɑ:rd/	high, tall
céanna	/k´e:Nə/	same
ciúin	/k´u:n´/	quiet, calm
compóirteach	/ku:mpo:rt´əx/	comfortable
faoi	/fi:/	under, about
in aice leis an	/əN æ:k´ə l´es´ ə (N) /	beside, near the
leis an	/l´es´ ə (N) /	with the
ar ndóigh	/a:rNu:/	of course
mar sin féin	/ma:r s´in´ he:n´/	all the same, even so, nevertheless

VOCABULARY NOTE

Tá an oíche ann. (lit. 'There is the night'), It is night-time.

GRAMMAR

1. USE OF *SÉ* AND *SÍ*

Tá an pota ansin. Níl sé mór.	The pot is there. It is not big.
Tá an chloch ansin. Níl sí mór.	The stone is there. It is not big.
Tá an stail ansin. Níl sí mór.	The stallion is there. It is not big.
Tá an cailín ansin. Níl sí mór.	The girl is there. She is not big.

In general, a masculine noun is referred to by *sé* and a feminine noun by *sí*. In the case of a human, *sé* or *sí* is used according to sex, e.g. although *cailín* 'girl' is a masculine noun, *sí* is used. *Sé* is used to describe a general condition or state, e.g. *Tá sé go breá* 'It is fine'.

2. THE DEFINITE ARTICLE

Tá an fear ansin.	The man is there.
Níl an gasúr anseo.	The child is not here.

An /əN/ is unstressed, (the main stress is on the following noun) and the *n* is not pronounced when the article occurs between consonants, e.g. between *níl* and *gasúr*.

3. ECLIPSIS

Tá éan ar an gcloch.	There is a bird on the stone.

Following almost all prepositions used with the definite article, the initial consonant of a singular noun is changed:

cloch → *ar an gcloch*

The *c* in *gcloch* is retained in spelling but is not pronounced, so that *gcloch* is pronounced as though spelt *gloch*. The *c* is said to be 'eclipsed' and this type of change is called 'eclipsis'.

This table shows how the consonants affected by eclipsis change to a related sound:

		Pronounced as:
cloch	*ar an gcloch*	*gloch*
pota	*faoin bpota*	*bota*
gasúr	*leis an ngasúr mór*	*ngasúr* /ŋ/
bád	*ar an mbád*	*mád*
fuinneoig	*ar an bhfuinneoig mhór*	*bhuinneoig*
fear	*leis an bhfear*	*bhear*

Although *t, d* are not affected, e.g. *ar an doras, leis an tine,* in all other cases where eclipsis is the rule, *d* changes to *nd* (pronounced as though spelt *n:* /N/ before a 'broad' vowel, /N´/ before a 'slender' vowel) and *t* changes to *dt* (pronounced as though spelt *d:* /d/ before a 'broad' vowel, /d´/ before a 'slender' vowel.

As can be seen from the table, the adjective is (as is normal; see Lesson 4) lenited following a feminine noun, e.g. *ar an bhfuinneoig mhór* 'on the big window'; a masculine noun remains unlenited, e.g. *ar an ngasúr mór* 'on the big child'. The adjective is, however, lenited after a masculine proper noun, e.g. *faoin Lochán Bheag* 'about Lochán Beag'.

A preposition ending in a vowel is written together with *an*, e.g. *faoin bpota* 'under the pot', showing the actual pronunciation (see Appendix 1.5). The *n* in *an* is almost always pronounced broad before a 'broad' vowel, and slender before a 'slender' vowel: *ar an abhainn* /er´ əN auN´/, *ar an éan* /er´ əN´e:N/.

In other circumstances, where eclipsis comes after words not written with a final *n*, *n-* is prefixed to the following vowel (examples see Lessons 10 and 11).

TEXT

SEOMRA MHÁIRTÍN

Tá garraí agus abhainn bheag in aice leis an gcoláiste. Tá bóthar ann freisin ach tá an bóthar ciúin. Tá cloch mhór ar an taobh eile agus tá éan ar an gcloch.

Tá an coláiste réasúnta mór agus tá seomraí go leor ann. Tá seomra Mháirtín agus seomra Dhonncha ar an orlár céanna. Tá cisteanach ann freisin.

Níl seomra Mháirtín mór ach mar sin féin tá sé go deas. Tá fuinneoig mhór dheas ann. Tá boird agus cupla cathaoir ann. Tá cathaoir in aice leis an bhfuinneoig agus tá ceann eile in aice leis an doras. Tá bord beag in aice leis an tine. Tá an fón ar an mbord. Tá suíleáil bhreá ard ann. Tá páipéar ar an mballa. Tá clog ar an mballa in aice leis an doras. Tá mapa agus peictiúir ar an doras. Ar ndóigh, tá leaba ann freisin. Níl sí mór ach tá sí compóirteach mar sin féin. Tá peictiúr Mháire ar an mballa in aice leis an leaba.

Tá an oíche ann anois agus tá leabhartha agus páipéir Mháirtín ar an mbord beag in aice leis an bhfón. Tá an lampa ar an mbord. Tá bia agus deoch anois ar an mbord mór. Tá pláta mór agus pláta beag ann. Tá scian agus farc in aice leis an bpláta. Tá cupán ann freisin agus tá sásar faoin gcupán. Tá spúnóig bheag ar an sásar. Tá gloine ar an mbord freisin. Tá Máirtín ansin. Tá a láimh ar an ngloine agus ar ndóigh, tá sé sásta. Tá sé bliain anseo anois. Tá sé sásta leis an múinteoir Béarla ach níl sé sásta leis an múinteoir Gaeilge. Mar sin féin, tá sé sásta leis an gcoláiste.

EXERCISE

TRANSLATE:

1. Bríd's room is here. It is small but all the same it is nice. 2. There is a kitchen and it is big too. 3. The books are *there* on the floor. There are a lot on the table too. 4. Máire is on the phone. Where is the phone ? It is *there* near the door. 5. There is food on the plate. 6. There are a few chairs near the fire. 7. There are books and papers on the chair. 8. Máirtín's hand is on the glass. 9. Are you satisfied with the nation ? 10. There is a teaspoon on the saucer. 11. They are not satisfied with the teacher at all. 12. The nice place is on the map. 13. Is there French *there* ? 14. There is good French *there*.

LESSON 6

VOCABULARY

bróig *fem.*	/bro:g´/	pl. *bróga*		shoe
bus	/bus/	*busanna*		bus
cabhantar	/kauNtər/	*cabhantair*		counter
carr	/kɑ:r/	*carranna*	/kɑ:rəNi:/	car, cart
'chuile shórt	/xil´ə ho:rt/			everything, every sort of
crann	/krɑ:N/	*croinnte*	/kri:N´t´ə/	tree
culaith *fem.*	/koLə/	*cultacha*		suit (of clothes)
deaide	/d´æ:d´ə/			dad, daddy
éadach	/e:dəx/	*éadaí*		cloth, clothes
geansaí	/g´æ:n´si:/	*geansaíocha*		jumper, jersey
gúna	/gu:Nə/	*gúnaí*		dress
léine *fem.*	/L´e:n´ə/	*léinteacha*	/L´e:N´t´əxi:/	shirt
maime *fem.*	/ma:m´ə/			mam, mummy
máthair *fem.*	/mɑ:r´/	*máthaireacha*		mother
mórán[1]	/mo:rɑ:N/			many, much
neart	/N´æ:rt/			many, lots of
sciorta	/s´k´irtə/	*sciortaí*		skirt
seachtain *fem.*	/s´æ:xtən´/	*seachtainí*		week
seaicéad	/s´æ:k´e:d´/	*seaicéid*		jacket
siopa	/s´upə/	*siopaí*		shop
sráid *fem.*	/srɑ:d´/	*sráideanna*		street
stoca	/stokə/	*stocaí*		sock, stocking
treabhsar	/t´r´ausər/	*treabhsair*		pair of trousers

Baile Átha Cliath	/ˌb´l´ɑ: 'k´l´i:ə/	Dublin
cosúil (leis an)	/kosu:l´/	like (the)
daor	/di:r/	expensive, dear
saor	/si:r/	cheap
tinn	/t´i:N´/	sick, sore
ag	/eg´/	at
amáireach	/ə'mɑ:r´əx/	to-morrow
anuraidh	/ə'Norə/	last year
ariamh	/ə'r´i:əw/	ever, never
go minic	/gə m´in´ək´/	often
inné	/ə'N´e:/	yesterday
mar sin	/ma:r s´in´/	so, like that
muis(e)	/mus´ (ə)/	indeed ! now !
nó	/Nu:/	or
bhí	/w´i:/	was, had been
ní/an/nach/go raibh	/. . ro/	*(see this lesson)*
beidh	/b´ei/	will be, will have been
ní bheidh	/N´i: w´ei/	will not be
an/nach/go mbeidh	/. . m´ei/	*(see this lesson)*
bhíothadh	/w´i:u:/	one was, people were
ní/an/nach/go rabhadh	/. . rohu:/	*(see this lesson)*
beifear	/b´eiɑ:r/	one will be, people will be
ní bheifear	/w´eiɑ:r/	one will not be
an/nach/go mbeifear	/. . m´eiɑ:r/	*(see this lesson)*

[1]*Mórán* is used only in a negative statement, e.g. *Níl mórán ...*, or in a question, e.g. *An bhfuil mórán ...?* Otherwise *neart* etc. are used.

GRAMMAR

1. PAST TENSE OF VERB *TÁ*

(i) Statement

Bhí Cáit anseo inné. — Cáit was here yesterday.

(ii) Negation

Ní raibh Cáit anseo inné. — Cáit was not here yesterday.

(iii) Questions

An raibh Cáit anseo inné ? — Was Cáit here yesterday ?
Nach raibh Cáit anseo inné ? — Was Cáit not here yesterday ?

(iv) Summary table:

<table>
<tr><td></td><td colspan="2">Bhí</td><td rowspan="3">Cáit,
mé,
mise,
etc.</td><td rowspan="3">anseo inné.</td></tr>
<tr><td></td><td>Ní
An
Nach</td><td rowspan="2">raibh</td></tr>
<tr><td>Deir sé</td><td>go
nach</td></tr>
</table>

(v) Autonomous form

Bhíothadh sásta anseo inné. — People were content here yesterday.

Table:

<table>
<tr><td></td><td colspan="2">Bhíothadh</td><td rowspan="3">sásta anseo inné.</td></tr>
<tr><td></td><td>Ní
An
Nach</td><td rowspan="2">rabhadh</td></tr>
<tr><td>Deir sé</td><td>go
nach</td></tr>
</table>

(vi) Meaning of past tense

Bhí Cáit anseo. — Cáit was here; Cáit had been here.

In the verb *tá* there is no distinction between a preterite 'was' and a pluperfect 'had been'. A perfect meaning can be expressed by using the present, e.g. *Tá Cáit anseo seachtain anois.* 'Cáit (is) has been here a week now.'

2. FUTURE TENSE OF *TÁ*

(i) Statement

Beidh Cáit anseo amáireach. Cáit will be here to-morrow.

(ii) Negation

Ní bheidh Cáit anseo amáireach. Cáit will not be here to-morrow.

(iii) Questions

An mbeidh Cáit anseo amáireach ? Will Cáit be here to-morrow ?
Nach mbeidh Cáit anseo amáireach ? Will Cáit not be here to-morrow ?

(iv) Summary table:

<table>
<tr><td></td><td colspan="2">Beidh</td><td rowspan="4">Cáit,
mé,
mise,
etc.</td><td rowspan="4">anseo amáireach.</td></tr>
<tr><td></td><td>Ní</td><td>bheidh</td></tr>
<tr><td></td><td>An
Nach</td><td rowspan="2">mbeidh</td></tr>
<tr><td>Deir sé</td><td>go
nach</td></tr>
</table>

(v) Autonomous forms

Beifear sásta anseo amáireach. People will be satisfied here to-morrow.

Table:

<table>
<tr><td></td><td colspan="2">Beifear</td><td rowspan="4">sásta anseo amáireach.</td></tr>
<tr><td></td><td>Ní</td><td>bheifear</td></tr>
<tr><td></td><td>An
Nach</td><td rowspan="2">mbeifear</td></tr>
<tr><td>Deir sé</td><td>go
nach</td></tr>
</table>

(vi) Meaning of future tense

Beidh Cáit anseo seachtain amáireach. Cáit will be/have been here a week tomorrow.

In Irish no distinction is made between a future, e.g. 'will be', and a future perfect, e.g. 'will have been'.

3. LENITION AND ECLIPSIS AFTER MAIN VERBAL PARTICLES

(i) Lenition

Ní always causes lenition: *Ní bheidh = ní + beidh.*
Níl (a contracted form of *ní fhuil*) = *ní + fuil.*
Raibh does not change as *r* is not affected by lenition.

(ii) Eclipsis

An, nach; go, nach always cause eclipsis.

	An mbeidh ... ?	=	*an + beidh*
	An bhfuil ... ?	=	*an + fuil*
	Nach mbeidh ...?	=	*nach + beidh*
	Nach bhfuil ...?	=	*nach + fuil*
...	*go mbeidh ...*	=	*go + beidh*
...	*go bhfuil ...*	=	*go + fuil*
..	*nach mbeidh ...*	=	*nach + beidh*
...	*nach bhfuil ...*	=	*nach + fuil*

Raibh does not change as *r* is not affected by eclipsis.

4. INDEPENDENT AND DEPENDENT FORMS

Where there is a difference, the form used in a statement, e.g. *bhí,* is called the independent form and that after *ní, an, go, nach,* e.g. *raibh,* the dependent form.

5. RESPONSES

There is no word corresponding to English 'yes' or 'no'. The appropriate form of the verb is repeated:

Question or statement	Response
An bhfuil Cáit anseo ? Is Cáit here ?	*Tá.* Yes, she is. *Níl.* No, she is not.
Beidh muid anseo amáireach. We will be here tomorrow.	*Beidh.* Yes, we will. *Ní bheidh.* No, we won't.
Nach bhfuiltear sásta anseo ? Are people not content here ?	*Táthar.* Yes, they are. *Níltear.* No, they are not.

In normal unstressed responses, unless the subject is included in the verb form, e.g. *táthar,* there is no need to repeat it, e.g. *An bhfuil Cáit anseo ? Tá .* (not *Tá Cáit*).

6. INDIRECT QUESTIONS ('IF/WHETHER ... OR NOT)

Níl mé cinnte an bhfuil Cáit anseo nó nach bhfuil.	I am not certain whether Cáit is here or not.

The indirect question in Irish is generally exactly the same as the corresponding direct question, e.g. *An bhfuil Cáit anseo nó nach bhfuil ?* 'Is Cáit here or is she not ?'

7. EXPRESSING 'TO HAVE'

Tá teach ag an mbean. The woman has a house.

'Somebody has something' is expressed by saying (literally) 'There is something at somebody'.

TEXT

BAILE ÁTHA CLIATH

Ní raibh Máire bheag ariamh ann. 'Tá Baile Átha Cliath mór, cinnte', a[1] *deir máthair Mháire, 'tá neart sráideanna agus níl mórán croinnte ann ar chor ar bith.' Bhí máthair Mháire seachtain ann anuraidh, ach bhí Máire tinn agus mar sin ní raibh sí ann ariamh.*

'A Mhaime, an bhfuil mórán carranna agus busanna ann ?' a deir Máire.

'Tá, agus ar ndóigh, tá go leor siopaí ann freisin.'

'An bhfuil siad go deas ?'

'Tá, cinnte. Tá siopa mór deas ann agus beidh muid ann amáireach.'

'An raibh tusa ansin ariamh, a Dheaide ?' a deir Máire.

'Bhí, muis, bhí mé ansin go minic. Níl sé cosúil leis an siopa anseo.'

'An bhfuil mórán éadaí ann ?'

'Ar ndóigh tá 'chuile shórt ann. Tá cabhantair go leor ann. B'fhéidir go mbeidh cótaí agus seaicéid ag cabhantar amháin agus beidh treabhsair agus cultacha ag ceann eile.'

'Nach bhfuil léinteacha agus geansaíocha ann ?'

'Tá cinnte. Tá 'chuile shórt mar sin ann.'

'Tá gúnaí agus sciortaí ann freisin', a deir máthair Mháire. 'Bhí bróga agus stocaí ann anuraidh in aice leis an doras.'

'Bhí', a deir Máirtín, athair Mháire, 'agus tá mé cinnte go raibh siad daor.'

'Ní raibh, muis, ní raibh siad daor ar chor ar bith. Bhí siad réasúnta saor. Bhí bróga saor ann ar aon chaoi. Níl mé cinnte an mbeidh siad ann amáireach nó nach mbeidh. Tá Baile Átha Cliath go hiontach.'

[1] *A deir* is used instead of *deir* after direct speech.

LESSON 6

EXERCISE

TRANSLATE:

1. Dublin will be wonderful tomorrow. 2. I was a week there last year. 3. Were you *(pl.)* sick yesterday ? 4. Will *you* be here tomorrow ? *We* will be here certainly, at any rate. 5. He is not sure whether he will be here again or not. 6. The woman had a big house and there were lots of rooms. 7. Were there books and papers on the table ? Yes, indeed. 8. Máire also has a nice coat and a wonderful dress. Yes, she has indeed. 9. Were there many people ? Was one (were people) satisfied with the place ? 10. There will be lots and lots (*go leor leor*) of cars and buses on the road but there won't be many trees. 11. There were a few people at the gate again, so Cáit was pleased. 12. Diarmaid has a nice shirt, hasn't he ? 13. There was a street on the other side but there weren't many people. 14. Peige's father and mother were fairly pleased with the picture. 15. There were shirts and pairs of trousers and lots of other clothes on the floor near the window.

LESSON 7

VOCABULARY

aimsir *fem.*	/æ:m´s´ər´/		weather, time (in general)
an iomarca	/əN´umərkə/		too much, too many
asal	/a:səL/	pl. *asail* /a:səl´/	donkey
bainne	/ba:N´ə/		milk
beithíoch[1]	/b´eix/	*beithígh* /b´ei/	cow, beast
bó[1] *fem.*	/b o:/	*ba* /ba:/	cow
caora *fem.*	/ki:rə/	*caoirigh* /ki:r´ə/	sheep
capall	/ka:pəL/	*caiple* /ka:pl´ə/	horse
cat[2]	/kut/	*cait* /kit´/	cat
cnoc	/kruk/	*cnoic* /krik´/	hill
créatúr	/k´r´e:tu:r/	*créatúir*	poor thing, poor fellow
féar	/f´e:r/		grass
feilm *fem.*	/f´el´əm´/	*feilmeacha*	farm
francach	/fra:ŋkəx/	*francaigh* /fra:ŋkə/	rat
geimhreadh	/g´i:w´r´ə/	*geimhraíocha*	winter
inín *fem.*	/in´i:n´/	*iníneacha*	daughter
madadh	/ma:də/	*madraí* /ma:dri:/	dog
mí *fem.*	/m´i:/	*míonna*	month
muic *fem.*	/mik´/	*muca* /mukə/	pig
peata	/p´æ:tə/	*peataí*	pet
rifíneach	/rif´i:n´əx/	*rifíneacha*	ruffian
samhradh	/saurə/	*samhraíocha*	summer
saol	/si:L/	*saolta*	life
uisce	/is´k´ə/		water

bocht	/boxt/	poor, miserable
bradach	/bra:dəx/	thieving, sly
chuile *(with len.)*	/xil´ə/	every
dall	/da:L/	blind
fuar	/fu:ər/	cold
glic	/gl´ik´/	cute, cunning
íseal	/i:s´əL/	low
óg	/o:g/	young
soibhir	/sew´ər´/	rich
spéisiúil	/sp´e:s´u:l´/	interesting
tábhachtach	/ta:wəxtəx/	important
uasal	/u:əsəL/	noble, pertaining to gentry/upper class

cé go/nach	/k´e: . . . /	although
chomh maith	/xə ma:/	as well
cineál[3]	/k´iNa:L/	kind of, sort of
go díreach	/gə d´i:r´əx/	exactly, just, directly
i gcónaí	/ə gu:Ni:/	always, still
mar gheall ar (go/nach)	/ma:r ɣ´a:L er´/	because (of), concerning
ó shin	/o: xin´/	ago, since that

[1] *Bó* /bo:/ fem. 'cow' is normally used in the singular and *beithígh* in the plural.

[2] Pronounced as though spelt *cut.*

[3] Pronounced as though spelt *cionál.*

GRAMMAR

1. THE HABITUAL TENSES OF *TÁ*

(i) Present habitual

Bíonn Cáit anseo. — Cáit is normally here/is wont to be here.

(ii) Past habitual

Bhíodh Cáit anseo. — Cáit used to be here.

2. THE CONDITIONAL OF *TÁ*

Bheadh Cáit anseo. — Cáit would be here.

3. SUMMARY TABLE OF VERB *TÁ*

is	was	will be	normally is	used to be	would be
tá mé	*bhí mé*	*beidh mé*	**bím**	**bhínn**	**bheinn**
tá tú	*bhí tú*	*beidh tú*	*bíonn tú*	**bhíteá**	**bheifeá** / **bheitheá**
tá sé	*bhí sé*	*beidh sé*	*bíonn sé*	*bhíodh sé*	*bheadh sé*
tá sí	*bhí sí*	*beidh sí*	*bíonn sí*	*bhíodh sí*	*bheadh sí*
tá muid	*bhí muid*	*beidh muid*	*bíonn muid*	*bhíodh muid*	*bheadh muid*
tá sibh	*bhí sibh*	*beidh sibh*	*bíonn sibh*	*bhíodh sibh*	*bheadh sibh*
tá siad	*bhí siad*	*beidh siad*	*bíonn siad*	**bhídís**	**bheidís**
táthar	*bhíothadh*	*beifear*	*bítear*	*bhítí*	*bheifí*

The statement form in the past, habitual past, and conditional is always lenited. A final *ch* /x/ sound in verbal endings, except in autonomous forms, is replaced by a *t* /ṭ/ sound before a slender *s*, e.g. *sé, sise, sibh, Seán.*

Bhíodh muid anseo. /x/ — We used to be here.
Bheadh sé go deas. /ṭ/ — It would be nice.

4. COMBINED FORMS

bíonn + mé/mise	combine as	*bím(se)*	/b´i:m´/	I (normally) am
bhíodh + mé/mise		*bhínn(se)*	/w´i:N´/	I used to be
bheadh + mé/mise		*bheinn(se)*	/w´eN´/	I would be
bhíodh + tú/tusa		*bhíteá(sa)*	/w´i:t´ɑ:/	you used to be
bheadh + tú/tusa		*bheifeá(sa)*	/w´eɑ:/	you would be
bhíodh + siad/siadsan		*bhídís(ean)*	/w´i:d´i:s´/	they used to be
bheadh + siad/siadsan		*bheidís(ean)*	/w´ed´i:s´/	they would be

All verbs have combined forms in the above persons and tenses.[1] Contrast forms always add *-se* /s´ə/ (in the first sing.), *-sa* /sə/ (in the second sing.) and *-sean* /s´əN/ (in the third plur.).

[1] A further combined form is *bhíodar* /w´i:dər/ which can be optionally used instead of *bhí siad.*

The combined form is used in a response:

An mbeifeá ansin ? Would you be there ?	*Bheinn.* Yes, I would.
Bhídísean sásta. They used to be content.	*Bhídís.* Yes, they used to be.

The contrast forms, e.g. *bhídísean,* are never used in these responses.

5. ADJECTIVE MODIFYING NOUNS IN PLURAL

(i) After most nouns

fuinneogaí móra	big windows
daoine glice	cunning people

An unstressed vowel /ə/ is added. This is spelt *a* after a broad consonant, e.g. *mór,* and *e* after a slender consonant, e.g. *glic.*

(ii) After nouns with plurals spelt with a final consonant

gasúir bheaga	little children
francaigh mhóra	big rats

The adjective is also lenited.[1]

6. THE VOCATIVE PLURAL

A rifíneachaí !	(You) ruffians !
A chearca !	Hens !
A dhaoine uaisle !	Ladies and gentlemen ! (*lit.* noble people)
A ghasúir bheaga !	(You) little children !
A rifíneachaí bradacha !	You thieving ruffians !

The vocative particle *a* /ə/ always causes lenition (see Lesson 4). Adjectives follow the normal rules for the plural.

There are a few nouns which have a special vocative-plural form, e.g. *créatúr* 'poor thing', *créatúir* 'poor things', *a chréatúrachaí* '(you) poor things !'; *fear* 'man', *fir* 'men', *a fheara* '(you) men !'.

LESSON 7

TEXT

FEILM MHUINTIR MHÁIRTÍN

Tá feilm réasúnta mór ag muintir Mháirtín. Níl siad soibhir cé go bhfuil go leor feilméaraí soibhir agus daoine uaisle anseo. Ar ndóigh, níl siad bocht ach a oiread ! Tá beithígh bhainne go leor ag Máirtín agus neart caoirigh. Tá cnoc beag in aice leis an bhfeilm agus bíonn caoirigh Mháirtín ansin. Bíonn beithígh Mháirtín ar an talamh maith, go díreach in aice leis an teach. Tá an féar go maith ansin. Ní bhíonn muca ann anois cé go mbíodh neart muca ann cupla bliain ó shin. Tá cearca ann chomh maith agus ar

[1] In certain set phrases a noun used attributively (i.e. similarly to an adjective) is lenited in the same way, e.g. *beithígh bhainne* 'milch cows'.

ndóigh, tá cat agus madadh ann freisin. Tá an cat tábhachtach mar gheall ar go bhfuil an iomarca francaigh mhóra anseo. Tá an cat cineál dall anois ach tá sé glic go leor mar sin féin. Bíonn cait dhall mar sin go minic. Tá cait spéisiúil mar sin.

Tá gasúir bheaga ag Máirtín. Tá peata ag 'chuile dhuine. Tá asal ag Seáinín, mac Mháirtín, agus ar ndóigh, bíonn sé bradach anois agus aríst. Ní bhíonn mórán asail anseo anois ach cupla bliain ó shin bhíodh go leor leor asail anseo. Bíonn siad daor anois. Tá peata ag Bríd, iníon Mháirtín, freisin. Tá capall beag ag Bríd.

Bhí Bairbre bheag anseo cupla mí anuraidh agus bhí sí sásta leis an saol anseo. Bíonn gasúir bheaga sásta leis an saol anseo.

Bhí bliain mhaith ag Máirtín anuraidh. Bhí an aimsir go maith. Bhí an samhradh go hiontach, cé nach raibh go leor uisce ann.

'Bíonn an samhradh go deas anseo ach bíonn an geimhreadh go dona. Bíonn muintir Bhaile Átha Cliath mar sin i gcónaí ! Bheitheá sásta anseo anois ach b'fhéidir go mbeadh an geimhreadh fuar agus an mbeitheá sásta ansin ?' a deir Máirtín leis an gcailín óg.

'Bheinn,' a deir Bairbre Bheag.

'Níl mé cinnte an mbeitheá !' a deir Máirtín.

'Ó muise, an créatúr,' a deir Cáit, bean Mháirtín, 'bheadh sí sásta cinnte. Bíonn daoine óga sásta i gcónaí, nach mbíonn, a Bhairbre Bheag ?'

EXERCISE

TRANSLATE:

1. Máirtín had small children. 2. There are nice big windows here. 3. There are big trees and nice fields here now but there will be houses and colleges here. 4. There used to be lots of cows and horses here but now there aren't many at all. 5. They used to be satisfied with the farm, usen't they ? 6. The land usen't to be good here and there used to be too much water. 7. Would you be satisfied with the life on the farm ? Yes, certainly, I would. 8. The winter and the summer would be nice here. 9. There were many rich people here. 10. I was *there* a few weeks last year and the weather was wonderful. 11. The woman has a son and a daughter. 12. Oh now ! The poor thing ! It is cold here again. 13. There are sheep and horses on the hill. 14. Ladies and gentlemen, is everybody satisfied with the place ? 15. I am sure that the book wouldn't be interesting anyway.

LESSON 8

VOCABULARY

aois *fem.*	/i:s´/		age, century
coicís *fem.*	/kaik´i:s´/		fortnight
cois *fem.*	/kos´/	pl. *cosa*	leg, foot
croí	/kri:/	*croíthe*	heart
deartháir	/d´r´ɑ:r´/	*deartháracha*	brother
dínnéar	/d´i:N´e:r/	*dínnéir*	dinner
driofúr *fem.*	/d´r´aur/	*driofúracha*	sister
eochair *fem.*	/oxər´/	*eochracha*	key
lá	/Lɑ:/	*laethanta* /Le:Nti:/	day
óige *fem.*	/o:g´ə/		youth, childhood
posta	/postə/	*postaí*	job, post, post office
scéal	/s´k´e:L/	*scéalta*	story, news
scoil *fem.*	/skel´/	*scoileanna*	school
súil *fem.*	/su:l´/	*súile*	eye
tráthnóna	/trɑ:'Nu:Nə/	*tráthnónaí*	evening
uair *fem.*	/u:ər´/	*uaireanta*	time, hour, occasion *pl.:* sometimes
úlla	/u:Lə/	*úllaí*	apple
Ruairí	/ru:ər´i:/		*(man's name)*
Úna	/u:Nə/		*(woman's name)*
cloisim	/klos´əm´/		I hear
sílim	/s´i:l´əm´/		I think
tigim	/t´ig´əm´/		I understand
cantalach	/ka:NtəLəx/		bad-humoured, cranky
ceart	/k´æ:rt/		right, correct
dána	/dɑ:Nə/		bold
fliuch	/f´l´ox/		wet
marbh	/ma:ru:/		dead
sean	/s´æ:N/		old
tuirseach	/tors´əx/		tired
uilig [1]	/ə'l´ug/		entire(ly), all, altogether
na	/Nə/		the *(pl.)*
arú amáireach	/a:ru: mɑ:r´əx/		the day after tomorrow
arú anuraidh	/a:ru: Norə/		the year before last
arú inné	/a:ru: N´e:/		the day before yesterday
go háirithe	/gə hɑ:r´əd´/		especially
go hiondúil	/gə hu:Ndu:l´/		usually
bí	/b´i:/		be !
bígí	/b´i:g´i:/		be ! *(pl.)*
bíodh	/b´i:x/		let ... be
bídís	/b´i:d´i:s´/		let *(pl.)* ... be
ná	/Nɑ:/		*(see this lesson)*
má	/mɑ:/		if
mara	/ma:rə/		if ... not, unless

[1] Pronounced as though spelt *uiliog*.

VOCABULARY NOTES:

1. *Tráthnóna* can be used adverbially, e.g. *Beidh sé anseo tráthnóna* 'He will be here in the evening'; *Bhí sé anseo tráthnóna* 'He was here in the evening'.

2. *Seo chugainn* /s´o hugəN´/ and *seo caite* /s´o ka:t´ə/ are used in the expressions: *an tseachtain (an mhí, an bhliain) seo chugainn* 'next week (month, year)'; *an tseachtain* etc. *seo caite* 'last week etc.'.

GRAMMAR

1. IMPERATIVE OF VERB *TÁ*

(i) Positive

Bí anseo amáireach !	Be here tomorrow !
Bígí anseo amáireach !	Be *(pl.)* here tomorrow !
Bíodh Cáit anseo amáireach !	Have Cáit here tomorrow ! Let Cáit be here tomorrow !
Bídís anseo amáireach !	Have them here tomorrow !

Bíodh can also be used with *sé, sí* and *muid*; concerning pronunciation before slender *s* see Lesson 7.

(ii) Negative

Ná bí anseo amáireach !	Don't be here tomorrow !

Ná is used to negate all forms of the imperative.

2. 'IF' CLAUSES

(i) Positive

Má bhíonn Máirtín ann, bíonn Cáit sásta.	If Máirtín is there, Cáit is (normally) pleased.

Má 'if' lenites all verb forms (except *tá,* e.g. *má tá* ...).

(ii) Negative

Mara bhfuil tusa sásta, ní bheidh mise sásta.	If *you* are not satisfied, *I* will not be satisfied.

Mara 'if ... not, unless' causes eclipsis and is followed by the dependent form.

(iii) Future

Má bhíonn Máirtín ann, beidh Cáit sásta.	If Máirtín will be there, Cáit will be pleased.
Mara mbeidh Máirtín ann, ní bheidh Cáit sásta.	If Máirtín will not be there, Cáit will not be pleased.

After *má,* the future is expressed by using the habitual present, e.g. *bíonn.*

(iv) In responses

Ach tá mé sásta !	But I am satisfied !
Bhoil, má tá !	Well, if that is so (that is alright).

Má/mara can be used in a response with the usual deletion of the subject pronoun (see Lesson 6) to express 'if that is (not) so, then that is alright'.

3. THE DEFINITE ARTICLE (SINGULAR)

(i) Before a feminine noun

Tá an chloch anseo.	The stone is here.
Tá an fhuinneoig mhór ansin.	The big window is there.

The article lenites a following feminine noun, except *t, d* which tend to resist lenition after *n*, e.g. *an tine* 'the fire' and *an deoch* 'the drink', and *s*.

Bhí an tseachtain go maith.	The week was good.
Tá an tsráid bheag ansin.	The small street is there.

The article prefixes a *t* to a feminine noun beginning with *s* followed by a vowel or *l, n, r.* The *s* is then not pronounced. Any prefixed *t* takes its quality from the following vowel or consonant, e.g. slender in *an tseachtain,* broad in *an tsráid.* The *t* is prefixed even when the article follows a preposition:

ar an tsráid	on the street
faoin tsúil	under the eye

(ii) Before a masculine noun beginning with a vowel

Tá an t-úlla anseo.	The apple is here.
Tá an t-éan ansin.	The bird is there.

The article prefixes a *t* to a masculine noun beginning with a vowel.

(iii) Summary table:

Before	with an initial consonant	with an initial vowel
masc. noun	**an**	**an t-**
	an fear	*an t-úlla*
fem. noun	**an** + lenition	**an**
	an bhean (but *an tine, an deoch*)	*an eochair*
	an t *before sl, sn, sr, s* + vowel	
	an tseachtain	

4. USAGES OF DEFINITE ARTICLE

(i) Nouns used in a general sense

Tá an óige go maith.	Youth is good.
Ní bhionn an t-Éireannach leisciúil.	An Irishman is not (normally) lazy.

The article is used when speaking in a general way.

LESSON 8

(ii) Expressing a relationship between an entity and its parts

Tá an teach go deas, ach tá an doras go dona.	The house is nice, but its door is bad.
Tá mé go maith, ach tá an chois tinn.	I am well but my foot is sore.

Where there is no doubt about what or who the possessor is, the article can be used. This is usually the way of expressing possession where an inanimate noun is referred to, e.g. *teach.*

TEXTS

MUINTIR RUAIRÍ

Tá teach deas compóirteach ag Ruairí agus ag Úna ar an tsráid mhór in aice leis an scoil. Tá cupla gasúr óg anois ann agus tá posta maith ag Ruairí. Bhíodh máthair Úna ann ach tá sí marbh anois. Bhí aois mhór ag an mbean agus ní raibh an croí go maith. Bíonn deartháir Ruairí, Páidín, ann anois agus aríst. Níl driofúr ar bith ag Ruairí.

DONNCHA

Ní fheicim Donncha go minic anois. Ar ndóigh, tá sé sean agus bíonn sé tuirseach go minic, go háirithe tráthnóna. Go hiondúil, bíonn sé cineál cantalach leis an ngasúr anseo. 'Bí ciúin !' a deir sé i gcónaí, nó 'Ná bí dána mar sin !' Cloisim go raibh an chois tinn aríst an mhí seo caite agus bhí sé coicís ar an leaba. Sílim nach bhfuil an chois ceart ó shin. Má bhíonn sé go maith an tseachtain seo chugainn, beidh sé anseo aríst.

AN SCOIL

Tá an scoil anseo. Tá sí mór go leor. Tá neart múinteóirí anseo, cé nach bhfuil mórán gasúir uilig ann. Tá posta ag athair Pháidín anseo.

Uaireanta, má bhíonn an aimsir go dona, bíonn an dínnéar ag na gasúir anseo. Inné agus arú inné bhí sé fliuch agus bhí na gasúir bheaga uilig tuirseach agus cantalach. Ar ndóigh, má bhíonn siad tuirseach, go hiondúil bíonn siad dána freisin. Má bhíonn an tseachtain uilig fliuch, deir na múinteoirí go mbíonn sé go dona. Tigim an scéal go maith.

EXERCISE

TRANSLATE:

1. Úna's heart was never good. She is dead now, the poor thing. 2. There is one child and he is still fairly young. 3. If Páidín is here in the evening, usually he is bad-humoured, especially with the child. 4. Don't be *(pl.)* bold like that ! Be *(pl.)* quiet ! 5. Usually we are tired in the evening. 6. If Seáinín was *there,* I am satisfied. 7. I see that the key is *there* on the table but I am not sure where the door is. 8. If the apple is *there* tomorrow, Cáit will be pleased. 9. If the house isn't beside the school, Ruairí will be bad-humoured. 10. If *you* are here tomorrow, *I'*ll be here too. 11. He was here one evening and he was sick. 12. If he is here in the evening, everybody will be pleased.

LESSON 9

VOCABULARY

bricfásta	/b´r´ik´fɑ:stə/	pl. *bricfástaí*	breakfast
buicéad	/bik´e:d/	*buicéid*	bucket
caraid *fem.*	/ka:rəd´/	*cairde* /kɑ:rd´ə/	friend
dánlann *fem.*	/dɑ:NLəN/	*dánlanna*	art gallery
drama	/dra:mə/	*dramaí*	drama, play
dream	/d´r´ɑ:m/	*dreamanna* /d´r´æ:məNi:/	crowd, group
earrach	/æ:rəx/		spring
farraige *fem.*	/fa:rəg´ə/	*farraigí*	sea
fáth	/fɑ:/		reason, cause
fómhar	/fu:wər/		autumn
gaineamh	/ga:n´ə/		sand
leabharlann *fem.*	/L´aurLəN/	*leabharlanna*	library
leitir *fem.*	/L´et´ər´/	*leitreacha*	letter
maidin *fem.*	/ma:d´ən´/	*maidineacha*	morning
scáthán	/skɑ:N/	*scátháin* /skɑ:n´/	mirror
sliabh	/s´l´i:əw/	*sléibhte* /s´l´e:f´t´ə/	mountain
sneachta	/s´N´æ:xtə/		snow
spáid *fem.*	/spɑ:d´/	*spáideanna*	spade
spóirt *fem.*	/spo:rt´/		sport. fun
teach ósta	/t´æ:x o:stə/	*tithe* /t´i:/ *ósta*	public house, inn
teas	/t´æ:s/		heat
trá *fem.*	/trɑ:/	*tránna*	strand
Pádraig	/pɑ:rək´/		*(man's name)*
creidim	/k´r´ed´əm´/		I believe
cé, cén/cé na	/k´e:/		who is (the), what is (the)
fairsing	/fa:rs´əN´/		plentiful
glan	/gLa: N/		clean, clear
náisiúnta	/Nɑ:s´u:Ntə/		national
seo	/s´o/		this *(see this lesson)*
sin	/s´in´/		that *(see this lesson)*
siúd	/s´u:d/		'that' *(see this lesson)*
úd	/u:d/		'that' *(see this lesson)*
te	/t´e/		hot, warm
ar maidin	/er´ ma:d´ən´/		in the morning
beagnach	/b´ogNəx/		almost, nearly
fós	/fo:s/		yet, still
go moch	/gə mox/		early (in the morning)
i mbliana	/ə m´l´i:əNə/		this year
maidir leis an ...	/ma:d´ər´/		as for the ...
mar (go/nach)	/ma:r/		as
thú, thusa	/hu:/, /husə/		*(see this lesson)*
é, eisean	/e:/, /es´əN/		*(see this lesson)*
í, ise	/i:/, /is´ə/		*(see this lesson)*
iad, iadsan	/i:əd/, /i:ədsəN/		*(see this lesson)*

VOCABULARY NOTE:

The pronouns *mé, é, sé* may be pronounced short, i.e. /m´e/, /e/, /s´e/.

GRAMMAR

1. PLURAL OF DEFINITE ARTICLE

Tá na heochracha anseo ar na boird.	The keys are here on the tables.
Tá na héanacha beaga ansin ar na clocha.	The little birds are there on the stones.

The form *na,* which is unstressed, is used with all plural nouns. It prefixes *h* to any noun beginning with a vowel.

2. DISJUNCTIVE PRONOUNS

(i) Usage

Tá tú ansin. Feicim anois thú.	You are there. I see you now.
Tá sé ansin. Feicim anois é.	He is there. I see him now.
Tá sí ansin. Feicim anois í.	She is there. I see her now.
Tá siad ansin. Feicim anois iad.	They are there. I see them now.

When used disjunctively, that is, not as a subject directly following on a verb form *thú/thusa, é/eisean, í/ise, iad/iadsan* are used. *Mé/mise, muid/muide, sibh/sibhse* remain the same.

(ii) Word order

Cloisim anois thú.	I hear you now.
Tigim thusa anois ach ní thigim iad sin.	I understand *you* now but I don't understand those fellows.

When the ordinary form of a pronoun, e.g. *thú,* is used an adverb or adverbial phrase, e.g. *anois,* precedes it.

3. USE OF *FÉIN* 'SELF'

(i) For emphasis *(mé féin)*

Tá mé féin sásta anseo.	I myself am content here.
Feicim féin an sagart anois.	I myself see the priest now.

Féin /he:n´/ is added to the pronoun, e.g. *mé féin, tú féin,* etc., or simply to the verb, where the pronoun is combined with it, e.g. *feicim* 'I see', *feicim féin* 'I myself see'.

(ii) For emphasis after a contrast form or after a noun (*mise mé féin)*

An bhfuil tusa thú féin sásta anseo ?	Are you yourself content here ?
Tá an múinteoir é féin anseo anois.	The teacher himself is here now.

After a contrast form or after a noun, *mé féin, thú féin, é féin,* etc. are added.

(iii) Reflexive use

Tá scáthán ansin agus feicim mé féin.	There is a mirror there and I see myself.

4. COMPOUND SUBJECT OR OBJECT

Tá mé féin agus Ruairí sásta.	*Ruairí* and I are content.
Tá tú féin agus é féin anseo.	You and he are here.
Tá mise agus thusa agus ise anseo.	**She** and **you** and **I** are here.
Ní fheicim thusa ná iadsan.	I see neither **you** nor **them.**

Féin is added to the pronoun where there are two or more subjects or objects. The first person comes first, e.g. *mé féin agus Ruairí.* As only the first part of a compound subject directly follows the verb, a disjunctive pronoun is used for the other(s), e.g. ... *tú féin agus é féin.* Contrast is expressed in the normal way by use of contrast pronouns, e.g. *mise, agus thusa, agus ise.*

5. THE ADJECTIVES *SEO, SIN, ÚD/SIÚD*

(i) Use with nouns

Tá an fear seo sásta.	This man is satisfied.
Tá an chloch mhór sin go deas.	That big stone is nice.
Níl na fir úd sásta.	'Those' men are not satisfied.

The definite article is used, e.g. *an fear seo* 'this man', before any common noun followed by the invariable adjectives *seo, sin,* or *úd.* Names do not normally have the article, e.g. *Máirtín sin* 'that Máirtín'. These adjectives correspond to the adverbs *anseo, ansin, ansiúd.* The form *úd* (rather than *siúd*) is most often used with a noun.

(ii) With third person

Tá sé seo go maith.	This fellow / thing is good.
Bhí sí sin go deas.	That woman / thing *(fem.)* was nice.
Ní bheidís siúd sásta.	'They' would not be satisfied.

Seo, sin, siúd can be used with the ordinary third person pronouns to refer to people or things. Contrast forms, e.g. *seisean,* are not used. The form *siúd* (rather than *úd*) is used with a pronoun or combined form.

TEXTS

LEITIR *Baile Átha Cliath, 2*

A Phádraig, a chara,[1]

Tá Baile Átha Cliath go deas anois; níl fuacht ar bith ann cé go bhfuil sneachta fós ar na sléibhte. Bhí an fómhar agus an geimhreadh go hiontach anseo. Bhí dramaí nua beagnach 'chuile mhí agus peictiúr nua beagnach 'chuile sheachtain. Tá an dánlann

[1] *Cara* /ka:rə/, the Official Standard Irish form of *caraid,* is generally used at the beginning of a letter.

agus an Leabharlann Náisiúnta in aice leis an teach. Maidir leis na tithe ósta, tá siad sin fairsing anseo! Deir siad go mbeidh an t-earrach agus an samhradh te anseo i mbliana. Ní chreidim féin go mbeidh an teas go dona mar tá an fharraige ar an taobh seo agus na sléibhte ar an taobh eile. Ní bhíonn Máirtín úd anseo anois cé nach dtigim cén fáth. An bhfuil an aimsir go maith ansiúd? An bhfuil Bríd agus Cáit agus an dream uilig ann i gcónaí? Ar ndóigh, ní fheicim ar chor ar bith anois iad, cé go bhfeicim Bairbre anois is arís. – B'fhéidir go mbeidh tusa thú féin anseo an bhliain seo chugainn?

Seáinín.

AN FHARRAIGE

Bhí na gasúir uilig ag an bhfarraige inné. Bhí an aimsir go hálainn. Bhí an fharraige go deas agus bhí an t-uisce te go leor. Bhí an trá réasúnta, cé go raibh go leor gasúir eile ann. Bhí buicéid agus spáideanna beaga ag na gasúir. Bhí an trá glan agus bhí an gaineamh go deas. Bhí spóirt go leor ann. Bhí 'chuile dhuine sásta leis an lá.

Beidh scoil ann arís amáireach agus beidh bricfásta ag an dream uilig go moch ar maidin. Má bhíonn an aimsir go maith, b'fhéidir go mbeidh lá deas eile ag na gasúir an tseachtain seo chugainn.

EXERCISE

TRANSLATE:

1. The teacher was tired but the farmer himself was there also. 2. I understand it now. The door is *there* and the keys are on the table. 3. Are you *there*? I see you now! 4. She says the whole crowd will be at the sea tomorrow, but I don't believe her at all. 5. I understand *you* well, but I don't understand those (people) at all. 6. They say that the mountains are *there* but I myself don't see them at all. 7. There is a mirror here. I see myself now. 8. You and I will be satisfied with the autumn and with the spring here. 9. Were you yourself at the library yesterday? You were? That is good. Were you there early in the morning? 10. 'They' *(siúd)* would be satisfied with the public houses here. 11. The weather was good this year although there was snow on all the mountains. 12. We were a fortnight here last year but you *(pl.)* weren't there at all.

LESSON 10

VOCABULARY

aifreann	/æ:f´r´əN/	*aifreannacha*	Mass
baile mór	/ba:l´ə mo:r/	*bailteacha móra*	town
banaltra *fem.*	/ba:NəLtrə/	*banaltraí*	nurse
béal	/b´e:L/	*béil* /b´e:l´/	mouth, opening
blas	/bLa:s/		taste, good accent; anything[1]
buidéal	/bid´e:L/	*buidéil* /bid´e:l´/	bottle
cáca	/kɑ:kə/	*cácaí*	cake, soda bread
carraig *fem.*	/ka:rəg´/	*carraigreacha*	rock
cárta	/kɑ:rtə/	*cártaí*	card
céard ?	/k´e:rd/		what (is it) ?
ceo	/k´o:/		fog; anything[1]
cuid *fem.*	/kid´/		part, share, deal
dath	/da:/	*dathanna*	colour
Dé Domhnaigh	/d´e (:) du:Nə/		Sunday
dialann *fem.*	/d´i:əLəN/	*dialanna*	diary
dochtúr	/doxtu:r/	*dochtúirí*	doctor
dóthain	/do:n´/		sufficiency; enough
focal	/fokəL/	*focla*	word
gaoth *fem.*	/gi:/	*gaothanna*	wind
goile	/gel´ə/	*goileacha* 'guts'	stomach, appetite
lóistín	/Lo:s´t´i:n´/	*lóistíní*	lodging
mála	/mɑ:Lə/	*málaí*	bag
méir *fem.*	/m´e:r´/	*méaracha*	finger
oileán	/il´ɑ:N/	*oileáin* /il´ɑ:n´/	island
ospidéal	/osp´əd´e:L/	*ospidéil* /osp´əd´e:l´/	hospital
siúcra	/s´u:krə/		sugar
snáthaid *fem.*	/sNɑ:d´/	*snáthadaí* /sNɑ:di:/	needle, injection
strainséara	/stræ:n´s´e:rə/	*strainséaraí*	stranger, non-native
tamall	/ta:məL/	*tamallacha*	period, distance
teach an phobail	/t´æ:x ə fobəl´/	*tithe pobail*	(Catholic) church
teanga *fem.*	/t´æ:ŋgə/	*teangacha*	tongue, language

An Spidéal	/ə sp´id´e:L/	*(place-name)*
Ó Flaithearta	/ˌo:'fLa:rtə/	*(surname)*
airím	/æ:r´i:m´/	I feel, hear
'spáin dhom	/spɑ:n´ əm/	show me !
tháinig	/hɑ:n´ək´/	came
aisteach	/æ:s´t´əx/	peculiar, strange, queer
deacair	/d´æ:kər´/	difficult, hard
géar	/g´e:r/	sharp, sour
gránna	/grɑ:Nə/	ugly, horrible
lán	/Lɑ:N/	full
nua	/Nu:/	new
sách	/sɑ:x/	satisfied *(after a meal)*; enough

[1] In negative or conditional sentences, or in questions.

mo	/mə/	my
do	/də/, /t/, /t´/	your
a	/ə/	his, her, theirs
ar	/ə/	our
'ur	/ə/	your *(pl.)*
ar ais	/er´ æ:s´/	back (again)
ar ball	/er´ bɑ:L/	in a while, a while ago
ar lóistín	/er´ Lo:s´t´i:n´/	lodging, in lodgings
aréir	/ə'r´e:r´/	last night
dhá	/ɣɑ:/, /ɑ:/	if (see this lesson)
i bhfad	/ə wa:d/	a long time, far
mara	/ma:rə/	if ... not, unless *(see this lesson)*
ní móide (go/nach)	/N´i: mu:d´ə/	it is unlikely (that/that ... not)

VOCABULARY NOTES:

1. *rud beag tinn* 'somewhat sore, a little bit sore.'

2. *Céard é féin ?* ' What is it ? ' (*Cé, céard* are normally followed by the stressed personal pronouns, e.g. *mé féin, thú féin,* etc.).

3. *Mo dhóthain bainne* 'enough milk for me.'

4. *Ní raibh focal ag X* 'X hadn't a word to say for himself.'

GRAMMAR

1. 'IF' CLAUSES TO EXPRESS A CONDITION

(i) Positive

Dhá mbeadh Máirtín anseo, bheadh Cáit sásta.	If Máirtín were here, Cáit would be content.

Dhá 'if (...were)' causes eclipsis and is followed by the conditional.[1] The dependent form (see Lesson 6) is used where this distinction is made.

(ii) Negative

Mara mbeadh Máirtín anseo, ní bheadh Cáit sásta.	If Máirtín were not here, Cáit would not be content.

Mara 'if (...were) not', 'unless (...were)' causes eclipsis and is followed by the conditional.[1] The dependent form is used where this distinction is made.

Dhá or similarly *mara* may be variously translated as 'if ... were', 'if ... had been', or as 'if ... should be', 'if ... should have been'. It expresses a condition or hypothesis.

[1] In a number of verbs where a distinction in pronunciation can be made between the conditional and a past subjunctive, older speakers may use a past subjunctive (see Lesson 36). The conditional is, however, the norm.

2. POSSESSIVE ADJECTIVES

(i) Forms

Before a consonant			Before a vowel			Contrast	
mo dhoras	my door	/mə/	*m'uncail*	my uncle	/m/	*mo chótasa*	**my** coat
do dhoras	your door	/də/	*t'uncail*	your uncle	/t (ˉ) /	*do chótasa*	**your** coat
a dhoras	his[1] door	/ə/	*a uncail*	his uncle	/ə/	*a chóta seisean*[2]	**his** coat
a doras	her[1] door	/ə/	*a huncail*	her uncle	/ə/	*a cóta sise*[2]	**her** coat
ar ndoras	our door	/ə/	*ar n-uncail*	our uncle	/ə/	*ar gcóta muide*	our coat
'ur ndoras	your *(pl.)* door	/ə/	*'ur n-uncail*	your *(pl.)* uncle	/ə/	*'ur gcóta sibhse*	**your** *(pl.)* coat
a ndoras	their door	/ə/	*a n-uncail*	their uncle	/ə/	*a gcóta siadsan*[2]	**their** coat

Note that *-sa* is suffixed, e.g. *mo chótasa* 'my coat'; *seisean, sise* , etc. are written separately, e.g. *a bhord seisean* 'his table'.

(ii) Pronunciation

The possessive adjectives are invariable. They are all pronounced with a neutral vowel /ə/. *Mo* 'my' and *do* 'your' are written *m', t'*, showing the pronunciation (see Appendix I.5) before a vowel; *m'* and *t'* are pronounced broad or slender according to the following vowel. The adjectives *ar* 'our' and *'ur* 'your' (pl.), which in Official Standard Irish are spelt *ár* and *bhur*, are in pronunciation reduced to the vowel /ə/.

(iii) Lenition/eclipsis

In all cases *mo, do, a* 'his/its' lenite; *ar, 'ur, a* 'their' cause eclipsis.

(iv) Use with *seo, sin, siúd*

Bhí sé ag a gheata sin. — He was at that fellow's gate.

Seo 'this', *sin* 'that', *siúd* 'that' can be used with *a* 'his', 'her', 'their' to mean 'this/that person's', 'these/those people's'.

(v) Use with *féin*

Tá mo bhord féin anseo. — My own table is here.

'Own' is expressed by *féin*.

(vi) Use of *cuid*

(a) General use

Tá mo chuid leabhartha anseo. — My books are here.
Tá do chuid bainne ansin. — Your milk is there.
Tá a chuid Gaeilge go maith. — His Irish is good.

[1] This may also mean 'its'. For use of article with inanimate nouns, see also Lesson 8.

[2] This is an exception to the rule given in Lesson 9 that *seisean, sise, siadsan* are only used directly after verbs.

Cuid literally means 'a share', 'a portion'. It is normally used before a noun in the plural, e.g. *mo chuid leabhartha* 'my books'; a collective or a mass noun, e.g.. *mo chuid bainne* 'my milk'; or before an abstract noun, e.g. *mo chuid Gaeilge* 'my Irish'. It is, however, generally omitted where the noun in question 'inalienably' belongs to the possessor, e.g. *mo chosa* 'my legs'.

(b) Use in contrast and with *féin*

Tá mo chuid leabharthasa anseo.	**My** books are here.
Tá do chuid Gaeilge féin go maith.	Your own Irish is good.

The contrast endings *-se, seisean,* etc. and *féin* 'own', are added to the noun, not to the word *cuid.*

(c) Before a noun in genitive relation

Tá cuid leabhartha Cháit anseo.	Cáit's books are here.

As well as after *mo, do,* etc., *cuid* can optionally be used in similar circumstances, e.g. *cuid leabhartha Cháit* 'Cáit's books', *cuid Gaeilge Cháit* 'Cáit's Irish', before a noun in genitive relation.

3. USE OF *CEANN/CUID* TO EXPRESS 'MINE', 'YOURS', ETC.

Tá mo bhordsa anseo agus tá do cheannsa ansin.	**My** table is **here** and **yours** is **there.**
Tá do chuid leabharthasa anseo agus tá mo chuidsa ansin.	**Your** books are **here** and **mine** are **there.**
Tá a chuid Gaeilge seisean go maith ach tá do chuidsa go maith freisin.	**His** Irish is good but **yours** is also good.

Ceann lit.'head', 'end' can be used to mean 'one'. 'Mine', 'yours' etc. when referring to a singular noun is expressed as *mo, do ... cheann* 'my one', 'mine' etc., and when referring to plurals, collective, mass or abstract nouns, as *mo, do ... chuidsa* 'my share', 'mine'.

TEXTS

AG AN DOCHTÚR

Bhí Máirtín Beag ag an dochtúr inné. Tá ospidéal nua anois in aice leis an mbaile mór agus tá go leor dochtúirí ann. Tá a sheomra féin ag 'chuile dhochtúr.

Bhí banaltra ag bord in aice leis an doras.

'Cá bhfuil do chárta ?' a deir sí.

'Tá sé anseo,' a deir Máirtín Beag.

'Níl an Dochtúr Ó Flaithearta anseo go díreach anois. Ní bhíonn sé anseo ag an am seo, ach beidh sé anseo ar ball beag.'

Bhí an seomra go deas cé go raibh dath gránna ar na ballaí. Bhí bord in aice leis an bhfuinneoig. Bhí a mhála ar an mbord agus bhí snáthaid in aice leis an mála.

Ansin tháinig an dochtúr ar ais. Bhí an cárta ag an dochtúr mar bhí timpiste ag Máirtín cupla mí ó shin agus bhí a láimh go dona.

'Feicim anseo,' a deir an dochtúr, 'go raibh do láimh fós rud beag tinn mí ó shin. 'Spáin dhomh do lámha. 'Spáin dhom do mhéir thinn arís !'

Bhí an láimh ceart arís.

'Bhoil, anois ! Céard é féin an uair seo ?'

'Ní airím go maith. Níl mo ghoile go maith agus tá blas aisteach ar mo bhéal,' a deir Máirtín Beag.

'An iomarca siúcra !' a deir an dochtúr, 'nó an iomarca cácaí b'fhéidir ?'

Ní raibh focal ag Máirtín Beag mar uaireanta, bíonn an dochtúr sách cantalach.

'Tá buidéal anseo,' a deir an dochtúr, 'níl sé lán ach beidh do dhóthain ansin.'

Ní raibh Máirtín Beag i bhfad tinn.

DIALANN

Dé Domhnaigh

Tá mé anseo in aice leis an Spidéal arís. Tá an teach seo compóirteach. Tá cupla strainséara eile ar lóistín anseo. Tá a gcuid Gaeilge go maith. Bhí mé tamall anseo anuraidh freisin agus bhí mé sách sásta leis an áit. Bhí aifreann ann go moch ar maidin agus bhí teach an phobail lán. Mara mbeadh na strainséaraí uilig anseo, ní móide go mbeadh sé lán ar chor ar bith. Bhí ceo ann aréir agus maidin inniu, tá báisteach agus gaoth mhór ann. Dhá mbeadh aimsir bhreá ann, sílim go mbeinn sásta go leor anseo. Feicim an fharraige agus na carraigreacha ach ní fheicim na hoileáin ar chor ar bith.

EXERCISE

TRANSLATE:

1. My mother and father were here last year. 2. Are your father and mother pleased with the new house ? 3. **My** books are here but **yours** aren't here at all. 4. **Our** Irish is good but **yours** *(pl.)* is not good. 5. Your own milk is sour. 6. **His** room is here. **Her** room is *there.* 7. She was at 'that' fellow's house again yesterday. 8. Máirtín's clothes are always nice. 9. Unless her English was good her uncle wouldn't be at all pleased. 10. His mouth is sore and there is an ugly taste on his tongue. 11. If his finger was right, the doctor at the hospital would be pleased enough. 12. It isn't likely that I'll be long lodging here. The weather is bad. There is rain and wind and I don't see the sea or the islands at all. 13. If there was a Mass early on Sunday, the church wouldn't be full at all. 14. 'The doctor isn't here but he'll be back in a little while,' says the nurse. 'There is fog and there was an accident on the road a while ago.' His bag was on the table and there was a strange needle beside the bag. 15. The bottle isn't full but I have enough here. 16. This language isn't difficult but they say that **yours** is difficult enough.

LESSON 11

VOCABULARY

arán	/rɑ:N/	*an t-arán* /ə trɑ:N/	bread
bean an tí *fem.*	/b´æ:N ə t´i:/		woman of the house
caife	/ka:f´ə/, /ka:f´i:/		coffee
ceathrú *fem.*	/k´æ:ru:/	*ceathrúnaí*	quarter, thigh
ciseán	/k´is´ɑ:N/	*ciseáin* /k´is´ɑ:n´/	basket
fata	/fa:tə/	*fataí*	potato
feoil *fem.*	/f´o:l´/		meat
fiche *fem.*	/f´i:/	*fichid* /f´i:d´/	twenty
galún	/ga:Lu:N/	*galúin* /ga:Lu:n´/	gallon
ar fad	/er´ fa:d/		altogether
iasc	/i:əsk/		fish
im	/i:m´/		butter
liosta	/L´istə/	*liostaí*	list
oifige *fem.*	/ef´ig´ə/	*oifigí*	office
orlach	/aurLəx/	*orlaí*	inch
páiste	/pɑ:s´t´ə/	*páistí*	child
pingin *fem.*	/p´i:N´/	*pingineacha* /p´i:N´əxi:/	penny
punt	/puNt/	*punta*	pound *(lb. or £)*
saoire *fem.*	/si:r´ə/		holiday
scilling *fem.*	/s´k´iL´əN´/	*scilleacha*	shilling
scíth *fem.*	/s´k´i:/	*scítheanna*	rest
scór	/sko:r/	*scórtha* /sko:rə/	score
slat *fem.*	/sLa:t/	*slata*	rod, yard
tae	/ṭe:/	*taeanna*	tea
tilleadh	/t´iL´ə/		more
toradh	/torə/	*torthaí* /tori:/	result, fruit, crop
troigh *fem.*	/tro/	*troighthe* /tre:/	foot *(ft.)*
uafás	/u:ɑ:s/		terror; great amount
ubh *fem.*	/u (w)/	*uibheacha* /iw´əxi:/	egg

An Cheathrú Rua *fem.*	/ə x´æ:ru: ru:ə/	*(place-name)*
fuair	/fu:ər´/	got
falamh	/fa:Lə/	empty
plódaithe	/pLo:di:/	crowded
pósta	/po:stə/	married
trom	/tru:m/	heavy
uafásach	/u:ɑ:səx/	terrible
ar chúla	/er´ xu:Lə/	behind, at the back
cheana féin	/ha:Nə he:n´/	already, before
dháiríre	/ɣɑ:'r´i:r´ə/	seriously, in earnest
is	/əs/	is/are
ní	/N´i:/	is/are not
ar	/ər/	is ?
nach	/Na:x/	is ... not ?
gur	/gər/	that ... is
más	/mɑ:s/	if ... is

(see this lesson)

VOCABULARY NOTE:

ar chúla an tí at the back of the house

GRAMMAR

1. THE COPULA *IS*

(i) Usage

Tá mé anseo agus tá mé go maith.	I am here and I am well.
Is mé Máirtín.	I am Máirtín.
Is thusa an dochtúr.	**You** are the doctor.
Is í sin mo bhean.	That woman is my wife.
Is é féin an múinteoir.	He himself is the teacher.

Is, traditionally called the copula, is used to link two nouns or pronouns. The appropriate disjunctive pronoun, e.g. *mé/mise/mé féin, thú/thusa/thú féin*[1] etc. is used. *Is* is never stressed and is pronounced with a broad *s* /s/, except before a pronoun spelt with an initial *i* or *e.* The actual pronunciation is sometimes shown by spelling *is é* as *'sé, is í* as *'sí* and *is iad* as *'siad.*

(ii) Definite noun as subject

Is é an fear sin an sagart.	That man is the priest.
Is í Cáit mo bhean.	Cáit is my wife.
Is iad Bríd agus Máirtín na gasúir.	Bríd and Máirtín are the children.

In any copula sentence, where the topic (i.e. the first noun, in these examples) is a definite noun, e.g. *an fear sin* 'that man', *Cáit, Bríd agus Máirtín,* it is preceded by the appropriate pronoun *é, í, iad.*

(iii) *é, í, iad* as subject

Is é an dochtúr é.	He is the doctor.
Is í an múinteoir í.	She is the teacher.
Is iad na gasúir iad.	They are the children.

When the topic is *é, í,* or *iad* it must be repeated, e.g. *Is é an dochtúr é.*

(iv) Table of forms of the copula

	Is *Ní* *Ar*[2] *Nach*	*mé/mise* *thú/thusa*	*an dochtúr.*
Deir sé	*gur* *nach*	*muid/muide*	
	Más *Mara*	*sibh/sibhse*	*na dochtúirí.*

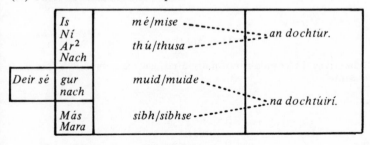

Má 'if' is written together with *is* as *más.*

[1] *Tú/tusa* may also be used, though for other pronouns only the disjunctive forms are allowed.

[2] *An* /ə/, although the Official Standard Irish form, is less common.

(v) Table of forms of copula before third person pronouns

	Ní	*hé/heisean, hí/hise, hiad/hiadsan*	*an dochtúr.*
	Is *Ab* *Nach*	*é/eisean*	
Deir sé	*gurb* *nach*	*í/ise*	
	Más *Marab*	*iad/iadsan*	*na dochtúirí.*

Más is pronounced with a final slender *s* /s´/ before third person pronouns.

(vi) Responses

Ar thusa an dochtúr ? Is mé. — Are **you** the doctor ? Yes, I am.
Ab í Cáit an múinteoir ? Ní hí. — Is Cáit the teacher ? No, she is not.

The pronoun, which takes the stress, is repeated with the copula. Note that the ordinary form of a disjunctive pronoun is used in responses, contrast forms are not used, e.g. *Ar thusa ...? Is mé.* (not *Is mise.*).

(vii) Omission of *is*

(Is) mise an dochtúr. — **I** am the doctor.
(Is) í sin an múinteoir. — That woman is the teacher.

Is may be understood before *mise, mé féin, mise mé féin; thusa, thú féin,* etc. or *é (í, iad) seo (sin, siúd)* but not before the ordinary forms *mé, thú, é, í, muid, sibh, iad.*

2. USES OF COPULA WITH ADJECTIVE

Normally the verb *tá* is used with the adjectives, e.g. *Tá sé glic* 'he is cunning'; *tá an leabhar spéisiúil* 'the book is interesting'. The copula *is,* however, has a limited use with adjectives.

(i) Certain adjectives

Is ionann[1] *iad.* — They are the same.

With a certain few adjectives the copula is normally used, e.g. *Is ionann iad; Is mar a chéile iad* 'they are the same'.

(ii) Exclamatory use

Nach maith é ! — Isn't he good !
Is deas é ! — It is nice !
Is deas í do léine ! — Your shirt is nice !

The copula is optionally used with some very few adjectives describing a permanent quality and expressing emotional estimation in an exclamation.

In responses the adjective is repeated, e.g. *Is ionann iad. Is ionann.* 'They are the same.' 'Yes, they are.'

[1] *Ionann* /a:NəN/ is pronounced as though spelt *anann.*

3. NUMBERS ONE TO TEN

bád amháin	/ba:d ə'wa:n´/	one boat
dhá bhád	/ɣa: wa:d/	two boats
trí bhád	/t´r´i: . . . /	three boats
cheithre bhád	/x´er´ə . . . /	four boats
chúig bhád	/xu:g´. . . /	five boats
sé bhád	/s´e: . . . /	six boats
seacht mbád	/s´æ:xt ma:d/	seven boats
ocht mbad	/oxt . . . /	eight boats
naoi mbád	/Ni: . . . /	nine boats
deich mbád	/d´e . . . /	ten boats

Bád amháin literally means 'only one boat'. For emphasis *aon* /e:N/, /e:N´/ (the *n* is slender before *i* or *e)* is used, e.g. *aon bhád amháin* 'only one boat'.

These numbers do not stand alone. They are always followed by a noun. The numbers from *aon* 'one' to *sé* 'six' cause lenition, e.g. *sé bhád* 'six boats'. The numbers from *seacht* 'seven' to *deich* 'ten' cause eclipsis, e.g. *seacht mbád* 'seven boats', *deich n-éan* 'ten birds'.[1]

The singular of a noun follows all these numbers. However, certain nouns, mostly denoting a measurement[2], take the plural (or a special form used only in this case) after numbers higher than two. In this case initial consonants are unaffected and *trí* 'three', *cheithre* 'four', *sé* 'six' prefix *h* to an initial vowel:

trí cinn	/kˆi:N´/	three (ones) *(with any noun)*
trí huaire	/hu:ər´ə/	three times
trí seachtainí	/s´æ:xtənˆi:/	three weeks
trí bliana	/bˆlˆi:əNə/	three years
trí ceathrúnaí	/k´æ:ru:Ni:/	three quarters
trí pingine	/pˆi:N´ə/	three pence
trí scilleacha	/sˆkˆiL´əxi:/	three shillings
trí horlaí	/haurLi:/	three inches
trí troighthe	/tre:/	three feet
trí slata	/sLa:tə/	three yards
trí clocha	/kLoxə/	three stoneweight
trí galúin	/ga:Lu:n´/	three gallons
trí huibhe	/hiw´ə/	three eggs
trí scóir	/sko:r´/	three score
trí fichid	/fˆi:d´/	three twenties

The forms *clocha, slata* are used only in the sense of 'stoneweight' or 'yards'; *trí chloch, trí shlat* mean 'three stones', 'three rods'.

Chúig lenites a few plural forms, e.g. *chúig bhliana* 'five years', *chúig phingine* 'five pence'.

[1] *Aon* 'one' optionally prefixes *t* to *s*, e.g. *aon tsagart amháin* 'one priest only'.

[2] Probably due to the use of parts of the body as units of measurement, e.g. *ceann*, this usage of a plural form spreads so that the plural of *cois* 'leg' is used, e.g. *trí cosa* 'three legs', and of *teanga* 'tongue', 'language', in the set expression *na seacht dteangacha* 'seven (= several) languages'.

TEXTS

AR SAOIRE

Bhínn ar saoire ansin in aice leis an gCeathrú Rua blianta ó shin – b'fhéidir deich mbliana nó mar sin. Ní raibh mé pósta an uair sin.

I mbliana, bhí mé féin agus mo bhean agus na páistí cupla seachtain ann.

'Cé thú féin ?' a deir bean an tí.

'Mise Máirtín,' a deir mé féin.

'Muise, ar thú ? Ar thusa Máirtín ?'

'Is mé.'

'Agus ab í sin do bhean ?'

'Is í. Is í Cáit mo bhean agus is iad Bríd agus Máirtín na gasúir.'

'Ab iad ? Nach deas iad !'

Bhí go leor daoine thart agus ní raibh mé cinnte an mbeadh an teach lán nó nach mbeadh.

'An bhfuil mórán strainséaraí anseo i mbliana ?' a deir mé féin.

'Tá, dháiríre, ach cé go bhfuil na seomraí seo uilig lán, tá tilleadh ar chúla an tí. Tá dhá sheomra falamh ansin i gcónaí, ach níl mé cinnte an mbeidís sách mór.'

'Spáin dhom iad !' a deir mé féin.

'Is ionann iad, dháiríre,' a deir bean an tí, 'ach tá dhá fhuinneoig anseo agus trí fhuinneoig ansin.'

Bhí mo bhean sásta leis na seomraí agus bhí muid trí seachtainí ar fad ann. Bhí an aimsir go maith agus bhí scíth bhreá ag 'chuile dhuine.

AN SIOPA

Tá siopa nua in aice leis an oifige. Cé nach bhfuil an siopa ann ach cupla seachtain, bhí Cáit ansin seacht n-uaire cheana féin ! Bíonn liosta ag Cáit beagnach i gcónaí mar tá an siopa mór agus bíonn an t-uafás daoine ann.

Bhí sí ann an tseachtain seo caite agus cé go raibh an áit plódaithe fuair sí 'chuile shórt ar a liosta. Fuair sí ceathrú punt tae, caife, trí bhuidéal bainne, dhá phunt siúcra, agus arán. Bhí an tae daor, tá sé beagnach punt an punt anois. Bhí an t-iasc daor freisin ach fuair sí feoil dheas. Fuair sí go leor torthaí agus mála beag fataí. Bíonn málaí móra cheithre clocha ann freisin ach tá siad uafásach trom agus níl carr ar bith ag Cáit. Bhí a ciseán beagnach lán; ach an raibh 'chuile shórt ann ? Ní raibh ! Bhí dhá rud eile ar an liosta. Fuair sí im agus sé huibhe ag cabhantar eile. Ansin, bhí 'chuile shórt ceart !

EXERCISES

A. Complete the following sentences with positive questions and responses, e.g. **Ar** *thú Seáinín ?* **Is mé.**

1. . . . . . . *thú Seáinín ?* . . . .
2. . . . . . . *thusa an múinteoir ?* . . . .
3. . . . . . . *sin do bhean ?* . . . .
4. . . . . . . *féin an dochtúr ?* . . . .
5. . . . . . . *an fear sin t' uncail ?* . . . .
6. . . . . . . *Bairbre do bhean ?* . . . .
7. . . . . . . *an múinteoir é ?* . . . .
8. . . . . . . *do mháthair í ?* . . . .
9. . . . . . . *na daoine uaisle iad ?* . . . .
10. . . . . . . *thú Donncha ?* . . . .

B. Complete the following sentences with negative questions and responses, e.g. **Nach í** *Bríd do bhean ?* **Ní hí.**

1. . . . . . . *Bríd do bhean ?* . . . .
2. . . . . . . *na múinteoirí iad ?* . . . .
3. . . . . . . *an fear mór sin t' athair ?* . . . .
4. . . . . . . *sin do dhriofúr ?* . . . .
5. . . . . . . *thusa Cáit ?* . . . .
6. . . . . . . *thú Pádraig ?* . . . .
7. . . . . . . *do mháthair í ?* . . . .
8. . . . . . . *féin an múinteoir ?* . . . .

C. Complete the following sentences with an appropriate form of the copula, e.g. **Marab** *é sin an múinteoir, níl sé anseo ar chor ar bith.*

1. ...... *é sin an múinteoir, níl sé anseo ar chor ar bith.*
2. *Deir siad* ...... *é sin a huncail.*
3. ...... *thusa Donncha, beidh Cáit sásta.*
4. ...... *thusa Cáit, ní bheidh sé sásta ar chor ar bith.*
5. *Deir siad* ...... *thusa Cáit.*
6. ...... *ionann iad.*
7. *N......* *deas iad ?*

TRANSLATE:

1. one coat. 2. only one boat. 3. eight weeks. 4. seven apples. 5. five years. 6. three times. 7. six pounds. 8. four pounds. 9. nine pounds, ten pence. 10. two boats. 11. eight chairs. 12. six years.

TRANSLATE:

1. My books are here. **Yours** are *there.* 2. **His** card is here. **Hers** is *there.* 3. Our own house is nice. 4. 'That' fellow's gate is *there.* 5. The lady of the house got fish and meat and butter and bread. She also got six eggs and potatoes and vegetables. 6. I was on holiday a while near Ceathrú Rua three years ago. There was a tremendous amount of people there. The place was crowded.

LESSON 12

VOCABULARY

ábhar	/ɑ:wər/	*ábhair*	subject, material
buachaill	/bu:əxəL´/	*buachaillí*	boy
bun	/buN/	*bunanna*	bottom, base
bunábhar	/'buN͵ɑ:wər/	*bunábhair*	basic subject
bunscoil *fem.*	/'buN͵skel´/	*bunscoileanna*	primary school
caipín	/ka:p´i:n´/	*caipíní*	cap
ceird *fem.*	/k´aird´/	*ceirdeanna*	trade, skill
ceist *fem.*	/k´es´t´/	*ceisteanna*	question
cigire	/k´ig´ər´ə/	*cigirí*	inspector
clár	/kLɑ:r/	*cláracha*	board, lid, programme
clár dubh	/kLɑ:r du (w) /	*cláracha dubha*	blackboard
cluife	/kLif´ə/	*cluifí*	game, match
córas	/ko:rəs/	*córais*	system
difríocht *fem.*	/d´if´r´i:əxt/	*difríochtaí*	difference
faitíos	/fa:t´i:əs/		fear, timidity
fuil *fem.*	/fil´/		blood
máistreás *fem.*	/mɑ:s´t´r´ɑ:s/	*máistreásaí*	(school) mistress
meánscoil *fem.*	/'m´ɑ:N͵skel´/	*meánscoileanna*	secondary school
oideachas	/ed´əxəs/		education
oiread[1]	/er´əd/		amount
ollscoil *fem.*	/'oL͵skel´/	*ollscoileanna*	university
peann	/p´ɑ:N/	*peanna* /p´æ:Nə/	pen
péire	/p´e:r´ə/	*péirí*	pair, two (things)
pobal	/pobəL/	*pobail*	public, community
pobalscoil *fem.*	/'pobəL͵skel´/	*pobalscoileanna*	community school
rang	/ra:ŋg/	*ranganna*	(school) class
soitheach	/se:x/, /saix/	*soithí* /se:/, /sai/	vessel, dish
srón *fem.*	/sru:N/	*srónanna*	nose
toil *fem.*	/til´/		will, will power
truaí *fem.*	/tru:əi:/		pity, sympathy

bris 1	/b´r´is´/	break, sack
bruith 1	/bru/	boil, cook
coinnigh 2	/kiN´ə/	keep, hold
cuir 1	/kir´/	put, sow, bury
dearg 1	/d´æ:rəg/	redden, light (cigarette etc.)
glan 1	/gLa:N/	clean, clear
imir 2	/im´ər´/	play
leag 1	/L´æ:g/	lay, place, knock down
léigh 1	/L´e:/	read
mol 1	/moL/	praise, recommend
nigh 1	/N´i/	wash
oscail 2	/oskəl´/	open
pacáil 1	/pa:kɑ:l´/	pack
péinteáil 1	/p´e:n´ṭɑ:l´/	paint
rith 1	/ru/	run
salaigh 2	/sa:Lə/	dirty

[1] After *an* no *t* is prefixed to *oiread* (masculine): *an oiread céanna.*

Caitliceach	/ka:t´l´ək´əx/	Catholic
casta	/ka:stə/	complicated, involved
coitianta	/kit´i:əNtə/	common, ordinary
dubh	/du (w) /	black
Éireannach	/e:r´eNəx/	Irish
Ghiúdach	/ɣ´u:dəx/	Jewish
Pratastúnach	/pra:təstu:Nəx/	Protestant
anocht	/ə'Noxt/	tonight
cé mhéad	/k´e: we:d/	how much
ea	/æ:/	*(see this lesson)*
go deimhin	/gə d´iw´ən´/	indeed, actually
idir	/ed´ər´/	between
i dtosach	/ə dosəx/	in the beginning, in the front
i gceist	/ə g´es´t´/	in question, relevant, considered
in éindí	/əN´ e:N´d´i:/	together, accompanying
timpeall's	/t´i:m´p´əLs/	around about, approximately
Dé Luain	/d´e: Lu:n´/ [1]	Monday
Dé Máirt	/d´e: mɑ:rt´/	Tuesday
Dé Céadaoin	/d´e: k´e:di:n´/	Wednesday
Déardaoin	/d´e:r'di:n´/	Thursday
Dé hAoine	/d´e: hi:n´ə/	Friday
Dé Sathairn	/d´e: sa:rəN´/	Saturday
Dé Domhnaigh	/d´e: du:Nə/	Sunday

VOCABULARY NOTES:

1. *Bhí Máirtín anseo Dé Máirt* 'Máirtín was here on Tuesday'; the names of the days are used adverbially: no preposition is required.

2. *Maidin, tráthnóna, oíche* can be used adverbially with *inniu, inné, aréir* or with names of days, e.g. *maidin inniu* 'this morning', *tráthnóna inné* 'yesterday evening', *oíche Dé Céadaoin* 'Wednesday night'.

3. *Tá an lá inniu go deas* 'today is nice'; *Bhí an oíche Dé Sathairn ciúin* 'saturday night was quiet'; when not adverbial: (a) *an lá* is used with *inniu, inné, amáireach,* (b) *an oíche* is used with *anocht, aréir, amáireach, or with names of days.*

4. *Más é do thoil é* /mɑ:s´ e: də hil´ e:/ 'please'

5. *Cur ceist ar ...* 'put a question to ..., ask'.

GRAMMAR

1. THE COPULA *(CTD.)*

(i) Indefinite predicate

Is dochtúr mé.	I am a doctor.
Is múinteoir í sin.	That woman there is a teacher.

When the predicate is an indefinite noun, e.g. *dochtúr* 'a doctor', *múinteoir* 'a teacher', it directly follows *is.*

[1] *Dé* is frequently pronounced with a short *e.*

Is sagart é Máirtín.	Máirtín is a priest.
Ar múinteoir í mo bhean ?	Is my wife a teacher ?
Deir sé gur dochtúirí iad na daoine sin.	He says that those people are doctors.

The rule that in any copula sentence where the subject is definite, e.g. *Máirtín, mo bhean* 'my wife', *na daoine sin* 'those people', it is preceded by the appropriate pronoun *é, í,* or *iad* (see Lesson 11) holds good.

(ii) Responses

Ar dochtúr mé/mise ?	*Is ea.*	/s´æ:/
thú/thusa ?	*Ní hea.*	/N´i: hæ:/
etc.	*Ab ea ?*	/əb´æ:/
	Nach ea ?	/Na:x æ:/
Deir sé	*gurb ea.*	/gurb´æ:/
	nach ea.	/Na:x æ:/

In responses to sentences with an indefinite noun, *ea* (an old neuter third-person pronoun) is used. *Is ea* is often spelt *'sea',* showing the stress and pronunciation.

(iii) Emphatic word-order

Is duine deas é.	He is a nice person.
Is deas an duine é.	He is a **nice** person.

When in copula sentences containing an adjective, e.g. *Is duine deas é.* 'He is a nice person', the adjective is emphasised, it precedes the noun and the article is used. This is the normal order in certain common expressions, e.g. *Is mór an truaí é* 'It is a great pity', *Is maith an scéal é* 'That is good news', *Is bocht an rud é* 'It is a miserable affair'. In responses the adjective is repeated, e.g. *Is deas an duine é* 'He is a nice person', *Is deas* 'Yes, he is'. Alternatively *ea* can be used, e.g. *Is ea* 'Yes, he is'.

2. IMPERATIVE OF REGULAR VERB

(i) Singular

Glan an bord agus nigh na soithí !	Clear the table and wash the dishes !
Léigh an leabhar ach ná bris an chathaoir !	Read the book, but don't break the chair !
Coinnigh an cóta sin ach ná salaigh an caipín !	Keep that coat, but don't dirty the cap !
Oscail an doras agus imir cluife eile !	Open the door and play another game !

The second singular imperative, e.g. *glan, bris.* is the root of the verb, that is, the form to which other endings are added. There are two basic types of regular verb; in the vocabularies, verbs are marked '1' or '2' according to whether they belong to the first or second type. The second singular of the first type has one syllable[1], e.g. *glan, bris, nigh, léigh,* while that of the second type has two syllables, e.g. *salaigh, coinnigh, oscail, imir.*

There are certain differences in the endings which are added to these two types.

[1]Exceptionally, verbs with roots ending in *-(e)áil,* e.g. *pacáil* 'pack', *péinteáil* 'paint', belong to type 1; also verbs spelt with one syllable but pronounced with a helping vowel, e.g. *dearg* 'redden', (see Appendix I.2) belong to type 1.

(ii) Plural

Glanaigí an bord agus nígí na soithí ! *(see above)*
Léigí an leabhar ach ná brisigí an chathaoir !
Coinnígí an cóta sin ach ná salaígí an caipín !
Osclaígí an doras agus imrígí cluife eile !

Type 1
adds *(a)igí* /əg´i:/

glan - aigí	*glanaigí*
bris - igí	*brisigí*
lé(igh) - igí	*léigí*
ni(gh) - igí	*nígí*

Final *-igh* is dropped after a long vowel. After a short vowel a final *-gh* is dropped and the syllable is lengthened, e.g. *ni- — nígí.*

Type 2
adds *(a)ígí* /i:g´i:/

sal(aigh) - aígí	*salaígí*
coinn(igh) - ígí	*coinnígí*
osc(ai)l - aígí	*osclaígí*
im(i)r - ígí	*imrígí*

When the ending has an initial vowel the last syllable is always lost: *-(a)igh* is dropped; *-(a)i-* is dropped before a final *l, n, r* which will then be broad or slender according to the preceding consonant, e.g. *oscl-* is broad, *imr-* is slender.

The endings *-aigí, -aígí* are added to final broad consonants, e.g. *glan, sal-, oscl-*. The endings *-igí, -ígí* are added to final slender consonants, e.g. *bris, coinn-, imr-*. All verbal endings are spelt with an initial 'broad' or 'slender' vowel according to whether the preceding consonant is spelt broad or slender.

NOTES:

1. *pacáil: pacálaigí*
péinteáil: péinteálaigí

Verbs with roots ending in *-(e)áil* are regular and behave exactly like *glan, bris,* except that the final *l* is normally made broad before any ending which does not begin with *t.*

2. *rith* /ru/ : *rithigí* /ri:g´i:/
bruith /bru/ : *bruithigí* /bri:g´i:/

In spelling, verbs with roots ending in *-th* are regular. In pronunciation, however, as *th* /h/ is dropped in this dialect (see Appendix I.4), the syllable is lengthened just as in *nígí.*

(iii) Negative

Ná hoscail an doras sin !	Don't open that door !

Ná prefixes *h* to any verb with an initial vowel.

(iv) Contrast or emphasis

(a) Ordinary form

Glan é !	Clean it !
Osclaígí é !	Open *(pl.)* it !

(b) Emphasis

Glan féin é !	Clean it yourself !
Osclaígí féin é !	Open it yourselves !

(c) Contrast

Glan thusa é !	**You** clean it !
Osclaígí sibhse é !	**You** *(pl.)* open it !

(d) Contrast + Emphasis

Glan thusa thú féin é !	You clean it yourself !
Osclaígí sibhse sibh féin é !	You open it yourselves !

3. USE OF DEFINITE ARTICLE WITH NUMBERS

an t-aon fhuinneoig amháin	the only (one) window
an dá fhuinneoig	the two windows
na trí fhuinneoig	the three windows

An t- is used before *aon,* irrespective of gender, e.g. *an t-aon bhord amháin* 'the only (one) table', *an t-aon fhuinneoig amháin* 'the only (one) window'.

Dhá 'two' which is the lenited form, is generally used, but after the article *dá,* the unlenited form, is required, e.g. *an dá fhuinneoig* 'the two windows'.

Na is always used with numbers over two, e.g. *na trí fhuinneoig* 'the three windows', *na cheithre shagart* 'the four priests', and optionally before *dá,* e.g. *na dá fhuinneoig* 'the two windows'.

4. USE OF ADJECTIVES AFTER NUMBERS

aon fhear mór amháin	only one big man
an dá fhuinneoig mhóra	the two big windows
na trí theach bheaga	the three little houses

After *aon* the adjective is as normal, e.g. *aon fhear mór amháin* 'only one big man', *aon bhean mhór amháin* 'only one big woman' (see Lesson 4). After the numbers *dhá* 'two' to *deich* 'ten' the adjective is in the plural and is lenited, e.g. *an dá fhuinneoig mhóra* 'the two big windows', *na trí theach bheaga* 'the three little houses'.

5. USE OF *CEANN* WITH NUMBERS

Ceann 'one' (lit. 'head') can stand for any noun:

An bhfuil mórán boird anseo ?	Are there many tables here ?
Bord amháin / Ceann amháin.	One table / One.
Dhá bhord / Dhá cheann / Péire.	Two tables / Two.
Cheithre bhord / Cheithre cinn.	Four tables / Four.

Péire 'pair' is very often used in place of *dhá cheann.*

TEXTS

AN BHUNSCOIL

Is múinteoir í Bairbre. Inniu Dé Luain agus tá sí cineál tuirseach. Bíonn na páistí óga i gcónaí tuirseach agus dána Dé Luain, go háirithe má bhíonn Dé Sathairn nó Dé Domhnaigh fliuch. Tá gasúir cheithre bliana is chúig bhliana ag Bairbre. Bhí timpiste beag ag Donncha agus tá fuil ar a shrón.

'Glan do shrón anois, a Dhonncha,' a deir an mháistreás. 'Is buachaill maith é Donncha, nach ea ?'

'Is ea,' a deir an rang uilig.

'Glan thusa an clár dubh anois, a Dhonncha !'

Is mór an truaí go bhfuil na gasúir rud beag tuirseach mar beidh an cigire ann ar ball.

'Anois, leagaigí na leabhartha agus na peanna ar na boird,' a deir an mháistreás. 'Glanaigí 'ur lámha agus ná salaígí na boird ná na cathaoireacha mar beidh an cigire anseo ar ball. Osclaígí na leabhartha agus léigí iad !'

Ansin, tháinig an cigire.

'Cén lá é an lá inniu ?' a deir an cigire leis an rang. Ní raibh focal ag an rang leis an bhfaitíos.

'Cuir thusa thú féin na ceisteanna ar na páistí,' a deir an cigire leis an máistreás.

'Inniu Dé Luain,' a deir Bairbre, 'amáireach .... ?'

'Amáireach Dé Máirt,' a deir an rang uilig.

'Agus arú amáireach ?'

'Dé Céadaoin.'

'Agus ansin ... ?'

'Déardaoin.'

'Agus ansin ... ?' a deir an cigire é féin.

'Dé hAoine,' a deir an rang ar fad.

'Is iontach an rang é seo,' a deir an cigire.

OIDEACHAS

Tá an córas Éireannach mórán[1] *cosúil leis an gcóras áit ar bith eile. I dtosach, tá an bhunscoil ann, ansin tá an mheánscoil ann, agus ansin tá an ollscoil ann agus coláistí eile cosúil leis an ollscoil. Go hiondúil, bíonn gasúir timpeall sé bliana ar an mbunscoil agus timpeall an oiread céanna ar an meánscoil. Tá cupla cineál meánscoil ann. Tá an phobalscoil coitianta go leor anois. Is meánscoil í an phobalscoil, dháiríre, ach bíonn ceirdeanna i gceist in éindí leis na bunábhair choitianta eile. Uair amháin, bhíodh scoileanna buachaillí agus scoileanna cailíní ann ach anois, go hiondúil, bíonn na buachaillí agus na cailíní in éindí. Tá scoileanna Caitliceacha agus scoileanna Pratastúnacha ann. Go deimhin, uaireanta, bíonn scoil Ghiúdach ann freisin. Deir daoine nach bhfuil mórán difríochtaí idir na scoileanna seo agus gur mór an truaí*[2] *nach bhfuil ann ach an t-aon chineál amháin. Deir daoine eile go bhfuil sé ceart go bhfuil na trí chineál ann agus go bhfuil an difríocht tábhachtach. Tá an scéal seo casta go leor.*

EXERCISES

A. Complete the following sentences, e.g. A. **Is** *dochtúr mé.* B. **Ab ea ?**

1.	A. ...... *dochtúr mé.*	B. . . . . ?
2.	A. ...... *múinteoir í sin ?*	B. . . . . ?
3.	A. .... *sagart é Seáinín.*	B. . . . .
4.	A. .... *múinteoirí iad na daoine sin ?*	B. . . . .
5.	A. *N....* *feilméara é sin ?*	B. . . . .

B. Complete these sentences with the appropriate adjective among the following: *deas, bocht, maith, mór.*

1.	A. *Is ...... an duine é.*	B. *Is deas.*
2.	A. *Is ...... an scéal é go bhfuil an aimsir go breá arís*t.	B. *Is maith.*
3.	A. *Is ...... an rud é.*	B. *Is ea.*
4.	A. *Nach ...... an truaí nach bhfuil Cáit go maith.*	B. *Is mór.*

C. Give the second singular imperative of: *osclaígí, salaígí, nígí, pacálaigí.*

D. Give the second plural imperative of: *imir, bris, léigh, glan, péinteáil.*

TRANSLATE:

1. the one nice woman. 2. the four nice books. 3. the three big windows. 4. the one big man. 5. the two big houses.

[1]*mórán* 'much, many' is used adverbially to mean 'more or less'.

[2]The *é* in sentences of the sort *Is mór an truaí é* can be omitted when indirect speech follows.

TRANSLATE:

1. I am not a nurse. I am a doctor. The hospital is *there.* Isn't it nice ? There is only one hospital here. 2. Are you a doctor too ? Yes. 3. Indeed, he says that all these people are either doctors or teachers. 4. Keep *(pl.)* the books but don't *(pl.)* dirty them with the pens. 5. **You** clear the table. Then wash the dishes. Dont cook the meat again and don't open the door at all ! 6. 'Clean your nose, please, and then clean the blackboard,' says the schoolmistress. 'Clean it yourself and clean your own nose !' says the boy. 7. It is a great pity that Máirtín was bold on Wednesday and Thursday. He was bold on Monday last week. 8. There are boys and girls together at the class on Tuesday and Friday.

LESSON 13

VOCABULARY

amhrán	/o:rɑ:N/	*amhráin*	song
baile	/ba:l´ə/	*bailte* /b´a:L´t´ə/	home, village
barúil *fem.*	/ba:ru:l´/	*barúlacha*	notion, opinion
bealach	/b´æ:Ləx/	*bealaí*	way
cás	/kɑ:s/	*cásanna*	case
cathair *fem.*	/ka:r´/	*cathracha*	city
ceol	/k´o:L/	*ceolta*	music
comharsa *fem.*	/ku:rsə/	*comharsanna*	neighbour
craic *fem.*	/kra:k´/		fun, 'gas'
damhsa	/dausə/	*damhsaíocha*	dance
deifir *fem.*	/d´ef´ər´/		hurry, haste
deireadh	/d´er´ə/		end
deireadh seachtaine	/d´er´ə s´æ:xtən´ə/		weekend
eitleán	/et´əLɑ:N/	*eitleáin* /et´əLɑ:n´/	aeroplane
gnaithe	/gra:/	*gnaithí* /gra:i:/	business, affairs
leoraí	/l´ori:/	*leorais* /l´ori:s/	lorry
meaisín	/'mæ:'s´i:n´/	*meaisíneanna*	machine
Nollaig *fem.*	/NoLək´/	*Nollaigeacha*	Christmas
obair *fem.*	/obər´/	*oibreacha* /aib´r´əxi:/	work
píosa	/p´i:sə/	*píosaí*	piece, period,
rásúr	/rɑ:su:r/	*rásúirí*	razor
seans	/s´æ:n´s/	*seansanna*	chance
tada	/ta:də/		anything, nothing [1]
uaigneas	/u:əg´n´əs/		loneliness
uair an chloig *fem.*	/u:ər´ ə xLeg´/		(clock) hour

a bheas	/ə w´eis/	(that) will be	
a bhíonns	/ə w´i:Ns/	(that) normally is	*(see this lesson)*
atá	/ə tɑ:/	(that) is	
fanacht	/fa:Nəxt/	(to) stay, wait, remain	

an-	/a:N/, /æ:N´/	very, excellent, great
aon	/e:N/	any
barr-	/bɑ:r/	outstanding, extraordinary
deá-	/d´ɑ:/	good
droch-	/drox/	bad
eicínt	/ə'k´i:N´t´/	some
fada	/fa:də/	long
fíor-	/f´i:ər/	real, true, genuine
luath	/Lu:ə/	soon, early
ro-	/rə/	too, excessive, over-
sean-	/s´æ:n/	old
síor-	/s´i:ər/	constant, continual
speisialta	/sp´es´i:əLtə/	special
uaigneach	/u:əg´n´əx/	lonely
abhaile	/ə'wa:l´ə/	home(ward)
chomh luath is	/xə Lu:ə s/	as soon as

[1] In negatives or questions only.

cuir i gcás	/kir´ ə gɑ:s/	(take) for example
mar	/ma:r/	as, like
nuair[1]	/Nu:ər´/	when
sol má	/ʂoL (m) ɑ:/	before
sa mbaile	/sə ma:l´ə/	at home

VOCABULARY NOTES:

1. *Níos* /N´i:s/ means 'more', e.g. *níos sásta* 'more pleased, happier'; also note *níos fearr* /N´i:s f´ɑ:r/ 'better', *níos measa* /N´i:s m´æ:sə/ 'worse'.

2. *Tá Cáit mór leis an bhfear sin.* 'Cáit is friendly with that man.'

3. *Aon* 'any' is not as forceful as *ar bith* 'any at all', e.g. *Níl aon leabhar anseo.* 'There isn't any book here.'; *Níl leabhar ar bith anseo.* 'There isn't any book at all here.' *Aon* is confined to negative sentences or questions; *ar bith* can be used in a positive sentence of the sort: *Bheadh duine ar bith sásta anseo.* 'Anyone would be content here.'

GRAMMAR

1. DIRECT RELATIVE CLAUSES

(i) Positive

Feicim an fear ...	'I see the man who ...	*atá* is *a bhíonns* (normally) is *a bheas* will be *a bhí* was *a bhíodh* used to be *a bheadh* would be	... *sásta* satisfied.'

'Who(m), that, which' are expressed by the unstressed direct relative particle *a* which lenites all verb forms (except *tá,* which has the special relative form *atá).*

A broad *s* is added to the present habitual, e.g. *a bhíonns,* and to the future, e.g. *a bheas* (from *beidh;* in spelling *-idh* is replaced by *-(e)as)* of all forms which are not combined (see Lesson 7). Combined forms do not add *s,* e.g. *Tá an fear a thigim go deas.* 'The man whom I understand is nice'.

(ii) Negative

Feicim an fear nach bhfuil sásta.	I see the man who is not content.
Feicim an fear nach mbíonn sásta.	I see the man who is not (normally) content.

'Who(m), which, that ... not' is expressed by the negative direct relative particle *nach* which causes eclipsis and is followed by a dependent form of the verb, e.g. *nach bhfuil, nach raibh.*

(iii) Double direct relative

Feicim an fear a shílim a bheadh sásta.	I see the man that I think would be content.

In a direct relative clause verbs which are normally followed by *go/nach,* e.g. *Sílim go mbeadh an fear sásta* 'I think that the man would be content', are followed by another relative, e.g. *an fear a shílim a bheadh ...* 'The man who I think would be ...'.

[1] /Nor´/ often in fast speech.

(iv) Usage

Cén bhean a bhí anseo inné ?	What woman (is it who) was here yesterday ?
Bím sásta chomh luath is a fheicim an dochtúr.	I am (normally) satisfied as soon as I see the doctor.
Tá Cáit go díreach mar a bhí sí inné.	C. is exactly as she was yesterday.
Beidh sise anseo nuair a bheas tusa ansin.	**She** will be here when **you** will be there.

A direct relative is used after questions with *cé/céard* which contain the copula (*cén* is a contraction of *cé* 'who/what is' and *an* 'the'), after conjunctions containing *is*, e.g. *chomh luath is* 'as soon as', *mar* 'like', and after certain other conjunctions, e.g. *nuair* 'when'.

2. PRONOUNS STANDING ALONE

Cé atá ansin ?	Who is there ?
Mise.	Me.
Cé thusa ?	Who are you ?

The ordinary disjunctive form, e.g. *mé, thú, é* , can never stand alone. Contrast or emphatic forms are used, e.g. *mise, thusa, eisean,*

3. PREFIXED ADJECTIVES

(i) Adjectives given primary stress

Tá drochbhád agus droch-chapall ag Máirtín.	M. has a bad boat and a bad horse.
Tá an bád roshean agus tá an capall ro-óg.	The boat is too old and the horse is too young.
Tá droch-sheanbhád eile ansin.	There is another bad old boat there.

Ordinarily, the smaller number of adjectives which are prefixed are given the primary stress, e.g. in *drochbhád, droch-* takes the primary and *-bhád* the secondary stress. As is the case with all compound words, any prefix causes lenition.

(ii) Double stress

Tá Cáit an-mhór.	C.is very big.
Tá an-charr ag Cáit.	C. has an excellent car.
Tá an carr sin fíormhaith.	That car is really good.

In the case of the intensive prefixes, *an* 'very', *fíor* 'really', *barr* 'outstanding', *deá* 'good', the compound word gets a double stress, e.g. *an-mhór: an;* and *-mhór* are stressed equally.

Níl aon charr ag Máirtín.	M.has no car.

Aon 'any' and the following noun get equal stress.

(iii) Spelling

Generally, the prefix is written together with the following word, e.g. *drochbhád, roshean.* However, two vowels, two identical consonants or two prefixes are separated by a hyphen, e.g. *ro-óg, droch-chapall, droch-sheanbhád.* The prefixes *an-* and *deá-* are written with a hyphen, and *aon* as a separate word.

(iv) Adjectives ending in *n*

Nach bhfuil aon teach ag an seanfhear sin ?	Has that old man no house ?
Tá seanteach ag an bhfear sin ach níl aon solas ann.	That man has a house but there is no light there.

All adjectives ending in *n* which come before the noun behave like *an* 'the' (see Lessons 5 and 8) in that:

(a) the *n* takes its quality from the vowel which follows it in spelling, e.g. *n* in *seanfhear* and *aon fhear* is pronounced /N´/.

(b) *d,t* resist lenition, e.g. *seanteach, seandoras*[1], *aon teach.*

An *s* also resists lenition, e.g. *aon solas,* although a *t* is frequently inserted, e.g. *aon tsolas* /'e:N'toLəs/.

4. FEMININE OF REFERENCE

Certain nouns, though masculine, are normally or frequently referred to by *sí/í.*

(i) Modes of conveyance, machines, containers

Tá carr ag Máirtín agus tá sí an-mhór. M. has a car and she/it is very big.

Other nouns are *bád, bus, leoraí, eitleán, meaisín, rásúr, soitheach.*

(ii) Certain animals

Tá capall ansin agus tá sí fíormhór. There is a horse there and it is really big.

Another example is *francach* 'rat'.

(iii) Certain garments

Tá caipín Mháirtín anseo ach tá sí robheag.	M.'s cap is here but it is too small.

Another example is *geansaí* 'jersey'.

(iv) *Leabhar* 'book'

Níl an leabhar sin ag Cáit.	C. has not got that book.
An bhfuil sí ag Máirtín ?	Has M. got it ?

Leabhar is also exceptional in that, although it is masculine, a following adjective may be optionally lenited, e.g. *leabhar mór* or *leabhar mhór* 'a big book'.

[1] In a few words the *d* is not pronounced, e.g. *seanduine* /s´æ:Nin´ə/ 'an old person'.

TEXT

AN DEIREADH SEACHTAINE

Nuair a bhíonns saoire ann Dé Luain, bíonn an deireadh seachtaine an-fhada. Is áit uaigneach í an chathair ag am mar sin. Faoi Nollaig, cuir i gcás, bíonn sí fíoruaigneach. Tá go leor daoine anseo, go háirithe seandaoine, a bhíonns uaigneach ag an deireadh seachtaine. Bíonn an t-uaigneas níos measa anseo ná mar a bhíonns sé faoin tír. Ní bhíonn na comharsanna anseo mar a bheidís faoin tír. Ní bhíonn an t-am ag daoine anseo. Bíonn obair nó gnaithí eicínt ag 'chuile dhuine. Bíonn síordheifir ann.

Tá barúil ag go leor daoine go bhfuil an baile mór níos fearr ag daoine óga. Deir daoine go bhfuil damhsaíocha agus ceol agus 'chuile chineál spóirt anseo agus go bhfuil seans níos fearr ar obair. Mar sin féin, tá go leor daoine óga nach mbíonn sásta fanacht anseo ar chor ar bith ag an deireadh seachtaine. Deir siad go mbíonn an chraic níos fearr sa mbaile agus nach mbíonn anseo ach drochdhamhsaíocha agus go mbíonn 'chuile áit plódaithe. Ar ndóigh, tá go leor cailíní óga atá mór leis na buachaillí sa mbaile.

Bíonn busanna speisialta ann ag an deireadh seachtaine agus chomh luath is a bhíonns deireadh leis an obair tráthnóna Dé hAoine, bíonn na daoine óga ar a mbealach abhaile. Uaireanta, bíonn siad cheithre huaire an chloig ar an mbealach. Sílim féin go bhfuil sé sin rofhada, bheinn tuirseach sol má bheinn sa mbaile ar chor ar bith. Bheinn níos sásta dhá mbeadh eitleán ann. Bheadh sí sin níos fearr ! Mar sin féin, bíonn ceol agus amhráin ag na daoine óga ar an mbus agus cé go mbíonn sí lán, sílim go mbíonn siad sách sásta. Ar ndóigh, bíonn go leor daoine barrthuirseach maidin Dé Luain !

EXERCISES

A. Complete the following sentences positively, e.g. *Feicim an bhean* **a bhí** *anseo inné.*

1. *Feicim an bhean ...... anseo inné.*
2. *Ní thigim an duine ...... ag an doras anois.*
3. *Is é an múinteoir an fear ...... sásta amáireach.*
4. *Is í an mháistreás an bhean ...... anseo 'chuile Dé Máirt.*
5. *Feicim an fear a shílim ...... sásta, dhá mbeadh Cáit anseo.*

B. Complete the following sentences negatively, e.g. *Tá sagart anseo anois* **nach bhfuil** *sásta ar chor ar bith.*

1. *Tá sagart anseo anois ...... sásta ar chor ar bith.*
2. *Is é an cineál fear é an dochtúr, fear ...... sásta mórán ar chor ar bith.*
3. *Feicim cailín ...... anseo Dé Sathairn seo chugainn mar beidh sí sa mbaile.*
4. *Cén bhean a bhí anseo uair an chloig ó shin ? An bhean ...... anseo inné.*
5. *Nuair ...... a bhean ann, bhíodh Páidín níos sásta.*

TRANSLATE:

1.Cáit has the same bad old car, the car Bríd had when she was here last year. 2. Who is *there* ? Me, open the door ! 3. This place is exactly as it used to be when I used to be here a few years ago. 4. The bus is always early; as soon as you are at the stop, it is there. 5. My jumper is here but it is far too big. 6. All the neighbours were at the dance on Saturday. It was really good. There was music and songs. 7. People have the notion that the city is worse, especially around Christmas. I am sure that it is lonely at the weekend.

LESSON 14

VOCABULARY

beirt *fem.*	/b´ert´/		two people
bosca	/boskə/		box
caoi *fem.*	/ki:/	*caoionna*	way, means
coirce	/ker´k´ə/		oats
cúigear	/ku:g´ər/		five people
fáinne	/fɑ:N´ə/	*fáinní*	ring
fírinne *fem.*	/f´i:r´əN´ə/		truth
míle	/m´i:l´ə/	*mílte* /m´i:L´t´ə/	thousand
monarcha *fem.*	/muNərxə/	*monarchain*	factory
seisear	/s´es´ər/		six people
síol	/s´i:əL/	*síolta*	seed
tuairim *fem.*	/tu:ər´əm´/	*tuairimeacha*	opinion
aireachtáil *fem.*	/æ:r´əxtɑ:l´/	v.n. of *airigh*	feeling, hearing
airigh 2	/æ:r´ə/		feel
bheith	/w´e/	*bí*	being
briseadh	/b´r´is´ə/	*bris*	breaking
bruith	/bru/	*bruith*	boiling, cooking
clois 1	/kLos´/		hear
cloisteáil *fem.*	/kLos´t´ɑ:l´/	*clois*	hearing
coinneáil *fem.*	/kiN´ɑ:l´/	*coinnigh*	keeping, holding
creid 1	/k´r´ed´/		believe
creisdiúint *fem.*	/k´r´es´d´u:N´t´/	*creid*	believing
cur	/kur/	*cuir*	putting, sowing, burying
déan 1	/d´i(:)N/		do, make
déanamh	/d´i(:)Nə/	*déan*	doing, making
deargadh	/d´æ:rəgə/	*dearg*	lighting, reddening
fás 1	/fɑ:s/		grow
fás	/fɑ:s/	*fás*	growing, growth
feic 1	/f´ek´/		see
feiceáil *fem.*	/f´ek´ɑ:l´/	*feic*	seeing
glanadh	/gLɑ:Nə/	*glan*	cleaning, clearing
goil	/gel´/		going
imirt *fem.*	/im´ərt´/	*imir*	playing
leagan	/L´æ:gəN/	*leag*	laying, knocking down, putting (horizontally)
léamh	/L´e:w/	*léigh*	reading
níochán	/N´i:xɑ:N/	*nigh*	washing
oscailt *fem.*	/oskəL´t´/	*oscail*	opening
pacáil *fem.*	/pa:kɑ:l´/	*pacáil*	packing
péinteáil *fem.*	/p´e:n´tɑ:l´/	*péinteáil*	painting
pós 1	/po:s/		marry, get married
pósadh	/po:sə/	*pós*	marrying, marriage
salú	/sa:Lu:/	*salaigh*	dirtying
síl 1	/s´i:l´/		think, be of the opinion
síleachtáil *fem.*	/s´i:l´əxtɑ:l´/	*síl*	thinking
siúil 1	/s´u:l´/		walk, travel
siúl	/s´u:L/	*siúil*	walking, travelling
teacht	/t´æ:xt/		coming

tig 1	/t´ig´/		understand
tiscint *fem.*	/t´is´k´əN´t´/	*tig*	understanding
tíocht	/t´i:əxt/		(alt. for *teacht*)

ar bun	/er´ buN/	afoot, going on
b'éigean	/b´e:g´əN/	it was necessary
gan	/gəN/	without *(see this lesson)*
in ann	/ə Na:N/	able
tigh	/t´i:/	at .....'s house

VOCABULARY NOTES:

1. *dúirt siad* /du:rt´ s´i:əd/ 'they said'

2. *Sin é an rud* 'that is the point' (*lit.* the thing)

3. *Cur ar bun* 'set up'

GRAMMAR

1. VERBAL NOUN

(i) Positive

Níl an crann in ann fás.	The tree cannot grow
Tá mé sásta siúl.	I am content to walk.
Tá Cáit sásta pósadh.	Cáit is willing to marry.

The verbal noun or infinitive (it is more appropriate to look at it as a noun based on a verb) can (a) have the same form as the root, e.g. *fás;* (b) various endings added to the root, e.g. *-(e)adh: pósadh, briseadh; -t: imirt.*[1]

There are three verbal nouns, *goil* 'to go', *teacht/tíocht* 'to come' and *bheith* 'to be', which are preceded by an unstressed particle *a* /ə/ which lenites, e.g. *Tá mé sásta a thíocht anois.* 'I am content to come now.'

(ii) Negative

Tá mé sásta gan siúl.	I am content not to walk.
Tá Cáit sásta gan é a phósadh.	Cáit is willing not to marry him.

The word *gan* 'without', which is unstressed, is used before the verbal noun to form a negative.

(iii) Direct object

Tá mé sásta míle a shiúl.	I am satisfied to walk a mile.
Tá Cáit sásta gan é a phósadh.	Cáit is willing not to marry him.

A direct object, e.g. *míle, é*, precedes the verbal noun. There is a general rule in Irish that when the direct object comes before the verbal noun *a* (+ lenition) is used, e.g. *a shiúl, a phósadh.*

[1] The verbal noun of every new verb is given in the vocabularies at the beginning of each lesson. The formation of the verbal noun, however, is more fully dealt with in Appendix II.

(iv) Usage as ordinary noun

Tá an siúl go deas.	Walking is nice.
Níl an fás go maith anseo.	The growth is not good here.
Bíonn pósaíocha go leor anseo.	There are plenty of marriages here.

Verbal nouns behave like ordinary nouns, are masculine or feminine and may have a plural form.

2. *SEO, SIN, SIÚD* THIS HERE / THAT THERE **IS**'

(i) Statement

Seo bord agus sin cathaoir.	This here is a table and that there is a chair.
Seo é an bord agus sin í an chathaoir.	This here is the table and that there is the chair.
Seo í Cáit, sin é Máirtín agus siúd iad na daoine eile.	This here is Cáit, that there is Máirtín, and 'those' there are the other people.

Seo, sin, siúd, corresponding to *anseo, ansin, ansiúd* (see Lesson 2), are used before a noun to express 'this here, *that* there, 'that' there (person, thing) is ... '. When a noun is definite, that is a noun with the article, the possessive adjective, or a proper noun, e.g. *an bord, mo bhord, Cáit, é, í* or *iad* are required and they follow the usages of *sé, sí, siad* (see Lessons 5 and 13). Before *é, í, iad, seo* is pronounced with a final /w/ as though spelt *seobh*.

(ii) Negation

Ní heo é an bord.	This here is not the table.

Apart from the statement form, *'eo, 'in, 'iúd* are used. *Ní* prefixes a *h*.

(iii) Questions

Ab 'eo é an bord ?	Is this (thing) here the table ?
Nach 'eo é an bord ?	Is this here not the table ?

(iv) Indirect speech

Deir sé gurb 'eo é an bord.	He says that this here is the table.
Deir sé nach 'eo é an bord.	He says that this here is not the table.

(v) 'If' clauses

Más 'eo é an bord, tá mé sásta.	If this here is the table, I am satisfied.
Marab 'eo é an bord, níl mé sásta.	If this here is not the table, I am not satisfied.

(vi) Some particular expressions

In certain expressions, e.g. *Sin é mo bharúil.* 'That is my opinion.', *Sin é mo thuairim.* 'That is my way of thinking', *Sin é an chaoi.* 'That is the way (it is)', *é* is used before a feminine noun. It can be thought of as referring to what has just been or is about to be said, rather than to the noun itself.

(vii) Summary table:

<table>
<tr><td></td><td>Seo</td><td colspan="2">(sin, siúd)</td><td rowspan="5">(é an) bord.</td></tr>
<tr><td></td><td>Ní</td><td>heo</td><td>(hin, hiúd)</td></tr>
<tr><td></td><td>Ab
Nach</td><td rowspan="3">'eo</td><td rowspan="3">('in, 'iúd)</td></tr>
<tr><td>Deir sé</td><td>gurb
nach</td></tr>
<tr><td></td><td>Más
Marab</td></tr>
</table>

The use of *ní, ab, nach,* etc. before *'eo, 'in, 'iúd* is the same as the special forms of *is* used before third person pronouns (see Lesson 11).

TEXT

AN SEAN AGUS AN NUA

Fuair muid scoil nua anseo dhá bhliain ó shin. I dtosach, bhí daoine sásta an sean-teach a leagan. Ansin cupla mí ó shin, tháinig beirt strainséaraí thart agus dúirt siad go mbeadh na daoine óga in ann fáinní a dhéanamh anseo agus go mbeidís féin in ann a thíocht agus monarcha bheag a chur ar bun, dhá mbeifí sásta an tseanscoil a choinneál.

Ansin, bhí na mná óga ag an tseanscoil 'chuile lá. B'éigean na ballaí a níochán agus na doirse a phéinteáil agus an áit ar fad a ghlanadh. Dúirt siad go mbeadh sé go hiontach dhá mbeadh obair ag na daoine óga.

'Nuair nach mbíonn obair ann,' a deir bean amháin, 'ní bhíonn an t-airgead ann. Ansin, ní bhíonn na daoine sásta fanacht anseo.'

'Nach 'in é an rud,' a deir bean eile, 'nuair nach mbíonn an t-airgead ann, ní bhíonn pósaíocha ar bith ann. Beidh 'chuile shórt níos fearr anois.'

Ach, ar ndóigh, ní raibh 'chuile dhuine sásta. Bhí mé tigh Mháirtín (an teach ósta anseo) an oíche cheana agus bhí mé in ann na seanfhir a chloisteáil, cé nach raibh mé in ann iad uilig a fheiceáil. Sílim go raibh cúigear nó seisear thart ar an mbord.

'Deir siad go mbeidh obair anois ag na daoine óga,' a deir fear amháin.

'Ó muise !' a deir seanfhear eile, 'níl mé in ann an dream óg a thiscint ar chor ar bith. Níl siad sásta an obair a dhéanamh. Nach bhfuil an talamh fairsing thart anseo ? Tá i bhfad an iomarca scoileanna ann agus níl siad sásta a lámha a shalú leis an talamh. Níl siad in ann síolta a chur ná fataí ná coirce ná tada a fhás !'

'Nuair a bhí muide óg,' a deir seanfhear eile, 'bhí muid in ann an obair a dhéanamh. Sin é mo thuairimsa !'

'Sin í an fhírinne,' a deir na fir uilig.

EXERCISES

A. Complete these sentences with an appropriate verbal noun from the following: *léamh, oscailt, goil, pósadh, briseadh, tiscint, bheith, fás, creidiúint, teacht.*

1. Tá mé in ann Gaeilge ....
2. Níl an crann in ann ....
3. An mbeifeá sásta an doras .... ?
4. Tá sé deacair an scéal sin ....
5. Bhí mé sásta gan an leabhar sin ....
6. Tráthnóna Dé hAoine beidh muid in ann .... abhaile.
7. Tá sé go deas .... anseo.
8. Ní raibh doras ann agus b'éigean an fhuinneoig ....
9. Bhí sé sásta gan .... anseo inniu, mar bhí mo mháthair tinn.
10. Tá Cáit sásta gan .... mar tá Máirtín roshean anois.

B. Give positive responses to the following, e.g. *Ab 'eo bord ?* **Is ea.**

1. Ab 'eo bord ? ....
2. Nach 'eo í an chathaoir ? ....
3. Ab 'in iad na daoine a bhí anseo aréir ? ....
4. Ab 'iúd é an duine atá i gceist ? ....
5. Seo í do bhean. ....
6. Sin é an duine a bheas sásta é a dhéanamh. ....

C. Give negative responses to the following:

1. Ab 'eo feilm ? ....
2. Ní hin í an fhírinne ....
3. Ab 'eo í leabhar Mháirtín ? ....
4. Ab 'in é an chaoi ? ....
5. Sin teach eile. ....
6. Ab 'eo coirce ? ....

TRANSLATE:

1. There are five or six people here who can understand French. 2. Those there are the three priests who were at the church last Sunday. 3. This here is the young crowd who are willing to do the work. They are able to sow seeds and grow potatoes and oats. 4. It was necessary to go to the old house again last year and to paint the doors and windows and to clean the whole place. 5. There was only one person willing to come. 6. Make *(pl.)* the boxes but don't make too many !

LESSON 15

VOCABULARY

clóscríobhaí	/kLo:s´k´r´i:wi:/	*clóscríobhaithe* /..s´k´r´i:wi:/	typist
comhlacht	/ko:Ləxt/[1]	*comhlachtaí*	company, firm
cúrsa	/ku:rsə/	*cúrsaí*	course, *pl.* matters
dochar	/doxər/		harm
fíon	/f´i:N/		wine
foighid *fem.*	/faid´/		patience
Gearmáinis *fem.*	/g´æ:rəma:n´əs´/		German language
imní *fem.*	/i:m´r´i:/		worry, anxiety
maith *fem.*	/ma: /		good
páí *fem.*	/pa:i:/		pay
pionta	/p´iNtə/	*piontaí*	pint
rúnaí	/ru:Ni:/	*rúnaithe* /ru:Ni:/	secretary
Spáinnis *fem.*	/spa:N´əs´/		Spanish language
buail 1	/bu:əl´/[2]		hit, beat, come briskly
bualadh	/bu:əLə/[2] v.n. of	*buail*	hitting, beating, *etc.*
caint *fem.*	/ka:N´t´/, /kaiN´t´/		talk, idiom
ceannacht *fem.*	/k´æ:Nəxt/	*ceannaigh*	buying
ceannaigh 2	/k´æ:Nə/		buy
cóirigh 2	/ko:r´ə/		arrange, make (bed *etc.*)
cóiriú	/ko:r´u:/ v.n. of	*cóirigh*	arranging, *etc.*
deirim	/d´er´əm´/		I say
díol	/d´i:əL/	*díol*	selling
díol 1	/d´i:əL/		sell
fág 1	/fa:g/		leave
fágáil *fem.*	/fa:ga:l´/	*fág*	leaving
faigh 1	/fa:/		get, find
fáil	/fa:l´/	*faigh*	getting, finding
foghlaim[3] **2**	/fo:Ləm´/		learn, teach
foghlaim *fem.*	/fo:Ləm´/	*foghlaim*	learning, teaching
iarr 1	/i:ər/		want, attempt, request
iarraidh	/i:ərə/	*iarr*	wanting, *etc.;* blow
imeacht	/im´əxt/	*imigh*	going off; *pl.* events
imigh 2	/im´ə/		go off, depart
plé	/p´l´e:/	*pléigh*	dealing *etc.;* discussion
pléigh 1	/p´l´e:/		deal/have to do with
saothraigh 2	/si:rə/		earn, achieve
saothrú	/si:ru:/	*saothraigh*	earning, achieving
scríobh 1	/s´k´r´i:w/		write
scríobh	/s´k´r´i:w/	*scríobh*	writing
tóig 1	/to:g´/		take up, rear, build
tóigeáil *fem.*	/to:g´a:l´/	*tóig*	taking up *etc.*
tosaigh 2	/tosə/		begin, start
tosú, tosaí	/tosu:/, /tosi:/	*tosaigh*	beginning, starting

[1]The pronunciation /ko:Ləxt/ rather than the expected /ku:Ləxt/ is due to this word being recently assimilated.

[2]In fast speech frequently pronounced /bol´/, /boLə/.

[3]*Foghlaim* is slightly exceptional in that the second syllable is not contracted, e.g. *foghlaimígí* 'learn !'

áirithe	/ɑ:r´əd´/	certain, special
annamh	/a:Nə/	rare, seldom
bog	/bog/	soft, easy
crua	/kru:ə/	hard
cúramach	/ku:rəməx/	careful
díreach	/d´i:r´əx/	straight, honest
lách	/Lɑ:x/	pleasant, courteous
réidh	/re:/	finished, ready, easy
chúns (+ dir. rel.)	/xu:Ns/	while
go fóill	/gə fo:L´/	for a while (yet)
sin nó ...[1]	/s´in´ Nu:/	either that or ...

GRAMMAR

1. THE PREPOSITION *AG* WITH VERBAL NOUN

(i) In progressive construction

Tá an crann ag fás.	The tree is growing.
Tá Cáit ag pósadh.	C. is getting married.
Bhí siad ag ól fíon agus ag imirt cluifí.	They were drinking wine and playing games.
Bhí Máirtín ag moladh Cháit.	M. was praising C.

Ag /əg´/ 'at' which is unstressed precedes all verbal nouns (excepting *bheith)* in 'progressive' constructions of the sort 'the tree is growing.'[2] The *g* in *ag* is pronounced only before a vowel. It is usually broad before *a, o, u,* e.g. *ag ól* /əg o:L/, and slender before *i, e,* e.g. *ag imirt* /əg´ im´ərt´/.

A definite noun preceded by the verbal noun is in a genitive relation and therefore (see Lesson 3) lenites names of people or places, e.g. *ag moladh Cháit* 'praising C.', lit. 'at C.'s praising'.

In some set phrases, a common noun is lenited, e.g. *ag ól bhainne* 'drinking milk', *ag imirt chártaí* 'playing cards', *ag cur fhataí* 'sowing potatoes'.

(ii) After certain verbs

Feicim fear ag siúl ar an tsráid.	I see a man walking on the street.
Beidh Cáit ag teacht anseo ag foghlaim Gaeilge.	C. will be coming here to learn Irish.
Tá Máirtín ag goil ag foghlaim Spáinnis.	M. is going to learn Spanish.
Beidh sé ag tosaí ag foghlaim Spáinnis amáireach.	He will be starting to learn Spanish tomorrow.

Ag + a verbal noun can be used after certain verbs of perception, e.g. *feicim* 'I see', *cloisim* 'I hear'; of motion, e.g. *teacht* 'coming', *goil* 'going'; and certain verbs marking the beginning or duration of an action, e.g. *tosaí* 'beginning', *goil* 'going to', 'about to'.

[1] A pronoun *sin* 'that' is used in certain set phrases where it refers back to something just mentioned.

[2] It may help to think of the obsolete English construction 'the tree is a' growing'.

2. USE OF *A* (+ LENITION) WITH VERBAL NOUN

Cé atá Cáit a phósadh ?	Whom is C. marrying ?
Tá sí ag pósadh fear óg.	She is marrying a young man.

The general rule that *a* + lenition is used before a verbal noun whose direct object precedes it (see Lesson 13) holds good, e.g. *Cé* (direct object) ... *a phósadh ?*

3. VERBAL NOUN WITH PRONOUN OBJECT

(i) General usage

Tá sé He is	*do mo bhualadh*	hitting me	/gə mə/
	do do bhualadh	hitting you	/gə də/
	dhá bhualadh	hitting him/it	/ɣɑ:/
	dhá bualadh	hitting her/it	/ɣɑ:/
	dhár mbualadh	hitting us	/ɣɑ:/
	dho'ur mbualadh	hitting you *(pl.)*	/ɣɑ:/
	dhá mbualadh	hitting them	/ɣɑ:/

When a pronoun object, e.g. *mé* is required in a sentence of the sort *Tá sé ag bualadh* 'He is hitting', *do* (a preposition meaning 'to' which is unstressed and pronounced as though spelt *go*) and the appropriate possessive adjective is used:

Tá sé do mo bhualadh.	He is hitting me. (*lit.*.: 'He is to my hitting')

Do combines with *a* and *ar* to give *dhá* and *dhár. Dhá, dhár* and *dho'ur* are all pronounced as though spelt *dhá.*

Contrast and emphasis are expressed in the normal way for possessive adjectives (see Lesson 10), e.g. *Tá sé do mo bhualadhsa* 'He is hitting *me*', *Tá muid dhá bhualadh seisean* 'We are hitting *him*'.

(ii) Passive construction

This construction can also be used in a passive way:

Tá an teach dhá[1] *thóigeáil.*	The house is being built. (*lit.*: 'the house is to its building')
Tá an balla dhá phéinteáil.	The wall is being painted.
Tá an fhuinneoig dhá briseadh.	The window is being broken.

4. FORMATION OF ADVERBS

Bíonn Cáit cúramach.	C. is (normally) careful.
Bíonn Bríd ag obair go cúramach.	B. works carefully.
Bíonn Bríd anseo go hannamh.	B. is rarely here.

Many adjectives used adverbially are preceded by *go*, e.g. *cúramach* 'careful', *go cúramach* 'carefully'. *Go* prefixes *h* to vowels, e.g. *go hannamh* 'rarely'.

Where there are two adjectives together *go* may be dropped, e.g. *(go) réasúnta cúramach* 'reasonably carefully'.

[1] When used in this reflexive or passive way *dhá* is written as *á* in Official Standard Irish. In this dialect it may alternatively be pronounced as *dhá* or *á*.

5. PERSONAL NUMBERS

1 person	*duine amháin*[1]	/din´ə wɑ:n´/
2 persons	*beirt*	/b´ert´/
3 persons	*triúr*[2]	/t´r´u:r/
4 persons	*ceathrar*	/k´æ:r/
5 persons	*cúigear*	/ku:g´ər/
6 persons	*seisear*[2]	/s´es´ər/
7 persons	*seachtar*	/s´æ:xtər/
8 persons	*ochtar*	/oxtər/
9 persons	*naonúr*	/Ni:Nu:r/
10 persons	*deichniúr*	/d´iN´u:r/

These nouns, which are all masculine except *beirt,* e.g. *an bheirt* 'the two people', are used when counting people. Above ten, *duine* is used with ordinary numbers.[3]

With nouns denoting people, e.g. *bean, sagart, múinteoir,* ordinary numbers can be used: *dhá bhean, trí shagart, cheithre mhúinteoir.* Alternatively, personal numbers may be used followed by a plural form, e.g. *beirt mhná*[4], *triúr sagairt, ceathrar múinteoirí,* or less frequently by the singular in such phrases as e.g. *beirt fhear.*

TEXT

IMNÍ

Tá Máire pósta ag Pádraig. Is duine deas lách é Pádraig agus bhí mé sásta nuair a bhí Máire dhá phósadh. Tá siad pósta anois timpeall's seacht mí agus sílim go bhfuil Máire sásta leis an saol. Ach deirim i gcónaí go bhfuil an-fhoighid ag Máire!

Bhí posta maith ag Máire agus ag Pádraig. Bhí páí mhaith ag Máire. Is clóscríobhaí í agus bíonn sí ag obair mar rúnaí. Bhí seisean ag obair ag comhlacht eicínt ag díol is ag ceannacht seancharranna. Ansin lá amháin, tháinig sé abhaile agus dúirt sé go raibh sé réidh ag plé leis na carranna agus go raibh sé ag goil ag tosaí ag foghlaim ceird eicínt eile.

'Ach céard atá sé a dhéanamh anois,' a deirimse, 'nó céard atá sé ag goil a fhoghlaim?

'Níl mé cinnte go fóill, a athair, céard atá sé ag goil a dhéanamh,' a deir Máire. 'Tá sé ag goil ag déanamh cúrsa eicínt. Beidh sé ag tosaí ag foghlaim Gearmáinis nó Spáinnis. Deir sé gur teanga mhór thábhachtach í an Spáinnis.'

'Tá sé ceart go leor a bheith ag caint ar an oideachas,' a deirimse, 'ach an mbeidh páí ar bith ag Pádraig chúns a bheas sé ag foghlaim teangacha?'

[1] *Aon duine amháin* /e:N iN´ ə'wɑ:n´/ 'one person only' is used for emphasis.

[2] *Beirt nó thriúr* 'two or three people', *cúigear nó sheisear* 'five or six people' sometimes have lenition after *nó.*

[3] Note that *dháréag* /ˌɣɑ:'re:g/ 'twelve persons' is sometimes also used.

[4] Note that *mná* is lenited following the feminine noun *beirt* (see Lesson 4).

LESSON 15

'Ní bheidh, ach cén dochar ? Nach bhfuil mé féin ag saothrú go maith ? Tá muid óg agus cén mhaith a bheith ag déanamh imní ?'

Ach bím ag déanamh imní. Níl mé cinnte an dtigim na cúrsaí seo ar chor ar bith. Feicim Máire ag goil ag obair 'chuile mhaidin agus ag tíocht abhaile ansin tráthnóna ag níochán soithí agus éadaí agus ag cóiriú leapacha. Bíonn saol bog ag Pádraig ansin ag léamh agus ag scríobh. Feicim go minic é ag imeacht ag imirt chártaí nó ag ól pionta. Ach bíonn Máire ag obair i gcónaí. Nuair a bhí mise óg, dhá mbeadh posta ag fear óg, bheadh sé ag iarraidh é a choinneál, sin nó bheadh sé ag obair go crua ag iarraidh ceann níos fearr a fháil.

EXERCISES

A. Complete these sentences using an appropriate verbal noun from among the following: *foghlaim, ól, fás, briseadh.*

1. *Tá an crann ....*
2. *Bhí Cáit .... fíon aréir.*
3. *Beidh muid ag tosaí .... Fraincis amáireach.*
4. *Feicim na gasúir .... fuinneogaí.*

B. Complete these sentences using an appropriate verbal noun from among the following: *déanamh, foghlaim, briseadh, tóigeáil, pacáil, iarraidh.*

1. *Céard atá tú .... ?*
2. *Seo é an teach atá siad ....*
3. *Cá bhfuil an fhuinneoig a bhí na gasúir .... ?*
4. *Cén teanga atá sí ag tosaí .... ?*
5. *Ab 'eo é an mála atá sé ag goil .... ?*
6. *Céard atá sibh .... ?*

C. Complete these sentences, e.g. *Beidh sí do mo phósadh.*

1. *Beidh sí ... (mé) (pósadh)*
2. *Tá siad ... (í) (bualadh)*
3. *Bhí siad ... (muid) (plé)*
4. *Tá an balla ... (tóigeáil)*
5. *Bíonn an t-athair ... (sibh) (moladh)*
6. *Bhí an balla ... (péinteáil)*

TRANSLATE

1. Máire has great patience. She is a good typist and she is a wonderful secretary. Her father is always praising Máire. 2. He was associated with buying and selling cars and he was earning well. Now he is going to learn German and Spanish. The poor fellow has no pay at all; but what harm ? 3. What is the good of learning (*lit.* 'to be learning') another trade carefully ? While he is learning it I am worrying about these matters. 4. There are certain people who are willing to do exactly what (*lit.* 'the thing') I say. 5. Sell *(pl.)* that car and then buy another one !

LESSON 16

VOCABULARY

aer	/e:r/		air, firmament, sky
adhmad	/ɑ:məd/		timber, wood
bainis *fem.*	/ba:n´əs´/	*bainiseacha*	wedding feast
cead	/k´æ:d/		permission, leave
ciall *fem.*	/k´i:əL/		sense, cause
claí	/kLai/	*claíonna*	stone wall
comhrá	/ko:rɑ:/	*comhráití*	conversation
comrádaí	/kumrɑ:di:/	*comrádaithe* /kumrɑ:di:/	comrade, pal
fios	/f´is/	*fiosanna*	knowledge, information
gealach *fem.*	/g´æ:Ləx/		moon
grian *fem.*	/g´r´i:əN/		sun
nóiméad	/Nu:m´e:d/	*nóiméadacha*	moment
píopa	/p´i:pə/	*píopaí*	pipe
polaitíocht *fem.*	/poLət´i:əxt/		politics
ruainne	/ru:N´ə/		little bit
siúinéara	/s´u:n´e:rə/	*siúinéaraí*	carpenter, joiner
spéir *fem.*	/sp´e:r´/		sky
tobac	/tə'ba:k/		tobacco
toitín	/tet´i:n´/	*toitíní*	cigarette
tús	/tu:s/		beginning, start

bain 1	/ba:n´/		take, reap, dig, mine
baint	/ba:N´t´/	v.n. of *bain*	taking, reaping, *etc.*
breathnaigh 2	/b´r´æ:Nə/		look (at: *ar*)
breathnú	/b´r´æ:Nu:/	*breathnaigh*	looking, look
caith 1	/ka:/		use up, spend, wear, throw
caitheamh	/ka:/	*caith*	using, *etc.*
cas 1	/ka:s/		turn, sing, play
casadh	/ka:sə/	*cas*	turning, *etc.*
éirí	/air´i:/	*éirigh*	rising, getting up, becoming
éirigh 2	/air´ə/		rise, get up, become
ith 1	/i/		eat
ithe	/i:/	*ith*	eating
roinn 1	/ri:N´/		divide
roinnt *fem.*	/ri:N´t´/	*roinn*	dividing; division
sín 1	/s´i:n´/		stretch, extend, pass
síneadh	/s´i:n´ə/	*sín*	stretching, passing
tit 1	/t´it´/		fall
titim	/t´it´əm´/	*tit*	falling

deireanach	/d´er´əNəx/	late, last
éasca	/e:skə/	easy, speedy, supple
fánach	/fɑ:Nəx/	pointless, aimless
nádúrthach	/Nɑ:du:rəx/	natural
náireach	/Nɑ:r´əx/	shameful, disgraceful
suaimhneach	/si:m´r´əx/	peaceful, tranquil

cheana	/ha:Nə/	previously
faoi cheann	/fi: x´ɑ:N/	at the end of, after

VOCABULARY NOTES:

1. *Ag cur caoi ar* 'putting shape on, tidying, fixing.'

2. *Níl a fhios cén t-airgead ...* 'One doesn't know what (how much) money ...'

3. *Ag baint fhataí* 'digging potatoes' (a set phrase with lenition).

4. *Ag caitheamh (tobac, píopa, toitín)* 'smoking (tobacco, pipe, cigarette)'.

5. *Tá sé ag éirí deireanach* 'It is getting late'; probably under the influence of English, *fáil* is sometimes used with an adjective to mean 'become': *Tá sé ag fáil deireanach.*

6. *Roinnt* is also used as an adverb meaning 'somewhat'.

GRAMMAR

1. PREPOSITIONAL PRONOUNS: *AG*

(i) Introduction

Bhí an dochtúr ag Cáit inné.	The doctor was at (i.e. visited) C. yesterday.
Bhí an dochtúr ag an mbean eile freisin.	The doctor was at the other woman too.
Bhí an dochtúr agam inné.	The doctor was at me yesterday.

Ag like most prepositions combines with *mé, tú*, etc. to give a set of 'prepositional pronouns:

Ordinary form (corresponding to *mé)*	Contrast (corresp. to *mise)*	Emphasis (corresp. to *mé féin)*	Emphatic contrast (corresp. to *mise mé féin)*
agam /a:gəm/ *'am* /a:m/ 'at me'	*agamsa* *'amsa*	*agam féin* *'am féin*	*agamsa mé féin* *'amsa mé féin*
agat /a:gəd/ *'ad* /a:d/ 'at you'	*agatsa* *'adsa*	*agat féin* *'ad féin*	*agatsa thú féin* *'adsa thú féin*
aige /eg´ə/ 'at him/it'	*aigesan*	*aige féin*	*aigesan é féin*
aice /ek´ə/ 'at her'	*aicese*	*aice féin*	*aicese í féin*
againn /a:gəN´/ *'ainn* /æ:N´/ 'at us'	*againne* *'ainne*	*againn féin* *'ainn féin*	*againne muid féin* *'ainne muid féin*
agaibh /a:gi:/ 'at you *(pl.)*'	*agaibhse*	*agaibh féin*	*agaibhse sibh féin*
acu /a:kəb/ 'at them'	*acusan*	*acu féin*	*acusan iad féin*

Second person plural pronouns pronounced with two syllables have a final long *i*, e.g. *agaibh* /a:gi:/; those pronounced with one syllable have a final slender *b*, e.g. *sibh* /s͡ib´/.

Third person plural prepositional pronouns are pronounced with a final broad *b* which is not shown in spelling, e.g. *acu* /a:kəb/.

The forms *ag, aige, aice* have an initial *e* sound and a slender consonant as though spelt *oig, oige, oice.*

The contrast forms (corresponding to *mise*, etc., see Lesson 2) are the same for almost all prepositions. The first and second singular add *-sa* to a broad consonant, e.g. *agamsa, agatsa; -se* is added to a final slender consonant (an example will be seen later in Lesson 22).

(ii) Usage

Bhí an dochtúr aige seo inné.	The doctor was at this fellow yesterday.

Aige, aice, acu (the ordinary form of third person prepositional pronouns) can be used with *seo, sin, siúd*, e.g. *aige seo* 'at this fellow/thing', *acu siúd* 'at those people/things'. The choice of *aige* or *aice,* as in the case of all pronouns, follows the rules given for *sé/sí* (see Lessons 5 and 10).

Tá carr agam féin agus ag Cáit.	Cáit and I have a car.

As is usual where there is a compound subject or object (see Lesson 9), the ordinary forms *(agam, agat,* etc.) are not used.

(iii) Word order

Bhí an dochtúr inné agam.	The doctor was at me yesterday.

After the verb *tá,* when the ordinary form of a prepositional pronoun is used, an adverb or short adverbial phrase may precede it, e.g. *inné agam,* but *agamsa inné, agam féin inné,* etc.

2. MEANINGS OF *AG*

(i) Basic meaning 'at'

Tá Cáit ag an ngeata.	C. is at the gate.

Idiomatically, *ag* expresses 'to have something' (see Lesson 6) or 'to have an ability, quality or knowledge':

Tá Spáinnis agam	*literally:*	I have Spanish	I know Spanish
Tá caint agam		I have talk	I can talk
Tá ceol agam		I have music	I can make music
Tá foighid agam		I have patience	I have patience
Tá ciall agam		I have sense	I have sense
Tá an ceart agam		I have the right	I am right/have the right
Tá súil agam		I have an eye	I hope
Tá a fhios agam		I have its knowledge	I know

An bhfuil a fhios agat é ? 'Do you know it ? – *Tá a fhios.* 'Yes, I do.' It is usual to repeat *a fhios* in a response.

Níl a fhios cé atá ann 'People don't know who is there', *Tá súil go mbeidh Cáit anseo amáireach* 'People hope that Cáit will be here tomorrow'; a certain few idioms can be used without any preposition to mean 'people do ...', 'one does ...', corresponding to the autonomous form of the verb; see Lesson 2.

(ii) Some other meanings

(a) 'to' (a person or place)[1]

Tá Cáit ag goil ag an dochtúr.	C. is going to the doctor.

(b) 'of' (a person), 'for' (a person or thing)

Tá sé go deas ag Cáit a ghoil ansin.	It is nice of C. to go there.

Similarly *go dona* 'bad', *náireach* 'shameful'.

Tá sé éasca ag Cáit a ghoil ansin.	It is easy for C. to go there.

Similarly *nádúrthach* 'natural', *fánach* 'pointless', *go maith* 'good'.

(c) quantity (of persons or things)

Tá go leor acu anseo.	There are plenty of them here.

Similarly *roinnt* 'some', *neart* 'lots of'.

3. A USE OF *SIN/SEO* WITH *'AMSA, 'ADSA, ETC.*

Tá an teach sin 'amsa go deas.	That house of mine is nice.
Tá an doras seo 'ainne go dona.	That door of ours is bad.
Tá Máirtín seo agaibhse tinn.	This M. of yours is sick.

Sin/seo are often used with the contrast forms, e.g. *'amsa, 'adsa*, etc. to express possession. Where there is a short form, it must be used, e.g. *'ainne*, not *againne*. *Seo 'ainne* /s´æ:N´ə/ and *seo agaibhse* /s´æ:gi:s´ə/ are pronounced as though spelt *seainne, seagaibhse.* An emphatic form may also be used with *féin*, but without the contrast suffix *-sa/-se: Tá an teach seo 'ainn féin ansin* 'Our own house is there.'

TEXTS

OIFIGÍ NUA

Tá oifigí nua dhá dtóigeáil ar an tsráid in aice leis an teach seo 'ainne. Tá comrádaí ag Máirtín seo 'ainne agus is siúinéara é agus tá sé ag obair ann. Bhí an bheirt acu ag bainis in éindí an lá cheana agus bhí siad ag caint faoi na hoifigí.

'Tá a fhios 'am go bhfuil posta maith 'adsa ansin, a Sheáinín,' a deir Máirtín, 'ach dháiríre, an bhfuil ciall ar bith ag daoine atá ag leagan seantithe breá mar sin ? Nach raibh na seantithe sin sách maith acu ?

[1] In this sense *ag* has supplanted an older *chuig* which survives elsewhere and is still often written.

'Ar ndóigh, tá an ceart 'ad,' a deir Seáinín. 'Bhí na doirse agus na fuinneogaí go hiontach agus bhí an t-adhmad réasúnta maith. Bhí na horláir ag titim ruainne beag, cé go raibh cuid acu ceart go leor. Mar sin féin, is bocht an rud é tithe mar sin a leagan.'

'Níl a fhios 'amsa, ach sílim go mbeidís in ann caoi a chur ar na horláir ?'

'Bheidís, cinnte,' a deir Seáinín, 'ach tá sé fánach agat a bheith ag caint leis an dream úd. Níl a fhios cén t-airgead atá ag na comhlachtaí móra agus tá siad ag iarraidh é a chaitheamh.'

Ach bhíothadh ag cur tús anois leis an gceol agus leis an damhsa, cé go raibh roinnt daoine fós ag ithe agus ag ól. 'Tá duine eicínt ag goil ag casadh amhrán faoi cheann cupla nóiméad,' a deir bean Sheáinín, 'agus tá súil agam nach bhfuil sibhse ag goil a bheith ag caint faoin bpolaitíocht aríst. Níl cead ar bith anois agaibh a bheith ag caint faoi na cúrsaí sin anseo.'

Bhí deireadh ansin leis an gcomhrá faoi na hoifigí nua.

TRÁTHNÓNA

Bhí Ruairí agus Páidín ag obair ansin ag baint fhataí. Bhí sé ag éirí deireanach anois agus bhí an ghrian ag goil faoi. Bhí dathanna iontacha ar an spéir agus bhí an t-aer fuar. Bhí Ruairí ag éirí tuirseach agus bhí sé ag iarraidh scíth. 'Sín 'am mo phíopa agus an tobac sin ! Cá bhfuil mo scian phóca ?

Ní raibh Páidín rothuirseach ach bhí sé sásta scíth a thóigeáil agus a ghoil abhaile ansin. Bhí seisean ag iarraidh a phíopa a dheargadh freisin. Bhí an bheirt acu ansin ag caitheamh tobac go suaimhneach in aice leis an gclaí agus ag breathnú ar an spéir. Bhí an oíche ag titim. Bhí an bhliain beagnach thart agus an geimhreadh ag tíocht. Faoi cheann píosa, bheadh an ghealach ag éirí.

EXERCISES

In these sentences replace the elements in brackets with the appropriate pronoun form of *ag*, e.g. *Tá a fhios agam go bhfuil Cáit anseo.*

1. *Tá a fhios (ag) (mé) go bhfuil Cáit anseo.*
2. *Bhíodh teach mór (ag) (Bríd í féin).*
3. *Tá an ceart (ag) (an feilméara).*
4. *Níl ciall ar bith (ag) (é sin).*
5. *Beidh mé ag goil (ag) (an dochtúr) amáireach.*
6. *Bhí a fhios (ag) (thú féin) 'chuile shórt.*
7. *Sílim go bhfuil caint (ag) (Máirtín beag) anois.*
8. *Tá an ceart (ag) (sibhse) gan a ghoil ann.*
9. *Bheadh sé éasca (ag) (muide) a bheith ag caint.*
10. *Tá go leor leor (peanna) anseo.*

TRANSLATE:

1. It was nice of Ruairí to come the other evening. I had another pal here and he is a carpenter who is working on the street near this one of ours. 2. It is a great pity to

knock down old houses like that and to build new offices. The wood was good. Although the floors were falling a little bit, I am almost certain that one could fix up everything like that. 3. It is pointless for you to talk to 'that' crowd. There is no knowing (*lit.* one doesn't know) what money these people have. Companies like that are willing to do anything. 4. There were some people at the wedding who were eating and drinking. Others were singing songs and dancing. 5. I hope that you are right and that Cáit will be coming tomorrow. 6. It was getting cold and the night was falling. The two of them are smoking pipes peacefully near the stonewall and taking a rest.

LESSON 17

VOCABULARY

aiféal	/æ:f´e:L/		regret
aimhreas	/æ:w´r´əs/		doubt, suspicion
aisteoir	/æ:s´t´o:r´/	*aisteoirí*	actor
amharc	/a:frək/		sight
amharclann *fem.*	/aurkLəN/	*amharclanna*	theatre
áthas	/ɑ:s/		joy
bás	/bɑ:s/	*básanna*	death
béilí	/b´e:l´i:/	*béilíocha*	meal
billeoig *fem.*	/b´iL´o:g´/	*billeogaí*	leaf
brón	/bru:N/		sorrow
cliú	/k´l´u:/		fame
cloigeann	/kLeg´əN/	*cloigne* /kLeg´n´ə/	head
cosúlacht *fem.*	/kosu:Ləxt/	*cosúlachtaí*	appearance,
cuairt *fem.*	/ku:ərt´/		visit
cuma *fem.*	/kumə/		shape, appearance
drogall	/drogəL/		reluctance
éadan	/e:dəN/	*éadain* /e:dən´/	face, impertinence
eolas	/o:Ləs/		knowledge, information
fearg *fem.*	/f´æ:rəg/		anger
féasóig *fem.*	/f´i:so:g´/	*féasógaí*	beard
fonn	/fu:N/		desire, inclination
gáire	/gɑ:r´ə/	*gáirí*	laugh(ter)
gruaig *fem.*	/gru:əg´/		hair
gual	/gu:əL/		coal
hata	/ha:tə/	*hataí*	hat
iontas	/i:Ntəs/		wonder, amazement
maide	/ma:d´ə/	*maidí*	stick
moill *fem.*	/maiL´/	*moilleanna*	delay
móin *fem.*	/mu:n´/		turf, peat
náire *fem.*	/Nɑ:r´ə/		shame
ocras	/ukrəs/		hunger
slaghdán	/sLaidɑ:N/	*slaghdáin* /sLaidɑ:n´/	cold
stáitse	/stɑ:t´s´ə/	*stáitsí*	stage
strainc *fem.*	/stræ:ŋ´k´/	*strainceanna*	grimace
suíochán	/si:xɑ:N/	*suíocháin* /si:xɑ:n´/	seat
tart	/ta:rt/		thirst
tincéara	/t´iŋ´k´e:rə/	*tincéaraí*	tinker

fan 1	/fa:N/	stay, remain
gáirí	/gɑ:r´i:/	laugh(ing)
scrúdaigh 2	/skru:də/	examine, scrutinize
scrúdú	/skru:du:/	examining, examination
tóraigh 2	/to:rə/	look/search for
tóraíocht *fem.*	/to:ri:əxt/	looking/searching for

bán	/bɑ:N/	white
buí	/bi:/	yellow, tanned
dearg	/d´æ:rəg/	red
donn	/dauN/	brown

dorcha	/dorəxə/	dark
glas	/gLa:s/	green *(of plants)*, grey
gorm	/gorəm/	blue
liath	/L῀i:ə/	grey
rua	/ru:ə/	reddish brown
uaine	/wen´ə/	green
nó (go/nach)	/Nu:/	until (... not)

GRAMMAR

1. THE PREPOSITION *AR*

(i) Introduction

Tá bainne ar an mbord.	There is milk on the table.
Bhí cóta ar chathaoir anseo inné.	There was a coat on a chair here yesterday.
Bhí hata orm inné.	I had a hat on yesterday.

Ar 'on' causes lenition to a directly following noun, e.g. *ar chathaoir* 'on a chair', except in certain adverbial phrases, e.g. *ar fad* 'all together', *ar cuairt* 'visiting', *ar ball* 'a while ago', 'in a while'.

(ii) Prepositional pronouns

Ordinary form		Pronunciation
orm	on me	/orəm/
ort	on you	/ort/
air	on him/it	/er´/
uirthi	on her/it	/orə/
orainn	on us	/orəN´/
oraibh	on you *(pl.)*	/ori:/
orthu	on them	/orəb/

Both *ar* and *air* are pronounced with an *e* sound and palatalized *r*, as though spelt *oir*.

The contrast forms and general usage is the same as that of *ag* and most other prepositional pronouns, e.g. *orm, ormsa, orm féin, ormsa mé féin* (see Lesson 15).

(iii) Meanings of *ar*

Basic meaning 'on':

Tá bainne ar an mbord.	There is milk on the table.

Idiomatically *ar* expresses:

(a) to wear, have on:

Tá hata agus fáinní orm.	I am wearing a hat and rings.

Similarly: *cóta* 'a coat', and any other item of dress.

(b) to have a natural aspect, feature or appearance:

Tá féasóig, lámha fada agus cuma thuirseach ar an múinteoir.	The teacher has a beard, long arms and a tired appearance.

Similarly: *éadan deas* 'a nice face', *strainc* 'a grimace', *droch-chosúlacht* 'a bad appearance', *dath buí* 'a yellow colouring', etc. Also *Tá báisteach (sneachta* ,etc.*) air* 'It looks like rain (snow, *etc.*)'.

(c) an emotional or physical state (incl. disease) or estimation:

	Literal meaning	
Céard atá orm ?	What is on me ?	What is the matter with me ?
Tá brón orm (go/nach)	There is sorrow on me	I am sorry (that ... (not))
Tá áthas orm (go/nach)	There is joy on me	I am glad (that ... (not))
Tá imní orm (go/nach)	There is worry on me	I am worried (that ... (not))
Tá faitíos orm (go/nach)	There is fear on me	I am afraid (that ... (not))
Tá náire orm (go/nach)	There is shame on me.	I am ashamed (that ... (not))
Tá aiféal orm (go/nach)	There is regret on me.	I regret (that ... (not))
Tá iontas orm(go/nach)	There is wonder on me.	I am amazed (that ... (not))
Tá aimhreas orm (go/nach)	There is doubt on me.	I am doubtful/suspicious ...
Tá ocras orm.	There is hunger on me.	I am hungry.
Tá tart orm.	There is thirst on me.	I am thirsty.
Tá fonn orm...	There is a desire on me.	I desire to ...
Tá drogall orm...	There is reluctance on me.	I am reluctant to ...
Tá deifir orm.	There is a hurry on me.	I am in a hurry.
Tá moill orm.	There is a delay on me.	I am delayed.
Tá fearg orm.	There is anger on me.	I am angry.
Tá cliú orm.	There is fame on me.	I am famous.
Tá slaghdán (etc.) *orm.*	There is a cold on me.	I have a cold.

Note that a certain few idioms can be used impersonally (corresponding to the autonomous form of the verb).

Tá faitíos nach mbeidh Cáit ann.	People are afraid that C. won't be there.
Tá aimhreas go mbeidh sé tinn.	People suspect that he will be sick.
Níl a fhios cé mhéad atá ansin.	People don't know how much there is there. There is a great deal there.

(d) to have a name, a price:

Máirtín atá orm.	Máirtín is my name.
Punt atá ar an leabhar sin.	(It is) a pound that book costs.

(The word order here will be explained in Lesson 34). Somewhat similarly:

Tá Máirtín sásta é a dhéanamh ar phunt.	M. is willing to do it for a pound.

(e) to have to do something:

Tá orm bainne a ól.	I have to drink milk.

(f) to have or do something to someone's disadvantage:

Tá sé ag briseadh fuinneogaí orm.	He is breaking windows 'on me' (= to my disadvantage).

Tá airgead ag Cáit orm.	*lit.* C. has money to my disadvantage, i.e. I owe C. money.
Bhí spóirt ag Cáit orm.	C. had fun at my expense.

(g) (adverbially) to describe a state:

Tá sé ar cuairt anseo.	He is visiting here.
Tá sí ar an gcoláiste.	She is attending the college.

(h) to strengthen the imperative of verbs expressing continued action:

Fan ort !	Wait (will you) !
Foighid ort !	Have patience !

A few verbs expressing continued action (and the quasi imperatives of the sort in the second example above) use *ort* and *oraibh* to strengthen an imperative.

2. *AG CUR AR* 'CAUSING'

Tá ocras ar Cháit.	C. is hungry.
Tá sé ag cur ocras ar Cháit.	It is causing C. to be hungry. (*lit.* It is putting hunger on C.)

Cur (to put' can be used with most idioms containing the preposition *ar* to mean 'to cause to ...'

TEXT

AN AMHARCLANN

Tráthnóna Dé hAoine seo caite, bhí cuma thuirseach ar mo bhean Cáit. Bhí faitíos uirthi go raibh slaghdán ag tíocht uirthi; ach mar·sin féin, bhí fonn uirthi a ghoil ag an amharclann. Bhí áthas orm féin mar bíonn drogall orm fanacht sa mbaile ag an deireadh seachtaine. I dtosach, bhí muid ag breathnú ar an bpáipéar ag tóraíocht drama eicínt a bheadh go maith. Ansin dúirt Cáit go raibh fonn uirthi an drama nua Gaeilge 'An Tincéara Rua' a fheiceáil, cé go raibh aimhreas orm nach mbeadh sé go maith. Bhí sé ag éirí deireannach cheana féin. Bhí deifir orainn mar bhí faitíos orainn go mbeadh an amharclann lán.

Fuair muid suíocháin, cé nach raibh siad romhaith. Bhí aiféal orainn nach raibh muid in aice leis an stáitse mar tá an t-amharc go dona ag an mbeirt againn. Ní raibh sé i bhfad nó go raibh an áit plódaithe.

Ní raibh an drama é féin romhaith, ach bhí na haisteoirí go hiontach, cé nach bhfuil mórán cliú orthu ar chor ar bith. Mar sin féin, bhí an chosúlacht air go raibh go leor daoine sásta. Bhí 'chuile dhuine ag gáirí faoin tincéara rua. Bhí gruaig rua air agus féasóig mhór liath. Bhí hata buí ar a chloigeann agus treabhsar beag dearg air. Ní raibh bróga ar bith air agus bhí maide mór fada aige. Bhí iontas orm nach raibh sé fuar ag siúl thart mar sin !

Nuair a bhí an drama thart, bhí ocras orainn agus chuaigh muid ar cuairt ag cairde. Bhí béilí beag againn in éindí.

EXERCISES

A. Complete these sentences using an appropriate noun from among the following: *drogall, tart, fonn, brón, fearg, faitíos, deifir, áthas, ocras, imní,* e.g. *Fuair m'athair bás anuraidh. Bhí* **brón** *mór orm.*

1. *Fuair m'athair bás anuraidh. Bhí ...... mór orm.*
2. *Fuair mé airgead inné. Bhí ...... orm.*
3. *Tá máthair Cháit tinn. Tá ...... uirthi a ghoil ag na peictiúir.*
4. *Tá an seomra seo dorcha. An bhfuil ...... oraibh ?*
5. *Tá go leor bia ann. An bhfuil ...... ort ?*
6. *Tá na gasúir ag briseadh fuinneogaí orm. Tá ...... orm.*
7. *Beidh peictiúr maith anocht. Deir Máirtín go bhfuil ...... air a ghoil aige.*
8. *Beidh scrúdú acu agus tá ...... orthu.*
9. *Bhí an lá uafásach te agus bhí ...... orainn.*
10. *Tá mé ag iarraidh a ghoil abhaile anois mar tá ...... orm.*

B. Complete these sentences using an appropriate colour among the following: *dearg, bán, dubh, buí, liath, donn, glas, rua, gorm, uaine.*

1. *Tá an sneachta ......*
2. *Bhí an aimsir go hálainn. Bhí an spéir uilig ......*
3. *Tá an mháistreás sean agus tá a cuid gruaige ......*
4. *Tá an t-earrach ann aríst. Tá billeogaí ...... ar na croinnte.*
5. *Tá an fhuil ......*
6. *Tá an fómhar ann. Tá na billeogaí dearg agus ......*
7. *Tá an gual ...... agus tá an mhóin ......*
8. *Bhíodh an clár dubh i gcónaí dubh. Anois bíonn cuid acu ......*
9. *Bhí 'chuile dhuine ag gáirí faoin tincéara. Bhí a chuid gruaige ......*

TRANSLATE:

1. She was wearing a blue skirt and a yellow coat. 2. She was looking (*ag breathnú*) well although she had a tired appearance. 3. He is looking at the paper looking for information about the new play, the one I think will be good. 4. The theatre was crowded. All the same, we got seats near the stage for a pound. The play was wonderful but the actors were bad even though they are famous. 5. **I** had a pair of trousers and a shirt on. **You** had a skirt and jumper on. **He** was wearing a coat and cap as he had a cold. 6. We were hungry and thirsty and so we went visiting them. We felt like a good meal. 7. Look *(pl.)* everywhere ! Search *(pl.)* for the ring !

LESSON 18

VOCABULARY

aithne *fem.*	/æ:n´ə/		knowing, recognition
árasán	/ɑ:rəsɑ:N/	*árasáin* /ɑ:rəsɑ:n´/	flat, apartment
baladh	/ba:Lə/		smell
buíochas	/bi:əxəs/		gratitude
ceimic *fem.*	/k´em´ək´/		chemistry
cion	/k´iN/		affection, fondness
cor	/kor/	*coranna*	stir, movement, twist
deis *fem.*	/d´es´/	*deiseanna*	opportunity, means
eolaíocht *fem.*	/o:Li:əxt/		science
fisic *fem.*	/f´is´ək´/		physics
Francach	/fra:ŋkəx/	*Francaigh* /fra:ŋkə/	Frenchman
gráin *fem.*	/grɑ:n´/		hatred, detestation
léacht	/Le:xt/	*léachtanna*	lecture
léachtóir	/Le:xto:r´/	*léachtóirí*	lecturer
mac léinn	/ˌma:k 'L´e:N´/	*mic léinn*	student
marc	/ma:rk/	*marcanna*	mark, target
meabhair *fem.*	/m´aur´/		intelligence, mind
meas	/m´æ:s/		respect, esteem
raidió	/ra:di:o:/		radio
Rúisis *fem.*	/ru:s´əs´/		Russian (language)
scoláireacht *fem.*	/skoLɑ:r´əxt/	*scoláireachtaí*	scholarship
spraoi	/spri:/		spree, playing
tóir *fem.*	/to:r´/		pursuit
torann	/torəN/		noise
údar	/u:dər/	*údaracha*	cause, ground

Albain *fem.*	/a:Ləbən´/	Scotland
Frainc *fem.*	/fræ:ŋ k´/	France
Rúis *fem.*	/ru:s´/	Russia
Spáinn *fem.*	/spɑ:N´/	Spain
athraigh 2	/a:rə/	change
athrú	/a:ru:/	changing, change
codail 2[1]	/kodəl´/	sleep
codladh	/koLə/	sleeping
goid 1	/ged´/	steal
goid	/ged´/	stealing
las 1	/La:s/	light
lasadh	/La:sə/	lighting
snámh 1	/sNɑ:w/	swim
snámh	/sNɑ:w/	swimming
paiteanta	/pa:t´əNtə/	perfect, patient
as a chéile	/a:s ə x´e:l´ə/	in a row, consecutively
aníos	/ə'N´i:s/	from below

[1] *codl-* /koL/ before any ending.

VOCABULARY NOTES:

1. *ar feadh píosa* /er´ f´æ: p´i:sə/ 'for a while'

2. *ag baint spóirt as* 'getting fun out of'

3. *go maith as* 'well off'

4. *ag déanamh spraoi* 'playing'

5. The article is generally used with the names of countries, e.g. *an Fhrainc, an Rúis, an Spáinn;* but *Sasana, Meireacá* never have the article. *Éirinn* and *Albain* only take the article in the genitive (which is dealt with in Lessons 31 and 33).

GRAMMAR

1. INDIRECT RELATIVE CLAUSES

Feicim an bord atá ansin.	I see the table which is there.
Feicim an bord a bhfuil an leabhar air.	I see the table which the book is on.
Feicim an bhean atá ansin.	I see the woman who is there.
Feicim an bhean a bhfuil an teach aice.	I see the woman who has the house.

Unstressed *a* /ə/, which causes eclipsis and is followed by the dependent form of the verb (see Lesson 2), is used when the noun which the relative clause refers to is not the topic of the clause, e.g. *an bord a bhfuil an leabhar air* 'the table which the book is on'; where *an leabhar* 'the book', and not *an bord* 'the table' is the topic of the relative clause. In practice, this indirect relative is required:

(i) if the clause contains a preposition: *an bord a bhfuil an leabhar air*[1]

(ii) if the clause is in genitive relation ('whose'): *an fear a bhfuil a mhac anseo* 'the man whose son is here'.

(iii) if the clause refers to:

(a) time:

Sin é an t-am a raibh Cáit anseo.	That is the time that (at which) C. was here.

Similarly: *an lá* 'the day that', *an tseachtain* 'the week that', *an uair*[2] 'the occasion that', etc.

[1] An older construction *an bord ar a bhfuil an leabhar* 'the table on which the book is' is still often used in writing, and more rarely in speech.

[2] *An uair* 'the occasion', 'the time' may take either a direct or indirect clause, e.g. *an uair a bhí tú anseo* or *an uair a raibh tú anseo* 'the time you were here'.

LESSON 18

(b) a reason:

Sin é an fáth a mbeidh Cáit anseo.	That is (the reason) why C. will be here.

Similarly: following *an t-údar* 'the grounds for', 'the reason'.

(c) the word *áit* 'place':

Sin é an áit a bhfuil Cáit.	That is where (the place at which) C. is.

In the same way *cén t-am ?* 'at what time', *cén fáth ?* 'why'; *cén áit ?* 'where ? ' are followed by an indirect relative, e.g. *Cén t-am a raibh tú anseo ?* 'what time were you here at ? '.

2. DOUBLE INDIRECT RELATIVE

An bhfuil an leabhar ar an mbord a sílim a bhfuil sé air ?	Is the book on the table which I think it is on ?

In an indirect relative clause, verbs which are normally followed by *go/nach*, e.g. *sílim go bhfuil* ... 'I think ...', are followed by another indirect relative, e.g. *an bord a sílim a bhfuil sí air* 'the table which I think it is on'.

3. SOME IDIOMS COMBINING THE PREPOSITIONS *AG* AND *AR*

Tá meas agam ar Cháit.	I have respect for C.
Tá buíochas agam ar Cháit.	I am grateful to C.
Tá aithne agam ar Cháit.	I am acquainted with C.; I know C.
Tá cion agam ar Cháit.	I am fond of C.
Tá ceist agam ar Cháit.	I have a question for C.
Tá an ghráin agam ar Cháit.	I detest C.
Tá eolas agam ar an áit seo.	I have a knowledge of (am familiar with) this place.
Tá an-tóir agam ar an áit seo.	I am very keen on this place.
Tá seans agam ar phosta.	I have a chance of a job.

4. THE PREPOSITION *AS*

(i) Introduction

Tóig leabhar as bosca.	Take a book out of a box.
Tóig an leabhar as an mbosca.	Take the book out of the box.

When used with the singular article *as* causes eclipsis to a following noun, e.g. *as an mbosca* 'out of the box'.

(ii) Prepositional pronouns

Ordinary form		Pronunciation
asam	'out of me'	/a:səm/
asat	'out of you'	/a:səd/
as	'out of him/it'	/a:s/
aisti	'out of her/it'	/æ:s´t´ə/
asainn	'out of us'	/a:səN´/
asaibh	'out of you *(pl.)*'	/a:si:/
astu	'out of them'	/a:stəb/

The contrast forms and general usage are the same as that of *ag* and most other prepositional pronouns, e.g. *asam, asamsa, asam féin, asamsa mé féin* (see Lesson 16).

Asat, asainn, asaibh have an alternative pronunciation /a:sdəd/, /a:sdəN´/, /a:sdi:/ resp.

(iii) Meaning of *as*

Basic meaning 'out of':

Tóig leabhar aníos as an mála. Take a book (up) out of the bag.

More idiomatically *as* is used:

(a) to express 'out of a material':

Tá Cáit ag déanamh sciorta as an éadach. C. is making a skirt out of the cloth.

(b) to express 'out of', as a result of a state of mind:

Bíonn Cáit á dhéanamh as fearg. C. (normally) does it out of anger.

Similarly: *as taghd* /taid/ 'in a fit of temper'

(c) to express 'from' (a town, county, country, island):

Beidh Cáit ag teacht as Meireacá amáireach. C. will be coming from America tomorrow.

Similarly: *as Baile Átha Cliath* 'from Dublin', *as an Spáinn* 'from Spain', etc.

(d) to express 'off', 'from', 'out of' (smell,[1] noise, movement):

Tá baladh as an madadh sin. That dog smells; there is a smell off that dog

Similarly: *torann as* 'noise from', *cor as* 'movement from',

(e) to express 'out', 'off' (of fire, machines, etc.):

Tá an tine as. The fire is out.

Similarly: *Cas as an raidió !* 'Turn off the radio !', etc.

[1] Also *ar* in case of smell.

(f) with *féin* to mean 'alone':

Tá Máirtín as féin anois.	M. is alone now.

(g) in certain adverbial expressions:

Tá sé as cuma.	It is out of shape.

Similarly: *as marc* 'off target', 'wrong'.

(h) with *a chéile* to express 'consecutive', 'in a row', 'asunder', 'apart':

Bhí Cáit anseo trí lá as a chéile.	C. was here three days in a row.
Tá an teach ag titim as a chéile.	The house is falling apart.

(iv) Idiomatic use of *as* with copula:

Cé as Cáit ? Is as Gaillimh í.	Where is C. from ? She is from Galway.

The copula (*is, ní, ar, nach.* etc., see Lesson 11) is used with *as* to mean 'is from', 'comes from', e.g. *Is as Baile Átha Cliath é* 'He is from Dublin'.

5. QUESTIONS WITH PREPOSITIONS

Cé air a bhfuil an leabhar ?	On what is the book ?
Cé aige a bhfuil an teach ?	Who has the house ?

Cé is used with the third person singular masculine form of the preposition, e.g. *air, aige* and is followed by an indirect relative clause.

TEXT

MAC LÉINN

Tá Bríd beagnach trí bliana ar an ollscoil anois. I dtosach, bhí sí ag plé leis an gceimic. Bhí meas mór aice ar an múinteoir eolaíocht a bhí aice ar an meánscoil agus bhí eolas maith aice ar an gceimic agus ar an bhfisic. Ag an am céanna, bhí an-tóir aice ar theangacha. Ansin fuair sí seans ar athrú. Bhí deis aice Fraincis agus Rúisis a dhéanamh. Ní raibh Fraincis ná Rúisis aice mar ábhair ar an meánscoil agus mar sin, bhí sé an-deacair uirthi. Bhí sí ag goil ag cúrsa speisialta aisti féin ar feadh píosa agus ansin fuair sí cead a ghoil ag na léachtanna a raibh mic léinn eile ag goil acu.

Bhí sé fíordheacair an dá theanga a fhoghlaim in éindí. Ní raibh sé éasca na léachtanna a thiscint. Ansin, lá amháin, dúirt an léachtòir go mbeadh uirthi a ghoil ag an bhFrainc agus sé mhí as a chéile, nó b' fhéidir bliain féin, a chaitheamh ag foghlaim Fraincis.

Fuair Bríd scoláireacht anuraidh agus bhí sí in ann beagnach bliain a chaitheamh ar ollscoil Fhrancach. Ní raibh sí i bhfad ag cur eolas ar an gcoláiste sin ná ní raibh sé i bhfad go raibh aithne aice ar go leor mic léinn eile. Bhíodh na Francaigh i gcónaí ag cur ceisteanna uirthi: 'Cé as thú ?' 'Cén áit a bhfuil Gaillimh ?' 'Cén fáth a bhfuil tú anseo ?' Ach bhí sí sách sásta leis an áit ach amháin go raibh an ghráin aice ar an mbia ! Nuair a tháinig sí abhaile bhí Fraincis phaiteanta aice.

I mbliana, bíonn timpeall 's deich léacht ag Bríd 'chuile sheachtain. Uaireanta bíonn sí an-tuirseach. Ní bhíonn fonn uirthi rud ar bith a dhéanamh ach a ghoil abhaile agus an tine a lasadh agus an raidió a chasadh air. Uaireanta eile, deir sí go mbíonn sé níos fearr an raidió a chasadh as agus a ghoil a' chodladh tamall.

Cé go bhfuil muintir Bhríd go maith as agus go bhfuil teach mór acu in aice leis an bhfarraige, tá árasán aice féin. Tá an t-árasán in aice leis an ollscoil. Deir sí nach mbíonn sí in ann léamh sa mbaile. Bíonn na gasúir óga ag déanamh torann agus ag goid leabhartha uirthi. Mar sin féin, tá cion aice orthu. Bíonn sí ar cuairt acu ag an deireadh seachtaine. Bíonn fonn uirthi a bheith ag déanamh spraoi leis na gasúir agus a bheith ag baint spóirt astu. Bíonn siad uilig ag goil ag snámh in éindí.

Nach iontach an saol a bhíonns ag mic léinn !

EXERCISES

Make one sentence of the following, e.g. *Tá crann ansin; Tá billeogai glasa air: Tá crann ansin a bhfuil billeogaí glasa air.*

1. *Tá crann ansin. Tá billeogaí buí air.*
2. *Feicim an bhean. Bhí cóta gorm uirthi.*
3. *Tá an fear anseo. Tá a mhac tinn.*
4. *Sin é an lá. Bhí Cáit anseo.*
5. *Sin é an fáth. Beidh mé sásta.*
6. *Sin é an uair. Ní raibh tú sásta.*
7. *Sin é an buachaill. Sílim go mbeidh an leabhar aige.*

TRANSLATE:

1. She was fond of the science teacher but she was very keen on languages. 2. The lecturers and the lectures were very bad. As for the exams, they were terrible ! 3. I was alone. Were **you** alone too ? It is hard to get to know people at the university. 4. I know Máirtín, but I don't know where he is now. 5. Where are those people from ? I am not sure whether they are from France or Spain. 6. I got a letter from America on two consecutive days. 7. There wasn't any noise from them for a while. 8. Turn *(pl.)* off the radio ! Light *(pl.)* the fire and change your clothes. There are people coming visiting us. I don't know why they are coming now. 9. On what is the book ? On the table. 10. Take the book up out of the bag.

LESSON 19

VOCABULARY

aill *fem.*	/ɑ:L´/	*alltracha*	/ɑ:Ltrəxi:/	cliff
ainm	/æ:n´əm´/	*ainmneacha*		name
céad	/k´e:d/	*céadtha*	/k´e:tə/	hundred, hundredweight
céibh *fem.*	/k´e:w´/	*céibheanna*		pier, quay
cósta	/ko:stə/	*cóstaí*		coast
curach *fem.*	/korəx/	*curacha*		curragh (canvas boat)
domhan	/dauN/			world
fad *fem.*[1]	/fa:d/			length
halla	/ha:Lə/	*hallaí*		hall
leac *fem.*	/L´æ:k/	*leacracha*		slab, large flat stone
leath	/L´æ:/	*leathacha*		half
leathchéad	/ˈL´æˌx´e:d/			fifty
leithead	/L´e:d/			width
ní	/N´i:/			thing *(in set phrases)*
séipéal	/s´e:p´e:L/	*séipéil*	/s´e:p´e:l´/	chapel
staighre	/stair´ə/	*staighrí*		(sets of) stairs
teilifís *fem.*	/t´el´əf´i:s´/			television

cas 1	/ka:s/	meet
castáil *fem.*	/ka:stɑ:l´/	meeting
gabh	/go/	go ! come !
iascach	/i:əskəx/	fishing
loigh[2] **1**	/Lo/	lie down, land *(of aeroplane)*
loighe	/Lai/	lying down, inclination, landing
mair 1	/ma:r´/	live, survive
maireachtáil *fem.*	/ma:r´əxtɑ:l´/	living
tarlaigh 2	/tɑ:rLə/	happen
tarlú	/tɑ:rLu:/	happening

beo	/b´o:/	alive, quick
blasta	/bLa:stə/	tasty
briste	/b´r´is´t´ə/	broken
domhain	/daun´/	deep
fíor	/f´i:ər/	true
furasta	/frustə/	easy, simple
míshásta	/m´i:hɑ:stə/	dissatisfied
péinteáilte	/p´e:n´ṭɑ:L´t´ə/	painted
scioptha	/s´k´upi:/	quick
tanaí	/ta:Ni:/	thin, shallow
tirim	/t´er´əm´/	dry
tiubh	/t´u(w)/	thick, dense

[1]Although *fad* is feminine, a following adjective is not lenited, e.g. *fad mór* 'a great length'.

[2]When *loigh* /Lo/ is followed by an ending pronounced with an initial vowel, e.g. *-(a)igí* /əg´i:/, it combines with the ending to give /ai/, e.g. *loighigí* /Laig´i:/ 'lie *(pl.)* down !'.

a chéile [1]	/ə x e:l´ə/	one another
ach amháin	/a:x ə'wɑ:n´/	except
amach is amach	/ə'ma:x əs ə'ma:x/	completely, extremely
ar éigin	/er´ e:g´ən´/	just
ar fhad	/er´ æ:d/	in length
ar leithead	/er´ L´e:d/	in width
chomh	/xə/	as *(see this lesson)*
go leith	/gə L´e/	and a half
ná	/Nɑ:/	than

VOCABULARY NOTES:

1. *ag goil isteach ag an oileán* 'going to the island', *lit.* 'into', (similarly 'out of', etc.)

2. *má tá féin* 'even if it is'; *féin* may be used, mainly in an 'if' clause or negative sentence, to mean 'even'.

3. *tugaim faoi deara* 'I notice'

4. *(a) mh' anam (go/nach)...* 'indeed ...'

GRAMMAR

1. COMPARATIVE DEGREES OF ADJECTIVE

(i) Comparative

Tá an seomra seo níos dorcha.	This room is darker.
Is dorcha an seomra seo.	This room is darker.

A comparison is expressed:

(a) by *níos (lit.* 'a thing which is'; *ní* 'a thing' written together with *is*, the relative form of the copula, 'which is') before a form of the adjective, e.g. *dorcha* 'dark', *níos dorcha* 'darker'.

(b) by the copula *is* (see Lesson 11) before the adjective, e.g. *Is dorcha* 'is darker'.

(ii) Superlative

Tá an seomra is dorcha anseo.	The darkest room is here. (*lit.* The room which is darkest is here.)
Sin í an deoch is blasta.	That is the tastiest drink.

To form a superlative *is* (relative form of the copula) is used before an adjective.

[1] When used with prepositions ending in a vowel, *n* /N/ may optionally be inserted: *le a chéile* or *lena chéile* 'with one another', 'asunder'. Normally when *n* is not inserted, the actual pronunciation is shown by omitting the *a: le chéile, ó chéile* (see Appendix I.5).

(iii) Form of adjective

The form of the adjective (or adverb) used in the comparative and in the superlative is always the same.

Two-syllable adjectives which end in a vowel, e.g. *dorcha, blasta,* and all verbal adjectives, e.g. *briste* 'broken', *péinteáilte* 'painted', do not change.

One-syllable adjectives pronounced with a final vowel add *-(o)cha*[1] /xə/:

beo 'live, quick'	*níos/is beocha*
buí 'yellow'	*níos/is buíocha*
breá 'fine'	*níos/is breácha*
crua 'hard'	*níos/is cruacha*
rua 'reddish brown'	*níos/is ruacha*
luath 'early'	*níos/is luathcha*
liath 'grey'	*níos/is liathcha*
réidh 'ready, easy'	*níos/is réacha*

In two or three adjectives the syllable is lengthened:

tiubh 'thick'	*níos/is tiúcha*[2]
dubh 'black'	*níos/is dúcha*[2]
te 'hot'	*níos teócha*

Other regular types will be dealt with in later lessons.

(iv) Adjectives with irregular comparative form

maith	good	*(níos/is) fearr*	/f´ɑ:r/	better, best
dona	bad	*measa*	/m´æ:sə/	worse, worst
mór	big	*mó*	/mu:/	bigger, biggest
beag	small	*lú*	/Lu:/	smaller, smallest
álainn	beautiful	*áille*	/ɑ:L´ə/	more/most beautiful
gránna	ugly	*gráinne*	/grɑ:N´ə/	uglier, ugliest
fada	long	*foide*	/fed´ə/	longer, longest
tanaí	thin	*tanaíocha*	/ta:Ni:xə/	thinner, thinnest
minic	often	*minicí*	/m´in´ək´i:/	more/most often
tirim	dry	*trioma*	/t´r´umə/	drier, driest
furasta	easy	*fusa*	/fusə/	easier, easiest

All these forms are pronounced regularly in accordance with the table in Appendix I (with the exception of *furasta* /frustə/ in which the first syllable is dropped.

The forms *níos dona, níos beige, níos furasta* are also used, though probably less frequently than the forms given above.

[1]This *-cha* /xə/ (or alternative form *-chte* /xt´ə/ is a feature of this dialect and is not written in Official Standard Irish.

[2]Alternative but perhaps less common forms are *tiubhe*/t´iw´ə/, *duibhe* /diw´ə/.

2. USES OF *CHOMH* WITH ADJECTIVES

(i) With *le:*

Tá Cáit chomh mór le Máirtín.	C. is as big as M.

Chomh ... le is used before a noun to express 'as ... as', e.g. *chomh mór le* 'as big as'.

(ii) With *is* followed by a direct relative

Níl Cáit chomh sásta is a bhí Máirtín. C. is not as pleased as M. was.

Chomh ... is followed by a direct relative (see Lesson 13) is used before a verb to express 'as ... as', e.g. *chomh sásta is a bhí ...* 'as content as ... was'. This *is* can be taken to be the shortened form of *agus,* which may also occur in this construction.

(iii) With *sin:*

Níl sé chomh maith sin.	It is not all that good.
Bhí Máirtín chomh sásta sin go mbeidh Cáit sásta freisin.	M. was so pleased that C. will also be pleased.

Chomh ... sin (go/nach) is used to express 'all that ...', 'so ... that', e.g. *chomh maith sin* 'all that good', *chomh sásta sin go ...* 'so pleased that ...'.

(iv) With *céanna:*

Tá Máirtín chomh beag céanna.	M. is just as small.

Chomh ... céanna is used to express 'just as ...', e.g. *chomh beag céanna* 'just as small'.

(v) As exclamation:

Chomh ard le Cáit !	How tall C. is !

Chomh ... le can be used to express 'how ... !'.

(vi) In questions:

Cé chomh ard le Cáit ?	How tall is C. ?

Cé chomh ... can be used to express 'how ... is ? '.

3. ADVERBS OF DIRECTION AND POSITION

(i) Introduction and table

Tá Cáit ag goil suas.	C. is going up(wards).
Tá Cáit thuas.	C. is up above.
Tá Cáit ag tíocht anuas.	C. is coming down from above.

The use of these adverbs depends on the position of the speaker. *Suas* 'up, upwards' implies motion or direction away from the speaker, *thuas* 'up, above', a position above, while *anuas* 'down from above' indicates movement or direction downwards from above the speaker.

Here is a table of these adverbs:

	Motion or direction to	Stationary	Motion or direction from
	Tá Cáit ag goil ...	*Tá Cáit ...*	*Tá Cáit ag teacht ...*
	suas /su:əs/ up, upwards	*thuas* /hu:əs/ up, above	*anuas* /ə'Nu:əs/ down from above
	síos /s´i:s/ down, downwards	*thíos* /hi:s/ down, below	*aníos* /ə'N´i:s/ up from below
	soir /ser´/ east, eastwards	*thoir* /her´/ in the east	*anoir* /ə'Ner´/ from the east
	siar /s´i:ər/ west, westwards back, backwards	*thiar* /hi:ər/ in the west back (there)	*aniar* /ə'N´i:ər/ from the west from back (there)
i bhfus /ə'wus/ over here	*anonn* /ə'Nu:N/ *sall* /sɑ:L/ over, across	*thall* /hɑ:L/ over there, across there	*anall* /ə'Nɑ:L/ from over there, from across there
	isteach /ə's´t´æ:x/ in, inwards	*istigh* /ə's´t´i/ in, within	
	amach /ə'ma:x/ out, outwards	*amuigh* /ə'mu/ out, without	

(ii) The adverbs *ó thuaidh* and *ó dheas*

Ó thuaidh /o: hu:ə/ 'northwards', 'in the north', 'from the north', and *ó dheas* 'southwards', 'in the south', 'from the south' normally have only one form, e.g. *Tá Cáit ag goil ó thuaidh; Tá Cáit ó thuaidh; Tá Cáit ag tíocht ó thuaidh.* However, when they function as adjectives in set phrases, *aduaidh* /ədu:ə/ and *aneas* /ə'N´æ:s/ are used:

siar/thiar/aniar aduaidh 'northwestward, in the northwest, from the northwest'
siar/thiar/aniar aneas 'southwest', etc.
soir/thoir/anoir aduaidh 'northeast', etc.
soir/thoir/anoir aneas 'southeast', etc.
Also: *an ghaoth aduaidh* 'the north wind', *an ghaoth aneas* 'the south wind'.

(iii) Usage

(a)	*Tá Cáit ag goil síos an bóthar.*	C. is going down the road.
	Tá Cáit ag goil soir an bóthar.	C. is going eastwards on the road.

In local directions *soir,* etc. 'east ...', *siar,* etc. 'west ...', *síos* 'down ...' (geographically north) and *suas,* etc. 'up ...' (geographically south) are used where English loosely employs 'up' or 'down'.

(b)	*an fear istigh*	the man inside
	na fir thall	the men over there
	an fear isteach	the man who is just coming/going in

In this type of phrase the relative of the verb *tá,* as well as the notion of movement ('going/coming'), can be understood, e.g. *an fear (atá) istigh* 'the man (who is) inside', *an fear (atá ag goil/teacht) isteach* 'the man (who is coming/going) in'.

(c) *Tá Cáit ag goil siar amach.* — C. is going away off to the west.
Tá Cáit thiar amach. — C. is away in the west.

Amach/amuigh can be combined with *siar/thiar* to indicate greater distance.

(d) *Beidh mé aniar amáireach.* — I will be (coming) from the west tomorrow.

When an adverb implying motion or direction is used, a verb of motion can be understood.

(e) *an taobh istigh* — the inside
an taobh ó thuaidh — the northside

Taobh /ti:w/ 'side' can be used with stationary forms of these adverbs. When so used the final /w/ is not pronounced.

(f) *Tá sé in ann Cáit a bhualadh amach.* — He can completely beat (=surpass) C.
Tá sé ag glanadh suas. — He is cleaning up.

Amach and *suas* can be used with certain verbs to express the completion of an action.

4. NUMBERS ABOVE TEN

	'x boats'	'x coats'	'x years'
11	*aon bhád déag*	*aon chóta dhéag*	*aon bhliain déag*
12	*dhá*	*dhá*	*dhá* . . . .
13	*trí*	*trí*	*trí* . . . .
14	*cheithre*	*cheithre*	*cheithre* . . . . . .
15	*chúig*	*chúig*	*chúig bhliana déag*
16	*sé*	*sé*	*sé bliana déag*
17	*seacht mbád déag*	*seacht gcóta dhéag*	*seacht mbliana déag*
18	*ocht*	*ocht*	*ocht* . . . .
19	*naoi*	*naoi*	*naoi* . . . .
20	*fiche bád*	*fiche cóta*	*fiche bliain*
40	*dhá fhichead bád*	*dhá fhichead cóta*	*dhá fhichead bliain*
50	*leathchéad bád*	*leathchéad cóta*	*leathchéad bliain*
60	*trí fichid bád*	*trí fichid cóta*	*trí fichid bliain*
80	*cheithre fichid bád*	*cheithre fichid cóta*	*cheithre fichid bliain*
100	*céad bád*	*céad cóta*	*céad bliain*
200	*dhá chéad bád*	*dhá chéad cóta*	*dhá chéad bliain*
300	*trí chéad bád*	*trí chéad cóta*	*trí chéad bliain*
:	etc.	etc.	etc.
1,000	*míle bád*	*míle cóta*	*míle bliain*
2,000	*dhá mhíle bád*	*dhá mhíle cóta*	*dhá mhíle bliain*
:	etc.	etc.	etc.
1,000,000	*milliún bád*	*milliún cóta*	*milliún bliain*

The numbers from eleven to nineteen are similar to those from one to nine (see Lesson 11). They are, for the most part, formed by adding *déag* /d´e:g/.

The lenited form *dhéag* /ɣ´e:g/ is used (i) from eleven to nineteen after a final vowel, e.g. *dhá chóta dhéag* 'twelve coats', *sé dhuine dhéag* 'sixteen people'; (ii) after *scóir* 'scores', e.g. *trí scóir dhéag* 'thirteen scores'.

After *fiche* /f´i:/ 'twenty', *dhá fhichead* /ɣɑ: i:d/ 'forty', *trí fichid* /t´r´i: f´i:d´/ 'sixty', *cheithre fichid* /x´er´ə f´i:d´/ 'eighty', and following *céad* /k´e:d/ 'hundred', *míle* /m´i:l´ə/ 'thousand' and *milliún* /m´iL´u:N/ 'million' the singular is always used, e.g. *míle bád* 'a thousand boats', *milliún bliain* 'a million years'.

NOTES:

1. *Scór* /sko:r/ 'a score' often replaces *fiche* 'twenty', e.g. *dhá scór* 'forty', *trí scóir* 'sixty'. *Scór* may be followed by a plural, e.g. *scór bliain* or *scór blianta* 'twenty years'. The word *doiséinne* 'a dozen' is followed by the plural, e.g. *doiséinne uibheacha* 'a dozen eggs'.

2. *Punta* /puNtə/ is generally used in place of *punt* /puNt/ 'a pound' in numbers between eleven and nineteen, e.g. *seacht bpunt* 'seven pounds', *seacht bpunta dhéag* 'seventeen pounds'.

3. *Na céadtha, na mílte* are normally followed by the plural, e.g. *na céadtha leabhartha* 'hundreds of books', *na mílte mná* 'thousands of women'. However, in the case of certain nouns, the singular is used, e.g. *na céadtha fear* 'hundreds of men'. The latter may be regarded as set phrases (see also Lesson 15.5 Note 3).

TEXTS

AN tOILEÁN

Is oileán beag é seo. Tá timpeall 's sé mhíle farraige idir é agus an cósta. Tá an t-oileán é féin timpeall 's trí mhíle ar leithead agus míle ar fhad. Tá an talamh go dona amach is amach. Tá níos mó carraigreacha agus leacracha ann ná rud ar bith eile. Ar ndóigh, deir daoine gurb é an áit is áille ar an domhan é. Tá sé go hiontach, an fharraige agus na halltracha a fheiceáil. Bíonn an fharraige an-domhain agus an-ghorm.

Níl níos mó ná dhá chéad nó dhá chéad go leith duine ann. Ach cén chaoi a bhfuil na daoine in ann maireachtáil ann ? 'Ar éigin', a deir go leor daoine agus tá sé sin fíor. Mar sin féin, bíonn siad in ann na clocha a bhriseadh agus garranta beaga a dhéanamh. B'éigean claíocha a dhéanamh leis na clocha briste. Tá beithígh agus caoirigh agus cearc acu. Bítear ag obair leis na caiple agus leis na hasail atá acu. Bítear ag cur fhataí agus ag fás torthaí. Bhíodh na daoine go hiontach ag obair in éindí agus bhídís in ann saol a bhaint as an oileán.

Ar ndóigh, bhídís i gcónaí in ann maireachtáil ar an iasc, cé nach mbíonn an oiread céanna daoine óga ag iascach anois is a bhíodh. Tá bád beag áirithe acu. 'Curach' an t-ainm atá uirthi. Tá an churach coitianta thart ar Chonamara agus ar an gcósta thiar uilig.

Ach bhíodh an saol i bhfad níos cruacha leathchéad nó fiche bliain féin ó shin. Tá sé i bhfad níos fusa orthu anois. Bíonn bád ag tíocht acu go minic ach amháin nuair a bhíonns farraigí móra ann. Is é an rud is measa nach mbíonn an bád in ann a ghoil isteach ag an gcéibh mar nach bhfuil sí sách fada. Bíonn eitleán ag loighe ann anois cupla uair 'chuile sheachtain.

Ach céard a bhíonns na daoine a dhéanamh nuair nach mbíonn siad ag obair ? Bíonn na fir ag goil ag an teach ósta. Bíonn na fir agus na mná in éindí ag an séipéal Dé Domhnaigh. Tá halla in aice leis an scoil. Uaireanta, bíonn an dream óg thiar ansin ag damhsa nó ag imirt chártaí, nó go díreach ag castáil ar a chéile.

Ach nach bhfuil athrúintí móra ar an saol anois ? Tá, cinnte. Bíonn an dream óg ag goil ar an meánscoil taobh amuigh. Tugaim faoi deara go mbíonn na gasúir ag breathnú ar pheictiúir as Meireacá ar an teilifís. Níl an oiread sin daoine óga ag pósadh agus ag fanacht ann. Céard atá ag goil ag tarlú anois ? Níl an saol chomh crua is a bhíodh sé ach an bhfuil sé ag athrú rosciobtha ? An mbeidh na daoine óga ag éirí míshásta ? Sin í an cheist.

COMHRÁ

Bhí cupla bean ag siúl soir ag an bposta in éindí. Bhí siad ag caint mar seo:

'Is breá an lá é !'

'Muise, má tá féin, bhí an lá inné níos breácha !'

'B'fhéidir go raibh.'

'Tháinig an samhradh an-luath i mbliana.'

'Tháinig.'

'Tá sé níos teócha agus níos trioma ná a bhí sé anuraidh.'

'Mh'anam go bhfuil.'

'Tá sé sách te ar aon chaoi.'

Bíonn muid ag síorchaint ar an aimsir anseo !

EXERCISES

A. Rewrite these sentences as comparatives using *is*, e.g. *Is dorcha an seomra seo ná an ceann eile.* Then write them as superlatives using *sin ...*, e.g. *Sin é an seomra is dorcha.*

1. *Tá an seomra seo níos dorcha ná an ceann eile.*
2. *Tá an t-adhmad seo níos tiúcha ná an cineál eile.*
3. *Beidh an ubh seo níos cruacha ná do cheannsa.*
4. *Tá an leabhar seo níos fusa.*
5. *Beidh an peictiúr eile níos measa.*
6. *Tá an aimsir níos fearr.*
7. *Tá an bóthar eile níos foide.*
8. *Tá an teach seo níos lú.*

B. Complete the following:

1. *Tá Cáit ag goil amach. Anois beidh sí ......*
2. *Tá sí ag goil síos an staighre. Beidh sí ...... arist ar ball.*
3. *Bhí Bríd thuas an staighre. Anois tá sí ag teacht ...... an staighre.*
4. *Tá Máirtín thiar. Beidh sé ...... amáireach.*
5. *Bhí an bád ag goil soir. Anois tá sí ......*
6. *Tá muid ag goil suas ann. Tá na daoine eile ...... ann cheana féin.*
7. *Tá an teach go deas ar an taobh amuigh ach tá sé go dona ar an taobh ......*
8. *Gabh isteach agus cuir ceist ar an bhfear ......*

C. Write in words:

1. *600 duine* 2. *18 bád* 3. *13 punt* 4. *14 orlach* 5. *16 pingin* 6. *15 seomra* 7. *13 cupán* 8. *12 pláta* 9. *40 bliain* 10. *20 pingin* 11. *10 uair* 12. *15 cathaoir* 13. *14 crann* 14. *13 pingin* 15. *80 míle* 16. *19 cupán* 17. *800 teach* 18. *11 bord* 19. *15 bliain* 20. *3000 bliain.*

TRANSLATE:

1. Life is not that hard now. I am sure that it is not as hard as it used to be. 2. I notice that the winter used to be harder years ago and it was drier too. 3. Bríd is smaller than Cáit. Bairbre is just as small. 4. How small that woman is ! 5. Poor Máirtín will have to go away off to the west. He is so dissatisfied that Bríd will have to go too.

LESSON 20

VOCABULARY

aird *fem.*	/ɑ:rd´/		heed, notice
bua	/bu:ə/		victory
cogadh	/kogə/	*cogaíocha*	war
comhrialtas	/ku:ri:əLtəs/		coalition government
droim	/dri:m´/	*dramanna* /dra:məNi:/	back
éad	/e:d/		jealousy
lucht	/Loxt/		people (connected with)
máistir	/mɑ:s´t´ər´/	*máistrí* /mɑ:s´t´r´i:/	(school) master
nuaíocht *fem.*	/Nu:i:əxt/		news
páirtí	/pɑ:rt´i:/	*páirtithe* /pɑ:rt´i:/	(political) party
rialtas	/ri:əLtəs/		government
sáile	/sɑ:l´ə/		brine, sea water
sruth	/sru/	*sruthanna*	current, flow
toghachán	/tauxɑ:N/	*toghacháin* /tauxɑ:n´/	election
tuirse *fem.*	/turs´ə/		tiredness, fatigue
vóta	/wo:tə/	*vótaí*	vote

Fianna Fáil	/f´i:əNə fɑ:l´/	*(name of political party)*
Fine Gael	/f´in´ə ge:L/	*(name of political party)*
Mícheál	/m´i:ɑ:L/	*(man's name)*
Páirtí an Lucht Oibre	/pɑ:rt´i: N Loxt aib´r´ə/	Labour Party

aontaigh 2	/i:Ntə/	agree, unite
aontú	/i:Ntu:/	agreeing, uniting
cuidigh (le) 2	/kid´ə/	help, give aid (to)
cuidiú	/kid´u:/	helping
cuimhnigh (ar) 2	/ki:m´r´ə/, /ki:w´r´ə/	recollect, remember, think (about)
cuimhniú	/ki:m´r´u:/, /ki:w´r´u:/	recollecting *etc.*
éist (le) 1	/e:s´t´/	listen (to), keep quiet, not to interfere
éisteacht	/e:s´t´əxt/	listening, *etc.*
rá	/rɑ:/	saying
sáraíocht	/sɑ:ri:əxt/	disputing, arguing
seas 1	/s´æ:s/	stand
seasamh	/s´æ:sə/	standing
súil (le)	/su:l´/	expecting, looking forward to
tabhairt	/to:rt´/	giving

contráilte	/ku:Ntrɑ:L´t´ə/	wrong
gnaoiúil	/gri:u:l´/	decent, generous
mímhúinte	/'m´i:ˌwu:N´t´ə/	rude
múinte	/mu:N´t´ə/	polite
spalptha	/spa:Lpi:/	parched

go gairid	/gə ga:r´əd´/	shortly
sa gcaoi (go/nach)[1]	/sə gi:/	so that ... (not), in order that ... (not)
thar sáile	/ha:r sɑ:l´ə/	overseas, abroad

[1]Optionally also *sa gcaoi is go/nach.* There is a general tendency for *is* to be used after subordinating conjunctions.

VOCABULARY NOTES:

1. *le seachtain (anuas)* 'for a week (now)'
2. *ag baint as duine* 'teasing, egging on someone'
3. *Is deacair a rá ...* 'it is difficult to say ...'
4. *ag tabhairt aird ar* 'heeding'
5. *lucht oifige* 'office people'

GRAMMAR

1. RELATIVE OF COPULA

(i) Direct relative

(a) Positive

Sin é an rud is féidir a dhéanamh.	That is the thing that can be done.

The positive direct relative is the same as the statement form, e.g. ... *is féidir* ...- '... that/who can ...'

(b) Negative

Sin é an rud nach féidir a dhéanamh.	That is the thing that cannot be done.

The negative direct relative is expressed by using *nach* 'that ... not', e.g. ... *nach fèidir* ... '... that cannot ...'

(ii) Indirect relative

(a) Positive

Sin é an fear ar maith leis an bord.	That is the man who likes the table.

The positive indirect relative is expressed by using *ar* 'that, who', e.g. ... *ar maith le* ... '... that likes ...', ... *ar leis* ...'... that owns ...'.

(b) Negative

Sin é an fear nach maith leis an bord.	That is the man who does not like the table.

The negative indirect relative is expressed by using *nach* 'that ... not', e.g. ... *nach maith le* ... '... that does not like ...'.

2. FUTURE OF COPULA

Is fiú airgead mór amach anseo é.	It will be worth big money sometime in the future.
Is deacair fanacht anseo amáireach.	It will be hard to stay here tomorrow.

These forms of the copula *(is, ar, nach*, etc.) can be used with a future meaning.

3. THE PREPOSITION *LE*

(i) Introduction

Tá Cáit anseo leis an mbosca.	C. is here with the box.
Tá mé ag scríobh le peann mór.	I am writing with a big pen.
Níl Cáit sásta le hÚna.	C. is not satisfied with Ú.

Le 'with' prefixes a *h* (which is not normally pronounced) to a directly following noun which begins with a vowel, e.g. *le hÚna* /l´u:Nə/ 'with Úna'. Before the singular article *le* takes the form *leis* (see Lesson 5).

(ii) Prepositional Pronouns

Ordinary form		Pronunciation
liom	'with me'	/l´um/
leat	'with you'	/l´æ:t/
leis	'with him/it'	/l´es´/
léi	'with her/it'	/l´e:/
linn	'with us'	/l´iN´/
libh	'with you *(pl.)*'	/l´ib´/
leo	'with them'	/l´o:b/

The preposition *le* and all its forms are pronounced with an initial lenited *l* /l´/. (Prepositions tend to be permanently lenited.)

The contrast forms and general usage are the same as that of *ag* and most other prepositional pronouns, e.g. *liom, liomsa, liom féin, liomsa mé féin* (see Lesson 16). Note, however, that *leis* has the contrast form *leisean,* i.e. *-sean* rather than *-san* is added.

(iii) Basic meaning 'with'

The basic meaning of *le* is accompaniment or instrumentality.

Tá Cáit anseo le Máirtín.	C. is here with M.
Tá Máirtín ag obair le spáid.	M. is working with a spade.

More idiomatically *le* expresses:

(a) 'with the motion of'

Tá an bád ag imeacht le sruth.	The boat is going with the current.

Similarly: *leis an ngaoth* 'with the wind'.

(b) 'at the same time as'

Bhí Cáit anseo leis an lá.	C. was here at daybreak (*lit.* with the day).

Similarly: *leis an oíche* 'at nightfall'.

(c) 'with', 'as a result of'

Tá Cáit tinn leis an tuirse.	C. is sick with the tiredness.

Similarly: *tinn le himní/le hól* 'sick with worry/drink', *spalptha leis an tart* 'parched with the thirst'.

(d) 'away', 'continuing'

Tá Cáit ag obair léi.	C. is working away/working on/ continuing to work.

Similarly: any verbal noun.

(iv) Secondary meaning 'to'

(a) 'to', 'for the purpose of'

Tá Cáit anseo le balla a phéinteáil.	C. is here to paint a wall.
Tá Cáit anseo le é a phéinteáil.	C. is here to paint it.

(b) 'to', 'due to be'

Tá balla ansin le péinteáil.	There is a wall there to paint.

In this usage *le* normally prefixes *n* /N(⁻)/ to an initial vowel, e.g. *Tá neart le n-ithe agus le n-ól 'There is plenty to eat and to drink'.*

More idiomatically it expresses:

(a) 'to', 'towards'

Bhí Cáit go deas le Máirtín.	C. was nice to M.
Tá fearg ar Cháit le Máirtín.	C. is angry with M.
Tá foighid ag Cáit le Máirtín.	C. has patience with M.

Similarly: *go dona* 'bad', *múinte* 'polite', *lách* 'pleasant', *gnaoiúil* 'decent', 'generous', *gránna* 'horrible'; *Tá deifir* ('hurry') *ar Cháit le ...; Tá loighe* ('an inclination')/ *súil* ('is expecting')/ *éad* ('jealousy') *ag Cáit le ...*

(b) 'to', 'against'

Tá droim Cháit leis an mballa.	C.'s back is to the wall.

Similarly: *leis an doras* 'to the door', *leis an gclaí* 'to the ditch/stonewall'.

(c) duration

Tá Cáit anseo le seachtain.	C. is here a week.

Similarly: *mí* 'month', *bliain* 'year', *cupla lá* 'a few days'.

4. IDIOMATIC USES OF COPULA AND *LE*

(i) To express 'it seems'

Is maith le Cáit bainne.	Milk seems good to C. C. likes milk.
Ní miste liom é.	I don't mind it.

The copula (see Lesson 11) is used with *le* in certain idiomatic expressions and has the general meaning of 'it seems'. Further examples are:

Is	*cuma* /kumə/	*le Cáit*	It seems all the same to C.
Ní	*fearr* /f⁻ɑ:r/		It does not seem better to C.: C. does not prefer

Ar *(Ab)*[1]	*ionadh* /i:Nə/	*le Cáit*	Did it seem amazing to C.? Was C. amazed ?
Nach	*fiú* /f´u:/		Does it not seem worthwhile to C.?
Deir sé gur *(gurb)*[1]	*dóigh* /do:/		He says that it seems likely to C.; ... that C. supposes
... *nach*	*cuimhne* /ki:w´r´ə/		He says that C. does not remember
Más	*féidir* /f´e:d´ər´/		If C. can
Mara *(Marab)*[1]	*miste* /m´is´t´ə/		If C. does not mind

Is cuma le ... 'it seems all the same to ...' is generally only used positively, e.g. *Is cuma le ...; Ar cuma le ...; gur cuma le ....*

To a limited extent *is ... le* can be used with other adjectives, e.g. *Is deacair liom é a chreisdiúint* 'I find it hard to believe'. These are generally adjectives implying a relative estimation, e.g. *réidh* 'easy', *ard* 'high', *íseal* 'low'.

Some of these idioms can be used impersonally (with no prepositional pronoun): *Is fearr a bheith sásta* 'It is better to be satisfied'. Similarly: *Is cuma faoi* 'It seems all the same about it', 'It doesn't matter about it'; *Is dóigh go mbeidh tú anseo* 'It is probable that you will be here', 'You will probably be here'; *Is féidir Gaeilge a fhoghlaim* 'It is possible to learn Irish'. Note also: *Is deacair a rá* 'It is difficult to say'.

(ii) To express ownership

Is le Cáit an teach seo.	C. owns this house.
Ar leatsa an leabhar sin nó cé leis í ?	Do **you** own this book or who owns it ?
Ní liom. Níl a fhios agam cé leis í.	No. I don't know who owns it.

The copula is used with *le* to express ownership. In responses the ordinary form of the prepositional pronoun (*liom, leat,* etc.) is repeated with the copula.

5. USE OF *É* IN RESPONSES

Is dóigh go mbeidh Cáit ag tíocht. C. will probably be coming.

Responses:

Is dóigh go mbeidh.	Yes, she probably will.
Is dóigh é.	Yes, probably so.

B'fhéidir go mbeidh Máirtín ann. Perhaps M. will be there.

Responses:

B'fhéidir go mbeidh.	Yes, perhaps he will.
B'fhéidir é.	Yes, perhaps so.

É can be used in responses to stand for indirect speech.

[1] *Ab, gurb, marab* before vowels, see Lesson 11.

6. USE OF DIRECTIONAL ADVERBS WITH PREPOSITION *LE*

Siar leat !	Back you go !
Anuas libh !	Down (from up there) you *(pl.)* come !
Síos an bóthar liom.	I went on down the road.

Adverbs expressing direction (see Lesson 19) can be used with the preposition *le* and the verb is understood. When used as a plural imperative the verbal ending *-(a)igí* (see Lesson 12) is sometimes added, e.g. *Amach(aigí) libh !* 'Out you *(pl.)* go !'

TEXT

LEITIR

A Phádraig, a chara,

Is dóigh liom go bhfuil a fhios agat go mbeidh toghachán eile againn faoi cheann cupla seachtain. Le seachtain anuas, ní féidir gan aird a thabhairt ar chúrsaí polaitíocht. Má bhíonn tú ag éisteacht leis an raidió nó ag breathnú ar pháipéar nó ar an teilifís, bíonn 'chuile dhuine ag caint faoin toghachán. Ní féidir linn cuimhniú ar thada eile ! Bíonn muid uilig ag sáraío^ht faoin bpolaitíocht sa gcaoi go bhfuil sé cosúil le cogadh anseo ! Is mór an truaí go bhfuil tú thar sáile mar níl a fhios cén spóirt atá muid a bhaint as.

Tá Fine Gael agus Páirtí an Lucht Oibre ag seasamh le chéile aríst an uair seo. Deir Úna gurb é an comhrialtas a bhí againn le cheithre bliana anuas an rialtas is fearr a bhí ariamh againn. Bíonn Tomás ag aontú le hÚna ach bíonn Cáit agus Bríd ag rá go bhfuil Fianna Fáil níos fearr ná an dá pháirtí eile. Bíonn Ruairí ag baint astu uilig. Deir seisean gur cuma leis faoin bpolaitíocht agus nach fiú leis vóta a chaitheamh ar chor ar bith. Deir Deaide gur cuma leisean freisin faoin bpolaitíocht chúns atá a dhóthain le n-ithe agus le n-ól ag 'chuile dhuine.

Is deacair a rá cé aige a mbeidh an bua. Bíonn na páipéir ag rá gur dóigh go mbeidh an bua ag an gcomhrialtas. Mar sin féin, is cuimhne liom go raibh siad contráilte an uair dheireannach.

Tá an teach le péinteáil aríst an samhradh seo agus tá go leor le déanamh. Tá Maime ag obair léi ag glanadh agus ag péinteáil. Bím féin agus Ruairí ag cuidiú léi. Bíonn Cáit ag cuidiú linn freisin (anois agus aríst !)

Is dóigh go bhfuil teas mór thall ansiúd anois. Deir siad go mbíonn an Spáinn an-te ag an am seo. Ar ndóigh, is maith leatsa an teas. Is fearr liomsa an fuacht ná an teas !

Beidh muid ag súil le leitir eile go gairid,

Mícheál.

EXERCISES

A. Use a relative clause to make one sentence of the following, e.g. *Sin í an fhuinneoig nach féidir a oscailt.*

1. *Sin í an fhuinneoig. Ní féidir í a oscailt.*
2. *Sin é an doras. Is féidir é a oscailt.*
3. *Tá gloine nua anseo. Ní féidir í a bhriseadh.*
4. *An bhfuil aithne agat ar an gcailín ? Is maith léi ceol.*
5. *Feicim an máistir thall. Ní maith leis gasúir beaga.*
6. *Cá bhfuil an bhean sin ? Is maith léi a bheith ag foghlaim teangacha.*

B. Complete these sentences (replacing the elements in brackets) by using the appropriate prepositional pronoun, e.g. *Ní cuimhne leisean an focal sin.*

1. *Ní cuimhne (le) (seisean) an focal sin.*
2. *Is cuma (le Ruairí) faoin bpolaitíocht.*
3. *Bhí Mícheál mímhúinte (leis na daoine sin).*
4. *Siar (le) (muid) ansin ag an bposta.*
5. *Nach cuimhne (le) (thusa) an lá sin ?*
6. *Ar fearr (le) (sibh) fanacht anseo ?*
7. *Ní dóigh (le) (mé) go mbeidh an aimsir go maith amáireach.*
8. *Bhí muid ag iarraidh an doras a bhriseadh (leis an spáid).*
9. *Bhí fearg orm (leis an bhfear eile).*
10. *Ní maith (le) (Cáit) an teas.*

TRANSLATE:

1. For a month now everybody is thinking about the election and talking about politics. I don't like any party. I am not going to cast a vote. 2. We are listening to the radio and looking at the news on the television almost every day. It is hard to say who will win (*lit.* who will have the victory). 3. All the walls and doors and windows are to be cleaned and painted again this year. 4. I don't remember the night you were here. 5. We don't like the heat. We prefer the cold. 6. Ruairí was horrible to Mícheál. He is jealous of him. 7. Máirtín's back was to the gate and he was smoking a cigarette. 8. Where are you from ?

LESSON 21

VOCABULARY

amadán	/a:mədɑ:N/	*amadáin* /a:mədɑ:n´/	fool
Bealtaine *fem.*	/b´ɑ:Ltən´ə/		May, Maytime
bláth	/bLɑ:/	*bláthanna*	bloom
braon	/bri:N/	*braonacha*	drop
Cáisc *fem.*	/kɑ:s´k´/		Easter
citeal	/k´itl/	*citealacha*	kettle
clampar	/kLa:mpər/		commotion, quarrel
fuadar	/fu:ədər/		flurry
gabáiste	/gubɑ:s´t´ə/		cabbage
mairg *fem.*	/ma:r´əg´/		trouble, sorrow, regret
méid[1]	/me:d´/		amount, size, volume
píosa aráin	/p´i:sə rɑ:n´/	*píosaí aráin*	bit of bread
póg *fem.*	/po:g/		kiss
Samhain *fem.*	/saun´/		Hallowtide
scuab *fem.*	/sku:əb/	*scuabanna*	broom
seol	/s´o:L/	*seolta*	sail
siopadóireacht *fem.*	/s´upədo:r´əxt/		shopping
smacht	/sma:xt/		control

bearr 1	/b´ɑ:r/	shave, trim
bearradh	/b´ɑ:rə/	shaving
caill 1	/kɑ:L´/	lose, miss
cailleadh	/kɑ:L´ə/	losing
dúin 1	/du:n´/	shut, close
dúnadh	/du:Nə/	shutting
dúiseacht	/du:s´əxt/	waking, awakening
dúisigh 2	/du:s´ə/	wake, awaken
gearr 1	/g´ɑ:r/	cut
gearradh	/g´ɑ:rə/	cutting
lig 1	/L´ig´/	let
ligean	/L´ig´əN/	letting
mothaigh 2	/mu:/	feel
mothaím	/mu:i:m´/	I feel
mothú	/mu:/	feeling, perception
póg 1	/po:g/	kiss
pógadh	/po:gə/	kissing
réiteach	/re:t´əx/	preparing, clearing up, solving
réitigh 2	/re:t´ə/	prepare, etc.
rith 1	/ru/	run
rith	/ru/	running
scuab 1	/sku:əb/	sweep (away)
scuabadh	/sku:əbə/	sweeping
stócáil 1	/sto:kɑ:l´/	prepare, get ready
stócáil	/sto:kɑ:l´/	preparing
suí	/si:/	sitting
suigh 1	/su/	sit
tarraing 2	/ta:rəN´/	draw, pull
tarraingt *fem.*	/ta:rəN´t´/	drawing, pulling

[1] An adjective is lenited following *méid*, e.g. *méid mhór* 'a great volume'.

gruama	/gru:mə/	gloomy
slán	/sLɑ:N/	sound, safe, whole and entire
amú	/ə'mu:/	astray, wasted
faoi láthair	/fi: Lɑ:r´/	at present
thar éis	/he:s´/	after

VOCABULARY NOTES:

1. *Cuir síos an citeal* 'put on (*lit.* 'down') the kettle'
2. *Ag fágáil slán ag duine* 'taking leave of a person' (*Slán agat !* is said by the leaver, *slán leat !* by the person remaining)
3. *Caithfidh mé* 'I will have to, I must'
4. *Tarraing agat* ... 'get a hold of ...'

GRAMMAR

1. FUTURE TENSE OF REGULAR VERB

(i) Form used with noun or pronoun (corresponding to *beidh*)

Glanfaidh Cáit an bord agus nífidh sí na soithí.	C. will clear the table and she will wash the dishes.
Léifidh Cáit an leabhar ach ní bhrisfidh sí an chathaoir.	C. will read the book but she will not break the chair.
Coinneoidh sé an cóta agus salóidh sé é !	He will keep the coat and he will dirty it !
Osclóidh tusa an geata agus imreoidh muide cluifí.	**You** will open the gate and **we** will play games.

Type 1		Type 2	
(root with one syllable) adds *-f(a)idh* /ə/		(root with two syllables) adds *-óidh, -eoidh* /o:/	
glan + faidh	*glanfaidh*	*sal(aigh) + óidh*	*salóidh*
bris + fidh	*brisfidh*	*coinn(igh) + eoidh*	*coinneoidh*
léi(gh) + fidh	*léifidh*	*osc(ai)l + óidh*	*osclóidh*
ni(gh) + fidh	*nífidh*	*im(i)r + eoidh*	*imreoidh*
(A final *-gh* is dropped and a short syllable is lengthened; see Lesson 12.)		(The last syllable is always lost before an ending with an initial vowel; see Lesson 12.)	

All verbal endings are spelt with a 'broad' vowel, e.g. *-faidh, -óidh,* after a broad consonant, e.g. *glan, sal-, oscl-,* and with a 'slender' vowel, e.g. *-fidh, -eoidh,* after a slender consonant, e.g. *bris, coinn-, imr-;* (see Lesson 12).

(ii) Autonomous form (corresponding to *beifear*)

Type 1		Type 2	
adds *-f(e)ar* /ɑːr/		adds *-ófar, -eofar* /ɑːr/	
glan + far	*glanfar*	*sal(aigh) + ófar*	*salófar*
bris + fear	*brisfear*	*coinn(igh) + eofar*	*coinneofar*
léi(gh) + fear	*léifear*	*osc(ai)l + ófar*	*osclófar*
ní(gh) + fear	*nífear*	*im(i)r + eofar*	*imreofar*

Although in pronunciation, the ending is /ɑːr/ in all cases, type 1 and type 2 are spelt differently. The pronunciation / (oː) fər/ is, however, usually heard in neighbouring and other dialects.

(iii) Pronunciation of verbs with roots ending in *b, d, g, bh, mh*

A root-final

b (scuab)	is pronounced as	*p (scuabfaidh, scuabfar)*
d (goid)		*t (goidfidh, goidfear)*
g (póg)		*c (pógfaidh, pógfar)*
bh (scríobh)		*f (scríobhfaidh, scríobhfar)*
mh (snámh)		*f (snámhfaidh, snámhfar)*

before any verbal ending spelt with an initial *f.*

(iv) Direct relative (corresponding to *a bheas*)

Type 1		Type 2	
Future	Future relative ('that will ...')	Future	Future relative ('that will ...')
glanfaidh	*a ghlanfas*	*salóidh*	*a shalós*
brisfidh	*a bhrisfeas*	*coinneoidh*	*a choinneos*
léifidh	*a léifeas*	*osclóidh*	*a osclós*
nífidh	*a nífeas*	*imreoidh*	*a imreos*

In type 1 verbs, *-(a)idh* is dropped and *-(e)as* is added to any uncombined form; in type 2 verbs, *-idh* is dropped and *-s* added to any uncombined form.

2. THE PREPOSITION *FAOI*

(i) Introduction

Tá an pota faoin mbord.	The pot is under the table.
Tá an leabhar faoi bhosca.	The book is under a box.
Tá an chathaoir fúm.	The chair is under me.

Faoi 'under' causes lenition to a directly following noun, e.g. *faoi chathaoir* 'under a chair'.

(ii) Prepositional pronouns

Ordinary form		Pronunciation
fúm	under me	/fu:m/
fút	under you	/fu:t/
faoi	under him/it	/fi:/
fúithi	under her/it	/fu:/
fúinn	under us	/fu:N´/
fúibh	under you *(pl.)*	/fu:b´/
fúthu	under them	/fu:b/

The contrast forms and general usage are the same as those of *ag* and most other prepositional pronouns, e.g. *fúm, fúmsa, fúm féin, fúmsa mé féin;* see Lesson 16.

(iii) Meanings of *faoi*

Basic meaning 'under'

Tá leabhar faoin gcathaoir.	There is a book under the chair.

Idiomatically *faoi* is used:

(a) to express intent

Tá fúm Cáit a phósadh.	I intend to marry C.

(b) (with *bualadh*) to express impact

Bíonn na carranna ag bualadh faoi bhallaí.	The cars (as a rule) (are) hit(ting) against walls.

(c) to express motion (in certain phrases)

Tá siúl faoi.	*Lit.* There is motion under him.	He is going fast.
Tá fuadar faoi.	There is a flurry under him.	He is in a flurry.
Tá fás faoi.	There is growth under him.	It is growing.

(d) in some common adverbial phrases

faoi smacht	under control
faoi bhláth	in bloom, flourishing
faoi lántseol	under full sail, in full swing
faoi bhealach	under way

(iv) secondary meaning 'around', 'about'

In some particular usages, *faoi* has taken over the function of an older preposition *um* meaning 'around', 'about', 'concerning'.

Tá mé ag caint faoin mbean sin.	I am talking about that woman.

Similarly: *Tá imní/áthas/brón/aiféal orm faoi* 'I am worried/glad/sorry/regretful about it', and in the adverbial phrases:

faoi Nollaig	around Christmas	*faoi seo*	by now
faoi Cháisc	around Easter	*faoi láthair*	at present
faoi Bhealtaine	around May	*faoi dheireadh*	at last
faoi Shamhain	around Hallowtide	*faoin tír*	in the country

3. THE PREPOSITION *GO/GO DTÍ*

Tá Cáit ag goil go dtí an áit chéanna.	C. is going to the same place.
Beidh Cáit anseo go dtí an lá sin.	C. will be here until that day.
Tá Máirtín ag goil go Sasana.	M. is going to England.

Go dtí /gə dʹiː/ 'to', 'as far as', 'up to' is used with definite nouns, e.g. *go dtí an áit* 'to the place', *go dtí Déardaoin* 'until Thursday', *go dtí Máirtín* 'to Máirtín'. However, *go* which prefixes *h* to a following vowel, is used with place-names without the article, e.g. *go Sasana* 'to England', *go Meireacá* 'to America', *go hÉirinn* 'to Ireland', *go hAlbain* 'to Scotland', and in certain adverbial phrases, e.g. *go maidin* 'until morning', *lán go béal* 'full to the (*lit.* mouth) brim'.

Go is generally omitted before certain place-names beginning with a consonant, e.g. *ag goil Baile Átha Cliath* 'going to Dublin', *ag goil Gaillimh* 'going to Galway'.

4. PREPOSITIONS NOT COMBINING WITH PERSONAL PRONOUNS

Gan /gəN/ 'without', *go dtí* /gə dʹ iː/ 'to', 'as far as', *seachas* /sʹæːxəs/ 'besides', 'except for' do not combine with following personal pronouns, e.g. *gan mé, gan mise, gan mé féin, gan mise mé féin.*

Generally these prepositions cause no change to a noun following directly, e.g. *gan bróga* 'without shoes', *seachas Cáit* 'besides Cáit'. Used following these prepositions, the article follows its normal rules, e.g. *gan an bhean* 'without the woman', *go dtí an fhuinneoig* 'as far as the window', *seachas an bord* 'besides the table'.

Gan 'without' normally lenites a directly following abstract noun which does not begin with *d, t, s, f,* e.g. *gan mhoill* 'without delay', *gan mhaith* 'without good', 'no good', *gan mhairg* 'without regret', *gan mhothú* 'without feeling', 'unconscious', *gan phósadh* 'without marrying', 'unmarried'.

Gan sometimes prefixes a *t* to a following *s,* e.g. *dall gan tsúil* 'blind without an eye'.

TEXT

MAIDIN DÉ LUAIN

Bíonn sé go hiontach ag an deireadh seachtaine. Is féidir codladh amach ar maidin. Ach amáireach Dé Luain agus beidh ar 'chuile dhuine éirí go moch aríst.

Éireoidh Pádraig i dtosach. Osclóidh sé an doras agus ligfidh sé amach an madadh. Cuirfidh sé síos an citeal. Déanfaidh sé braon tae agus gearrfaidh sé cupla píosa aráin agus cuirfidh sé im orthu. Éistfidh sé leis an nuaíocht ar an raidió chúns a bheas sé ag ithe a bhricfásta. Nuair a bheas an nuaíocht thart, nífidh sé é féin agus bearrfaidh sé é féin agus cuirfidh sé air a chuid éadaí. Ansin, nuair a chloisfeas Cáit Pádraig ag imeacht, éireoidh sí féin agus dúiseoidh sí na gasúir. Réiteoidh sí an bricfásta chúns a bheas na gasúir ag éirí.

Ní maith leis na gasúir éirí maidin Dé Luain. Ní éireoidh siad go dtí go mbeidh an bricfásta réidh agus beidh fuadar fúthu ag tóraíocht a gcuid éadaí agus ag stócáil le a ghoil ar scoil. Beidh rud eicínt amú ar dhuine eicínt. Ansin tosóidh an clampar:

'Cá bhfuil mo chuid bróga ?'

'Caillfidh an t-amadán sin rud eicínt i gcónaí !'

'Éist do bhéal thusa !'

'Tarraing 'ad do chuid stocaí ar aon chaoi ! Cén áit a raibh siad 'ad aréir ?'

'Ní féidir liom siúl go dtí an bus gan bróga.'

'Breathnaigh ansin faoin gcathaoir iad !'

'Ó an t-amadán !'

Ansin, tar éis bricfásta, pógfaidh na gasúir Cáit agus fágfaidh siad slán aice.

'Caithfidh sibh deifir a dhéanamh nó caillfidh sibh an bus !' a deir Cáit i gcónaí.

'Caithfidh muid rith !' a deir na gasúir.

Dúinfidh Cáit an doras. Suífidh sí síos agus ólfaidh sí cupán caife. 'Bíonn an geimhreadh chomh dorcha agus chomh gruama sin,' a deir Cáit léi féin i gcónaí, 'chomh deas is a bheas sé amach anseo faoi Bhealtaine nuair a bheas na croinnte faoi bhláth aríst. B'fhéidir i mbliana go mbeidh muid in ann a ghoil ar saoire go hAlbain ...'

Ach tá éadaí le níochán agus caithfear[1] *an teach ar fad a ghlanadh agus a scuabadh. Tá an tsiopadóireacht le déanamh. Bíonn an méid sin le déanamh maidin Dé Luain !*

EXERCISES

A. In the following sentences replace the imperative with the future tense, e.g. *Imreoidh tú cluife eile amáireach.*

1. *Imir cluife eile amáireach.*
2. *Oscail an doras seo agus dúin an doras eile.*
3. *Breathnaigh ar an leabhar sin agus léigh an ceann seo.*
4. *Coinnigh an mála. Pacáil ar ball é.*
5. *Athraigh do chuid éadaí agus glan an teach.*
6. *Nigh na soithí; ansin fág ar an mbord iad.*

[1] 'One must sweep and clean the entire house'; sometimes the autonomous form is more naturally translated by the English passive construction: 'The entire house must be swept and cleaned.'

B. In the following sentences replace the future tense, e.g. *Nífidh sé soithí* 'He will wash dishes', by the progressive future, e.g. *Beidh sé ag níochán soithí* 'He will be washing dishes'.

1. *Glanfaidh sé agus scuabfaidh sé na seomraí uilig.*
2. *Léifidh siad leabhartha agus foghlaimeoidh siad teangacha.*
3. *Éistfidh muid leis an raidió agus cuideoidh muid libh ag an am céanna.*
4. *Nuair a dhéanfas mé cupán tae, breathnóidh mé ar an bpáipéar.*
5. *Nuair a chóireos sí na leapacha, beidh sí sásta.*

C. Complete these sentences using the appropriate prepositional pronoun, e.g. *Tá fúmsa teach a thóigeáil anseo.*

1. *Tá (faoi) (mise) teach a thóigeáil anseo.*
2. *Faoi dheireadh, fuair muid na bróga (faoin mbord).*
3. *Tá fás anois (faoi na torthaí) uilig seachas an gabáiste.*
4. *Tá (faoi) (muide) fanacht anseo go dtí Déardaoin.*
5. *Mh'anam go raibh siad ag caint faoi 'chuile dhuine seachas (faoi) (sibhse).*
6. *Caith (faoi) (thú) ar an gcathaoir sin !*
7. *Bhí mé ag caint le Máirtín (faoi Cháit); beidh sí ag imeacht go Sasana amáireach.*

TRANSLATE:

1. I will get up early tomorrow. I will wake the children and prepare the breakfast. I am afraid that they will miss the bus again tomorrow. 2. Pádraig was here at Eastertime and **she** will be here shortly. 3. Let out that water. I will wash myself and shave myself now. Then I will put on my clothes. 4. Máirtín intended to go to Dublin yesterday. I suppose he will be there now. **I** will be staying until Sunday. 5. I must go now without delay but put on the kettle and we will drink a drop of tea first. 6. Everybody was satisfied besides **you**.

LESSON 22

VOCABULARY

bean rialta *fem.*	/b´æ:N ri:əLtə/	*mná rialta*	nun
binse	/b´i:n´s´ə/	*binsí*	bench
bolg	/boLəg/		belly
broinn *fem.*	/bri:N´/		breast, womb
cogar	/kogər/		whisper
compóirt	/ku:mpo:rt´/		comfort
Dia	/d´i:ə/		God
droichead	/dre:d/, /draid/	*droichid*	bridge
dúchas	/du:xəs/		background, quality
fál	/fɑ:L/	*fálta*	fence, hedge
fascadh	/fa:skə/		shelter, shade
lacha *fem.*	/La:xə/	*lachain*	duck
loch *fem.*	/Lox/	*lochanna*	lake
oibrí	/aib´r´i:/	*oibrithe* /aib´r´i:/	worker
paidir *fem.*	/pa:d´ər´/	*paidreacha* /pɑ:d´r´əxi:/	prayer
páirc *fem.*	/pɑ:r´k´/	*páirceanna*	large field, park
pinsinéara	/p´in´s´ən´e:rə/	*pinsinéaraí*	pensioner
rath	/ra:/		prosperity
scaitheamh	/ska:/	*scaití* /ska:t´i:/	period, *pl.* sometimes
scamall	/ska:məL/	*scamaill*	cloud
sruthán	/srɑ:N/	*srutháin*	stream
tom *fem.*	/tu:m/	*tomacha* /tuməxi:/	bush

aithneachtáil *fem.*	/æ:n´əxtɑ:l´/	recognising
aithnigh 2	/æ:n´ə/	recognise
bac 1	/ba:k/	hinder, bother
bacadh	/ba:kə/	hindering
beir 1	/b´er´/	bear, give birth; (with *ar*:) catch
breith	/b´r´e/	bearing, etc.
braith 1	/bra:/	depend
brath	/bra:/	depending
cogarnaíl *fem.*	/kogərNi:l´/	whispering
féad 1	/f´e:d/	can, is able
féadachtáil *fem.*	/f´e:dəxtɑ:l´/	being able
fiafraí	/f´i:əri:/	enquiring, asking
fiafraigh 2	/f´i:ərə/	enquire, ask
fliuch 1	/f´l´ox/	wet
fliuchadh	/f´l´oxə/	wetting
gnóthachtáil *fem.*	/gru:xtɑ:l´/	winning, gaining
gnóthaigh 2	/gru:/	win, gain
labhair 2	/Laur´/	speak
labhairt	/Laurt´/	speaking
lean 1	/L´æ:N/	continue, follow
leanacht	/L´æ:Nəxt/	continuing
samhlaigh 2	/sauLə/	imagine
samhlú	/sauLu:/	imagining
scairt 1	/ska:rt´/	shine
scairteadh	/ska:rt´ə/	shining
siúlóid *fem.*	/s´u:Lo:d´/	taking a walk

taithneachtáil *fem.*	/tæ:N´əxtɑ:l´/	pleasing
taithnigh 2	/tæ:N´ə/	please
tastaigh 2	/ta:stə/	need
tastáil *fem.*	/ta:stɑ:l´/	needing
clí	/kl´i:/	left
corr-[1]	/kaur/	occasional, odd
deas	/d´æ:s/	right
rialta	/ri:əLtə/	regular
sínte	/s´i:N´t´ə/	stretched

VOCABULARY NOTES:

1. *ag breathnú uaim* looking (idly) around me
2. *ag ligean mo scíth* resting, relaxing
3. *ag déanamh bolg-le-gréin* sunbathing
4. *ar mo chompóirt* at my ease
5. *Tá sé ag tastáil uaim* I need it
6. *Thaitneodh sé liom* It would please me, I would like ...
7. *Níl a fhios agam beo* I don't know for the life of me (at all)
8. *Go ngnóthaí Dia dhuit* /gə Nu:i: d´i:ə ɣit´/ (*lit.* 'may God gain for you') 'Goodbye !' This is a reply to *lá maith* 'good day', *tráthnóna maith* 'good evening', *oíche mhaith* 'good night'.
9. *ar thaobh na láimhe clí/deise* on the left/right side

GRAMMAR

1. CONDITIONAL OF REGULAR VERB

(i) Form used with noun or pronoun (corresponding to *bheadh)*

Ghlanfadh Cáit an bord agus nífeadh sí na soithí.	C. would clear the table and she would wash the dishes.
Léifeadh Cáit an leabhar agus ní bhrisfeadh sí an chathaoir.	C. would read the book and she would not break the chair.
Choinneodh sé an cóta agus shalódh sé é.	He would keep the coat and he would dirty it.
D'osclódh sibhse an geata ach ní imreodh muide cluifí.	**You** *(pl.)* would open the gate but **we** wouldn't play games.

[1] *corr* is a prefixed adjective, e.g. *corrdhuine* /ˈkaurˌɣin´ə/ 'the odd person'.

Type 1 (root with one syllable)		Type 2 (root with two syllables)	
glan + fadh	*ghlanfadh*	*sal(aigh) + ódh*	*shalódh*
bris + feadh	*bhrisfeadh*	*coinn(igh) + eodh*	*choinneodh*
léi(gh) + feadh	*léifeadh*	*osc(ai)l + ódh*	*d'osclódh*
ni(gh) + feadh	*nífeadh*	*im(i)r + eodh*	*d'imreodh*
fliuch + fadh	*d'fhliuchfadh*		
The verb is lenited and adds *-f(e)adh* /əx/		The verb is lenited and adds *-ódh, -eodh* /o:x/	
A final *-gh* is dropped and a short syllable is lengthened; see Lesson 12		The last syllable is always lost before an ending with an initial vowel; see Lesson 12	

All verbal endings are spelt with a 'broad' vowel, e.g. *-fadh, -ódh,* after a broad consonant, e.g. *glan-, sal-, oscl-,* and with a 'slender' vowel, e.g. *-fidh, -eodh,* after a slender consonant, e.g. *bris-, coinn-, imr-;* see Lesson 12.

The basic form is always lenited, e.g. *ghlanfadh sé* 'he would clean'[1]; where a verb has an initial vowel or *f, d'* is prefixed, e.g. *d'osclódh sé* 'he would open', *d'fhliuchfadh sé* 'he would wet'. The *d'* is normally pronounced broad or slender according to the following vowel.

Concerning the pronunciation of endings with a final *-dh,* see Lesson 7.

(ii) Combined forms (corresponding to *bheinn, bheifeá, bheidís)*

(a) First person singular

Type 1 adds *-f(a)inn* /əN´/		Type 2 adds *-óinn, -eoinn* /o:N´/	
ghlanfainn	I would clean	*shalóinn*	I would dirty
bhrisfinn	I would break	*choinneoinn*	I would keep
léifinn	I would read	*d'osclóinn*	I would open
nífinn	I would wash	*d'imreoinn*	I would play
d'fhliuchfainn	I would wet		

(b) Second person singular

Type 1 adds *-f(e)á* /ɑ:/		Type 2 adds *-ófá, -eofá* /ɑ:/	
ghlanfá	you would clean	*shalófá*	you would dirty
bhrisfeá	you would break	*choinneofá*	you would keep
léifeá	you would read	*d'osclófá*	you would open
nífeá	you would wash	*d'imreofá*	you would play
d'fhliuchfá	you would wet		

NOTE: Although in pronunciation, the ending is /ɑ:/ in all cases, type 1 and type 2 are spelt differently.

[1]For the lenition of *l, n,* see Lesson 1, phonetic exercise 1 (c).

(c) Third person plural

Type 1 adds *-f(a)idís* /əd´i:s´/		Type 2 adds *-óidís, -eoidís* /o:d´i:s´/	
ghlanfaidís	they would clean	*shalóidís*	they would dirty
bhrisfidís	they would break	*choinneoidís*	they would keep
léifidís	they would read	*d'osclóidís*	they would open
nídís	they would wash	*d'imreoidís*	they would play
d'fhliuchfaidís	they would wet		

(iii) Autonomous forms (corresponding to *bheifí)*

Type 1 adds *-f(a)í* /i:/		Type 2 adds *-ófaí, -eofaí* /i:/	
ghlanfaí	one would clean	*shalófaí*	one would dirty
bhrisfí	one would break	*choinneofaí*	one would keep
léifí	one would read	*d'osclófaí*	one would open
nífí	one would wash	*d'imreofaí*	one would play
d'fhliuchfaí	one would wet		

NOTE: Although in pronunciation the endings are usually /i:/ in all cases, type 1 and type 2 are spelt differently. (A less common pronunciation of type 2 ending is, in fact, /o:f´i:/.)

(iv) Pronunciation of verbs with roots ending in *b, d, g, bh, mh*

Root-final

b (scuab)	is pronounced	*p (scuabfadh)*
d (goid)		*t (ghoidfeadh)*
g (póg)		*c (phógfadh)*
bh (scríobh)		*f (scríobhfadh)*
mh (snámh)		*f (shnámhfadh)*

before any verbal ending spelt with an initial *f*.

2. THE PREPOSITION *Ó*

(i) Introduction

Tá leitir anseo ó Mháirtín.	There is a letter here from M.
Tá bainne ansin ón mbó.	There is milk there from the cow.

The preposition *ó* 'from' lenites a directly following noun, e.g. *ó Mháirtín* 'from Máirtín'. When used with the singular article it causes eclipsis to a following noun, e.g. *ón mbó* 'from the cow'.[1]

[1]Sometimes *ó* may be replaced by *uaidh*, e.g. *uaidh Mháirtín* 'from Máirtín'.

(ii) Prepositional pronouns

Ordinary form		Pronunciation
uaim	from me	/wem´/
uait	from you	/wet´/
uaidh	from him/it	/wai/
uaithi	from her/it	/wo:/
uainn	from us	/weN´/
uaibh	from you *(pl.)*	/web´/
uathu	from them	/wo:b/

The contrast forms and general usage are the same as those of *ag* and most other prepositional pronouns, e.g. *uaim, uaimse, uaim féin, uaimse mé féin;* see Lesson 16.

(iii) Meanings of *ó*

Basic meaning 'from', 'since'

Tá Cáit ar an mbealach ar ais ón bposta.	C. is on the way back from the post office.
Tá Cáit anseo ón Nollaig.	C. is/has been here since Christmas.

More idiomatically *ó* is used:

(a) to express desire

Níl uaidh ach spóirt.	He only wants fun.

(b) as a conjunction, to express 'from the time', 'since'

Níl Cáit go maith ó bhí sí tinn.	C. is not well since she was sick.

(c) in some common adverbial phrases

ó dhúchas 'from nature'	*Tá Fraincis ó dhúchas ag Cáit.*	C. has French as a mother tongue.
ó bhroinn 'from (the) womb'	*Tá marc ó bhroinn ar Cháit.*	C. has a mark/blemish from birth.
ó rath 'from prospering'	*Tá na fataí ó rath*	The potatoes are ruined
ó shin 'since (that)'	*Tá Cáit anseo ó shin.*	C. is here since.
ó mhaidin	*Tá Cáit anseo ó mhaidin.*	C. is here since morning.

3. USE OF *A* + LENITION BEFORE CERTAIN VERBAL NOUNS

	a fháil amach	to find out	
	a dhéanamh amach	to make out	
Bhí Cáit ag iarraidh C. was trying	*a shamhlú*	to imagine	*cé a bhí ann aréir.* who was there last night.
	a fhiafraí	to ask	
	a thiscint	to understand	

The particle *a* /ə/, which causes lenition, is used before verbs when they are followed by a sentence, or subordinate clause, which is syntactically complete in itself, e.g. *Cé a bhí ann aréir ?* 'Who was there last night ? '; *go bhfuil Bríd tinn* 'that Bríd is sick'.

TEXTS

AN PHÁIRC

Níl a fhios cé chomh deas leis an bpáirc atá anseo. Is aoibhinn liom a bheith ag siúlóid anseo, go háirithe nuair atá na croinnte agus na tomacha faoi bhláth. Scaití, is fearr liom go díreach suí ar bhinse agus breathnú uaim. Bíonn 'chuile shórt duine anseo, idir sean agus óg. D'fheicfeá gasúir ag gáirí agus ag déanamh spraoi nó pinsinéaraí ag cogarnaíl agus ag comhrá lena chéile; d'fheicfeá mná rialta ag rá a gcuid paidreacha nó oibrithe óga sínte ar an bhféar ag ligean scíth agus ag déanamh bolg-le-gréin.

Tá loch bheag agus sruthán ann agus tá droichead beag thar an sruthán. Tá fálta deasa ar thaobh na láimhe deise agus tá binse deas compóirteach ar thaobh na láimhe clí. Seo é an áit is fearr liom. Dhá mbeadh gaoth ann, bheadh fascadh anseo agat.

Aithním corrdhuine thall is i bhfus ach is fearr liom gan labhairt le duine ar bith. Seo anois daoine ag caitheamh seanphíosaí aráin ag na lachain ! Is mór an spóirt a bheith ag breathnú ar na lachain ag breith ar an arán.

Nach mór an truaí go mbíonn an aimsir ag síorathrú ! D'fhéadfadh an ghrian a bheith ag scairteadh mar seo anois ar maidin agus gan scamall ar bith le feiceáil, ach ní bheadh a fhios agat céard a tharlódh tráthnóna. D'fhéadfadh sé a bheith ag báisteach, nó b'fhéidir ag cur shneachta ! Dhá bhféadfaí brath ar an aimsir anseo cé a bhacfadh le a ghoil ar saoire thar sáile ? Ní thastódh áit ar bith eile uainn. Ní bheadh uainn ach suí anseo ar ar gcompóirt. Ní bheadh áit ar bith ar an domhan a thaithneodh níos fearr liom ná an pháirc seo.

COMHRÁ FAOIN bPOSTA

Níl a fhios 'am beo cén áit a bhfuil an posta. Beidh muid in ann ceist a chur ar an bhfear seo atá ag tíocht aníos an bóthar.

'An bhfuil a fhios 'ad cá bhfuil an posta ?'

'Tá a fhios. Gabh síos an bóthar seo agus cas ar thaobh na láimhe deise. Lean ort soir an bóthar sin agus feicfidh tú an posta ar thaobh na láimhe clí.'

'Cén dath atá air ?'

'Tá sé bán agus tá doras uaine air.'

'An bhfuil a fhios 'ad cén t-am a mbeidh an posta ag imeacht ?'

'Níl a fhios; féadfaidh tú a fháil amach ón mbean ansin cén t-am a mbeidh sé ag imeacht.'

'Go raibh maith agat !'

'Lá maith anois agat !'

'Go ngnóthaí Dia dhuit !'

EXERCISES

A. Rewrite the following sentences in the conditional.

1. *Ní phósfaidh sé Cáit an bhliain seo chugainn.*
2. *Osclóidh siad an doras.*
3. *Ní bhacfaidh tú leis an leabhar sin go fóill.*
4. *Féadfaidh mé fanacht anseo ar feadh cupla seachtain.*
5. *Caillfidh sé an bus, mara ndéanfaidh sé deifir.*
6. *Ní scuabfaidh sí ná ní nífidh sí éadaí go deo aríst.*
7. *Osclóidh siad an doras.*
8. *Labhaireoidh mé leis aríst amáireach.*
9. *Suífidh siad síos.*
10. *Fliuchfaidh tú an tae.*
11. *Brisfear an t-adhmad.*
12. *Salófar an cóta.*

B. Complete these sentences using the appropriate prepositional pronoun, e.g. *An mbeidh na leabhartha seo ag tastáil uainn aríst ?*

1. *An mbeidh na leabhartha seo ag tastáil (ó) (muid) aríst ?*
2. *Níl (ón bhfear) seo ach spóirt ó tháinig sé abhaile.*
3. *Mh'anam go bhfuair tú leitir (ón mbean rialta) inné.*
4. *An dtaithníonn sé libh suí ar an mbinse mar sin ag breathnú (ó) (sibh) ?*
5. *Bhí mé ag iarraidh a dhéanamh amach an dtastódh an carr (ó) (í).*
6. *Tastaíonn deoch (ó) (mise); an dtastaíonn ceann (ó) (thusa) ?*
7. *Tá fonn orm a fháil amach (ó) (é) cén teanga atá ó dhúchas ag an strainséara sin.*

TRANSLATE:

1. Máirtín is here since morning. 2. I need to ask where the house is. 3. You might (would) see almost every sort of person here; nuns and pensioners, and students and workers, and priests and children. 4. If the weather were warm, I would like (i.e. it would please me) to relax and to sunbathe. 5. All he wanted was to find out where the post office was and what time would the post be going at. 6. The sun might be shining and tomorrow it could be raining or snowing. You wouldn't know what would happen. 7. I got a letter from **you** last week and one from **them** yesterday. 8. I must eat an apple every day since I was sick.

LESSON 23

VOCABULARY

búistéara	/bu:s´t´e:rə/	*búistéaraí*	butcher
casúr	/ka:su:r/	*casúir*	hammer
céir *fem.*	/k´e:r´/		wax
ceirnín	/k´erN´i:n´/	*ceirníní*	record, disc
críoch *fem.*	/k´r´i:əx/		finish
dusta	/dustə/		dust
geall	/g´ɑ:L/	*geallta*	bet
iascaire	/i:əskər´ə/	*iascairí*	fisherman
miosúr	/m´isu:r/		(tape) measure
poll	/pauL/	*poill* /paiL´/	hole
rása	/rɑ:sə/	*rástaí* /rɑ:sti:/	race
sábh	/sɑ:w/	*sábhanna*	saw
salachar	/sa:Ləxər/		dirt
scriú	/skru:/	*scriúanna*	screw
seilp *fem.*	/s´el´p´/	*seilpeanna*	shelf
siúinéaracht *fem.*	/s´u:n´e:ɽəxt/		carpentry, joinery
slainte *fem.*	/sLa:N´t´ə/		health
spás	/spɑ:s/		space, period, respite
stól	/sto:L/	*stólta*	stool
tairne	/tɑ:rN´ə/	*tairní*	nail
tiarna	/t´i:ərNə/	*tiarnaí*	lord

Muire	/mir´ə/	(The Virgin) Mary
Peadar	/p´æ:dər/	*man's name*

ceap 1	/k´æ:p/	think
ceapadh	/k´æ:pə/	thinking
clamhsán	/kLausɑ:N/	grumbling, complaining
cleacht 1	/k´l´æ:xt/	be accustomed to *(ar)*, practice
cleachtadh	/k´l´æ:xtə/	practicing, experience
críochnaigh 2	/k´r´i:əxNə/	finish
críochnú	/k´r´i:əxNu:/	finishing
cúnamh	/ku:Nə/	helping, help
geall 1	/g´ɑ:L/	promise
gealladh	/g´ɑ:Lə/	promising,
gortaigh 2	/gortə/	hurt, injure
gortú	/gortu:/	hurting
magadh	/ma:gə/	mocking, joking
meas[1] 1	/m´æ:s/	think, reckon, estimate
meas	/m´æ:s/	thinking
seachain 2	/s´æ:xən´/	avoid
seachaint	/s´æ:xəN´t´/	avoiding
(ta)spáin[2] 1	/ (tə') spɑ:n´/	show
(ta)spáint[2] *fem.*	/ (tə') spɑ:N´t´/	showing
tomhais 1	/tes´/	measure
tomhais	/tes´/	measuring, measurement

[1]*Meas tú ?* 'do you think ? ' (as well as the regular *measann tú*) is very common.

[2]The first syllable is very frequently dropped.

déanta	/d´i:Ntə/	made, done
feiliúnach	/f´el´u:Nəx/	suitable, appropriate
hóbair	/ho:bər´/	*(see this lesson)*

VOCABULARY NOTES:

1. *tabhair !* /to:r´/ give ! (Also pronounced with a short /o/ in *tabhair dhom !* /torəm/ 'give me !'.)
2. *Dia dhuit !* (or *Dia dhaoibh !*) are used to greet a person (or people).
3. *Cén chaoi a bhfuil tú ?* /k´e: xi: wil´ tu:/ How are you ?
4. *A dhearthair !* Brother ! *A dhriofúr !* Sister ! *a mhac !* Son ! are used as general forms of address.
5. *Slainte !* Your health !

GRAMMAR

1. HABITUAL PRESENT OF REGULAR VERB

(i) Form used with noun or pronoun (corresponding to *bíonn*)

Glanann Cáit an bord agus níonn sí na soithí.	C. clears the table and she washes the dishes.
Léann Cáit an leabhar ach ní bhriseann sí an chathaoir.	C. reads the book but she does not break the chair.
Coinníonn sé an cóta agus salaíonn sé é.	He keeps the coat and he dirties it.
Osclaíonn tusa an geata agus imríonn muide cluifí.	**You** open the gate and **we** play games.

Type 1 (root with one syllable) adds *-(e)ann* /əN/		Type 2 (root with two syllables) adds *-(a)íonn* /i:N/	
glan + ann	*glanann*	*sal(aigh) + aíonn*	*salaíonn*
bris + eann	*briseann*	*coinn(igh) + íonn*	*coinníonn*
lé(igh) + eann	*léann*	*osc(ai)l + aíonn*	*osclaíonn*
ni(gh) + onn	*níonn*	*im(i)r + íonn*	*imríonn*
After a long vowel *-igh* is dropped; after a short vowel *-gh* is dropped and the syllable lengthened; see Lesson 12. After *í*, the ending is spelt *-onn*, cf. *bí + onn: bíonn.*		The last syllable is always lost before an ending with an initial vowel; see Lesson 12.	

All verbal endings are spelt with an initial 'broad' vowel, e.g. *-ann, -aíonn,* after a broad consonant, e.g. *glan, sal-, oscl-,* and with an initial 'slender' vowel, e.g. *-eann, -íonn,* after a slender consonant, e.g. *bris, coinn-, imr-;* see Lesson 12.

(ii) Combined form (corresponding to *bím)*

First person singular

Type 1 adds *-(a)im* /əm´/		Type 2 adds *-(a)ím* /i:m´/	
glanaim	I clean, clear	*salaím*	I dirty
brisim	I break	*coinním*	I keep
léim	I read	*osclaím*	I open
ním	I wash	*imrím*	I play

(iii) Autonomous form (corresponding to *bítear)*

Type 1 adds *-tar* /tər/, *-tear* /t´ər/		Type 2 adds *-(a)ítear* /i:t´ər/	
glantar	one cleans	*salaítear*	one dirties
bristear	one breaks	*coinnítear*	one keeps
léitear	one reads	*osclaítear*	one opens
nítear	one washes	*imrítear*	one plays

Before an ending with an initial consonant a short syllable can optionally remain short, e.g. *nitear.*

The last syllable is always lost before an ending with an initial vowel; see Lesson 12.

(iv) Direct relative (corresponding to *a bhíonns)*

S is added to any non-combined form (see Lesson 13), e.g. *a ghlananns* 'that cleans', *a shalaíonns* 'that dirties', etc.

2. THE PREPOSITION *DO*

(i) Introduction

Tá muid ag tabhairt airgead do Cháit.	We are giving money to C.
Tá muid ag tabhairt airgead don bhean eile.	We are giving money to the other woman.

Do /gə/ causes lenition to a directly following noun, e.g. *do Cháit* 'to Cáit'. Before a vowel it is written *d',* e.g. *d'Úna* 'to Úna'. When used with the singular article it is written as *don* /gəN/ and a following noun is lenited, e.g. *don bhean* 'to the woman'.

As normal after a preposition, the singular article prefixes *t* to feminine nouns beginning with *s* and followed by a vowel or *l, n, r,* e.g. *don tsúil* 'to the eye'; see Lesson 8. After *don, t* may be optionally prefixed to similar masculine nouns, e.g. *don tsagart* 'to the priest'.

(ii) Prepositional pronouns

Ordinary form		Pronunciation
dhom	to me	/ɣum/
dhuit	to you	/ɣit´/
dhó	to him/it	/ɣo:/
dhi	to her/it	/ɣ´i/, /ɣi:/
dhúinn	to us	/ɣu:N´/
dhaoibh	to you *(pl.)*	/ɣi:b´/
dhóibh	to them	/ɣo:b´/

The contrast forms and general usage are the same as those of *ag* and most other prepositional pronouns, e.g. *dhom, dhomsa, dhom féin, dhomsa mé féin;* see Lesson 16. Often the initial *dh* is dropped in pronunciation, e.g. *'om* /um/, *'uit* /it´/, *'ó* /o:/, and less frequently it is unlenited, e.g. *dom* /dum/, *duit* /dit´/, *dó* /do:/. We have already seen in Lesson 15 how *do* is used with *mo, do,* etc. *(do mo, do do, dhá, dhar, dho'ur).*

(iii) Meaning of *do*

Basic meaning 'to' or 'for'

Tá mé ag tabhairt leabhar do Cháit.	I am giving a book to C.
Tá mé ag scríobh leitir do Cháit.	I am writing a letter for C.

Do is used in a giving or dative sense; *ag* (see Lesson 16) is in most cases used of 'direction to' or 'movement to', e.g. *Tá mé ag scríobh leitir ag Cáit* 'I am writing a letter to Cáit'. Exceptionally *do* expresses motion with certain place-names which are used with the article, e.g. *don Lochán Bheag* 'to Lochán Beag'.

More idiomatically *do* is used in:

(a) *Thar éis do*

Thar éis do na daoine imeacht ghlan Cáit an bord.	After the people had gone, C. cleared the table.

(b) *Hóbair dó*

Hóbair do Cháit titim.	C. almost fell.

In both these idioms the subject, e.g. *na daoine, Cáit,* follows *do* and a verbal noun is used.

3. IDIOMATIC USES OF *DO* WITH THE COPULA

Is fiú dhuit imeacht.	It is worth it for you to go off.
Ní gá dhuit fanacht.	It is not necessary for you to stay.

The copula (see Lesson 11) is used with *do* in certain idiomatic expressions. Further examples are:

Is	*breá*	/b´r´ɑ:/	*do Cháit ...*	It is fine	for Cáit ...
Ní	*gá*	/gɑ:/		It isn't necessary	
Ar	*leor*	/L´o:r/		Is it enough	
Nach	*furasta*	/frustə/		Isn't it easy	
Deir sé gur	*fearr*	/f´ɑ:r/		He says that it is better	
Deir sé nach	*ceart*	/k´æ:rt/		He says that it isn't right	
Más	*fíor*	/f´i:ər/		If it is true	
Mara	*cuma*	/kumə/		If it is not all the same	

There are some idioms which are only used in a negative, e.g. *Ní foláir* /f´l´ɑ:r/ *do Cháit imeacht* 'Cáit must go off'.

Some of these idioms can be used impersonally (with no prepositional pronoun), e.g. *Ní gá imeacht* 'It is not necessary to go off', *Is fiú a theacht* 'It is worth coming', *Is leor sin* 'That is enough', *Is fíor sin* 'It is true'.

TEXTS

SIÚINÉARACHT

Ní thaithníonn sé le Peadar a bheith ag obair sa mbaile. Bíonn sé tuirseach tráthnóna agus bíonn fonn air a scíth a ligean. Taithníonn sé leis leabhar a léamh nó éisteacht le ceol. Is fearr leis an obair a sheachaint, más féidir leis. Bíonn a bhean i gcónaí ag magadh faoi. Deir sí go mbíonn sise ag obair i bhfad níos cruacha ná eisean. Scaití, tosaíonn sí ag clamhsán.

'Nach aoibhinn dhuitse é atá in ann suí ansin ag éisteacht le ceirníní ! Breathnaigh an méid a chaithfeas mise a dhéanamh. Réitím na béilíocha agus ním na soithí agus glanaim an chisteanach. Cóirím na leapacha agus coinním an teach ar fad glan. Ní bhíonn tusa ag tabhairt cúnamh ar bith dhom ! Caithfidh tú seilpeanna a dhéanamh do do chuid leabhartha uilig !'

'Ach tabhair spás dhom, tá mé tuirseach anocht,' a deir Peadar, 'ach geallaim dhuit go ndéanfaidh mé amáireach iad.'

Is siúinéara maith é Peadar. Tá cleachtadh aige ar an tsiúinéaracht. Má thosaíonn sé ar an obair, ní bhíonn sé i bhfad dhá críochnú.

'Cá bhfuil an casúr agus an sábh ?' a deir sé lena bhean.

'Tá siad ansin ar an stól.'

'An bhfuil tairní agus scriúanna ann freisin ? Tabhair dhom iad !'

'An bhfuil do dhóthain ansin ?'

'Is leor sin. Ní gá an oiread sin. 'Spáin dhom an t-adhmad anois !'

Ní raibh na cláracha feiliúnach don bhalla. Bhí siad rofhada. B'éigean dhó iad a ghearradh leis an sábh. Fuair sé miosúr le iad a thomhais. Bhí siad ceart an uair seo.

Bhí sé deacair poill a dhéanamh do na scriúanna. Hóbair dó a mhéir a ghortú leis an gcasúr. Mar sin féin, ní raibh sé i bhfad nó go raibh an obair déanta. Bhí a bhean sásta, cé go raibh dusta agus salachar 'chuile áit. B'éigean dhi an t-orlár a scuabadh agus an seomra a ghlanadh arís.

AN TEACH ÓSTA (COMHRÁ)

'Dia dhuit, a Mháirtín !'

'Dia is Muire dhuit ! Cén chaoi a bhfuil tú ?'

'Tá mé réasúnta,' a deir Seáinín, 'cén chaoi a bhfuil tú féin ?'

'Tá mé go maith, a dheartháir. Céard a ólfas tú ?'

'Ólfaidh mé pionta mar sin.'

Fuair siad pionta an duine.

'Slainte !' a deir Seáinín.

'Beidh mé ag goil Gaillimh amáireach,' a deir Máirtín. 'Tá mé ag goil ag na rástaí. Meas tú cé a ghnóthós an rása mór ?'

'Bláth an Iascaire, sin nó An Tiarna.'

'B'fhéidir é,' a deir Máirtín, 'ach sílim gur fearr an t-airgead a chur ar Scian an Bhúistéara.'

'Muise, ní fiú dhuit geall a chur ar an seanchapall sin !' a deir Seáinín ag gáirí.

'Feicfidh muid,' a deir Máirtín.

[1]*Sílim* 'I (am) think(ing)', 'I am (wont to be) of the opinion' like other 'stative' verbs (e.g. *breathnaím, measaim, cloisim, feicim, tigim, airím, mothaím*) can be either habitual or progressive. *Ceapaim* 'I think' can be also used progressively: *tá mé ag ceapadh.*

EXERCISES

A. In the following sentences replace *anois* by *'chuile lá* and replace the verbal noun constructions by the habitual present of the corresponding verbs, e.g. *Scairteann an ghrian 'chuile lá.*

1. *Tá an ghrian ag scairteadh anois.*
2. *Tá sé ag cleachtadh a chuid Gaeilge anois.*
3. *Tá mé ag níochán soithí agus ag cóiriú leapacha anois.*
4. *Tá sí ag breathnú go maith anois.*
5. *Tá siad ag oscailt fuinneogaí agus ag dúnadh doirse anois.*
6. *Tá mé ag léamh leabhartha ach níl mé dhá salú anois.*
7. *Tá mé ag seachaint Bhaile Átha Cliath anois.*

B. Complete these sentences using the appropriate prepositional pronoun, e.g. *Hóbair* **dhúinn** *titim ar an mbealach abhaile.*

1. *Hóbair (do) (muid) titim ar an mbealach abhaile.*
2. *Ní fiú (do) (mise) a ghoil ann anois.*
3. *An scríobhfá leitir eile (don fhear) sin ?*
4. *Ní gá (do) (sibh) airgead a thabhairt do Cháit.*
5. *Bhí muid ag iarraidh an seomra a 'spáint (do Cháit).*
6. *Sin é an rud is ceart (do) (thusa) a dhéanamh.*
7. *Mh'anam nach mbíonn sé ag tabhairt cúnamh (do na daoine iad) féin.*
8. *Is fíor (do) (thú). Níl an tairne feiliúnach (don bhalla).*

TRANSLATE:

1. I like being (i.e. it pleases me to be) here. I need to read and listen to records. I can avoid people from Dublin. 2. If you start writing a letter,. it is not difficult to finish it. 3. Show me the saw and the hammer. Where are the nails and the screws ? Are they suitable for this hole ? 4. If you are going to the big race, put a bet on 'The Butcher's Knife' *(Scian an Bhúistéara).* 5. After the public house shut, he came home. 6. He almost fell on the road. The road was very wet. 7. It is easy for you to (be) joke(ing) about him.

LESSON 24

VOCABULARY

ádh	/ɑ:/		luck
bráillín *fem.*	/brɑ:L´i:n´/	*bráillíní*	sheet
buille	/biL´ə/	*buillí*	blow, stroke
ceacht	/k´æ:xt/	*ceachtanna*	lesson
ceathrú uaire *fem.*	/k´æ:ru: u:ər´ə/		a quarter of an hour
ciumhais *fem.*	/k´u:s´/	*ciumhaiseanna*	blanket
ginn *fem.*	/g´i:N´/	*geanntracha* /g´ɑ:Ntrəxi:/	wedge
gliogar	/g´l´igər/		crock, sth. unstable
leathuair *fem.*	/L´æ:u:ər´/		half hour
peiliúr	/p´el´u:r/	*peiliúracha*	pillow, cushion
pluid *fem.*	/pLid´/	*pluideanna*	double blanket
plump	/pLump/	*plumpaíl*	bang, peal of thunder
scoil chónaí *fem.*	/skel´ xu:Ni:/	*scoileanna cónaí*	boarding school
seafóid *fem.*	/s´æ:fo:d´/	*seafóideacha*	nonsense
suipéar	/sip´e:r/	*suipéir*	supper, evening meal

ceangail 2	/k´æ:ŋgəl´/		tie, bind
ceangal	/k´æ:ŋgəL/		tying
guidh 1	/giw´/		pray
guidhe	/giw´ə/		praying
iompaigh 2	/u:mpə/		turn
iompú	/u:mpu:/		turning
léim 1	/L´e:m´/		jump
léimt	/L´e:m´t´/		jumping
múch 1	/mu:x/		extinguish, quench
múchadh	/mu:xə/		extinguishing
múin 1	/mu:n´/		teach
múnadh	/mu:Nə/		teaching
scanraigh[1] **1**	/skɑ:Nt̪rə/		take fright, frighten
scanrú[1]	/skɑ:Nt̪ru:/	*scanraíocha*	taking fright, frightening
socraigh 2	/sokrə/		settle, arrange
socrú	/sokru:/	*socraíocha*	settling, settlement
stop 1	/stop/		stop
stopadh	/stopə/		stopping

bréan	/b´r´e:N/	rotten (smelling)
pointeáilte	/pi:N´t´ɑ:L´t´ə/	punctual, precise, punctilious

a chlog	/ə xLog/	o'clock
a chodladh	/ə xoLə/	asleep
ina dhiaidh sin	/əNə ɣ´i:ə s´in´/	after that
ceachtar (de)	/k´æ:xtər/	either/any (of)

VOCABULARY NOTES:

1. *déanamh ar* making for
2. *taobh amuigh de* outside of, apart from, besides
3. *a leithéide de ... is a bhí ...* such ... as ...
4. *dhá (dta)spáint féin* (*lit.* showing themselves), showing off

[1]The sound /t̪/ (and in certain cases /d̪/) is frequently (though optionally) inserted between *n* and *r*.

GRAMMAR

1. HABITUAL PAST OF REGULAR VERB

(i) Form used with noun or pronoun (corresponding to *bhíodh)*

Ghlanadh Cáit an bord agus níodh sí na soithí.	C. used to clear the table and she used to wash the dishes.
Léadh Cáit an leabhar agus ní bhriseadh sí an chathaoir.	C. used to read the book and she used not to break the chair.
Choinníodh sé an cóta agus shalaíodh sé é.	He used to keep the coat and he used to dirty it.
D'osclaíodh sibhse an geata ach ní imríodh muide cluifí.	**You** *(pl.)* used to open the gate but **we** used not to play games.

Type 1
(root with one syllable)
is lenited and adds *-(e)adh* /əx/

glan + adh	*ghlanadh*
bris + eadh	*bhriseadh*
lé(igh) + adh	*léadh*
ni(gh) + odh	*níodh*
fliuch + adh	*d'fhliuchadh*

After a long vowel *-igh* is dropped. After a short vowel *-gh* is dropped and the syllable lengthened; see Lesson 12. After *í* the ending is spelt *-odh;* cf. *bhíodh.*

Type 2
(root with two syllables)
is lenited and adds *-(a)íodh* /i:x/

sal(aigh) + aíodh	*shalaíodh*
coinn(igh) + íodh	*choinníodh*
osc(ai)l + aíodh	*d'osclaíodh*
im(i)r + aíodh	*d'imríodh*

The last syllable is always lost before an ending with an initial vowel; see Lesson 12.

The basic form is always lenited, e.g. *ghlanadh sé* 'he used to clean'[1]; where a verb has an initial vowel or *f, d'* is prefixed, e.g. *d'osclaíodh sé* 'he used to open', *d'fhliuchadh sé* 'he used to wet'. The *d'* is normally pronounced broad (/d/) or slender (/d´/) according to the following vowel.

Concerning the pronunciation of final *dh,* see Lesson 7.

All verbal endings are spelt with an initial 'broad' vowel, e.g. *-adh, aíodh* after a broad consonant, e.g. *glan, fliuch, sal-, oscl-,* and with an initial 'slender' vowel, e.g. *-eadh, -íodh,* after a slender consonant, e.g. *bris, coinn, imr-.*

(ii) Combined forms (corresponding to *bhínn, bhíteá, bhídís)*

(a) First person singular

Type 1
adds *-(a)inn* /əN´/

ghlanainn	I used to clean
bhrisinn	I used to break
léinn	I used to read
nínn	I used to wash
d'fhliuchainn	I used to wet

Type 2
adds *-(a)ínn* /i:N´/

shalaínn	I used to dirty
choinnínn	I used to keep
d'osclaínn	I used to open
d'imrínn	I used to play

[1] For the lenition of *l, n* see Lesson 1, phonetic exercise 1 (c).

(b) Second person singular

Type 1 adds *-tá* /tɑː/, *-teá* /t´ɑː/		Type 2 adds *-(a)íteá* /iːt´ɑː/	
ghlantá	you used to clean	*shalaíteá*	you used to dirty
bhristeá	you used to break	*choinníteá*	you used to keep
léiteá	you used to read	*d'osclaíteá*	you used to open
níteá	you used to wash	*d'imríteá*	you used to play
d'fhliuchtá	you used to wet		

(c) Third person plural

Type 1 adds *-(a)idís* /əd´iːs´/		Type 2 adds *-(a)ídís* /iːd´iːs´/	
ghlanaidís	they used to clean	*shalaídís*	they used to dirty
bhrisidís	they used to break	*choinnídís*	they used to keep
léidís	they used to read	*d'osclaídís*	they used to open
nídís	they used to wash	*d'imrídís*	they used to play
d'fhliuchaidís	they used to wet		

(iii) Autonomous form (corresponding to *bhítí)*

Type 1 adds *-taí* /tiː/, *-tí* /t´iː/		Type 2 adds *-(a)ítí* /iːt´iː/	
ghlantaí	one used to clean	*shalaítí*	one used to dirty
bhristí	one used to break	*choinnítí*	one used to keep
léití	one used to read	*d'osclaítí*	one used to open
nítí	one used to wash	*d'imrítí*	one used to play
d'fhliuchtaí	one used to wet		

Before an ending pronounced with an initial consonant a short syllable can remain. e.g. *nití*

2. THE PREPOSITION *DE*

(i) Introduction

Bain an caipín de Mháirtín.	Take the cap off M.
Tóig do chois den chathaoir.	Lift your leg off the chair.

De[1] /gə/ causes lenition to a directly following noun, e.g. *de Cháit* 'off Cáit'. Before a vowel it is written *d'*, e.g. *d'Úna* 'off Úna'. When used with the definite article it is written as *den* /gəN/ and a following noun is lenited, e.g. *den chathaoir* 'off the chair'.

As normal after a preposition the singular article prefixes *t* to feminine nouns beginning with *s* and followed by a vowel or *l, n, r,* e.g. *den tsráid* 'off the street'; see Lesson 8. After *den* (or *don,* see Lesson 23) *t* may be optionally prefixed to similar masculine nouns, e.g. *den tsagart* 'off the priest'.

[1]Pronounced as though spelt *go.* (In pronunciation, before nouns, *de* is exactly like *do).*

(ii) Prepositional pronouns

Ordinary form		Pronunciation
dhíom	off me	/ɣ´i:m/
dhíot	off you	/ɣ´i:t/
dhe	off him/it	/ɣ´e/
dhi	off her/it	/ɣ´i/
dhínn	off us	/ɣ´i:N´/
dhíbh	off you *(pl.)*	/ɣ´i:b´/
dhíobh	off them	/ɣ´i:b/

The contrast forms and general usage are the same as those of *ag* and most other prepositional pronouns, e.g. *dhíom, dhíomsa, dhíom féin, dhíomsa mé féin;* see Lesson 16.

Similarly to *do* (see Lesson 23) the initial *dh* is often dropped in pronunciation, e.g. *'íom* /i:m/, *'íot* /i:t/, and less frequently it is unlenited, e.g. *díom* /d´i:m/, *díot* /d´i:t/. On account of its general similarity with the preposition *do,* the third person pronouns may often be replaced by those of *do,* e,g. *dho* for *dhe.*

De is used with *mo, do,* etc. in a similar way to *do,* e.g. *de mo* ... 'off my ...', *de do* ... 'off your ...', *dhá* ... 'off his, her, its, their ...', *dhár* /ɣɑ:/ ... off our ...', *dhe'ur* /ɣɑ:/ ... 'off your *(pl)* ...'.

(iii) Basic meaning of *de* 'off'

Tá an cóta ag titim den chathaoir.	The coat is falling off the chair.
Bain dhíot do chóta.	Take off your coat.

(iv) Secondary meaning of *de* 'of'

(a) *Tá cuid de na daoine sásta.* Some of the people are content.

After certain words used partitively *de* corresponds to 'of', e.g. *cuid*[1] *den bhalla* 'a part of the wall', *píosa de lá* 'a portion/bit of a day', *go leor de na rudaí* 'a lot of the things', *ceachtar den bheirt* 'either of the two people', *níos mó den am* 'more of the time'. Somewhat similarly: *buille de mhaide* 'a blow of a stick', *peictiúr de dhuine* 'a picture of a person', *a leithéide de dhuine* 'his type of a person', 'such a person'.

Ag is usually used instead of *de* to refer to the plural, e.g. *Tá go leor dhe ann* 'There is a lot of it there' but *Tá go leor acu ann* 'There is a lot of them there'; see Lesson 16.

(b) *Níl ann ach amadán de dhuine.* (*lit.*[2] He is only a fool of a person)
He is a fool-like person.

Similarly: *ginn d'fhear (lit.* 'a wedge of a man'), 'a stocky, well-built man'; *gliogar de chathaoir (lit.* 'a crock of a chair'), 'a rickety, unstable chair'.

(c) *Níl sé d'am agam caint léi.* I have not (the amount of) time (required) to talk to her.

De is used with certain abstract nouns to express 'the required amount of', 'the necessary', 'by way of'. Similarly: *d'fhoighid* 'the necessary patience', *de spás* 'the necessary period of time', *d'adh* 'the necessary luck'.

[1]In this usage *cuid* /kid´/ often takes the form *cuide* /kid´ə/

[2]This type of sentence is common in English as spoken in Ireland.

(d)	*Tá mé tuirseach den chaint.*	I am tired of the talk.

De corresponds to 'of' after certain adjectives. Similarly: *bréan de* 'fed up of', *cinnte de* 'certain of', *lán de*[1] 'full of'.

(e)	*Tá siad ag déanamh amadán de Mháirtín.*	They are making a fool of M.

De corresponds to 'of' after certain verbs. Similarly: *Síleann siad an domhan de Mháirtín* 'They think the world of M.'

(f)	*Bhí sé ag goil ag pósadh de léim.*	He was going to marry suddenly (*lit.* 'of a jump').

De is used in some adverbial phrases to express a sudden movement or sound. Similarly: *de phlump* 'with a bang', *d'iarraidh amháin* 'in one go'.

3. COUNTING: INDEPENDENT NUMBERS

1	*a haon*	/hi:N/	11	*a haon déag*	/hi:N´e:g/
2	*a dó*	/do:/	12	*a dó dhéag*	/do: ɣ´e:g/
3	*a trí*	/t´r´i:/	13	*a trí déag*	/t´r´i: d´e:g/
4	*a ceathair*	/k´æ:r´/	14	*a ceathair déag*	/k´æ:r´ d´e:g/
5	*a cúig*	/ku:g´/	15	*a cúig déag*	/ku:g´ d´e:g/
6	*a sé*	/s´e:/	16	*a sé déag*	/s´e: d´e:g/
7	*a seacht*	/s´æ:xt/	17	*a seacht déag*	/s´æ:xt d´e:g/
8	*a hocht*	/hoxt/	18	*a hocht déag*	/hoxt d´e:g/
9	*a naoi*	/Ni:/	19	*a naoi déag*	/Ni: d´e:g/
10	*a deich*	/d´e/			

These numbers are written with *a* /ə/ (which prefixes *h* to vowels) although *a* is not normally pronounced, except between two consonants.

Usage:

(a) For counting, e.g. *a haon, a dó* ... 'one, two ...', or where numbers are used abstractly, e.g. *a dó agus a dó, sin a ceathair* 'two and two are four', or in a telephone number.

Dhó /ɣo:/ is used in expressions of the sort *leabhar nó dhó* 'a book or two', *bord nó dhó* 'a table or two'.

(b) With *de* /gə/, often reduced to /ə/ (which causes lenition, see above) to express an approximate number, e.g. *a sé nó a seacht de sheachtainí* 'six or seven (of) weeks'.

(c) After a noun, e.g. *cuid a haon* 'part one', *seomra a dó* 'room two'.

(d) After a noun to express a time, e.g. *bus a hocht* 'the eight o'clock bus', *Aifreann a deich* 'ten o'clock Mass'.

(e) With the article *an* replacing *a* to express the time of day, e.g. *tá sé an dó (a chlog)* /tɑ: s´e:N do:/ 'it is two (o'clock)', *tá sé an haon déag* /tɑ: s´e: N 'hi:'N´e:g/ 'it is eleven'.

Although the article is used *h* is prefixed to a vowel, e.g. *tá sé an haon* 'it is one'. In this case *déag*, in *haon déag* 'eleven', is also stressed: /'hi:'N´e:g/.

[1] *Lán le* is also used.

TEXT

AN SCOIL CHÓNAÍ

Bhí mé cúig nó sé de bhlianta ar scoil chónaí. Scaití, nuair a éirím ar maidin, cuimhním aríst ar an scoil úd.

Bhuailtí an clog agus lastaí na soilse ag deich nóiméad don seacht 'chuile mhaidin. I dtosach, scanraíodh an clog thú. Ar ndóigh, ní bhíodh fonn ar bith ort éirí. Bhíodh na braillíní agus na ciumhaiseanna chomh compóirteach sin agus bhíodh an saol taobh amuigh den leaba chomh fuar sin ! Dhá bhféadfá go díreach do pheiliúr a shocrú agus iompú thart agus titim a chodladh aríst ! Ach b'éigean dúinn éirí. B'éigean duit do chuid éadaí a chur ort is do chuid bróga a cheangal agus déanamh ar an séipéal.

Bhíodh an bricfásta againn ag an hocht a chlog. Thar éis bricfásta, bhíodh orainn ceathrú uaire a chaitheamh ag siúl thart amuigh faoin aer agus ansin chóiríodh muid na leapacha. D'fhoghlaimíodh muid ceachtanna ansin go dtí go dtosaíodh na ranganna ag fiche thar éis an naoi. Bhíodh na ranganna ar bun uaidh sin go dtí leathuair thar éis an dó dhéag, taobh amuigh de cheathrú uaire nuair a bhíodh cead againn ar gcuid leitreacha a léamh.

Bhíodh an dínnéar againn ag an haon. A leithéide d'ocras is a bhíodh orainn ! Ach ní raibh cead agat rith. B'éigean dhuit siúl go deas múinte. Dhá rithfeá, bheadh múinteoir pointeáilte eicínt ag an doras a stopfadh thú. Chuirfeadh sé ar ais thú agus chaithfeá siúl aríst go deas réidh.

Mhúintí aríst muid idir an dó agus an ceathair. D'imríodh muid cluifí idir an ceathair agus an cúig. Ansin d'óladh muid cupán tae agus d'itheadh muid píosa aráin, sol má thosaíodh muid ag déanamh ar gcuid ceachtanna.

Bhíodh an suipéar againn ag leathuair thar éis an seacht. Ina dhiaidh sin, bhíodh beagnach uair an chloig againn dhúinn féin. A leithéide de spóirt is a bhíodh againn ag caint agus ag sáraíocht. Bhíodh cead ag rang a sé tobac a chaitheamh. Thaithníodh sé go mór leo sin a bheith ag deargadh a gcuid píopaí agus a bheith dhá 'spáint féin !

Ag ceathrú don naoi, bhíodh orainn a ghoil ag guidhe aríst. Ansin, nuair a bhíodh na paidreacha thart, bhíodh cead againn a ghoil a chodladh. Bhínnse chomh tuirseach sin nach mbíodh fonn ar bith orm mo chuid éadaí a bhaint dhíom ar chor ar bith. D'fhéadfainn go díreach síneadh siar ar an leaba agus titim a chodladh ! Mhúchtaí na soilse ag leathuair thar éis an deich.

EXERCISES

A. In the following sentences, replace the progressive construction, e.g. *Bhínn ag ól bainne 'chuile lá,* with the past habitual of the verb, e.g. **D'ólainn** *bainne 'chuile lá.*

1. *Bhíodh muid ag caitheamh píosa den lá ag foghlaim Gaeilge.*
2. *Bhíodh cuid de na daoine ag léamh leabhartha; ach bhíodh cuid acu nach mbíodh ag léamh rud ar bith.*
3. *Ní bhíodh ceachtar acu ag breathnú ar an teilifís.*
4. *Bhíodh an t-amadán úd de dhuine ag éirí de léim 'chuile nóiméad ag caint agus ag sáraíocht.*
5. *An mbíteá ag ól tae nó bainne ?*
6. *Bhínnse ag ceangal mo chuid bróga féin cuid mhaith den am.*
7. *Cé a bhíodh ag níochán na soithí nó an mbítí dhá níochán ar chor ar bith ?*
8. *Mh'anam go mbídís ag imirt cluifí 'chuile lá.*

B. Complete these sentences using the appropriate prepositional pronoun, e.g. *Bhí an caipín ag titim* **dhíom.**

1. *Bhí an caipín ag titim (de) (mé).*
2. *Bhíodh na gasúir ag magadh fút agus ag déanamh amadán (de) (thú).*
3. *Bíonn sé ag baint airgead (de) (muide)*
4. *Tóig do chois (den chathaoir) !*
5. *Bainigí (de) (sibh) na cótaí !*
6. *Ná bain an t-éadach (den bhord) !*
7. *Tá an scoil í féin réasúnta ach d'éireofá tuirseach (de na múinteoirí) sin.*
8. *Tá mé bréan (den tseafóid) seo.*

C. Write in words the following times, e.g. *8.40: Tá sé fiche nóiméad don naoi.*

1. *3.30*	6. *3.05*
2. *8.45*	7. *12.15*
3. *7.20*	8. *9.20*
4. *1.00*	9. *10.00*
5. *5.40*	10. *11.30*

TRANSLATE:

1. I used not feel like raising my head off the pillow. 2. The sheets and blankets are falling off the bed. 3. The teacher wanted to give the boy a good blow of a stick. 4. We hadn't the (required) time to jump down off the wall before the teacher came. 5. I am tired of everything ! 6. Have you a picture of her ? 7. Take off your coat, put on your jacket and tie your shoes. 8. Put off the big light and light the lamp. 9. I used always take fright when the car used to stop at the lights. 10. Máirtín used to teach children here too. 11. He used to be very punctilious. Everyone was fed up with him. 12. One (*lit.* a person) of his sons was at school here too.

LESSON 25

VOCABULARY

acra	/a:krə/	*acraí*	acre
cainteoir	/ka:N´t´o:r´/	*cainteoirí*	talker, speaker
cathaoirleach	/kairL´əx/	*cathaoirligh*	chairman
céilí	/k´e:l´i:/	*céilíocha*	dance
cíos	/k´i:s/	*cíosanna*	rent
coiste	/kos´t´ə/	*coistí*	committee
contúirt *fem.*	/ku:Ntu:rt´/	*contúirteacha*	danger
costas	/kostəs/	*costaisí*	cost, expense
cruinniú	/kriN´u:/	*cruinníocha* /kriN´i:əxi:/	meeting
cuisliméara	/kis˥´əm´e:rə/	*cuisliméaraí*	customer
cumann	/kuməN/		society
dearmad	/d´æ:rəməd/	*dearmadacha*	mistake
druncaera	/druŋke:rə/	*druncaeraí*	drunkard
glac *fem.*	/gLa:k/		handful, grasp
intinn *fem.*	/i:N´t´əN´/		mind, intention
leas	/L´æ:s/		benefit, use
paráiste	/purɑ:s´t´ə/	*paráistí*	parish
sáibhéara	/sɑ:w´e:rə/	*sáibhéaraí*	sawyer
úinéara	/u:n´e:rə/	*úinéaraí*	owner

coisin 2	/kos´ən´/		cost; protect
coisint *fem.*	/kos´əN´t´/		costing; protecting
cruinneál *fem.*	/kriN´ɑ:L/	*cruinneálacha*	gathering, collecting
cruinnigh 2	/kriN´ə/		gather, collect
glac 1	/gLa:k/		take, seize, accept
glacadh	/gLa:kə/		taking
innis[1] **2**	/in´əs´/		tell, relate
inseacht	/i:n´s´əxt/		telling, relating
íoc 1	/i:k/		pay (*ar:* for)
íoc	/i:k/		paying
líon 1	/L´i:N/		fill
líonadh	/L´i:Nə/		filling
sábháil 1	/sɑ:wɑ:l´/		save
sábháilt *fem.*	/sɑ:wɑ:L´t´/		saving
togh 1	/tau/		choose, elect
togha	/tau/		choosing
túin 1	/tu:n´/		urge, put pressure on
túint *fem.*	/tu:N´t´/		urging
úsáid *fem.*	/u:sɑ:d´/		using, usage

contúirteach	/ku:Ntu:rt´əx/	dangerous
costasach	/kostəsəx/	costly, expensive

'chuile sheans (go/nach)	/xil´ə hæ:ns/	it is most probable (that)[2]
drochsheans (go/nach)	/ˌdrox'hæ:ns/	it is most unlikely (that)[2]

[1] Pronounced as though spelt *inis.*

[2] *lit.* 'every chance (that), a bad chance (that)'

LESSON 25

ar shon	/ər´ huN/	*(with gen.)*	for the sake of, on behalf of
i lár	/ə Lɑ:r/	*(with gen.)*	in the middle of
in aghaidh	/Nai/	*(with gen.)*	against
le haghaidh	/l´ai/	*(with gen.)*	for (the purpose of)
os[1] cionn	/a:s k´i:N/	*(with gen.)*	above
os[1] comhair	/a:s ku:r´/	*(with gen.)*	opposite
treasna	/t´r´æ:sNə/	*(with gen.)*	across

VOCABULARY NOTES:

1. *caint ar* talking of
2. *glacadh le* accepting, assuming
3. *leas a bhaint as (lit.* to get benefit out of), to use
4. *éirí le* succeed
5. *Tá sé ar intinn ag X* X intends
6. *ar cíos* on hire, rented

GRAMMAR

1. THE GENITIVE

(i) Masculine nouns

(a)	*Tá an búistéara anseo.*	The butcher is here.
	Tá mac an bhúistéara anseo.	The butcher's son is here.
	Tá an t-iascaire anseo.	The fisherman is here.
	Tá mac an iascaire anseo.	The fisherman's son is here.

When the article is used with a masculine noun in the genitive, the initial consonant of that noun is lenited, e.g. *an búistéara* 'the butcher', ... *an bhúistéara* 'of the butcher'. Initial *t* and *d* resist lenition, e.g. *mac an tincéara* 'the tinker's son', *mac an druncaera* 'the drunkard's son'. Initial vowels are unaffected, e.g. *mac an iascaire* 'the fisherman's son', as opposed to the nominative *an t-iascaire* 'the fisherman'; see Lesson 8.

(b) Masculine nouns beginning with *s*

Tá an siúinéara anseo.	The carpenter is here.
Tá mac an tsiúinéara anseo.	The carpenter's son is here.

A *t* is prefixed to a masculine noun beginning with *s* followed by a vowel, *l, n,* or *r.* It takes its quality from the following vowel or consonant, e.g. slender in ... *an tsiúinéara* /ə t´u:n´e:rə/ '... of the carpenter'; broad in ... *an tsáibhéara* /ə tɑ:w´e:rə /'... of the sawyer'.

[1]Pronounced as though spelt *as.*

(ii) Feminine nouns

(a) *Tá an Ghaeltacht anseo.* The Gaeltacht is here.
Tá muintir na Gaeltacht anseo. The people of the Gaeltacht are here.

Before a feminine noun the genitive of the article takes the form *na,* which is unstressed and causes no change to a consonant.

Muintir na Gaeltacht could also be translated as 'the Gaeltacht people'. Similarly: *fear an bhainne* 'the man of the milk', 'the milkman', 'the man (associated) with the milk'.

(b) Feminine nouns beginning with a vowel

Tá an oifige anseo. The office is here.
Tá doras na hoifige anseo. The door of the office is here.

Na prefixes *h* to a feminine noun with an initial vowel.

(iii) Plural nouns

Tá na tithe anseo. The houses are here.
Tá úinéara na dtithe anseo. The owner of the houses is here.
Tá na hiascairí anseo. The fishermen are here.
Tá bád na n-iascairí anseo. The fishermen's boat is here.

In the genitive plural *na* causes eclipsis, e.g. ... *na dtithe* '... of the houses', ... *na n-iascairí* '... of the fishermen'.

(iv) Summary table

Before	an initial consonant	an initial vowel
masculine nouns	**an** + lenition e.g. *mac an bhúistéara* **an t** before *s* e.g. *mac an tsiúinéara*	**an** e.g. *mac an iascaire*
feminine nouns	**na** e.g. *muintir na Gaeltacht*	**na h** e.g. *doras na hoifige*
plural nouns	**na** + eclipsis e.g. *úinéara na dtithe*	e.g. *báid na n-iascairí*

(v) No special genitive form

Except for the effects of the article (lenition, eclipsis, or prefixed *h)* the form of the noun in the above examples is substantially the same in the genitive. This is so in the case of:

(a) the large majority of nouns pronounced with a final /ə/, e.g. *siúinéara, oifige;*

(b) two-syllable nouns ending in *-(e)acht,*[1] e.g. *Gaeltacht;*

(c) nouns ending in *-ín,* e.g. *caipín;*

[1]These are in Official Standard Irish written with a final *-a,* e.g. *Raidió na Gaeltachta.*

LESSON 25

(d) nouns ending in *-(a)í*, e.g. *scéalaí;*

(e) personal numbers *triúr* to *deichniúr;* see Lesson 15;

(f) several other nouns ending in a consonant.

2. TWO NOUNS IN GENITIVE RELATION TREATED AS PROPER NOUN

Tá teach an bhúistéara anseo.	The house of the butcher is here.

Although this sentence can be translated as '**the** house of **the** butcher', in Irish there is only one article: *teach* **an** *bhúistéara. Teach an bhúistéara* is felt to be a proper noun exactly like *Cáit, Bríd,* etc. and behaves accordingly:

Cáit sin (see Lesson 9)	*teach an bhúistéara sin* 'that butcher's house'
geata Cháit (see Lesson 3)	*geata theach an bhúistéara* 'the gate of the butcher's house'

3. MAIN USAGES OF GENITIVE

(i) Genitive after verbal noun

Tá sé ag moladh Mháirtín.	He is praising M.
Tá sí ag pósadh mhac an bhúistéara.	She is marrying the butcher's son.
Tá sí ag moladh an bhúistéara.	She is praising the butcher.
Tá sí ag glanadh na hoifige.	She is cleaning the office.

A verbal noun is in a genitive relation with a following noun. Proper nouns are lenited, e.g. *ag pósadh mhac an bhúistéara* 'marrying the butcher's son' (see Lesson 15), and definite nouns are in the genitive, e.g. *ag moladh an bhúistéara* 'praising the butcher'.

(ii) Genitive after certain prepositions

Tá Cáit anseo ar shon Mháirtín.	C. is here on behalf of M.
Tá fuinneoig os cionn bhord an bhúistéara.	There is a window above the butcher's table.
Tá Máirtín anseo ar shon na n-iascairí	M. is here on behalf of the fishermen.
Tá seomra eile os cionn na hoifige.	There is another room above the office.

After certain prepositions (originally containing nouns) nouns are in a genitive relation and therefore proper nouns are lenited, e.g. *os cionn bhord an bhúistéara* 'above the butcher's table', and definite nouns are in the genitive, e.g. *ar shon an tsáibhéara* 'on behalf of the sawyer'.

Possessive pronouns *(mo, do, a* etc.) are used with these prepositions to express pronominal objects: *Tá Cáit anseo ar mo shon* 'C. is here on my behalf'; *Tá seomra eile os do chionn* 'There is another room above you'.

4. NUMBERS ABOVE TWENTY

'n...	... boats'	... years'
20	*fiche bád*	*fiche bliain*
21	*bád is fiche*	*bliain is fiche*
22	*dhá bhád fhichead*	*dhá bhliain fhichead*
23	*trí bhád fhichead*	*trí bliana fichead*
	etc.	etc.
30	*deich mbád fhichead*	*deich mbliana fichead*
31	*aon bhád déag is fiche*	*aon bhliain déag is fiche*
32	*dhá bhád déag is fiche*	*dhá bhliain déag is fiche*
33	*trí bhád déag is fiche*	*trí bliana déag is fiche*
	etc.	etc.
40	*dhá fhichead bád*	*dhá fhichead bliain*
41	*bád is dá fhichead*	*bliain is dá fhichead*
42	*dhá bhád is dá fhichead*	*dhá bhliain is dá fhichead*
43	*trí bhád is dá fhichead*	*trí bliana is dá fhichead*
	etc.	etc.
51	*aon bhád déag is dá fhichead*	*aon bhliain déag is dá fhichead*
	etc.	etc.
60	*trí fichid bád*	*trí fichid bliain*
61	*bád is trí fichid*	*bliain is trí fichid*
62	*dhá bhád is trí fichid*	*dhá bhliain is trí fichid*
63	*trí bhád is trí fichid*	*trí bliana is trí fichid*
	etc.	etc.
70	*deich mbád is trí fichid*	*deich mbliana is trí fichid*
71	*aon bhád déag is trí fichid*	*aon bhliain déag is trí fichid*
	etc.	etc.
80	*cheithre fichid bád*	*cheithre fichid bliain*
81	*bád is cheithre fichid*	*bliain is cheithre fichid*
82	*dhá bhád is cheithre fichid*	*dhá bhliain is cheithre fichid*
83	*trí bhád is cheithre fichid*	*trí bliana is cheithre fichid*
	etc.	etc.
90	*deich mbád is cheithre fichid*	*deich mbliana is cheithre fichid*
91	*aon bhád déag is cheithre fichid*	*aon bhliain déag is cheithre fichid*
	etc.	etc.
100	*céad bád*	*céad bliain*
101	*céad is bád*	*céad is bliain*
102	*céad is dhá bhád*	*céad is dhá bhliain*
	etc.	etc.

The use of numbers between twenty and a hundred can be seen in the above table. Directly following a noun, *fichead* is lenited, e.g. *trí bhád fhichead* 'twenty-three boats', *cheithre cinn fhichead* 'twenty-four (ones)', except where a ,plural, or special form ending in a vowel (see Lesson 11) is used, e.g. *trí bliana fichead* 'twenty-three years'.

Fiche 'twenty' is pronounced /f´iː/ but after *is*, e.g. *bád is fiche* 'twenty-one boats' it is pronounced with a short vowel: /f´i/. *Scór* may optionally replace *fiche*, e.g. *dhá scór is aon cheann déag* 'fifty-one'.

An older system based on tens has a certain currency: *fiche* 'twenty', *tríocha* 'thirty', *daichead* 'forty', *caoga* 'fifty', *seasca* 'sixty', *seachtó* 'seventy', *ochtó* 'eighty', *nócha* 'ninety'. It has been reintroduced through the school system.

TEXT

AN CRUINNIÚ

Tá mná an bhaile seo ag iarraidh halla a chur ar bun, áit a d'fhéadfadh muintir an bhaile a úsáid le haghaidh dramaí nó céilíocha. Tá Cumann na bhFeilméaraí agus Cumann an Pharáiste ag caint ar a leithéide le chúig bhliana fichead ach ní raibh toradh ar bith ar an gcaint uilig. Le gairid, tháinig bean an tsiopa agus bean an bhúistéara le chéile leis an scéal a phlé. Anois tá siad ag túint ar mhná an bhaile rud eicínt a dhéanamh faoin scéal. Bhí cruinniú acu an oíche cheana.

Ní raibh an seomra i bhfad ag líonadh. Ag an hocht a chlog, bhí trí dhuine dhéag is fiche ann. B'éigean dhúinn cathaoirleach a thogha. Bhí cuid de na mná ag moladh bhean an bhúistéara, ach ní raibh 'chuile dhuine sásta glacadh léi. Bhí an mháistreás ag moladh bhean an phosta. Faoi dheireadh, bhí 'chuile dhuine sásta glacadh le bean an tsiopa mar chathaoirleach. Ansin, bhí muid in ann tosaí ag plé chúrsaí an halla.

Bhí daoine áirithe ag iarraidh leas a bhaint as an tseanscoil mar halla. Dúirt siad go mbeadh sé rochostasach halla nua a thóigeáil. Choisneodh an talamh é féin an iomarca. B'éigean don mháistreás a inseacht dhóibh go bhfuil an tseanscoil contúirteach agus go mbíonn clocha ag titim de na ballaí. Ní bheadh an tseanscoil feiliúnach ar chor ar bith.

Bhí an cruinniú seo cosúil le cruinniú ar bith eile. Bhí go leor leor daoine ag iarraidh caint.

'Seans go bhféadfaí teach a thóigeáil ar cíos ?' a deir cainteoir amháin, 'd'fhéadfaí costas a shábháilt mar sin.'

'Ach cén áit a bhféadfadh muid teach a fháil ?' a deir cainteoir eile, 'sílim gur dearmad é teach a thóigeáil ar cíos agus gur fearr halla nua a thóigeáil.'

'Ach cén áit a bhféadfadh muid an talamh a cheannacht ?' a deir bean eile.

'Cé mhéad a d'íocfaí anois ar acra ? Drochsheans go mbeadh an t-airgead againn.'

''Chuile sheans nach mbeadh duine ar bith sásta an talamh a dhíol linn ,' a deir duine eicínt eile.

Ansin dúirt bean an tsiopa go mbeadh sí féin agus a fear sásta an garraí atá os comhair an tsiopa nua a dhíol. An mbeadh 'chuile dhuine sásta leis sin ?

Ní bheadh. Bhí bean an phosta ina aghaidh. Bhí sí ag déanamh amach go raibh bean an tsiopa ag iarraidh tilleadh cuisliméaraí a tharraingt ar a siopa féin. Dúirt sise go mbeadh an garraí atá os comhair na dtithe nua níos fearr.

Ní raibh an cruinniú thart go dtí an haondéag. Ní raibh ag éirí linn tada a shocrú. Faoi dheireadh, b'éigean dhúinn coiste a thogha leis an scéal a scrúdú.

Tá faitíos orm go mbeidh muid féin níos measa ná Cumann na bhFeilméaraí nó Cumann an Pharáiste.

EXERCISES

A. Complete these sentences, using the appropriate form of the words in brackets.

(a)

1. *Bhí Máirtín ag doras (an oifige).*
2. *Tá scian (an búistéara) ansin ar an mbord.*
3. *An bhfuil muintir (an Ghaeltacht) sásta ?*
4. *Bhí muid ag caint le bean (an tincéara) ina dhiaidh sin.*
5. *Tá báid (na hiascairí) ansin ag an gcéibh.*
6. *Níl lucht (na tithe) nua sásta faoin halla.*

(b)

1. *Beidh Cáit ag pósadh (an búistéara).*
2. *Tá Bríd ag glanadh (an oifige).*
3. *Bíonn Úna i gcónaí ag moladh (Seáinín).*
4. *Bhí muid ag moladh (muintir na Gaeltacht).*

(c)

1. *Tá fear eile atá os cionn (an búistéara) seo.*
2. *Tá seomra os comhair (an seomra) seo,*
3. *Leag do mhála ansin in aghaidh (an balla).*
4. *Bhí an bord i lár (an oifige).*
5. *Bíonn na báid ag goil treasna (an fharraige).*
6. *Tá an halla nua dhá thóigeáil os comhair (na tithe) nua.*
7. *Beidh muintir Chiarraí ag imirt in aghaidh (muintir Chonamara).*

B. Complete the following using the appropriate possessive pronoun.

1. *Tá an máistir eile os cionn (mé).*
2. *Bhí an bhean eile os comhair (muid).*
3. *Tá oifige eile os cionn (na hoifige) seo.*
4. *Bíonn Bríd i gcónaí os comhair (Mháirtín).*
5. *Tá siad ag tóigeáil teach le haghaidh (thú).*
6. *Cé atá anois os cionn (thusa) ?*

C. Write out fully in words:

1. *63 bád* 2. *51 leaba* 3. *21 bliain* 4. *90 úlla* 5. *70 punt* 6. *20 bád* 7. *35 seomra* 8. *71 éan* 9. *80 duine* 10. *40 peann* 11. *27 punt* 12. *88 crann* 13. *30 cathaoir* 14. *46 duine* 15. *99 ceann* 16. *46 pingin* 17. *102 bád* 18. *60 bliain*

TRANSLATE:

1. It is most unlikely that the proprietress (i.e. woman) of the shop will agree with the postmistress. 2. They are building the new hall opposite the new houses. 3. Land is very expensive now. How much would you pay for an acre ? 4. The committee will accept the butcher's wife as chairman. There will be no election. 5. Everything costs too much now. 6. I intend to hire a car. 7. The office door is opposite the post office.

LESSON 26

VOCABULARY

arm	/a:rəm/	*airm* /æ:r´əm´/	army, weapon
barr	/bɑ:r/		top
coirnéal	/kaurN´e:L/	*coirnéil*	corner
cúinne	/ku:N´ə/	*cúinní*	internal corner, nook
cúirtín	/ku:rt´i:n´/	*cúirtíní*	curtain
foireann *fem.*	/fer´ə N/		crew, team, staff, set
gaisce *fem.*	/ga:s´g´ə/		feat, boast
galaoireach *fem.*	/ga:Li:r´əx/		soap
garda	/gɑ:rdə/	*gardaí*	guard, policeman
grá	/grɑ:/		love
gunna	/guNə/	*gunnaí*	gun
íochtar	/i:əxtər/		bottom part
meisce *fem.*	/m´is´k´ə/		drunkenness
peileadóir	/p´el´ədo:r´/	*peileadóirí*	footballer
pointe	/pi:N´t´ə/	*pointí*	point, point of time
praiseach *fem.*	/præ:s´əx/		mess
saighdiúr	/said´u:r/	*saighdiúirí*	soldier
scór	/sko:r/	*scóranna*	score (in game)
túáille	/tu:ɑ:L´ə/	*túáillí*	towel
tuarastal	/tu:ərəstəL/		salary
uachtar	/u:əxtər/	*uachtairí*	upper part, cream
bailigh 2	/ba:l´ə/		collect, pass
bailiú	/ba:l´u:/		collecting
caoin 1	/ki:n´/		cry, lament
caoineadh	/ki:n´ə/		crying
cónaí	/ku:Ni:/		residing
cónaigh 2	/ku:Nə/		reside
dó	/do:/		burning
dóigh 1	/do:/		burn
mill 1	/m´i:L´/		destroy, ruin
milleadh	/m´i:L´ə/		destroying
réab 1	/re:b/		tear, smash, act violently
réabadh	/re:bə/		tearing, upheaval
scóráil 1	/sko:rɑ:l´/		score
scóráil *fem.*	/sko:rɑ:l´/		scoring
troid *fem.*	/tred´/	*troideanna*	fighting, fight
bodhar	/baur/		deaf
geal	/g´æ:L/		bright, white
lag	/La:g/		weak
reamhar	/raur/		fat, thick
ar meisce	/er´ m´is´k´ə/		drunk, intoxicated
i ndiaidh	/ə N´i:ə/	*(with gen.)*	after, following
thrí thine	/hri: hin´ə/		(*lit.* through fire), on fire

VOCABULARY NOTES:

1. *ag déanamh gaisce* boasting

2. *mar bharr ar an gclampar* to make matters worse, to top everything
3. *fios a chur ar* to send for
4. *marach é sin* only for that
5. *Bhailigh 'chuile dhuine leis.* Everybody cleared off.
6. *D'éirigh mé aniar (lit.* I rose from (lying) backwards), I sat up

GRAMMAR

1. PAST TENSE OF REGULAR VERB

(i) Form used with noun or pronoun (corresponding to *bhí)*

Ghlan Cáit an bord agus nigh sí na soithí.	C. cleaned the table and she washed the dishes.
Léigh Cáit an leabhar agus bhris sí an chathaoir.	C. read the book and she broke the chair.
Choinnigh siadsan an cóta agus shalaigh seisean é.	**They** kept the coat and **he** dirtied it.
D'oscail tusa an geata agus d'imir muide cluifí.	**You** opened the gate and **we** played games.

Type 1 (roots with one syllable) is lenited		Type 2 (roots with two syllables) is lenited	
ghlan	cleaned	*shalaigh*	dirtied
bhris	broke	*choinnigh*	kept
léigh[1]	read	*d'oscail*	opened
nigh[1]	washed	*d'imir*	played
d'fhliuch	wet		

Where the verb has an initial vowel or *f*, *d'* is prefixed, e.g. *d'oscail sé* 'he opened', *d'fhliuch sé* 'he wet'. The *d* is normally pronounced broad or slender according to the following vowel.

(ii) Optional combined form (corresponding to *bhíodar)*

Type 1 adds *-(e)adar* /ədər/		Type 2 adds *-(a)íodar* /iːdər/	
ghlanadar	they cleaned	*shalaíodar*	they dirtied
bhriseadar	they broke	*choinníodar*	they kept
léadar	they read	*d'osclaíodar*	they opened
níodar	they washed	*d'imríodar*	they played
d'fhliuchadar	they wet		
After a long vowel, *-igh* is dropped. After a short vowel *-gh* is dropped and the syllable lengthened; see Lesson 12. After *í* the ending is spelt *-odar*, cf. *bhíodar;* see Lesson 7.		The last syllable is always lost before an ending with an initial vowel; see Lesson 12.	

[1]For the lenition of *l, n,* see Lesson 1, phonetic exercise 1 (c).

LESSON 26

(iii) Autonomous form (corresponding to *bhíothadh)*

Type 1 adds *-(e)adh* /u:/		Type 2 adds *-(a)íodh* /i:w/	
glanadh	one washed	*salaíodh*	one dirtied
briseadh	one broke	*coinníodh*	one kept
léadh	one read	*hosclaíodh*	one opened
níodh	one washed	*himríodh*	one played
fliuchadh	one wet		

After *í,* the ending is spelt *-odh.*

The past tense autonomous form is never lenited (even after particles) and no *d'* is prefixed. Where the verb has an initial vowel, *h* is prefixed (even after particles).

(iv) Use of particles

A regular verb in the past uses *níor* /N'i:r/ (in place of *ní), ar* /ər/ (in place of *an), nar*[1] /Na:r/ (in place of *nach), gur* /gər/ (in place of *go), marar* /ma:rər/ (in place of *mara),* and *ar* /ər/ (in place of the indirect relative particle *a).* All of these particles cause lenition as shown in this table:

	Ghlan *D'oscail*		
	Níor *Ar* *Nar*	*ghlan* *oscail*	*Cáit an geata.*
Deir sé	*gur* *nar*		
	Marar		
	Má	*ghlan* *d'oscail*	
Sin í an scian	*ar*	*ghlan* *oscail*	*Cáit an geata léi.*
	a	*ghlan* *d'oscail*	*an geata.*

As pointed out in (iii) above the autonomous form is not lenited after particles, e.g. *níor glanadh, ar glanadh ?,* and *h* is prefixed to a vowel irrespective of particles, e.g. *hosclaíodh, níor hosclaíodh, ar hosclaíodh ?.*

(iv) Meaning of past tense

Léigh sé an leabhar.	He (had) read the book.
Léigh sé an leabhar an lá sin.	He (had) read the book that day.

Generally in Irish no distinction is made between a preterite, e.g. 'he read', a perfect, e.g. 'he has read', and a pluperfect, e.g. 'he had read'. (The verb *tá* is slightly exceptional, see Lesson 6).

[1]*Nár* /Nɑ:r/ which is the Official Standard Irish form is also used, though, it would seem, less frequently.

2. THE PREPOSITION *I*

(i) Introduction

Tá na leabhartha i mbosca.	The books are in a box.
Tá na leabhartha sa mbosca.	The books are in the box.

The preposition *i* /ə/ causes eclipsis to a directly following noun, e.g. *i mbosca* 'in a box'. Before a vowel it is written *in,* e.g. *in Éirinn* 'in Ireland'. When used with the definite article it combines with it and is *sa* /sə/ before a consonant, and *san* /səN/ before a vowel. *Sa* causes eclipsis to a following noun, e.g. *sa mbosca* 'in the box'. *Sna*, causing no change, is used in the plural.

(ii) Prepositional Pronouns

Ordinary form		Pronunciation
ionam	in me	/uNəm/
ionat	in you	/uNəd/
ann	in him/it	/ɑ:N/
inti	in her/it	/i:N´t´ə/
ionainn	in us	/uNəN´/
ionaibh	in you *(pl.)*	/uNi:/
iontu	in them	/uNtəb/

The contrast forms and general usage are the same as those of *ag* and most other prepositional pronouns, e.g. *ionam, ionamsa, ionam féin, ionamsa mé féin;* see Lesson 16.

3. MEANING OF *I*

(i) Basic meaning 'in'

Tá uisce sa bpota.	There is water in the pot.

More idiomatically *i* is used:

(ii) to express 'to' (an indefinite place)

Tá Cáit ag goil in áit eicínt.	C. is going somewhere.

Somewhat similarly: *ag goil sna sagairt* 'going to (join) the priests', 'to become a priest.'

(iii) to express possession of a quality or power

Tá slainte sa ngrian.	*(lit.* There is health in the sun). The sun has a healthgiving quality.
Níl maith ar bith sa leabhar seo.	*(lit.* There is no good in this book). This book is no good.

(iv) in some common adverbial phrases:

in ann	/əN a:N/	able, capable of
in am	/əN ɑ:m/	in time
i bhfad	/ə wa:d/	far, a long way
i gcónaí	/ə gu:Ni:/	always
i bhfalach	/ə wa:ləx/	in hiding, hidden
i gceist	/ə g´es´t´/	in question, under consideration

i ngrá	/ə ŋrɑ:/	in love
in éindí	/əN´ e:N´d´i:/	together, suddenly
in aonturas	/əN´ e:Ntorəs/	on purpose
in áirde	/əN ɑ:rd´ə/	(high) up
in uachtar	/əN u:əxtər/	on top
in íochtar	/əN´ i:əxtər/	at the bottom
i dteannta	/ə d´ɑ:Ntə/	in a fix/dilemma

(v) with possessive pronouns *(mo, do,* etc.) to express a state

Tá an seomra ina phraiseach .	*(lit.* The room is in its mess), The room is in a mess.
Tá Cáit ina múinteoir anois.	*(lit.* C. is in her teacher now), C. is a teacher now.
Tá sé ina shamhradh.	*(lit.* It is in its summer), It is summer; summer has arrived.

This idiom, at least to a certain extent, emphasises the state of having become something; 'I am a teacher' can be expressed by *Is múinteoir mé* (see Lesson 11) or by *Tá mé i mo mhúinteoir.* On the other hand 'I am an Irishman' is normally *Is Éireannach mé* as this is felt as a permanent state.

Tá sé ina mhúinteoir mhaith 'he is a good teacher'; in this construction after the third person singular masculine an adjective may be lenited after a masculine noun.

(vi) an alternative way of expressing this idiom

Múinteoir atá ionam.	*(lit.* It is a teacher that is in me[1]), I am a teacher.

In this construction *in* (causing no change) may be used with personal names, e.g. *Múinteoir atá in Bríd* 'Bríd is a teacher'. Also *ansin* is used, e.g. *Siúinéara atá ansin* 'That fellow is a carpenter', rather than *ann sin.*

(vii) with possessive pronouns, instead of *ag* before a certain few verbal nouns to describe a state

Tá mé i mo chodladh.	*(lit.* I am in my sleep). I am sleeping/asleep.

Similarly: *i mo dhúiseacht* 'awake', *i mo sheasamh* 'standing', *i mo loighe* 'lying', *i mo shuí* 'sitting up', 'out of bed', *i mo chónaí* 'living', 'standing idle', *i mo rith* 'running' .

TEXT

CLAMPAR

Bhí cluife againn inné. Bhí muid ag imirt in aghaidh an choláiste nua. Ghnóthaigh muid an cluife agus scóráil mé féin dhá phointe.

[1]This word-order is further dealt with in Lesson 34.

Tháinig go leor den fhoireann ar ais anseo ag an árasán i ndiaidh an chluife. Bhí dream mic léinn as an gcoláiste nua in éindí linn. Bhí an-chraic againn. Bhí cuid de na daoine ina suí sa gcúinne ag casadh amhráin. Bhí tilleadh acu ag damhsa i lár an tseomra. Bhí dream mic léinn ina seasamh ar an taobh eile den tseomra ag sáraíocht faoin gcluife. Bhí duine acu ar meisce agus thosaigh sé ag déanamh gaisce. Dúirt sé gur imir sé féin níos fearr ná duine ar bith eile. Dúirt duine eicínt eile leis nar imir sé go maith ariamh agus nach raibh maith ar bith ann mar pheileadóir. Thosaigh siad ag troid. Mar bharr ar an gclampar, nar chuir duine de na comharsannaí fios ar na gardaí. (Bhí sé ina chodladh nó gur dhúisigh an torann é.) Ansin nuair a bhí an bheirt acu ag réabadh leo, dhóigh duine eicínt poll sa gcúirtín le toitín. Hóbair dhó an teach ar fad a chur thrí thine.

D'éirigh linn an troid a stopadh go díreach in am, nuair a d'airigh muid carr na ngardaí ag tíocht thart ar an gcoirnéal. Marach é sin, bheadh muid i dteannta. D'aithin na gardaí cuid de na daoine agus scríobh siad síos ainmneacha na ndaoine uilig.

Nuair a d'imigh na gardaí, bhailigh 'chuile dhuine leis abhaile.

Bhí sé ina lá gheal nuair a dhúisigh mé. Is dóigh liom go raibh sé thart ar an deich a chlog. Ní raibh mé i bhfad i mo dhúiseacht nuair a chuimhnigh mé ar an oíche aréir. D'éirigh mé aniar sa leaba agus bhreathnaigh mé thart orm féin. Bhí an seomra ina phraiseach. Bheadh fonn ar dhuine a ghoil ag caoineadh. Milleadh 'chuile shórt sa réabadh.

Nuair a d'éirigh mé, chuir mé orm mo chuid éadaí. Níor nigh mé mé féin ná níor bhearr mé mé féin mar níor éirigh liom túáille ná galaoireach ná rásúr a fháil sa bpraiseach. D'oscail mé an fhuinneoig agus thosaigh mé ag glanadh an tseomra.

EXERCISES

A. Turn the following statements into questions, e.g. **Ar** *shalaigh tú do léine aríst ?*

1. *Shalaigh tú do léine aríst.*
2. *Nigh tú aríst ansin í.*
3. *Níor léigh tú an leabhar sin ariamh.*
4. *D'oscail tú an fhuinneoig.*
5. *Níor bhris tú an chathaoir.*
6. *D'imir tú go maith ach tá tú ag éirí roreamhar.*
7. *D'fhoghlaim tú do chuid Gaeilge thall i Meireacá.*
8. *Tóigeadh in Éirinn thú.*
9. *hOsclaíodh an geata aríst.*
10. *Níor glacadh le bean an tsiopa mar chathaoirleach mar tá sí rud beag bodhar.*

B. Prefix *deir siad* to the above sentences and make the necessary adjustments, e.g. **Deir siad gur** *shalaigh tú do léine aríst.*

C. Complete the following sentences, using the appropriate pronominal pronoun, e.g. *Múinteoir maith a bhí* **inti;** *bhí tuarastal maith aice.*

1. *Múinteoir maith a bhí (in Bríd); bhí tuarastal maith aice.*
2. *Peileadóirí maith atá (i) (muide); gnóthaíonn muid 'chuile chluife.*
3. *Mac léinn iontach a bhí (i) (tusa); léigh tú 'chuile leabhar ar an gcúrsa.*
4. *Drochléachtóir a bhí (i) (é) sin,; bhíodh sé ag tíocht deireanach ag na léachtanna in aonturas.*

5. *Siúinéaraí a bhí (i) (iad); bhí pái mhór acu ag déanamh cathaoireacha i mBaile Átha Cliath.*
6. *Dochtúr atá (i) (mé); tá mé ag obair sna hospidéil i nGaillimh.*
7. *Saighdiúirí san arm atá (i)(sibh); tá 'ur gcuid gunnaí i bhfalach.*
8. *Tincéara atá (in Seáinín); ar ndóigh, bíonn an fear lag in íochtar i gcónaí.*
9. *Banaltra atá (in)(í) siúd; deir siad go bhfuil sí i ngrá le dochtúr san ospidéal.*

TRANSLATE:

1. The doctor is in love with a nurse who resides in the hospital. 2. I am a student. I am living in this flat now for six years. 3. I hid *(lit.* put in hiding) the bottles on purpose. 4. Some of the people were sitting in the corners playing cards. More of them were standing in the middle of the room boasting about the match. 5. Somebody burned a hole in the curtain. To top everything, a neighbour was awake and he sent for the guards. 6. I was up at six yesterday morning. I was so tired that I couldn't find my towel or the soap. 7. When the soldiers and the guards go away, we will clear off home. 8. The child was ruined *(lit.* one ruined the child).

LESSON 27

VOCABULARY

achar	/a:χər/		distance, period
allas	/a:Ləs/		sweat
aonach	/i:Nəx/	*aontaí* /i:Nti:/	fair
beagán	/b´oga:N/		a little
binn *fem.*	/b´i:N´/	*beanna* /b´æ:Nə/	gablewall
caiptín	/ka:p´t´i:n´/	*caiptíní*	captain
ceantar	/k´æ:Ntər/	*ceantracha* /k´æ:Ntrəxi:/	district, area
cliabh	/k´l´i:əw/	*cléibh* /k´l´e:w´/	pannier basket
comhlódar	/ku:Lo:dər/	*comhlódair*	family, company
corp	/korp/	*coirp* /ker´p´/	corpse
cró	/kro:/	*cróití*	outhouse
cúirt *fem.*	/ku:rt´/	*cúirteanna*	court
cúram	/ku:rəm/		care, responsibility
dlí	/d´l´i:/	*dlíonna*	law
dlíodóir	/d´l´i:do:r´/	*dlíodóirí*	lawyer
donacht *fem.*	/duNəxt/		badness, illness
faisean	/fa:s´əN/		fashion, habit
geard	/g´a:rd/	*geardanna*	yard
gob	/gob/		beak, spout, prow
luach	/Lu:əx/		value, price
misneach	/m´is´n´əx/		courage
nead *fem.*	/N´æ:d/	*neadracha* /N´a:drəxi:/	nest
pórtar	/po:rtər/		stout, porter
scoilt *fem.*	/skeL´t´/	*scoilteanna*	split, crack
seanfhocal	/'sæ:ˌNokəl/	*seanfhocla*	proverb
stór	/sto:r/	*stóir*	storey

amhdachtáil *fem.*	/audəxta:l´/	admitting
amhdaigh 2	/audə/	admit
ardaigh 2	/a:rdə/	raise, rise
ardú	/a:rdu:/	raising
comhair 1	/ku:r´/	count
comhaireamh	/ku:r´ə/	counting
corraí	/kori:/	stirring, moving
corraigh 2	/korə/	stir, move
feil 1	/f´el´/	suit, be appropriate (*do:* for)
feiliúint	/f´el´u:N´t´/	suiting
lobh 1	/Lau/, /Low/	rot
lobhadh	/Lau/, /Lowə/	rotting
oibrigh 2	/aib´r´ə/	work (up); use
oibriú	/aib´r´u:/	working (up)
scar 1	/ska:r/	separate, part, spread out
scaradh	/ska:rə/	separating
scoilt 1	/skel´t´/	crack, split
scoilteadh	/skel´t´ə/	cracking, splitting

beag bídeach	/b´og b´i:d´əx/	tiny little
cliste	/k´l´is´t´ə/	clever
congarach	/kuŋgərəx/	adjacent (*do:* to)
láidir	/La:d´ər´/	strong

(ar)[1] feadh	/ (er´) f´æ:/	*(with gen.)*	during, for the duration of
de bharr	/gə wɑ:r/	*(with gen.)*	on account of, as a result of
de réir	/gə re:r´/	*(with gen.)*	according to

VOCABULARY NOTES:

1. *ó aimsir an chogaidh amach* from wartime onwards
2. *gan mórán achair* before long, in a short time
3. *d'fhéadfá a rá . . .* you could say ..., to be sure ...

GRAMMAR

1. VERBAL ADJECTIVE OF REGULAR VERB

(i) Formation

Tá an bord glanta agus tá na soithí nite.	The table is cleared and the dishes are washed.
Tá an leabhar léite agus tá an chathaoir briste.	The book is read and the chair is broken.
Beidh an cóta coinnithe go maith agus ní bheidh sé salaithe.	The coat will be well kept and it will not be dirtied.
Bhí an geata osclaithe agus an cluife imrithe.	The gate was opened and the game played.

Type 1
(root with one syllable)
(a) adds *-ta, -te* /tə/, /t´ə/

glanta	cleaned
briste	broken
léite	read
nite	washed

Final *-gh* is dropped; see Lesson 12.

Type 1
(b) adds *-tha, -the* /i:/ to roots ending in *b, p, d, t, g, k, bh, mh.*

scuabtha	swept
ceaptha	thought
goite, goidthe	stolen
tite	fallen
fágtha	left
scríobhtha (now spelt *scríofa)*	written
snámhtha (now spelt *snáfa)*	swum

Type 2
(root with two syllables)
adds *-(a)ithe* /i:/

salaithe	dirtied
coinnithe	kept
osclaithe	opened
imrithe	played

Verbs with roots in *l, n, r* may alternatively add *-te* /t´ə/: *oscailte, imirte.* In this case the second syllable of the root is not dropped as the ending does not have an initial vowel.

[1] *Ar* is often dropped.

All verbal endings are spelt with a 'broad' vowel, e.g. *ta, -aithe,* after a broad consonant, e.g. *glan, sal-, oscl-,* and with a 'slender' vowel, e.g. *-te, -ithe,* after a slender consonant, e.g. *bris, coinn-, imr-;* see Lesson 12.

Some Type 1 verbs with roots ending in *r*, e.g. *bearr* 'shave', *gearr* 'cut', *scar* 'separate', *comhair* 'count', add *-tha, -the* /ə/, e.g. *bearrtha* 'shaved', *gearrtha* 'cut', *scartha* 'separated', *comhairthe* 'counted'.

(ii) Pronunciation of verbs with roots ending in *b, d, g, mh, bh*

b (scuab)	is pronounced	*p (scuabtha)*
d (goid)		*t (goite, goidthe)*
g (fág)		*c (fágtha)*
bh (scríobh)		*f (scríobhtha/scríofa)*
mh (snámh)		*f (snámhtha/snáfa)*

(iii) Meaning of verbal adjective

The verbal adjective describes a state resulting from an action.

Tá an bord briste.	The table is (in the state of having been) broken.

Usually, it can be used attributively like any other adjective:

Tá an bord briste thall ansin.	The broken table is over there.

2. THE PREFIXES *SO-, DO-, IN-*

Tá an ghloine sobhriste.	The glass is easily breakable.
Tá an obair sin dodhéanta.	That work is impossible to do.
Níl sé sin inite.	That is not edible.

The prefixes *so-* 'easily possible', *do-* 'impossible' and *in-* 'possible' are prefixed to a form of the verb which is the same as the verbal adjective, e.g. *briste, déanta, ite. So* is pronounced /su/ before a broad consonant or vowel, and /si/ before a slender consonant. Similarly, *do* is pronounced /du/ or /di/. *In* is pronounced /əN/. *So* and *do* are given primary stress while the verbal form takes the secondary stress, e.g. *sobhriste* /'siˌw´ r´ is´ t´ ə/ 'breakable', *so-ólta* /'suˌo:Ltə/ 'easily drinkable', *dobhriste* /'duˌw´r´is´t´ə/ 'impossible to break', 'unbreakable', *dothóigthe* /'duˌho:k´i:/ 'impossible to raise'. *In* is not stressed, e.g. *inite* /ə'Nit´ə/ 'edible'.

3. GENITIVE WITH SLENDER CONSONANT

bád	boat	*caiptín an bháid*	the captain of the boat
Peadar	Peadar	*cóta Pheadair*	Peadar's coat
doras	door	*láimh an doiris*	the door handle
éan	bird	*nead an éin*[1]	the bird's nest
airgead	money	*mála an airgid*[2]	the money bag
aonach	fair	*lá an aonaigh*	the fair day

[1] By spelling convention *éa* is written *éi* before a slender consonant.

[2] By spelling convention *ea* is replaced by *i* before a slender consonant.

cogadh		war	*aimsir an chogaidh*[1]		the time of war
clog	/o/	clock	*éadan an chloig*	/e/	the face of the clock
poll	/au/	hole	*béal an phoill*	/ai/	the mouth of the hole
cnoc	/u/	hill	*barr an chnoic*	/i/	the top of the hill
arm	/a:/	army	*lucht an airm*	/æ:/	the people of the army
iasc	/i:ə/	fish	*mála an éisc*	/e:/	the fish bag

In pronunciation all these forms are in accordance with the rules in Appendix I. Where the vowel changes, this is shown in the table above.

The majority of masculine nouns ending in a broad consonant are made slender in the genitive singular, e.g. *bád* /bɑ:d/... *an bháid* /wɑ:d´/ '... of the boat'.[2] In a few words, e.g. *doras, arm,* the medial consonant is also made slender, e.g. *doras* /dorəs/ 'door', ... *an doiris* /der´əs´/ '... of the door', *arm* /a:rəm/ 'army', ... *an airm* /æ:r´əm´/ When the final consonant is made slender, *ia* /i:ə/ becomes *éi* /e:/' *e.g. iasc* /i:əsk/ 'fish', ... *an éisc* /e:s´k´/ '... of the fish'. A final *-(e)ach* /əx/ becomes *-aigh* /ə/, e.g. *aonach* /i:Nəx/ - 'fair', ... *aonaigh* /i:Nə/ '... of the fair'.

4. GENERAL SUMMARY OF USE OF GENITIVE[3]

(i) Usage with definite noun

		Definite noun (i.e. a noun following the article, or a possessive pronoun; or a proper noun)
noun	*ainm*	*na hoifige* *mo bháid*
verbal noun	*ag moladh*	*Pheadair* *Cháit*
genitive preposition	*ar shon*	*theach an bhúistéara*

After a noun, verbal noun or genitive preposition, (a) a definite noun, e.g. *an búistéara, mo bhád, Peadar, Cáit,* in the genitive; (b) all proper nouns, e.g. *Peadar, Gaillimh, teach an bhúistéara,* are lenited.[4]

[1]From the point of view of pronunciation, nouns ending in *-(e)adh* have no special form in the genitive, e.g. *cogadh* /kogə/: *aimsir an chogaidh* /. . . ə xogə/. From the point of view of spelling, however, they belong here.

[2]We have already seen examples of this genitive formation after *Dé* in *Dé Domhnaigh (Domhnach* /du:Nəx/*), Dé Luain (Luan* /Lu:N/*), Dé Sathairn (Satharn)* /sa:rəN´/). Less frequently *Dé* can be dropped and the article used with the days of the week, e.g. *ar an Domhnach* 'on Sunday(s)'; or in certain phrases without the article, e.g. *ó Dhéardaoin go Domhnach* 'from Thursday to Sunday'.

[3]In certain cases, the use of the genitive is optional, particularly among younger speakers of the dialect. However, it is felt that the rules given here are a reasonable compromise.

[4]Concerning the lenition see Lessons 9 and 15.

(ii) Usage with indefinite noun

		Indefinite noun
noun	*ainm*	
verbal noun	*ag moladh*	*gasúr*
genitive preposition	*ar son*	

Generally after a noun, verbal noun or genitive preposition, the nominative is used with an indefinite noun (one which neither comes after *an, na; mo, do,* etc. nor is a proper noun). However, a genitive is used in certain set expressions:

(a) after a noun[1], e.g. *éadach boird* 'tablecloth', *deoch phórtair*[2] 'a drink of stout';

(b) after a verbal noun, e.g. *ag cur allais* 'sweating', *ag fáil bháis*[2] 'dying';

(c) after a preposition taking the genitive, e.g. *ar feadh tamaill* 'for a while'.

(iii) Usage following *chun* or partitive words

(a) *Tá sé ag goil chun feabhais.* — He is improving (*lit.* going towards excellence).

Chun /uN/ is generally followed by a genitive, e.g. nom. *feabhas,* gen. *feabhais.* Other examples are: *chun báis,* 'to death', *chun deiridh* 'backwards', *chun bealaigh* 'away'.

(b) *Tá neart airgid anseo.* — There is plenty of money here.

Partitive nouns such as *neart* 'plenty of' (in statements), *mórán* 'much of' (in questions or negatives), *go leor* 'lots of', *beagán* 'little of', *roinnt* 'some', *leath* 'half', *ceathrú* 'quarter', *cuid* 'share of', 'portion of' etc., are normally followed by a genitive.

5. USE OF ADJECTIVE WITH GENITIVE OF MASCULINE NOUNS

barr an gheata bhuí	the top of the yellow gate
muintir an bhaile mhóir	the people of the town
ainm an leabhair bháin	the name of the white book

An adjective following a masculine noun in the genitive is lenited and in the case of adjectives having one syllable in spelling (and not ending in *ll, nn, m, r),* the final consonant is made slender, e.g. *mór* 'big', ... *an bhaile mhóir* 'of the town'. Adjectives ending in *-(e)ach* /əx/ change to *-(a)igh* /ə/, e.g. *obair an duine bhradaigh* 'the work of the dishonest person'. The following forms are somewhat exceptional: *uasal* 'noble', *mac an duine uasail* 'the gentleman's son'; *beag* 'little', *mac Shéamais Bhig* 'Séamas Beag's son'.

[1]Particularly, where the second noun is used as an adjective ('attributively') and the two nouns felt as one lexical unit.

[2]Concerning the lenition see Lessons 9 and 15.

TEXT

PEADAR AGUS A THEACH

Tá teach Pheadair i lár an bhaile mhóir. Níl ann ach 'teach beag bídeach' mar a deir sé féin. Tá dhá stór ann. Tá seomra amháin agus cisteanach bheag thíos an staighre. Tá dhá sheomra codlata thuas an staighre. Tá geard ar chúla an tí. Tá cró beag sa ngeard le haghaidh an ghuail.

Níor choisin an teach mórán airgid. Bhí sé i gceantar a raibh na tithe ligthe chun donacht ann. Ó aimsir an chogaidh amach, bhí muintir an bhaile mhóir ag fágáil ceantracha mar seo ar shon na dtithe nua, atá tamall amach ón mbaile mór. Ansin, gan mórán achair, ní raibh mórán comhlódaracha fanta ann. De réir mar a bhí na seandaoine ag fáil bháis, bhí an ceantar uilig ag goil chun donacht. Ach le bliain nó dhó anuas, tá sé go mór sa bhfaisean ag daoine óga tithe mar sin a cheannacht.

Níor thig Peadar nó go raibh sé ceannaithe cé chomh dona is a bhí an teach. Bhí an t-orlár thuas an staighre lofa. Go deimhin, bhí an staighre é féin ag tosaí ag lobhadh. Bhí ceann de na ballaí sa gcisteanach scoilte[1]*. Sílim féin go raibh scoilt i mbinn an tí. Bhí 'chuile dhuine ag rá leis gur dearmad é seanteach a cheannacht. 'Ceannaigh seanrud agus bí gan aon rud' a bhí daoine a rá. Bíonn seanfhocla mar sin i gcónaí ag daoine cliste i gcás mar sin.*

D'amhdaigh Peadar go raibh droch-chaoi ar an teach. Ach ní raibh neart anois air ach tosaí ag obair. Ní bhíonn obair ar bith dodhéanta má choinníonn tú do mhisneach.

D'fhéadfá a rá nar chaill Peadar a mhisneach. D'fheicfeá ansin é 'chuile oíche den tseachtain ag obair agus ag cur allais. Siúinéara iontach atá ann agus tá sé breá láidir. Tá sé go maith ag oibriú an chasúir nó ag plé leis an sábh. Ní raibh sé i bhfad nó go raibh adhmad nua curtha in áit an tseanadhmaid agus an staighre agus na doirse uilig péinteáilte. Gan mórán achair, bhí caoi curtha ar na ballaí uilig.

Is dlíodóir é Peadar agus is maith leis cónaí i lár an bhaile mhóir. Tá an teach congarach do na cúirteanna agus feileann sé sin dhó. Ar ndóigh, tá luach an tí ag ardú de réir mar atá daoine óga ag ceannacht agus ag socrú suas seantithe eile sa gceantar. Is fiú slam airgid amach anseo é. 'Ach ní hé an t-airgead a chomhaireanns,' a deir Peadar, 'tá mé sásta anseo agus níl sé ar intinn agam corraí as seo ar shon an airgid.'

EXERCISES

A. Complete the following, e.g. *Tá mé ag glanadh an tseomra. Beidh sé* **glanta** *gan mórán achair.*

1. *Tá mé ag glanadh an tseomra. Beidh sé ...... gan mórán achair.*
2. *Tá mé ag péinteáil an doiris. Beidh sé ...... gan mórán achair.*
3. *Bhí sé ag athrú a sheaicéid. Anois tá an seaicéad ......*
4. *Bhí siad ag níochán a gcuid éadaí. Tá siad ...... anois.*
5. *Oscail an fhuinneoig. Nuair a bhéas an fhuinneoig ......, ní bheidh an seomra rothe.*

[1]Exceptionally *scoilte* is normally pronounced /skel´t´i:/. The pronunciation of the verbal adjective with a final /i:/ is optional, though rare, in case of verbs of type 1 whose roots end in *t*.

6. *Tá sé ag dúnadh an phoill. Tá sé beagnach ...... cheana féin.*
7. *Bhí leitir agat le cur chun bealaigh. An bhfuil sí ...... chun bealaigh fós ?*
8. *Bhí siad ag caint ar theach nua a cheannacht. Anois, faoi dheireadh tá sé ....*
9. *Bhíodh na seandaoine ag ligean tithe chun donacht. Anois tá siad uilig ...... chun donacht.*
10. *Bhí sibh ag dó na seanpháipéir. An bhfuil siad uilig ...... ?*
11. *Bhí an t-orlár le scuabadh, ach tá sé ...... faoi dheireadh.*
12. *Níl an obair dodhéanta. Má choinníonn tú do mhisneach, beidh sí ...... anocht.*

B. In the following, write out the nominative singular of the nouns which are in the genitive, e.g. *casúr.*

1. *ag oibriú an chasúir; ainm an ghasúir; mála an dochtúir; gunna an tsaighdiúir*
2. *i lár an orláir; ag gearradh an chláir; doras an chairr*
3. *deoch phórtair; teach Pheadair; ar bharr an chabhantair; treasna an bhóthair; póca mo threabhsair*
4. *ag baint an fhéir; ag léamh an pháipéir; ag ithe mo shuipéir*
5. *i mbéal an doiris; in áit an tsolais; de bharr an turais*
6. *leaba mo bháis; cóta Thomáis*
7. *barr mo bhéil; geata an tséipéil; deireadh an scéil; gob an éin*
8. *ar feadh tamaill; cloigeann an chapaill; in áit an tuarastail; teach an phobail*
9. *ag casadh an cheoil; cois an stóil*
10. *tilleadh aráin; lá an amadáin; muintir an oileáin; treasna an tsrutháin*
11. *mála an airgid; treasna an droichid*
12. *ag socrú an chloig; ag leagan amach an choirp*
13. *súil an chait; barr an chnoic*
14. *i lár an aonaigh; chun bealaigh; teanga an tSasanaigh*
15. *aimsir an chogaidh; ar feadh an tsamhraidh; i lár an gheimhridh; chun deiridh*
16. *mála an éisc; béal an chléibh*
17. *cois an bhoird; mo chuid neairt; teach an tsagairt; os comhair an tsaoil*

TRANSLATE

1. Tomás admitted that the bottom of the door was rotten and that the wall was cracked. He didn't know it until the house was bought. 2. He kept his courage and the house was washed and cleaned and painted before long. 3. According as the families were leaving the district and the old people were dying, the whole district was going to the bad. 4. They say that it is courage which counts. If you keep your courage, no work will be impossible. 5. The priest's car was across the road from me at the chapel gate. 6. Don't stir ! Stay where you are ! I won't be staying long.

LESSON 28

VOCABULARY

baintreach *fem.*	/ba:N´t´r´əx/	*baintreacha*	widow
bairille	/ba:r´əL´ə/	*bairillí*	barrel
ball	/bɑ:L/		part, spot, member
breac	/b´r´æ:k/		fish
cluasánach	/kLu:əsɑ:Nəx/		fat-head
col ceathar	/koL k´æ:r/	*col ceathracha*	first cousin
cónrá[1] *fem.*	/ku:Nṭrə/	*cónraíocha*	coffin
contae	/ku:Nde:/	*contaecha*	county
diabhal	/d´auL/	*diabhala*	devil
dúil *fem.*	/du:l´/		desire
fainic *fem.*	/fa:n´ək´/	*fainiceacha*	warning
feall	/f´ɑ:L/		treachery, shame
glas	/gLa:s/	*glasanna*	lock
grásta	/grɑ:stə/		grace(s), mercy
greann	/g´r´ɑ:N/		fun
greim	/g´r´i:m´/	*greamanna*	grip, bite, stitch
iasacht *fem.*	/i:əsəxt/	*iasachtaí*	loan
leanbh[2]	/L´æ:Nə(w)/		young child
muineál	/min´ɑ:L/	*muineáil* /min´ɑ:l´/	neck
mullach	/muLəx/	*mullaí*	top, summit
roilig[3] *fem.*	/riL´ək´/	*roiligeacha*	graveyard
rópa	/ro:pə/	*rópaí*	rope
sac	/sa:k/		sack
sochraide *fem.*	/soxrəd´ə/	*sochraidí*	funeral
stócach	/sto:kəx/	*stócaí*	youth
stór	/sto:r/	*stórtha* /sto:rə/	store, treasure
tórramh	/to:rə/	*tórraíocha*	wake
trioblóid *fem.*	/t´r´ibLo:d´/	*trioblóidí*	trouble, illness
tumálaí	/tumɑ:Li:/	*tumálaithe* /tumɑ:Li:/	driver
uaigh *fem.*	/u:ə/	*uaigheanna*	grave

Contae Mhaigh Eo	/kuNde: ˌfi:'o:/	Co. Mayo
Seán	/s´ɑ:N/	*(man's name)*
Séamas	/s´e:məs/	*(man's name)*
Tomás	/tumɑ:s/	*(man's name)*

báigh 1	/bɑ:/	drown
bá	/bɑ:/	drowning
brionglóidí *fem.*	/b´r´i:ŋgLo:d´i:/	dreaming
croch 1	/krox/	lift, hang
crochadh	/kroxə/	lifting
fuagair 2	/fu:əgər´/	call out, announce
fuagairt *fem.*	/fu:əgərt´/	calling out
glasáil 1	/gLa:sɑ:l´/	lock
glasáil *fem.*	/gLa:sɑ:l´/	locking

[1] See note to vocabulary of Lesson 24.

[2] *Páiste* is normally used. *Leanbh* has only a limited use.

[3] Pronounced as though spelt *rillig*.

iompair 2	/u:mpər´/		carry
iompar	/u:mpər/		carrying
maraigh 2	/ma:rə/		kill
marú	/ma:ru:/		killing
scaoil 1	/ski:l´/		loosen, free
scaoileadh	/ski:l´ə/		loosening
tumáil 1	/tumɑ:l´/		drive
tumáilt *fem.*	/tumɑ:L´t´/		driving
cam	/kɑ:m/		crooked, bent
cúng	/ku:ŋg/		narrow
cúthal	/ku:L/		shy
mór millteach	/mo:r m´i:L´t´əx/		huge big
sleamhain	/s´l´aun´/		slippery, smooth
teann	/t´ɑ:N/		taut, firm
tobann	/tobəN/		sudden
ar fud	/er´ fud/	*(with gen.)*	around about, among
ar iasacht	/er´ i:əsəxt/		on loan
i dtaobh	/ə di:w/	*(with gen.)*	concerning, about

VOCABULARY NOTES:

1. *san oíche Dé Máirt* on Tuesday night
2. *grásta ó Dhia ar a anam (lit.* grace from God on his soul), God rest him (said when speaking of the dead)
3. *ag tabhairt faoi deara* noticing
4. *Fainic !* Beware ! Watch out ! (can also be followed by indirect relative: *Fainic a dtitfeá !* Beware lest you fall !)
5. *teacht as (lit.* come out of), survive, recover
6. *le cúnamh Dé (lit.* with the help of God), please God (*Dé* is the irregular genitive of *Dia*)
7. *Ní maith liom do thrioblóid (lit.* I don't like your trouble), I am sorry for your trouble (said when sympathising with persons recently bereaved)

GRAMMAR

1. SIX IRREGULAR VERBS

	Imperative Singular	Verbal Noun	Habitual Tenses	Future/ Conditional	Past Tense	Verbal Adj.
hear	*clois* /kLos´/	*cloisteáil* /kLos´t´ɑ:l´/	*clois-*	*clois-*	*chuala* /xu:əLə/	*cloiste* /kLos´t´ə/
eat	*ith* /i/	*ithe* /i:/	*ith-*	*íos-* /i:s/	*d'ith* /d´i/	*ite* /it´ə/
give	*tabhair* /to:r´/	*tabhairt* /to:rt´/	*tug-* /tug/	*tabhar-* /t´u:r/	*thug* /hug/	*tugtha* /tuki:/
give birth	*beir* /b´er´/	*breith* /b´r´e/	*beir-*	*béar-* /b´e:r/	*rug* /rug/	*beirthe* /b´erə/
say	*abair* /a:ber´/	*rá* /rɑ:/	*deir-* /d´er´/	*déar-* /d´e:r/, /d´i:ər/	*dúirt* /du:rt´/	*ráite* /rɑ:t´ə/
come	*teara* /t´æ:rə/	*teacht* /t´æ:xt/	*teag-* /t´æ:g/	*tioc-* /t´uk/	*tháinig* /hɑ:n´ək´/	*teagtha* /t´æ:ki:/

The above table contains six of the ten (excluding the verb *tá*) irregular verbs. Generally, irregular verbs are lenited or eclipsed just like any verb and take the same endings as Type 1 regular verbs, e.g. *An dteagann tú ?* 'Do you come ? ', *Ní thiocfaidh mé* 'I won't come', *Nar tháinig siad ?* 'Did they not come ? ', *Ní thiocfainn* 'I would not come.'

The verb *abair* 'say' is somewhat exceptional:

(i) When lenition would normally be expected, the initial *d* is omitted, e.g. *ní 'éarfainn* /N´i: e:rəN´/ 'I wouldn't say', *ar 'úirt sé* /ər u:rt´/ 'did he say ? '.

(ii) Initial *d* is not lenited after *a* in a direct relative, e.g. *Sin é an fear a déarfas é* 'that is the man who will say it', or after *má* in the past tenses, e.g. *má dúirt sé* 'if he said'.

(iii) There is an alternative direct relative form (*a deir* ... 'says ...') with a present or past meaning, e.g. *Cé a deir tú ?* 'What are you saying ? ', *Tá mé sásta, a deir sé* 'I am content, says he'.

Somewhat less frequently *ní, nach, go, mara* may be used in the past tense (similarly to the verb *tá*) instead of *níor, ar, nar, gur, marar;* e.g. *Ar tháinig sé ? / An dtáinig sé ?* 'Did he come ? '.

2. THE PREPOSITION *IDIR*

(i) Introduction

Tá spás idir an bord agus an balla.	There is a space between the table and the wall.

Idir[1] /ed´ər´/ 'between' causes no change to a following noun, alone or with the article. The article affects the noun as normal, e.g. *an bord* 'the table', *idir an bord* ... 'between the table ...'; *an bhean* 'the woman', *idir an bhean* ... 'between the woman ...'; see Lesson 8.

(ii) Prepositional pronouns

Ordinary form		Pronunciation
idir mé ...	between me ...	
idir thú ...	between you ...	
idir é/í ...	between him/her/it ...	
eadrainn	between us	/a:trəN´/
eadraibh	between you *(pl.)*	/a:tri:/
eadarthu	between them	/a:trəb/

Idir does not combine with the singular personal pronouns, e.g. *idir mé ..., idir mise ..., idir mé féin ..., idir mise mé féin ...* The contrast forms and general usage of plural forms are the same as those of *ag* and most other prepositional pronouns, e.g. *eadrainn, eadrainne, eadrainn féin, eadrainne muid féin;* see Lesson 16.

(iii) Meaning of *idir*

(a) Basic meaning 'between'

Beidh Cáit anseo idir an dó agus an trí.	C. will be here between two and three.

[1] *Idir* is pronounced as though spelt *eidir.*

(b) Secondary meaning 'both'

Bhí idir sean agus óg ann.	There were both old (people) and young (people) there.
Tá idir balla agus ceann briste.	Both wall(s) and roof are broken.

No article is required after *idir* 'both' and the singular can be used in a general sense. Also *idir* 'both' may lenite following nouns (though not usually those with initial *t* or *s*), e.g. *idir fhear agus bhean* 'both men and women'; *idir bheithígh is chaoirigh* 'both cows and sheep'; *idir mhagadh is dáiríre (lit.* 'both joking and serious'), 'half in mocking', 'half in earnest'.

3. GENITIVE WITH SLENDER CONSONANT AND IRREGULAR VOWEL CHANGE

The genitive form of some dozen or so masculine nouns is formed by making the final consonant slender and by changing in spelling:

(i) *ea* to *i*

leanbh	/æ:/	child	*caipín an linbh*	/i/	the child's cap
ceann	/ɑ:/	head	*mullach mo chinn*	/i:/	the top of my head

Similar to *leanbh* are: *fear* 'man', *cóta an fhir* 'the man's coat'; *breac* 'fish', *ag marú an bhric* 'catching (*lit.* killing) the fish'. Similar to *ceann* is *greann* 'humour', *údar grinn* 'a source of humour'.

Note also *feall* /ɑ:/, *buille feill* /ai/ 'a treacherous blow', in which *ea* changes to *ei*.

(ii) *a* to *o*

glas	/a:/	lock	*poll an ghlois*	/e/	the key (*lit.* lock) hole
crann	/ɑ:/	tree	*barr an chroinn*	/i:/	the top of the tree
ball	/ɑ:/	place	*i lár boill*	/ai/	(*lit.* in the middle of the place), right in the middle

Similar to *glas* are: *tarbh* 'bull', *cloigeann an toirbh* 'the bull's head'; *sac* 'sack', *béal an tsoic* 'the mouth of the sack'.

The following nouns are entirely irregular: *muineál* 'neck': *greim cúl muiníl* 'a grip of (the) back of (the) neck', *Mícheál: cóta Mhíchíl* 'Mícheál's coat'; *mac* 'son': *bean mo mhic* 'my son's wife'.

4. THE VOCATIVE SINGULAR

A Pheadair !	Peadar !
A Cháit mhór !	Cáit mhór !
A Thomáis mhóir !	Tomás mór !
A shaighdiúir !	Soldier !
A dheabhail bhradaigh !	You sly devil !

After the vocative particle *a* /ə/, which is not stressed, all nouns and adjectives are lenited (see Lesson 4). In the case of masculine nouns, the noun and adjective change exactly as in the genitive singular[1] (see Lesson 27) with the following exceptions:

[1]*Mac, leanbh, Mícheál* have two forms: *a mhac, a mhic; a leana, a linbh; a Mhícheáil, a Mhíchíl.*

(i) Nouns ending in *-(e)ánach*

A chluasánaí !	You fat-head !

Nouns ending in *-(e)ánach* (and *stócach* 'young man', *madadh* 'dog') have *-aí* /i:/ in place of the final syllable.

(ii) Inanimate nouns

A stór !	Oh darling ! (*lit.* treasure)
A bhéal mór !	You big mouth !
A chloigeann pota !	You pothead !

When inanimate nouns are used as terms of endearment or abuse, the final consonant is not made slender and a following adjective is not lenited.

5. THE DIMINUTIVE SUFFIX *-ÍN*

bád		*báidín*		a little boat
fuinneoig		*fuinneoigín*		a little window
cró		*cróín*		a little shed
geata		*geaitín*		a little gate
gob	/o/	*goibín*	/e/	a little beak
siopa	/u/	*sipín*	/i/	a little shop
hata	/a:/	*haitín*	/æ:/	a little hat
teach		*teachaín*		a little house
coileach		*coileachaín*		a little cock

The suffix *-ín* is used to express smallness, e.g. *bád* 'a boat', *báidín* 'a little boat'. It may also be used to express endearment, or in a pejorative sense.

The suffix *-ín* may be added to all nouns. A final unstressed vowel /ə/ is dropped; see Appendix I, 5(i). Final broad consonants (except *ch*, e.g. *teach: teachaín)* become slender. The gender of a noun remains the same when the basic meaning of the noun is unaltered.

The pronunciation of all these forms is regular and in accordance with the tables in Appendix I. Examples of how the vowel changes are shown in the above table.

NOTE:

1. *Doras, doirisín* 'a little door'; in a few words the medial consonant is also made slender (see Lesson 27.)

2. *Coileach, coileachaín, coilín;* two-syllable words with the ending *-(e)ach* /əx/ can optionally drop it before the *-ín*. In this case a broad medial consonant is made slender.

3. *Cliabh, cliaibhín, cléibhín; fear, feairín, fírín; glas, glaisín, gloisín; ia* may optionally become *é* (see Lesson 27) and similarly where there is an irregular vowel change (see 3. above) the change may optionally take place.

TEXT

AN TIMPISTE

Maraíodh Tomás Mór san oíche Dé Máirt. Tharla[1] *sé chomh tobann sin. Ní raibh súil ag duine ar bith leis. (Cé go gcaithfidh mé a rá go raibh brionglóidí aisteacha 'am i dtaobh an bháis san oíche Dé Luain.)*

Fear mór millteach a bhí in Tomás. Duine cuthal a bhí ann; an fear bocht - grásta ó Dhia ar a anam.

Bhí sé ar saoire thíos i gContae Mhaigh Eo nuair a tharla an timpiste. Bhí an-dúil aige san iascach agus bhí sé ag goil ag caitheamh coicís ag iascach ar fud Chontae Mhaigh Eo in éindí le Seán. Is col ceathar dhó é Seán.

Tráthnóna Dé Máirt, bhí sé ag iarraidh a ghoil ar cuairt ag bean a mhic i nGaoth Sáile. (Bhí leanbh aici le gairid.) Bóthar cam cúng a bhí ann. Bhí sé sleamhain freisin mar gheall ar go raibh sé ag báisteach. Bhí leoraí mór trom i lár an bhóthair a raibh bairillí ceanglaithe le rópaí uirthi. Ní raibh na rópaí uilig sách teann. Go tobann, thug Seán faoi deara go raibh ceann acu scaoilte sa gcaoi nach raibh greim ceart aige ar cheann de na bairillí. Thosaigh sé ag fuagairt ar thumálaí an leoraí. Fainic ! Fainic !

Bhí sé romhall. Thit an bairille anuas i mullach an chairr. D'imigh sí ó smacht. Crochadh den bhóthar í agus buaileadh faoin gclaí í. Caitheadh Tomás Mór amach i mullach a chinn. Eadrainn féin, is mór an feall nach raibh an doras glasáilte.

Tháinig tumálaí an leoraí slán as. Níor gortaíodh ar chor ar bith é. Tugadh Tomás Mór agus Seán ag Ospidéal an Chontae. Bhí muineál Thomáis Mhóir briste agus fuair sé bás uair an chloig ina dhiaidh sin. Bhí cosa Sheáin briste ach tiocfaidh seisean as, le cúnamh Dé.

Tugadh corp Thomáis Mhóir abhaile anseo mar rugadh agus tóigeadh sa bparáiste seo é. Bhí an tórramh ann san oíche Dé Máirt agus bhí an tsochraide ann maidin Déardaoin. Cuireadh é thar éis Aifreann a dó dhéag.

Bhí sochraide mhór ann. Bhí idir sean agus óg ann. Bhí isteach is amach le céad carr taobh amuigh den roilig. Bhí na daoine anonn is anall ag caint leis an mbaintreach. 'Ní maith liom do thrioblóid,' a deir siad (sin é a deireanns 'chuile dhuine anseo). 'Tá a fhios agam é, a stór,' a dúirt an bhaintreach. 'Muise, an créatúr, d'imigh sé go tobann,' a bhí na daoine a rá. D'iompair na fir an chónra go dtí an uaigh. Ansin dúirt an sagart na paidreacha.

Cuireadh Tomás Mór san uaigh ar cuireadh a athair inti fiche bliain ó shin nuair a bádh[2] *é.*

[1] Although *tarlaigh* is a Type 2 verb, a more historical spelling *tharla* is preserved in the past tense (where we might expect *tharlaigh).*

[2] Although the ending of the autonomous form in the past tense is *-(e)adh* for Type 1 verbs (see Lesson 20) when the root ends in *a* the second *a* is omitted in spelling, e.g. *bádh* rather than *báadh.* (See Appendix I).

EXERCISES

A. Complete these sentences using the appropriate irregular verb.

1. *Cloiseann an bhean úd an iomarca scéalta. ...... sí inné go raibh Máirtín ag ól arís.*
2. *Ithim 'chuile shórt. Is cuma céard a thabharfas tú dhom, ... mé é.*
3. *Tháinig Francach inné. ...... Sasanach amáireach. .. ... go leor strainséaraí anseo 'chuile bhliain.*
4. *Cé ......fá leis an mbean sin ? Deireann Séamas i gcónaí gur bean an-bhreá í.*
5. *Eadrainn féin, abair liom cé dúirt tú leis ansin ? Nar ..... tú rud ar bith leis ? Nach mbeadh sé níos fearr rud eicínt a ...... ?*
6. *Beireann an bhó ag an am seo 'chuile bhliain. ... ... sí aréir.*
7. *Cén áit ar tóigeadh thú ? Ar ...... agus tóigeadh anseo thú ?*
8. *...... ar ais anseo arís amáireach agus beidh mé in ann airgead a thabhairt dhuit.*
9. *An síleann tú go dtiocfaidh sé ? Ní '...... é.*
10. *Teara arís gan mórán achair. Ná bíodh sé i bhfad nó go ...... tú ar ais arís.*
11. *Beir thusa ar mo mhála ar feadh nóiméad agus féadfaidh tusa ...... ar mo mhaide.*
12. *Rugús*[1] *ar an bhfear a ghoid an t-airgead. Is mór an feall nach féidir ...... ar an bhfear eile.*

B. Write out the nominative singular of the bracketed nouns in the following sentences.

1. *Tá nead ag an éan i mbarr (an chroinn).*
2. *Ní raibh béal (an tsoic) sách mór.*
3. *Thit mé ar chúl (mo chinn).*
4. *Bhí cóta (an linbh) bán.*
5. *Croch suas cóta (an fhir).*
6. *Tá bean (mo mhic) tinn.*

C. Add the diminutive suffix *-ín* to the following words.

1. cóta 2. teach 3. maide 4. deoch 5. leabhar 6. saighdiúr 7. bróg 8. doras

TRANSLATE:

1. I was dreaming again last night about death. I was sweating with (the) fear. 2. Watch out ! There is a rope loose. It has no grip on the barrel. Watch out lest it might fall ! 3. I was calling out to the driver of the lorry. 4. Although the barrel fell suddenly down on top of the car, nobody was hurt. 5. Tomás Mór's wife was born and raised in this parish. She was buried in the same grave. There was a big funeral. 6. Seán is very fond of the cars. He is a dangerous driver. Is the car door locked ?

[1] *Breith ar* means 'to take, catch hold of'. In this sense of 'catch' *rugús* replaces *rugadh.*

LESSON 29

VOCABULARY

babhal	/bauL/	*babhalanna*	bowl
bagún	/ba:gu:N/		bacon
beainc *fem.*	/b´æ:ŋ k´/	*beainceanna*	bank *(money)*
bille	/b´iL´ə/	*billí*	bill
blaosc *fem.*	/bLi:sk/	*blaoscanna*	skull, eggshell
bonn	/bu:N/	*boinn* /bi:N´/	coin
		bonnúcha /buNu:xi:/	sole
cill *fem.*	/k´i:L´/		churchyard
cluais *fem.*	/kLu:əs´/	*cluasa*	ear
clúdach	/kLu:dəx/	*clúdaí*	cover
cócaireacht *fem.*	/ko:kər´əxt/		cooking
coill *fem.*	/kaiL´/	*coillte*	wood, forest
coinneal *fem.*	/kiN´əL/	*coinnle* /ki:N´L´ə/	candle
corc	/kork/	*coirc* /ker´k´/	cork, plug
cré *fem.*	/k´r´e:/		earth
cuireadh	/kir´ə/	*cuiríocha*	invitation
cúis *fem.*	/ku:s´/	*cúiseanna*	cause, case
cuntas	/ku:Ntəs/	*cuntaisí*	account
jug	/dʒug/	*juganna*	jug
leathanach	/L´æ:Nəx/	*leathanaí*	page
leictreachas	/L´ek´t´r´əxəs/		electricity
meall	/m´ɑ:L/	*mealltracha*	lump, mass
meán lae	/m´ɑ:N Le:/		midday
oinniún	/iN´u:N/	*oinniúin* /iN´u:n´/	onion
peain	/p´æ:n´/	*peaineanna*	frying pan
pros	/pros/, /pres/	*prosanna*	press, cupboard
robar	/robər/	*robair*	dishcloth
salann	/sa:LəN/		salt
sáspan	/sɑ:spəN/	*sáspain* /sɑ:spən´/	saucepan
slinn *fem.*	/s´l´i:N´/	*sleantracha* , s´l´ɑ:Ntrəxi:/	roof slate
sluasaid *fem.*	/sLu:əsəd´/	*sluaiste* /sLu:əs´d´ə/	shovel
suim *fem.*	/si:m´/		interest, amount
taepait	/ţe:pa:ţ/	*taepaiteacha*	teapot
taithneamh	/tæ:N´ə/		enjoyment, pleasure
téarma	/t´e:rmə/	*téarmaí*	term
tóin *fem.*	/tu:n´/	*tóineanna*	bottom, rump

bog 1	/bog/	soften, move
bogadh	/bogə/	softening
brú	/bru:/	pressing, pressure, bruising, *etc.*
brúigh 1	/bru:/	press, bruise, push, mash
glaoch	/gLi:x/	calling
gluigh 1	/gLu/	call
iarnáil 1	/i:ərNɑ:l´/	iron
iarnáil *fem.*	/i:ərNɑ:l´/	ironing
measc 1	/m´æ:sk/	mix
meascadh	/m´æ:skə/	mixing
róst 1	/ro:st/	fry, roast
róstadh	/ro:stə/	frying
rósta *v.adj.*	/ro:sti:/	fried
triomaigh 2	/t´r´umə/	dry
triomú	/t´r´umu:/	drying

buíoch	/bi:əx/		grateful (*de:* to)
cothrom	/korəm/		level, equal
dílis	/d´i:l´əs´/		faithful, dear
gann	/gɑ:N/		scarce
gearr	/g´ɑ:r/		short
leathan	/L´æ:N/		broad, wide
lom	/Lu:m/		bare
milis	/m´il´əs´/		sweet
salach	/sa:Ləx/		dirty
ar aghaidh	/er´ ai/	*(with gen.)*	in front of; forward
i gcaitheamh	/ə ga:/	*(with gen.)*	during
i measc	/ə m´æ:sk/	*(with gen.)*	among
in aice	/əN æ:k´ə/	*(with gen.)*	beside
timpeall	/t´i:mpəL/	*(with gen.)*	around

VOCABULARY NOTES:

1. *obair tí* housework
2. *buíochas le Dia* thanks (be) to God
3. *Is gearr go/nach* ... It will be only a short time until ... (not) ...
4. *ag cur glaoch ar* calling up, telephoning
5. *ar bogadh* steeping
6. *Cré na Cille* (title of well-known novel by Máirtín Ó Cadhain)

GRAMMAR

1. FOUR MORE IRREGULAR VERBS

As is the case with all irregular verbs, those below take the endings of Type 1 regular verbs. As can be seen from the table, three of these verbs employ different roots for the 'dependent' forms (as is the case with the verb *tá*).

Exceptionally, in the spelling of the future and conditional of *faigh,* the *f* of the ending is omitted, e.g. *gheobhaidh* /ɣ´au/ 'will get', *ní bhfaigheadh* /waix/ 'would not get'.

Similarly to the verb *tá,* in the past tense, these verbs use the particles *ní, an, go, nach, mara,* and are lenited or eclipsed in the regular way. However the following points must be noted:

(i) The forms *bhfaighidh* and *bhfuair* are used after all particles, e.g. *ní bhfaighidh sé* 'he will not get', *nach bhfuair sé* 'didn't he get ? '.

(ii) The form *gheobh-* is permanently lenited.

(iii) The form *fuair* has no prefixed *d',* e.g. *fuair sé* 'he got' (cf. *fliuch: d'fhliuch sé* 'he wet').

The particular pronunciation of *té* as /t´ai/, e.g. *téann sé* /t´aiN/ 'he goes'; of *faigh* as /fɑ:/, e.g. *faigheann sé* /fɑ:N/ 'he gets', and of *choinic* as /xa:n´ək´/ should be carefully noted.

	Imperative Singular	Verbal Noun	Habitual tenses	Future/Conditional	Past tense	Verbal Adj.
make, do	*déan* /d´i:N/	*déanamh* /d´i:Nə/	*déan-*	*déan-*	*rinne* /riN´ə/ *ní dhearna* /ɣ´ɑ:rNə/ *an* *go* *ndearna* *nach* /N´ɑ:rNə/ etc.	*déanta* /d´i:Ntə/
see	*feic* /f´ek´/	*feiceáil* /f´ek´ɑ:l´/	*feic-*	*feic-*	*chonaic*[1] /xa:n´ək´/ *ní fhaca* /a:kə/ *an* *go* *bhfaca* *nach* /wa:kə/ etc.	*feicthe* /f´ek´i:/
go	*gabh* /go/	*goil* /gel´/	*té-* /t´ai/	*gabh-* /go:/	*chuaigh*[2] /xu:ə/ *ní dheachaigh* /ɣ´æ:xə/ *an* *go* *ndeachaigh* *nach* /N´æ:xə/ etc.	*goite* /get´ə/
get, find	*faigh* /fɑ:/	*fáil* /fɑ:l´/	*faigh-*	*gheobh-*[3] /ɣ´au/ *ní* *an* *go* *bhfaigh-*[4] *nach* /wai/ etc.	*fuair*[2] /fu:ər´/ *ní* *an* *go* *bhfuair*[2] *nach* /wu:ər´/ etc.	*faighte* /fɑ:t´ə/

2. GENITIVE WITH SLENDER CONSONANT AND *-E* /ə/

(i) Formation and examples

blaosc	eggshell	*lán na blaoisce*	the full of the eggshell
seachtain	week	*deireadh na seachtaine*	the end of the week
bróig	shoe	*bonn mo bhróige*	the sole of my shoe
fuinneoig	window	*ag dúnadh na fuinneoige*	closing the window
muic	pig	*cloigeann na muice*	the pig's head
ubh /u/	egg	*blas na huibhe* /i/	the taste of the egg

[1]Pronounced as though spelt *chainic*.

[2]In fast speech and followed by a subject, *chuaigh* may be pronounced as /xo/ and *fuair* as /for´/.

[3]Alternative pronunciation /ɣ´of/.

[4]Alternative pronunciation /wi:/.

grian	/i:ə/	sun	*solas na gréine*	/e:/	the light of the sun
Gaillimh	/ə/	Galway	*muintir na Gaillimhe*[1]	/əw´ə/	the people of Galway
bainis		wedding	*lucht na bainse*		those associated with the wedding

The genitive singular of the majority of feminine nouns[2] (if they have a special genitive case; see also Lesson 25) is formed by making the final consonant slender and by adding *e* /ə/, e.g. *blaosc* 'eggshell', *na blaoisce* 'of the eggshell'. When the final consonant is already slender, it simply takes *-e* /ə/, e.g. *seachtain* 'a week', *na seachtaine* 'of the week'. Before a slender consonant *ia* becomes *é*, e.g. *grian* 'sun', *na gréine* 'of the sun'.

In a few words the middle syllable is dropped, e.g. *bainis* 'wedding (feast)', *na bainse* 'of the wedding'; *sluasaid* 'a shovel', *lán na sluaiste* 'the full of the shovel (= the shovelful)'.

All these forms are pronounced according to the table in Appendix I. Where there is a vowel change or consonant addition this is shown in the table above.

Some of these nouns had originally a final broad consonant in the nominative, e.g. *bróg* for *bróig*. This older form is in use in other dialects (and in some few cases either optionally or in set phrases in this dialect) and is the Official Standard Irish form.

(ii) Further examples with regular vowel changes

im	/i:/	butter	*punt ime*	/i/	a pound of butter
coill	/ai/	wood	*lár na coille*	/e/	the middle of the wood
aill	/ɑ:/	cliff	*barr na haille*	/æ:/	the top of the cliff

Similar to *im* are: *suim* 'interest', *an iomarca suime* 'too much interest'; *slinn* 'slate' *ceann slinne* 'a roof of slate'; *binn* 'gable' *barr na binne* 'the top of the gable'; *cill* 'churchyard', *cré na cille* 'the clay of the churchyard'.

Similar to *coill* are: *moill* 'delay', *ag déanamh moille* 'delaying'; *soill* 'fat', *an iomarca soille* 'too much fat'. In some few words the middle syllable is dropped with resulting regular vowel changes:

obair	/o/	work	*mo chuid oibre*	/ai/	my work
coinneal	/i/	candle	*solas na coinnle*	/i:/	the light of the candle

All these forms are pronounced in accordance with the tables in Appendix I.

3. SOME ADJECTIVES WITH SPECIAL COMPARATIVE FORMS

(i) Formation

bán		white	*níos báine*		whiter
glic		cunning	*níos glice*		more cunning
bog	/o/	soft	*níos boige*	/e/	softer
gorm	/o/	blue	*níos goirme*	/e/	bluer
tobann		sudden	*níos tobainne*		more sudden
fairsing		plentiful	*níos fairsinge*		more plentiful

[1]The article is used with *Gaillimh* only in the genitive.

[2]All the nouns which form their genitive in this way are feminine except *im* 'butter', *taobh* 'side', and *sliabh* 'mountain'.

bodhar	deaf, dumb	*níos bodhaire*	deafer, dumber
sleamhain	slippery	*níos sleamhaine*	more slippery
láidir	strong	*níos láidire*	stronger
dílis	faithful	*níos dílse*	more faithful
cothrom	level	*níos coithrime*	leveller

The comparative of adjectives whose basic form is pronounced with a final consonant (except those ending in *-ch* or *-úil,* which are dealt with later), is made by making the final consonant slender and adding *-e* /ə/, e.g. *bán* 'white', *níos báine* 'whiter'. When the final consonant is already slender, it simply takes *-e* /ə/, e.g. *glic* 'cunning', *níos glice* 'more cunning'.

In a few adjectives the middle syllable is dropped, e.g. *dílis* 'faithful', *níos dílse* 'more faithful'; *uasal* 'noble', *níos uaisle* 'nobler'; *íseal* 'low', *níos ísle* 'lower'. In *cothrom* 'level' the medial *r* also becomes slender: *níos coithrime* 'leveller'.

All these forms are pronounced in accordance with the tables in Appendix I. Where the vowel changes, this is shown in the table above.

(ii) Further examples with regular vowel changes

tinn	/iː/	sick	*níos tinne*	/i/	sicker
cam	/ɑː/	crooked	*níos caime*	/aː/	more crooked
trom	/uː/	heavy	*níos troime*	/i/	heavier

Similar to *trom* is: *lom* 'bare', *níos loime* 'barer'; and somewhat similar is *cúng* 'narrow', *níos cuinge* 'narrower'.

In some few adjectives the middle syllable is dropped with resulting regular vowel changes:

domhain	/au/	deep	*níos doimhne*	/ai/	deeper
soibhir	/ė/	rich	*níos soibhre*	/ai/	richer
milis	/i/	sweet	*níos milse*	/iː/	sweeter

Similar to *domhan* is *reamhar* 'fat', *níos reimhre* 'fatter'.

All these forms are pronounced in accordance with the tables in Appendix I.

Exceptionally, the vowel does not change in *donn* /dauN/ 'brown', *níos doinne* /dauN´ə/ 'browner'; *teann* /t´ɑːN/ 'firm', *níos teáinne* /t´ɑːN´ə/ 'firmer'.

TEXT

OBAIR TÍ

Bhí lá saoire inné agus buíochas le Dia, ní raibh scoil ar bith againn. Is dóigh go mbíonn 'chuile mhúinteoir tuirseach mar sin ag deireadh an téarma. Is gearr go mbeidh an Nollaig ann agus tóigfidh mé an saol níos boige ansin.

Bhí sé ar intinn agam éirí go moch mar bhí neart oibre le déanamh agam sa teach. Níor dhúisigh mé nó gur airigh mé fear an phosta ag an doras. D'éirigh mé agus chuaigh mé síos an staighre le breathnú ar na leitreacha.

Ní raibh cuma rospéisiúil ar na leitreacha. Ní raibh ann ach bille an leictreachais agus cuntas ón mbeainc.

Bhí meall soithí salacha sa gcisteanach le níochán. Ghlan mé an bord agus leag mé babhal an tsiúcra agus jug an bhainne ar ais sa bpros. Ansin, thosaigh mé ag níochán éadaí. Nigh mé na túáillí uilig agus robair na soithí. Ansin, nigh mé an dá bhráillín agus clúdach an pheiliúir. Chuir mé éadaí eile ar bogadh. Bhí go leor gréine ann thart ar mheán lae agus d'éirigh liom iad a chrochadh amuigh sa ngeard ar chúla an tí. Ní raibh siad i bhfad ag triomú. Níor bhac mé le iad a iarnáil mar bhí mé rothuirseach.

Ansin, chuir mé glaoch ar Mhícheál agus thug mé cuireadh dhó le haghaidh a shuipéir. Bhí sé buíoch dhíom mar dúirt sé nach raibh fonn cócaireacht ar bith air féin. Dháiríre, níl suim ar bith sa gcócaireacht aige, más féidir leis í a sheachaint.

Lig mé mo scíth ansin ar feadh uair an chloig nó dhó. D'éist mé le ceirníní. Léigh mé an páipéar agus léigh mé cupla leathanach as 'Cré na Cille'.

Ag an seacht a chlog, thosaigh mé ag réiteach an tsuipéir. Ghlan mé na fataí agus chuir mé síos iad. Nuair a bhí siad bruite, bhrúigh mé iad. Ghearr mé oinniún. Ansin chuir mé an t-oinniún agus ruainne beag ime agus salann ar na fataí bruite agus mheasc mé sa sáspan iad. Bhruith mé bagún agus gabáiste i bpota mór leathan. Bíonn blas níos fearr orthu mar sin ach caithfidh tú an clár a choinneál ar an bpota nó beidh an baladh ar fud na háite.

Ag ceathrú don hocht, leag mé an bord in aice na fuinneoige. Bhain mé leas as an éadach boird nua a cheannaigh mé i gcathair na Gaillimhe le gairid agus las mé coinneal ar an mbord.

Tháinig Mícheál ar bhuille an hocht, go díreach nuair a bhí an suipéar réidh, agus tharraing sé an corc as an mbuidéal fíon dhom. Tá seisean i bhfad níos láidire ná mise !

Bhain muid an-taithneamh as an mbéilí le chéile. Is aoibhinn liom a bheith ag ithe agus ag ól agus ag comhrá mar sin le solas na coinnle. Beidh béilí eile againn le chéile ag deireadh na seachtaine seo chugainn.

EXERCISES

A. Rewrite the following sentences (a) in the negative and (b) as positive questions.

1. *Rinne siad poll níos doimhne i lár na páirce.*
2. *Téann muintir na tíre ansin ar feadh seachtaine.*
3. *Chuaigh lucht na bainse ar fud na háite.*
4. *Gheobhaidh tú feoil níos láidire treasna na sráide.*
5. *Gabhfaidh muintir na Gaillimhe ann le haghaidh na hoíche.*
6. *Fuair seisean bean níos soibhre.*
7. *Chonaic mé bóithrí níos caime agus níos cuinge i lár na tíre.*
8. *Faigheann tú daoine mar sin i measc do mhuintire féin.*

B. Write out the nominative singular of the nouns which are in the genitive, e.g. *caint*.

1. an iomarca cainte 2. ag plé na ceiste 3. mo chuid gruaige 4. ar fud na háite 5. i lár na tíre 6. teach na scoile 7. ar feadh seachtaine 8. poll mo chluaise 9. bun na spéire 10. ag ceangal na bróige 11. timpeall na páirce 12. i gcaitheamh na hoíche 13. treasna na sráide 14. i measc a mhuintire 15. geata na roilige 16. ag foghlaim na ceirde 17. ar shon na cúise 18. de bharr na haoise 19. ag craitheadh mo láimhe

20. méaracha mo choise *21. babhal an ime* *22. de bharr na haimsire* *23. ag déanamh moille* *24. go leor suime* *25. ag foghlaim na Fraincise* *26. barr na fuinneoige* *27. doras na leabharlainne.*

C. Complete these sentences using the genitive of an appropriate noun among the following: *coill, ciall, áit, sráid, muic, aill, grian, sliabh.*-

1. *Chonaic mé neart croinnte óga ag fás i lár na ......*
2. *Tá an feilméara ag díol na ...... leis an mbúistéara.*
3. *Rinne sé teachaín beag ceann slinne ar thaobh an ......*
4. *Cheannaigh muid taepait agus peain agus soithí eile sa siopa a bhí treasna na ...... uainn.*
5. *Níl mórán ...... agat ag imeacht gan cóta nuair atá an aimsir chomh fuar seo.*
6. *Tá solas na ...... go maith ag rud ar bith atá ag fás.*
7. *Ná bí ag róstadh uibheacha anseo, beidh baladh agat ar fud na ......*
8. *Tá an t-éan ar bharr na ...... ag breathnú anuas ar an bhfarraige.*

D. Write out the comparative forms of: *1. gorm* *2. bodhar* *3. reamhar* *4. cothrom* *5. milis* *6. soibhir* *7. trom* *8. teann* *9. íseal*

TRANSLATE:

1. I didn't go downstairs to get the letters. I knew that I would only get bills or an account from the bank. 2. I gave an invitation to three or four last night. 3. The milk jug and the sugar bowl are on the table. Where is the teapot and the cups and saucers? 4. I will put on (*síos*) the potatoes. If you feel like cooking, cut up the cabbage and the onion. Mix them on the pan. 5. I like fried eggs and bacon. 6. Pass me the butter, please! 7. I never before in my life saw more crooked or narrower roads than the ones I saw in the centre of the country. 8. There is only a drop of milk in (*ar*) the bottom of the bottle. I will go to the shop and buy another bottle. 9. The sugar and the tea are scarce. 10. I wash my own shirts and I hang them in the yard. They dry very quickly.

LESSON 30

VOCABULARY

básta	/bɑ:stə/	*bástaí*	waist
beilt *fem.*	/b´el´t´/	*beilteanna*	belt
cadás	/kudɑ:s/		cotton
cáil *fem.*	/kɑ:l´/		fame, renown
carabhata	/ˌka:rə'wa:tə/	*carabhataí*	(long) scarf
cnaipe	/kræ:p´ə/	*cnaipí*	button
Cómhargadh	/'ku:ˌwa:rəgə/		Common Market
cóta mór	/ko:tə mo:r/	*cótaí móra*	great coat
craiceann	/kræ:k´əN/	*craicne* /kræ:k´n´ə/	skin
craiceann caorach	/kræ:k´əN ki:rəx/		sheepskin
cuach *fem.*	/ku:əx/	*cuacha*	cuckoo
glúin *fem.*	/gLu:n´/	*glúine*	knee
gualainn *fem.*	/gu:əLəN´/	*guaillí* /gu:əL´i:/	shoulder
leathar	/Læ:r/	*leatharacha*	leather
margadh	/ma:rəgə/	*margaí*	market
miotóig *fem.*	/m´ito:g´/	*miotógaí*	glove
ola *fem.*	/oLə/		oil
olann *fem.*	/oLəN/		wool
pinsean	/p´ins´əN/	*pinsineacha*	pension
rusta	/rustə/	*rustaí*	wrist, cuff
rúitín	/ru:t´i:n´/	*rúitíní*	ankle
sáil *fem.*	/sɑ:l´/	*sálta* /sɑ:Ltə/	heel
sceach *fem.*	/s´k´æ:x/	*sceacha*	bush
seic	/s´ek´/	*seiceanna*	cheque
siopadóir	/s´upədo:r´/	*siopadóirí*	shopkeeper
slua	/sLu:ə/	*sluaite*	crowd, hoard
speal *fem.*	/sp´æ:L/	*spealta*	scythe
tuath *fem.*	/tu:ə/		country(side)
uachta *fem.*	/u:əxtə/		will, legacy

fuaigh 1	/fu:ə/	sew
fuáil *fem.*	/fu:ɑ:l´/	sewing
lúb 1	/Lu:b/	bend
lúbadh	/Lu:bə/	bending
traoiáil 1	/tri:ɑ:l´/	try
traoiáil *fem.*	/tri:ɑ:l´/	trying; trial, experiment

amplúch	/a:mplu:x/	greedy
caol	/ki:L/	slender
ciallmhar	/k´i:əLwər/	sensible
éadrom	/e:drəm/	light
fadbhreathnaíoch	/'fa:dˌw´r´æ:Ni:əx/	farseeing, long term ...
faillíoch	/fa:L´i:əx/	neglectful
fiáin	/f´i:ɑ:n´/	wild
gar	/ga:r/	near (*do:* to)
garbh	/ga:ru:/	rough, harsh, coarse
mall	/mɑ:L/	slow, late
mín	/m´i:n´/	fine, smooth
seafóideach	/s´æ:fo:d´əx/	nonsensical
searbh	/s´æ:ru:/	sour, bitter
seasmhach	/s´æ:su:x/	lasting

ar thoib	/er´ hєb´/		on the point of, about to
cáideó	/kɑ:d´o:/		how long is it since ?
'chaon	/xe:N/	*(causes len.)*	each, both
go deo	/gə d´o:/		for ever, ever
i láthair	/ə Lɑ:r´/	*(with gen.)*	present, in the presence of
i láthair na huaire	/ə Lɑ:r´ Nə hu:ər´ə/		at present
i mbun	/ə muN/	*(with gen.)*	in charge of
le hais	/l´æ:s´/	*(with gen.)*	beside *(mar:* how)
le teann	/l´e t´ɑ:N/	*(with gen.)*	out of, from sheer ...

VOCABULARY NOTES:

1. *Tá baint agam le* I am connected with

2. *le fada an lá* for many a day

3. *ag déanamh iontas* wondering

4. *Is iontach go deo an margadh é* (*lit.* It is a wonderful for ever bargain), It is really a wonderful bargain.

5. *ar aon dath* (*lit.* on one colour), the same colour

6. *ag tabhairt Seán ar X* calling X Seán

7. *Bail ó Dhia ort* (*lit.* a blessing from God on you), God bless you (usually said after passing a compliment).

GRAMMAR

1. USE OF *AG* 'BY', 'AS A RESULT OF'

Tá an fear tinn ag an ngrian.	The man is sick as a result of the sun.
Tá an bord scoilte ag an ngrian.	The table is split as a result of the sun.
Tá an bord scoilte ag Máirtín.	The table is split as a result of M.'s action.
Tá an bord briste agam.	The table is broken as a result of my action; I have the table broken.
Tá an teach dhá thóigeáil agam.	The house is being built as a result of my action; I am in the process of building the house.

Ag can be used with adjectives to express the idea 'as a result of someone's action, or of some active force'. It can also be used with a passive construction of the sort *Tá an teach dhá thóigeáil* 'The house is being built' (see Lesson 15) to indicate the agent.

2. GENITIVE WITH SLENDER CONSONANT AND *-E* /ə/ (CTD.)

(i) Formation and examples

cloch	/kLox/	stone	*ceathrú cloiche*	/kLo:i:/	a quarter stone
sceach	/s´k´æ:x/	bush	*bláth na sceiche*	/s´k´e:i:/	the blossom of the bush
cuach	/ku:əx/	cuckoo	*ubh na cuaiche*	/ku:əi:/	the cuckoo's egg
tuaith	/tu:ə/	country	*muintir na tuaithe*	/tu:əi:/	the country people

uaigh	/uːə/	grave	*ag dúnadh na huaighe*	/uːəiː/	closing the grave
cisteanach	/. . . əx/	kitchen	*bord na cisteanaí*	/. . . iː/	the kitchen table
baintreach	/. . . əx/	widow	*mac na baintrí*	/. . . iː/	the widow's son

All these forms are pronounced regularly according to the table in Appendix I. In nouns of more than one syllable, a final *-(e)ach.* /əx/ is replaced by *-(a)í*, e.g. *cisteanach* 'kitchen', *bord na cisteanaí* 'the kitchen table'.

(ii) Slender consonant with *-e* /ə/ and irregular vowel change

The genitive of some few feminine nouns is formed by making the final consonant slender, by adding *-e* /ə/ , and by changing the spelling from:

(a) *ea* to *i*

cearc	/æː/	hen	*ubh na circe*	/i/	the hen's egg

(b) *ea* to *e*

fearg	/æː/	anger	*le teann feirge*	/e/	out of sheer anger

Similar to *fearg* are: *nead* 'nest', *ubh neide* 'nest egg'; *leac* 'flat stone, slab', *faoi bhun na leice* 'underneath the slab'; *speal* 'scythe', *cois na speile* 'the scythe handle'.

(c) *a* to *o*

slat	/aː/	rod	*ag lúbadh na sloite*	/e/	bending the rod
clann	/ɑː/	family	*ag iompar cloinne*	/i/	*(lit.* carrying family), pregnant

Similar to *slat* is: *glac* 'a fist(ful)', *as cúl mo ghloice (lit.* out of the back of my fist), 'out of my hand'. Note also the noun *scian* 'knife', *cois na scine* 'the knife handle', which is irregular.

All these forms are pronounced according to the rules on tables in Appendix I.

3. USE OF ADJECTIVE WITH GENITIVE OF FEMININE NOUNS

Often when an adjective follows a feminine noun the use of the genitive is avoided or ignored:

barr an fhuinneoig mhór	the top of the big window

In certain set phrases (and normally in writing) the noun and adjective are in the genitive. The form of the adjective is similar to the comparative:

oíche na gaoithe móire	the night of the big wind
le haghaidh na coise tinne	*(lit.* for the sore leg), for a rainy day, for an emergency
ar thaobh na láimhe deise	on the right-hand side

4. MORE ADJECTIVES WITH SPECIAL COMPARATIVE FORM

(i) Formation and examples

moch	/mox/	early	*níos moiche*	/moi:/	earlier
fliuch	/f̄l̄´ox/	wet	*níos fliche*	/f̄l̄´ehi:/	wetter
buíoch	/bi:əx/	grateful	*níos buíche*	/bi:i:/	more grateful
aisteach	/. . . əx/	peculiar	*níos aistí*	/. . . i:/	more peculiar
faillíoch	/. . . i:əx/	neglectful	*níos faillí*	/. . . i:/	more neglectful
seasmhach	/. . . u:x/	lasting	*níos seasmhaí*	/. . . u:i:/	more lasting

All these forms are pronounced regularly according to the tables in Appendix I. In adjectives of more than one syllable, final *-(e)ach, -íoch* is replaced by *-(a)í* /i:/, e.g. *aisteach* 'peculiar', *níos aistí* 'more peculiar'.

Salach 'dirty' and *amplúch* 'greedy' are somewhat irregular: *níos soilche* /sel´i:/, *níos amplaí* /a:mpLi:/.

(ii) Special comparative forms with irregular vowel change

The comparative of a limited number of adjectives is formed by making the final consonant slender, by adding *-e* /ə/, and by changing the spelling from:

(a) *ea* to *i*

sean	/æ:/	old	*níos sine*	/i/	older
gearr	/ɑ:/	short	*níos girre*	/i/	shorter

Similar to *sean* is *geal* 'bright', *níos gile* 'brighter'.

(b) *ea* to *e*

deas	/æ:/	nice	*níos deise*	/e/	nicer
leathan	/æ:/	broad	*níos leithne*	/i/	broader

Similar to *deas* are: *ceart* 'right', *níos ceirte* 'righter'; *dearg* 'red', *níos deirge* 'redder'; *searbh* 'sour', *níos seirbhe* 'sourer'.

(c) *a* to *o*

lag	/a:/	weak	*níos loige*	/e/	weaker
glan	/a:/	clean	*níos gloine*	/i/	cleaner
mall	/ɑ:/	slow	*níos moille*	/e/	slower
gann	/ɑ:/	scarce	*níos goinne*	/i/	scarcer

Similar to *lag* are: *gar* 'near', *níos goire* 'nearer', *glas* 'green', *níos gloise* 'greener'; *garbh* 'rough', *níos goirbhe* 'rougher'. Similar to *mall* is *dall* 'blind', *níos doille* blinder'.

TEXTS

AN SEIC

Tá 'chuile shórt i bhfad níos daoire anois le hais mar a bhíodh sé cupla bliain ó shin sol má chuaigh muid isteach sa gComhargadh. Ar ndóigh, tá baint ag luach na hola leis an scéal seo freisin. Tá sé deacair ar dhaoine pósta a bhfuil cúram orthu nó ar dhaoine íos sine atá ag brath ar an bpinsean.

Fuair uncail Pheige bás sé mhí ó shin. D'fhág sé suim airgid le huachta. Fuair sí féin seic ón dlíodóir an lá cheana. Ní raibh sí níos buíche de dhuine ar bith ariamh ná a bhí sí dhá huncail bocht ! Ní raibh airgead le caitheamh aici le fada an lá. Bhí fonn uirthi roinnt éadaí a cheannacht.

D'éirigh sí inné níos moiche ná a éiríonns sí go hiondúil. Bhí sí ina seasamh taobh amuigh den tsiopa sol má hosclaíodh é. (Dhá mbeadh sí ann mórán níos moille bheadh na siopaí plódaithe. Tá na sluaite de mhuintir na tuaithe ar saoire i bhfus anseo i láthair na huaire.)

Bhí sé chomh deacair sin uirthi a hintinn a dhéanamh suas. Bhí sí ag déanamh iontas céard a cheannódh sí. Is fearr léi gúnaí cadáis. Bíonn siad níos éadroime agus go hiondúil, bíonn siad níos gile. Ach tá an fómhar ann anois agus tá na gúnaí samhraidh ag éirí níos goinne. Bíonn na ceanna is deise díolta acu faoi seo.

Bhí gúna amháin a thaithnigh go mór le Peige. Níor tháinig an gúna seo anuas ach go dtí na glúine sa gcaoi go raibh sé ruainne beag níos girre ná na gúnaí a bhí sa bhfaisean i mbliana. Bhí básta deas cúng air, bhí an t-íochtar níos leithne agus bhí muineál ard air. Thraoiáil sí an gúna uirthi ach bhí sé robheag. Bhí sé rochúng thart ar na guaillí.

Ansin chuaigh sí treasna na sráide ag siopa mór a bhfuil cáil mhór air. Bhí sí ag ceapadh go mbeadh sé níos fadbhreathnaí agus níos ciallmhaire éadaí geimhridh a cheannacht. Tá na siopadóirí ag stócáil cheana féin le haghaidh an gheimhridh agus ar aon chaoi, is gearr go mbeidh an aimsir ag éirí níos goirbhe.

Bhí cótaí craiceann caorach an-saor acu agus cótaí móra a rinneadh as olann. 'Tá na cuislimėaraí fiáin ag na cótaí craiceann caorach i mbliana,' a dúirt cailín an tsiopa léi, 'is iontach go deo an margadh iad !'

Cheannaigh Peige cóta a raibh beilt dheas air agus cnaipí beaga fuaite 'chaon taobh air. Ina dhiaidh sin, cheannaigh sí bróga donn a raibh bonnúchaí leathair agus sálta arda orthu. Bhí sí go díreach ar thoib imeacht as an siopa nuair a chonaic sí péire miotógaí álainn agus carabhata a bhí ar aon dath leis an gcóta. Sin é an rud is measa i dtaobh éadaí; má cheannaíonn tú ball amháin is deacair gan ceann eile a cheannacht !

COMHRÁ

'Dia dhuit !'

'Dia is Muire dhuit !'

'Cé as thú féin mara miste leat mé a bheith ag fiafraí dhíot ?'

'Is as an bhFrainc mé.'

'Cén t-ainm atá ort ?'

'Pierre. – Cén t-ainm atá ort féin ?'

'Seán Ó Flaithearta. Seáinín Thomáis a thugtar orm. Caideó tháinig tú anseo ?'

'Tá mé anseo le cupla seachtain. Tá mé ag foghlaim Gaeilge.'

'Meas tú an bhfuil an Ghaeilge deacair ?'

'Níl sí chomh deacair sin.'

'Muise, tá togha na Gaeilge 'ad, bail ó Dhia ort ! Cá bhfuil tú ag fanacht ?'

'Sa teach sin ar thaobh na láimhe deise.'

'Tá a fhios agam; tigh Mháirtín Mhóir. Cén chaoi a dtaithníonn an áit seo leat ?'

'Taithníonn sé go maith liom ach níl an aimsir romhaith faoi láthair.'

'Bhoil, lá maith anois agat !'

'Go ngnóthaí Dia dhuit !'

EXERCISES

A. Write out the nominative of the nouns which are in the genitive, e.g. *báisteach*.

1. *Bhí scamaill bháistí go leor ann ar maidin ach chroch an lá ina dhiaidh sin.*
2. *Tá cois na scine briste ag an ngasúr sin.*
3. *Cheannaigh muid ceathrú cloiche inné.*
4. *Bíonn iascairí ag caint go minic ar ghob na curaí.*
5. *Thosaigh Máirtín ag bualadh buillí air le teann feirge.*
6. *Bhí an triúr acu thiar sa roilig ag déanamh na huaighe.*
7. *Tugtar 'muintir na tuaithe' freisin ar mhuintir na tíre.*
8. *Cheannaigh muid bord cisteanaí nua anuraidh agus anois tá sé scoilte ag an ngrian.*
9. *Níor thug muid pláta ar bith dó ach d'ith sé píosa aráin as cúl a ghloice.*
10. *Bhítí ag caint i gcónaí sna seanscéalta faoi mhac na baintrí.*
11. *Tá daoine ann a deireanns nach bhfuil ubh ar bith chomh blasta le ubh na circe.*
12. *Deir na seandaoine go mbriseann an aimsir le ceathrú gealaí.*

B. In these sentences use the appropriate possessive adjective to replace the nouns which follow the prepositions, e.g. *os* **a** *chionn*.

1. *Tá an eochair os cionn an doiris.*
2. *Cé atá i mbun na scoile ?*
3. *Bhí sé ag caint i dtaobh na dtithe sin.*
4. *Ní bhfuair sé tada de bharr a chuid oibre.*
5. *Ní tada é Pádraig le hais Mháirtín.*
6. *Tá an rusta go díreach os cionn na láimhe.*
7. *Bhí muid cupla seachtain i measc na ndaoine úd.*
8. *Tá Cáit fiáin i ndiaidh Phádraig.*

C. Complete the following sentences using the appropriate possessive adjective.

1. *Tá fear eile (os cionn) (mé)*
2. *Tá go leor daoine (in aghaidh) (muid)*
3. *Chuaigh mé síos an bóthar (i ndiaidh) (thusa).*
4. *Bhí an fear eile go díreach (os comhair) (mé) amach.*
5. *Beidh Cáit ag caint ar shon Bhríd.*

D. Use *níos* with the following pairs of adjectives changing them where necessary.

1. salach, glan 2. fliuch, tirim 3. moch, deireanach 4. sean, óg 5. gearr, fada 6. geal, dorcha 7. leathan, caol 8. ceart, contráilte 9. lag, láidir 10. mall, scioptha 11. gann, fairsing 12. garbh, mín 13. mór, beag 14. ard, íseal 15. ciallmhar, seafóideach 16. milis, searbh

TRANSLATE:

1. I got up yesterday earlier than usual. I thought that if I waited the shops would be crowded. 2. Often cotton is brighter than wool but cotton gets dirtier more quickly. Wool is usually more lasting. 3. I tried on the suit. The jacket was too narrow around the shoulders. The trousers was shorter than the one I had on. It only came down to my ankles. 4. It would be more correct to keep your money 'for a rainy day'. 5. I never saw a more peculiar kitchen table ! It is cleaner than **ours** but the sun has it split. 6. We call that man Máirtín. 7. Who is in charge of the place ?

LESSON 31

VOCABULARY

agallamh	/a:gəLə/		interview
alt	/a:Lt/	*altanna*	article
anachain *fem.*	/a:Nəxən´/		misfortune
árachas	/ɑ:rəxəs/		insurance
bruach	/bru:əx/	*bruachanna*	bank, edge
buatais *fem.*	/bu:ətəs´/	*buataisí*	boot
ceamara	/k´æ:mərə/	*ceamaraí*	camera
comhdháil *fem.*	/ko:ɣɑ:l´/	*comhdháileanna*	conference
creideamh	/k´r´ed´ə/	*creidiócha* /k´r´ed´i:xi:/	religion, belief
cumha	/ku:/		sentimental feeling
dréimire	/d´r´e:m´ər´ə/	*dréimirí*	ladder
eaglais *fem.*	/ɑ:gLəs´/		church (*institution*)
easpag	/æ:spək/	*easpaig*	bishop
gadaí	/ga:di:/	*gadaithe* /ga:di:/	thief
innealtóir	/iN´əLto:r´/	*innealtóirí*	engineer
iriseoir	/ir´əs´o:r´/	*iriseoirí*	journalist
iriseoireacht *fem.*	/ir´əs´o:r´əxt/		journalism
ministéara	/m´in´əs´t´e:rə/	*ministéaraí*	clergyman, Minister
spéacláirí	/sp´e:kLɑ:r´i:/		spectacles, glasses
tórainn *fem.*	/to:rəN´/	*tórainneacha*	boundary, limit
trácht	/trɑ:xt/		trade, traffic; mention
tuairisc *fem.*	/tu:ər´əs´k´/	*tuairisceacha*	account, report
Árainn *fem.*	/ɑ:rəN´/	*Árainneacha*	Aran Islands
Cois Fhairrge	/kos´ a:rəg´ə/		*(place-name)*
Liam	/L´i:əm/		*(man's name)*
craith 1	/kra:/		shake (something)
craitheadh	/kra:/		shaking
creath 1	/k´r´æ:/		shake, tremble
creathadh	/k´r´æ:/		shaking, trembling
eitigh 2	/et´ə/		refuse
eiteachtáil *fem.*	/et´əxtɑ:l´/		refusing
faiseanta	/fa:s´əNtə/		fashionable
ar siúl	/er´ s´u:L/		on, in progress
go ceann	/gə k´ɑ:N/	*(with gen.)*	for (a space of time)
thrína chéile	/hri:Nə x´e:l´ə/		upset, messed about

VOCABULARY NOTES:

1. *ag cur síos ar* describing
2. *atá ceaptha* who is supposed to
3. *ag craitheadh láimh le* shaking hands with
4. *ag cur agallamh ar* interviewing
5. *gan trácht ar* without mentioning, not to mention
6. *ag fiafraí de dhuine* asking a person

GRAMMAR

1. PAST/CONDITIONAL OF COPULA

Ba chuma le Cáit faoin mbainne.	C. didn't/wouldn't mind about the milk

The copula has only a present (*is, ní, ar,* etc.; see Lesson 11) and a past or conditional. The forms of the past and conditional are the same.

	Ba *Ní ba*		*mé/mise* *thú/thusa* etc.	
	An *Nach*		*'eo/'in/'iúd é*	
Deir sé	*go* *nach*	*mba*	*mhaith leis* *chuma leis* etc.	*an dochtúr.*
	Dhá *Mara*			
	Má ba			

It will be noticed that the verbal particles (*ní, an, nach, go,* etc.) used with *ba* are those used before the conditional of any verb. *Ba,* however, is not lenited.

The Official Standard Irish forms are:

níor	/N´i:r/	(+ lenition)	rather than	*ní ba*
ar	/ər/			*an mba*
nár	/Nɑ:r/			*nach mba*
gur	/gər/			*go mba*

Although these forms do occur in the dialect, they are, with the exception of *nar*[1], probably less frequent than those in the table above.

Ba generally causes lenition, e.g. *Ba chuma le* ... 'It would be all the same for ...'. A following *d, t, g* or *s,* however, is very often not lenited, e.g. *Ba dochtúr é* 'He was a doctor'.

There is a strong tendency for a *dh* /ɣ´/ to be pronounced before *é/eisean, í/ise, iad/iadsan, ea,* and before *'eo, 'in, 'iúd,* e.g. *Ba é sin an dochtúr* /bə ɣ´e: . . . / 'That was the doctor'.

Dhá mba is used in the conditional, e.g. *Dhá mba chóir dhuit* ... 'If you should ...', but *má ba* is used in the past, e.g. *Má ba chuma leat* ... 'If it was all the same to you ...'.

[1] *Nar* /Na:r/ rather than *nár* /Nɑ:r/ in this dialect.

2. RELATIVE OF PAST/CONDITIONAL OF COPULA

(i) Direct relative

(a) Positive

Sin é an rud ba cheart a dhéanamh.	That is the thing which should be / have been done.

The positive direct relative is the same as the statement form, e.g. ... *ba cheart* ... '... that should ...'.

(b) Negative

Sin é an rud nach mba cheart a dhéanamh.	That is the thing that should not be / have been done.

The negative direct relative is expressed in the same way as in the conditional of the regular verb (see Lesson 12) by using *nach* 'that not' which causes eclipsis, e.g. ... *nach mba cheart* ... '... that should not ...'.

Alternatively *nar* /Na:r/ which lenites may be used, e.g. ... *nar cheart* ... '... that should not ...'.

(ii) Indirect Relative

(a) Positive

Sin é an fear a mba mhaith leis an bord.	That is the man who would like the table.

The positive indirect relative is expressed in the same way as in the conditional of the regular verb by using *a* /ə/ 'that not' which causes eclipsis, e.g. ... *a mba mhaith leis* ...'who *(masc.)* would like ...'.

Alternatively *ar* /ər/ which lenites may be used, e.g. ... *ar mhaith leis* ... '... who would like ...'.

(b) Negative

Sin é an fear nach mba mhaith leis an bord.	That is the man who would not like the table.

The negative indirect relative is expressed in the same way as in the conditional of the regular verb by using *nach* 'that not' which causes eclipsis, e.g. ... *nach mba mhaith leis* ...'... who would not like ...'.

Alternatively *nar* (with lenition) may be used, e.g. ... *nar mhaith leis* ... '... who would not like ...'.

3. PAST/CONDITIONAL OF COPULA WITH *FEARR* ETC.

(i) Forms

	B'	/b´/		
	Níorbh	/N´i:rw´/	*fhearr*	
	Arbh	/ərw´/	*fhéidir*	*le Cáit* (fhearr, fhéidir, fhiú)
	Narbh	/Na:rw´/	*fhiú*	
Deir sé	*gurbh*	/gurw´/	*fholáir*	
Deir sé	*narbh*	/Na:rw´/	*fhíor*	*do Cháit* (fhearr … éigean)
	Dhá mb'	/ɣɑ:m´/	*fhurasta*	
	Mara mb'	/ma:rəm´/	*éigean*	

(ii) Relative

(a) Direct positive

Sin é an rud a b'fhearr le Cáit.	That is the thing that C. would prefer.

(b) Direct negative

Sin é an rud narbh fhearr le Cáit.	That is the thing that C. would not prefer.

(c) Indirect positive

Sin é an fear arbh fhearr leis imeacht.	That is the man who would prefer to go off.

(d) Indirect negative

Sin é an fear narbh fhearr leis imeacht.	That is the man who would not prefer to go off.

The examples (a) – (d) show the past conditional forms of the copula when used in idioms of the sort *Is fiú liom* 'It seems worthwhile to me' (see Lesson 20), or *Is fiú dhom* 'It is worthwhile for me' (see Lesson 23), before a word beginning with *f,* or before *éigean*. Although very frequent, these forms are optional in this dialect.

4. GENITIVE WITH BROAD CONSONANT

abhainn		river	*bruach na habhann*		the bank of the river
athair	/æ:/	father	*teach m'athar*	/a:/	my father's house

There are a limited number of nouns (all feminine except *athair*) which form the genitive by making the final consonant broad, e.g. *abhainn* 'river', *na habhann* 'of the river'.

Similar to *abhainn* are: *tórainn* 'border', *claí na tórann* 'boundary wall'; *Árainn* 'Aran', *muintir Árann* 'the people of Aran'; *anachain* 'misfortune', *in aghaidh na hanachan* 'against misfortune'; *Albain* 'Scotland', *muintir na hAlban*[1] 'the people of Scotland'; *Nollaig* 'Christmas', *aimsir na Nollag* 'Christmastime'; *máthair* 'mother', *teach mo mháthar* 'my mother's house'.

All these forms are pronounced according to tables in Appendix I. Where the vowel changes it is shown above.

TEXTS

IRISEOIREACHT

Iriseoir atá in Liam. Tá sé ag plé leis an iriseoireacht ó d'fhág sé an scoil. Tá baint aige leis an bpáipéir céanna anois le a sé nó a seacht de bhlianta. Tá suim mhór aige i gcúrsaí polaitíocht. Scríobhann sé cupla alt 'chuile sheachtain faoin bpolaitíocht. Tá suim aige freisin sa spóirt agus scaití, má bhíonn cluife mór eicínt ar siúl, scríobhann sé tuairisc air.

Uaireanta sa samhradh, nuair a bhíonns cuid de na hiriseoirí eile ar saoire, bíonn ar Liam tuairisceacha eile a scríobh. Arú anuraidh, cuir i gcás, cuireadh ceist air an mba mhiste leis cur síos ar chúrsaí faisean ! B'éigean dhó é a dhéanamh mar ní raibh sé ag iarraidh an fear a bhí os a chionn a eiteachtáil. Scríobh sé alt faoin gcineál buataisí agus spéacláirí a bheadh faiseanta sa bhfómhar !

Ansin, anuraidh, bhí an fear atá ceaptha plé le cúrsaí creidimh tinn. hIarradh ar Liam tuairisc a thabhairt ar chomhdháil a bhí ar bun ag lucht na heaglaise. Dúirt sé nach raibh mórán eolais aige faoi na cúrsaí sin ach dúradh leis go mba chuma faoi sin. B'éigean do Liam cupla lá a chaitheamh ag craitheadh láimh le ministéaraí agus ag cur agallaimh ar easbaig. Ach d'éirigh leis cupla alt a scríobh. Deirtear gurbh fhiú iad a léamh.

AN GADAÍ

Is innealltóir é Tomás. Chaith sé cupla seachtain le gairid ag obair thiar i gCois Fhairrge. Táthar ag tóigeáil monarcha ann. Thaithnigh an cupla seachtain go mór leis agus bhí cumha air nuair a bhí sé ag fágáil. Bhí sé ag rá le muintir na háite gurbh fhearr leis cónaí i gCois Fhairrge ná i mBaile Átha Cliath.

Nuair a tháinig sé abhaile, scanraigh sé nuair a chonaic sé an teach. Briseadh isteach ann nuair a bhí sé thiar. Goideadh teilifís agus ceamara gan trácht ar a chuid ceirníní uilig. Bhí an teach ina phraiseach. Bhí go leor dhá chuid leabhartha caite ar fud an tseomra ag an ngadaí. Bhí Tomás uafásach thrína chéile.

Chuir sé fios ar na gardaí ar an bpointe. Bhí sé ag creathadh nuair a tháinig siad. Bhreathnaigh na gardaí ar an teach ach ba deacair a dhéanamh amach cén chaoi a tháinig an gadaí isteach. D'fhiafraigh garda de Thomás an raibh an doras glasáilte. Dúirt Tomás go raibh. Rinne siad amach go mb'fhéidir gur bhain an gadaí leas as dréimire agus gur tháinig sé isteach thuas an staighre.

[1]The article is used with *Albain* (and *Éirinn*) in the genitive only.

Ní bhfuair Tomás aon cheo ar ais ach tá súil aige go bhfaighidh sé airgead ó lucht an árachais. B'fhéidir nach bhfaigheadh sé an t-airgead go ceann cupla mí.

EXERCISES

A. Give positive responses to the following sentences, e.g. **Ba** *chuma* ...

1. *An mba chuma leat dhá mbeadh an aimsir go dona ?*
2. *An mba mhaith leat cupán tae ?*
3. *An mba deacair muintir Árann a thiscint ?*
4. *Arbh éigean dhuit teach do mháthar a dhíol ?*
5. *Meas tú arbh fhiú a ghoil ann ?*
6. *Arbh fhearr leat cupán bainne ?*
7. *Dhá mba 'in é an dochtúr, an mba chóir dhom caint leis ?*
8. *An mba 'in é an ministéara ?*

B. Rewrite the following positive sentences (a) as negative ones, e.g. **Níorbh** *éigean* ... and (b) with *deir sé* prefixed, e.g. **Deir sé gurbh** *éigean*...

1. *B'éigean dhom seasamh ar bhruach na habhann.*
2. *B'fhearr le muintir na hAlban an ola a dhíol.*
3. *B'fhiú an leabhar sin a léamh.*
4. *Ba deacair an fear sin a thiscint.*
5. *Ba chóir dhuit leitir a scríobh.*
6. *B'fhurasta dhuitse a bheith ag caint.*

C. Rewrite the following in the conditional, e.g. **Ba** *mhaith liom* ...

1. *Is maith liom suí ar bhruach na habhann.*
2. *Is cuma liom faoi.*
3. *Ní fiú dhuit é.*
4. *Sin é an rud is ceart dhuit a dhéanamh.*
5. *Sin é an leabhar nach gá dhuit a léamh.*
6. *Is fearr liom snámh.*
7. *Is furasta dhuitse a bheith ag gáirí.*
8. *Ar fearr leat teach t'athar nó teach do mháthar ?*
9. *Is fiú a ghoil ann.*
10. *Sin é an ministéara ar fearr liom caint leis.*
11. *Más 'in é an dochtúr, níl mé sásta caint léi.*
12. *Seo é an fear nach maith leis an bord.*

TRANSLATE:

1. I spent the week shaking hands with ministers and talking to bishops. 2. He is a good journalist. He wrote a few fine articles concerning the big match last week. 3. He was telling the local people that he would prefer to live in Cois Fhairrge. 4. He hadn't got his glasses on so he shook hands with his sister instead of the bishop. 5. All his records were stolen, not to mention his books. 6. Would it be all the same to you if I smoked a cigarette ? 7. I am sure it would be worthwhile for you to hear the people of Aran talking. 8. Would it be difficult to understand them ? 9. Was that the doctor over there ? I should talk to him. 10. I got an invitation to visit her father's house. I did not want to refuse her. 11. You couldn't describe the house. 12. I was supposed to go back last week but I was sick.

LESSON 32

VOCABULARY

bádóir	/bɑ:do:r´/	*bádóirí*	boatman
bainríon[1] *fem.*	/bɑ:Nṭr´i:əN/	*bainríonacha*	queen
céim *fem.*	/k´e:m´/	*céimeanna*	step, stile, degree
cnáimh *fem.*	/krɑ:w´/	*cnámha* /krɑ:wə/	bone
comhairle *fem.*	/ku:rL´ə/	*comhairleacha*	advice
cuan	/ku:əN/	*cuanta*	bay
cuan mara	/ku:əN ma:rə/	*cuanta mara*	sea urchin
fáilte *fem.*	/fɑ:L´t´ə/		welcome
gleann	/g´l´ɑ:N/	*gleannta*	valley
leaid	/l´æ:ḍ/	*leaids*	lad
leann	/L´ɑ:N/		ale
maitheas *fem.*	/ma:s/		goodness, prosperity
muir *fem.*	/mir´/		sea
pian *fem.*	/p´i:əN/	*pianta*	pain
pluiméara	/pLim´e:rə/	*pluiméaraí*	plumber
rí	/ri:/	*ríti*	king
sioc	/s´uk/		frost
táilliúr	/tɑ:L´u:r/	*táilliúirí*	tailor
traein *fem.*	/tre:n´/	*traentacha*	train
Colm	/koLəm/		*(man's name)*
candáil 1	/ka:Ndɑ:l´/		auction
candáil *fem.*	/ka:Ndɑ:l´/		auctioning
crom 1	/krum/		stoop, bend
cromadh	/krumə/		stooping
cuartaigh 2	/ku:ərtə/		look for, search
cuartú	/ku:ərtu:/		looking for
fill 1	/f´i:L´/		return (*ar:* to), fold
filleadh	/f´i:L´ə/		returning
géill 1	/g´e:L´/		yield, submit, give in
géilleadh	/g´e:L´ə/		yielding
tairg 1	/tæ:r´əg´/		offer (*do:* to, *ar:* for)
tairiscint *fem.*	/tæ:r´əs´k´əN´t´/		offering
barúil	/ba:ru:l´/		drole, comical, peculiar
cóir	/ko:r´/		fair, generous
gach	/ga:x/		every
meabhrach	/m´aurəx/		intelligent
socair	/sokər´/		quiet, settled, stable

VOCABULARY NOTES:

1. *ag baint ... amach* (finally) taking, achieving, reaching
2. *as an mbaile* from home
3. *ag cuimhniú air féin* considering one's position, thinking it over

[1] See note to vocabulary of Lesson 24.

4. *níos socra ann féin* more at ease with oneself
5. *Tá sé chomh maith dhuit ...* You would be as well ..., you might as well ...
6. *ag tairiscint ar* bidding for

GRAMMAR

1. THE PREPOSITION *ROIMH*

(i) Introduction

Beidh Cáit anseo roimh Mháirtín.	C. will be here before M.
Beidh Cáit anseo roimh an gCéadaoin.	C. will be here before Wednesday.

Roimh /riw´/ causes lenition to a directly following noun, e.g. *roimh Mháirtín* 'before Máirtín'. When used with the singular article it causes eclipsis to a following noun, e.g. *roimh an gCéadaoin* 'before Wednesday'.

(ii) Prepositional pronouns

Ordinary form		Pronunciation
romham	before me	/ru:m/
romhat	before you	/ru:t/
roimhe	before him/it	/riw´ə/
roimpi	before her/it	/ri:m´p´ə/
romhainn	before us	/ru:N´/
romhaibh	before you *(pl.)*	/ru:b´/
rompu	before them	/ru:mpəb/

The contrast forms and general usage are the same as that of *ag* and most other prepositional pronouns, e.g. *romham, romhamsa, romham féin, romhamsa mé féin;* see Lesson 16.

Rompu /ru:mpəb/ 'before them' has an alternative form *romhab* /ru:b/ which is not normally written.

(iii) Meaning of *roimh*

The basic meaning is 'before', 'ahead of', 'in front of'.

Bhí Máirtín anseo roimh na daoine eile.	M. was here before the other people
Bí ag breathnú romhat !	Look ahead of you !

More idiomatically *roimh* is used:

(a) to express 'on the arrival of'

Bhí Cáit romham ag an traein.	C. was at the train on my arrival; C. was at the train to meet me.

(b) with *fáilte* 'welcome (for)', *faitíos* 'afraid (of)'

Tá fáilte agam romhat.	I have a welcome for you.
Tá faitíos agam roimh Cháit.[1]	I am afraid of C.

[1] Although *Tá faitíos orm* is 'I am afraid' (see Lesson 17), the preposition *ag* is now generally used in connection with *roimh.*

2. THE PREPOSITON *THRÍ*

(i) Introduction

Tá Cáit ag breathnú thrí fhuinneoig eile.	C. is looking through another window.
Tá Máirtín ag breathnú thríd an bhfuinneoig seo.	M. is looking through this window.

Thrí[1] /hri:/ 'through' causes lenition to a directly following noun, e.g. *thrí fhuinneoig* 'through a window'. When used with the singular article it takes the form *thríd* /hri:d´/ and a following noun is eclipsed, e.g. *thríd an bhfuinneoig* 'through the window'.

(ii) Prepositional pronouns

Ordinary form		Pronunciation
thrím	through me	/hri:m´/
thrít	through you	/hri:t´/
thríd	through him/it	/hri:d´/
thríthi	through her/it	/hri:/
thrínn	through us	/hri:N´/
thríbh	through you *(pl.)*	/hri:b´/
thríothu	through them	/hri:b/

The contrast forms and general usage are the same as that of *ag* and most other prepositional pronouns, e.g. *thrím, thrímsa, thrím féin, thrímsa mé féin;* see Lesson 16. Note, however, that the contrast form for the third person singular masculine is *thrísan* 'through him'.

(iii) Meaning of *thrí*

The basic meaning is 'through'.

Feicim thríd an éadach sin.	I see through that cloth.

More idiomatically *thrí* is used in the expressions *thrí thine* 'on fire'; *thríd is thríd* 'all things considered', 'generally speaking', 'on the whole'; *thrína chéile* 'in a mess', 'upset'; *thrí gach scéal* 'finally', 'in the end', 'the upshot of the matter is that ... '.

3. GENITIVE WITH BROAD CONSONANT AND *-A* /ə/

candáil	auctioning	*fear na candála*	the auctioning man
feadaíl	whistling	*do chuid feadaíola*	your whistling
altóir	altar	*os comhair na haltóra*	in front of the altar

Nouns ending in *-áil, -aíl* and non-agent nouns ending in *-óir/-eoir* form their genitive by making the final consonant broad and by adding *-a* /ə/, e.g. *candáil* 'auctioning', *na candála* 'of the auctioning'.

Agent nouns ending in *-óir/-eoir* frequently have no special genitive form, e.g. *bádóir* 'boatman', *hata an bhádóir* 'the boatman's hat'. In Official Standard Irish (and more rarely in this dialect) they are treated like *altóir*, e.g. *hata an bhádóra, teach an mhúinteora*, etc.

[1]Note that *thrí* is pronounced with a broad *r* /r/.

LESSON 32

A limited number of nouns have similar genitive forms:

bliain	year	*tús na bliana*	the beginning of the year
bainríon	queen	*ainm na bainríona*	the queen's name
buachaill	boy	*airgead an bhuachalla*	the boy's money
deartháir	brother	*teach mo dhearthára*	my brother's house
móin	turf	*ag baint mhóna*	cutting turf
maitheas	good(ness)	*mórán maitheasa*	much good
leathshúil	one eye	*ag dúna na leathshúla*	shutting an eye
sáil	heel	*barr na sála*	the top of the heel
loch	lake	*bruach locha*	a bank of a lake
táilliúr	tailor	*bean an táilliúra*	the tailor's wife
Samhain[1]	Hallowtide	*lá Samhna*	All Saints' Day
Cáisc[1]	Easter	*aimsir na Cásca*	Eastertime
feoil	meat	*blas na feola*	the taste of meat

There are also the following nouns in which the vowel changes regularly according to the tables in Appendix I:

gleann /ɑ:/	valley	*muintir an ghleanna* /æ:/	the people of the valley
am /ɑ:/	time	*go leor ama* /a:/	plenty of time

Similar to *gleann* is *leann* 'ale': *teach leanna* 'alehouse'.

4. GENITIVE WITH BROAD CONSONANT, *-A* AND IRREGULAR VOWEL CHANGE

The genitive of some few nouns is formed by making the final consonant broad, by adding *-a* /ə/ and by changing the spelling from:

(i) *oi* to *a*

droim /i:/	back	*lár an drama* /a:/	the middle of the back

(ii) *oi* to *o*

troid /e/	fight	*fonn troda* /o/	a desire to fight

(iii) *ui* to *o*

fuil /i/	blood	*ag cur fola* /o/	bleeding

Somewhat similar to *fuil* is *muir* 'sea' which occurs in set phrases, e.g. *ar an muir mhór* 'on the great sea', *cuan mara* 'sea urchin'.

(iv) *io* to *ea*

sioc /u/	frost	*ag cur sheaca* /æ:/	frosting

(v) *ei* to *ea*

greim /i:/	bite	*de bharr an ghreama* /æ:/	on account of the bite

[1]The final *-a* is in some cases dropped, e.g. *aimsir na Cásc', Domhnach Cásc'* 'Easter Sunday', *aonach na Samhn'* 'Hallowtide fair'.

5. SPECIAL COMPARATIVE FORM WITH BROAD CONSONANT AND -*A*

spéisiúil	interesting	*níos spéisiúla*	more interesting
socair	steady	*níos socra*	steadier
deacair	difficult	*níos deacra*	more difficult
cóir	fair	*níos córa*	fairer

All adjectives ending in *-úil,* and the adjectives *socair, deacair, cóir,* form their comparative by making the final consonant broad and by adding *-a* /ə/.

6. COMPARATIVE DEGREES OF ADJECTIVES WITH PAST TENSES OR CONDITIONAL

Bhí			was	
Bhíodh	*an seomra seo ní ba dorcha.*	This room	used to be	darker.
Bheadh			would be	

Bhí			was	
Bhíodh	*an seomra ba dorcha anseo.*	The darkest room	used to be	here.
Bheadh			would be	

When a sentence is in a past tense or in the conditional, *ní ba* /N´i: bə/ frequently replaces *níos* in a comparison, and *ba* replaces *is* in a superlative. (*Ba* is the relative past/conditional of the copula; see Lesson 31.) *Níos* is in fact made up of *ní* 'thing' and the present relative of the copula.

LESSON 32

TEXT

COMHAIRLE

Tá Colm sé bliana déag ag obair i mBaile Átha Cliath. D'fhág sé Cois Fhairrge nuair a bhí sé ocht mbliana déag d' aois. Buachaill an-mheabhrach a bhí ann. Chaith sé cheithre bliana ar an ollscoil agus ansin nuair a bhain sé a chéim amach fuair sé posta mar mhúinteoir.

I dtosach, bhí sé ag roinnt árasán lena dheartháir, Pádraig, agus le leaid eile as an mbaile. Bhí an leaid eile ag obair mar phluiméara. Fear barúil a bhí ansin agus bhíodh an-chraic ag an triúr acu le chéile. Ach ansin phós an deartháir agus cheannaigh sé teach. (Pósadh an leaid eile trí mhí roimhe sin.) Bhí Colm fágtha as féin.

Chaith sé bliain mar sin. I gcaitheamh na bliana sin, thosaigh Colm ag cuimhniú air féin. Cén deifir a bheadh air ag pósadh ? Nach raibh a dhóthain ama aige ? Mar sin féin, bhí sé ag déanamh iontas an mbeadh sé ní ba socra ann féin dhá gceannódh sé teach. Ach, ar bhealach, dhá mbeadh cúram mar sin ort nach mbeadh an saol i bhfad ní ba deacra ? Dhá mbeadh duine eicínt romhat nuair a thiocfá abhaile ó do chuid oibre, bheadh cúrsaí ní b'fhearr. Bhí Colm uaigneach.

Chuaigh sé féin agus Pádraig abhaile ar saoire faoi Cháisc anuraidh. Bhí an mhóin le baint thart ar aimsir na Cásca. Lá amháin, bhí an dá dheartháir ag cuidiú leis an athair nuair a bhí sé ag baint na móna. Thar éis tamaill, dúirt Colm go raibh pian i gcnáimh a dhrama ó a bheith ag cromadh anuas agus gur thastaigh scíth uaidh. Thóig Pádraig scíth freisin agus shuigh an bheirt acu ar bhruach locha agus thosaigh siad ag caint. 'Bheadh sé chomh maith dhuit teach a cheannacht,' a deir Pádraig, 'níl tú ach ag cur do chuid airgid amú ag íoc cíos mar sin.' 'Cén dochar ?' a deir Colm, 'tá an saol fada !'

Ach ghéill Colm dhá dheartháir. Nuair a d'fhill an bheirt acu ar Bhaile Átha Cliath, thosaigh Colm ag cuartú teach. Lá amháin, 'spáineadh teach dhó agus chomh luath is a shiúil sé isteach thríd an doras thig sé go mba 'in é an teach a bhí uaidh. Bhí sé go díreach cosúil le teach a dhearthára. Candáladh é agus d'éirigh le Colm é a cheannacht. Bhí go leor daoine ag tairiscint ar an teach agus dhá bharr sin, choisin sé go leor. Ach thríd is thríd, bhí Colm sásta go maith leis.

D'airigh muid le gairid go bhfuil Colm le pósadh.

EXERCISES

A. Complete these sentences with the appropriate prepositional pronoun, e.g. *rompu.*

1. *Nuair a theaganns strainséaraí anseo, bíonn fáilte againn ......*
2. *Tá an t-éadach chomh tanaí sin gur féidir feiceáil ......*
3. *Bhí fonn troda ar an bhfear mór agus bhí faitíos agamsa ......*
4. *Nuair a tháinig Cáit abhaile cé a bheadh ...... ach a huncail.*
5. *Bhí tú chomh fuar sin go sílfeá go ngabhfadh an ghaoth ......*
6. *Tá fáilte ......, a Mháirtín !*
7. *B'fhearr dhúinn a bheith ag breathnú ......, go díreach ar fhaitíos go mbeadh duine eicínt ag tíocht.*
8. *Bíonn an fhuinneoig chomh salach sin nach bhfeicfeá aon bhlas ......*
9. *Nuair a chuaigh mé isteach sa siopa bhí beirt ......*
10. *Tá fáilte ......, a dhaoine uaisle !*

B. Give the nominative singular of the nouns which are in the genitive, e.g. *móin.*

1. *Tháinig leoraí móna eile inné.*
2. *Bhí sé ina chónaí i lár an ghleanna.*
3. *Ó bhí an fear bocht tinn anois, níl mórán maitheasa ann.*
4. *Ní bheidh mórán ama againn. Tá an-fhaitíos orm go ngabhfaidh an teach uilig thrí thine.*
5. *Tá mo shrón ag cur fola.*
6. *Bhí siad anseo oíche Shamhna.*
7. *Bíonn tús na bliana níos socra.*
8. *Tá bean mo dhearthára níos gnaoiúla.*

TRANSLATE:

1. You are welcome ! 2. I couldn't see through the window. 3. All things considered, it would be much nicer if there was somebody from home there on your arrival in Dublin. 4. My nose is bleeding. 5. He offered twenty thousand pounds for his brother's house. 6. This book is more interesting. 7. The beginning of the year was cold. It was snowing and frosting. 8. **Our** house was in the middle of the valley. 9. Pádraig's brother is a very intelligent boy. He took his degree after three years at the university. 10. I thought that it would be as well for me to buy a house. 11. I was only wasting my money paying rent. 12. He was much more at ease with himself when he gave in to his brother. 13. They were helping their father who was cutting turf. 14. Colm had a pain in his back from bending down. 15. The two of them sat on the bank of the lake and took a rest.

LESSON 33

VOCABULARY

báisín	/bɑːsʹiːnʹ/	*báisíní*	basin
caoireoil *fem.*	/kiːrʹoːlʹ/		mutton
coinne	/kʹiNʹə/	*coinní*	appointment
colainn *fem.*	/koLəNʹ/	*colainneacha*	(living) body
coróin *fem.*	/kruːnʹ/	*coróinacha* /kruːNəxiː/	crown
cráin *fem.*	/krɑːnʹ/	*cráintacha* /krɑːNtəxiː/	sow
fiacail *fem.*	/fʹiːəkəlʹ/	*fiacla* /fʹiːəkLə/	tooth
fiaclóir	/fʹiːəkLoːrʹ/	*fiaclóirí*	dentist
láir *fem.*	/Lɑːrʹ/	*láracha* /Lɑːrəxiː/	mare
locht	/Loxt/	*lochtanna*	fault
muinín	/minʹiːnʹ/		trust
neaipicín póca	/nʹæːpʹəkʹiːnʹ poːkə/	*neaipicíní póca*	handkerchief
néal	/Nʹeːl/		nap, swoon, fit
ráille	/rɑːLʹə/	*ráillí*	rail, railing, banister
rotha	/roː/	*róití*	wheel
scil *fem.*	/sʹkʹilʹ/	*scileanna*	skill
sclábhaí	/skLɑːwiː/	*sclábhaithe* /skLɑːwiː/	labourer
searrach	/sʹæːrəx/	*searraigh* /sʹæːrə/	foal
uachtarán	/uːəxtərɑːN/	*uachtaráin* /uːəxtərɑːnʹ/	president

beannaigh 2	/bʹæːNə/	bless, greet
beannú	/bʹæːNuː/	blessing, greeting
braiteoireacht *fem.*	/bræːtʹoːrʹəxt/	hesitating
crá	/krɑː/	tormenting, annoying
cráigh 1	/krɑː/	torment, annoy
pioc 1	/pʹuk/	pick, pluck, preen
piocadh	/pʹukə/	picking
sá 1	/sɑː/	stick, stab, shove
sá	/sɑː/	sticking
aibí	/æːbʹiː/	ripe, smart
bacach	/baːkəx/	lame
baileach	/baːlʹəx/	exactly
binn	/bʹiːNʹ/	melodious
ciotach	/kʹitəx/	clumsy, left-handed
oilte	/eLʹtʹə/	skilled, trained
stadach	/staːdəx/	having a stutter
tútach	/tuːtəx/	awkward, mean
úr	/uːr/	fresh
ar a laghad	/erʹ ə Laid/	at least
ar a mhéad	/erʹ ə wʹeːd/	at most
faoi dhó	/fiː ɣoː/	twice
thar barr	/haːr bɑːr/	outstanding
thar cionn	/haːr kʹiːN/	excellent

VOCABULARY NOTES:

1. *éirí as* (*lit.* to rise out of), to cease
2. *Tá muinín agam as* I trust him
3. *Tá locht agam air* I have a fault to find with it

LESSON 33

4. *muinín a dhéanamh as duine* to put trust in someone
5. *Caith fút !* Take a seat !
6. *Is fada nach bhfaca mé thú* It is a long time since I have seen you
7. *rud eicínt a chur ina loighe ar dhuine* to persuade a person of something
8. *ag baint scil as (lit.* taking skill out of), examining, analysing, diagnosing

GRAMMAR

1. THE PREPOSITION *THAR*

(i) Introduction

Shiúil Cáit thar theach eile.	C. walked past another house.
Shiúil Cáit thar an bhfear sin.	C. walked past that man.

Thar /ha:r/, /hæ:r/ 'past' causes lenition to a directly following noun, e.g. *thar theach* 'past a house', except in certain adverbial phrases, e.g. *thar sáile (lit.* 'over brine'), 'beyond the sea', 'overseas'; *thar barr (lit.* 'past top'), 'outstanding'; *thar cionn* 'excellent'. When used with the singular article a following noun is eclipsed, e.g. *thar an bhfear* 'past the man'.

(ii) Prepositional pronouns

Ordinary form		Pronunciation
tharam	past me	/ha:rəm/
tharat	past you	/ha:rəd/
thairis	past him/it	/hæ:r´əs´/
thairti	past her/it	/ha:rt´ə/
tharainn	past us	/ha:rəN´/
tharaibh	past you *(pl.)*	/ha:ri:/
thartu	past them	/ha:rtəb/

The contrast forms and general usage are the same as that of *ag* and most other prepositional pronouns, e.g. *tharam, tharamsa, tharam féin, tharamsa mé féin;* (see Lesson 16). Note, however, that the contrast form of *thairis* is *tharsan* /ha:rsəN/.

Tharat, thartu have the alternative forms *thartat* /ha:rtəd/ and *tharu* /ha:rəb/ resp., though these are not normally written. *Tharaibh* has the alternative pronunciation /ha:rəb´/.

In the impersonal use of the third person singular *thairis* is replaced by *thart* 'over, around'.

(iii) Meaning of *thar*

The basic meaning is 'past, beyond, over':

Tá Cáit ag siúl thar an ngeata.	C. is walking past the gate.
Tá an madadh ag caitheamh léim thar an mbosca.	The dog is jumping over the box.
Chaith Cáit thar bhliain ansin.	C. spent over a year there.

More idiomatically *thar* is used:

(a) with *a bheith* to express 'outstandingly, extremely'

Tá Cáit thar a bheith go maith.	C. is extremely good.

(b) with *mar* to express 'compared with how'

Tá Cáit go maith thar mar a bhí sí inné.	C. is well compared with how she was yesterday.

2. GENITIVE WITH BROAD CONSONANT AND *-ACH*

céir	wax	*baladh na céarach*	the smell of wax
cathair	city	*muintir na cathrach*	the people of the city
glúin	knee	*caipín na glúnach*	the kneecap
súil	eye	*os cionn na súlach*	above the eye

A limited number of feminine nouns form their genitive by making the final consonant broad and by adding *-ach* /əx/, e.g. *céir* 'wax', *na céarach* 'of the wax'. It will be noticed that most of these nouns are pronounced with one long syllable and a final slender *r, l, n.* If the noun is spelt with two short syllables, e.g. *cathair* 'city', the second syllable is dropped when *-ach* is added: *na cathrach* 'of the city'.

Further examples are:

láir	mare	*searrach lárach*	a female foal
cathaoir	chair	*tóin na cathaorach*	the seat of the chair
traein	train	*doras na traenach*	the door of the train
tóin	bottom	*póca tónach*	hip pocket
coróin	crown	*ar shon na corónach*	for the sake of the crown
cráin	sow	*cloigeann na cránach*	the sow's head
stail	stallion	*cloigeann na stalach*	the stallion's head
caora	sheep	*craiceann caorach*	sheepskin

The medial *r* also becomes broad in *caoireoil* 'mutton': *ceathrú caorólach* 'a quarter (pound) of mutton'.

3. GENITIVE WITH BROAD CONSONANT, *-ACH* AND IRREGULAR VOWEL CHANGE

These feminine nouns form their genitive by making the final consonant broad and by adding *-ach* /əx/ and by changing the spelling from:

(i) *oi* to *o*

toil	/i/	will	*in aghaidh mo tholach* /o/	against my will

(ii) *ui* to *o*

cuid	/i/	share	*ag iarraidh a chodach* /o/	wanting his share (of food)

4. GENITIVE WITH *-N*

A few feminine nouns form their genitive by adding *-n* /N/:

comharsa	neighbour	*teach na comharsan*	the neighbour's house
lacha	duck	*cois na lachan*	the duck's foot
ceathrú	thigh	*os cionn na ceathrún*	above the thigh
An Cheathrú Rua	*place-name*	*muintir na Ceathrún Rua*	the people of 'Carraroe'

We should further note: *Éire* 'Ireland', *muintir na hÉireann* 'the people of Ireland', *in Éirinn* 'in Ireland'. The form *Éirinn* is used after prepositions and also optionally as nominative.

5. FORMATION OF ABSTRACT NOUNS

(i) Abstract nouns formed from adjectives

(a) with *-(e)acht*

Adjective		Comparative		Noun	
bán	white	*níos báine*	whiter	*báineacht*	whiteness
dearg	red	*níos deirge*	redder	*deirgeacht*	redness
oilte	skilled	*níos oilte*	more skilled	*oilteacht*	skill
barúil	amusing	*níos barúla*	more amusing	*barúlacht*	drollery
deacair	difficult	*níos deacra*	more difficult	*deacracht*	difficulty
aibí	ripe	*níos aibí*	riper	*aibíocht*	ripeness

To form an abstract noun the ending *-(e)acht* /əxt/ is normally added to the comparative (superlative) form of an adjective. The ending *-eacht* follows a slender consonant, e.g. *báine, báineacht;* the ending *-acht* follows a broad consonant, e.g. *deacra, deacracht,* or by spelling convention (see Appendix I.6) the ending *-ocht* follows *í,* e.g. *aibí, aibíocht.*

A few adjectives with no special comparative form add *-íocht* /iːəxt/, e.g. *éasca* 'easy', 'quick', *éascaíocht* 'easiness', 'quickness'; *cliste* 'clever', *clistíocht* 'cleverness'; *sásta* 'satisfied', *sástaíocht* 'satisfaction'.

(b) with *-(e)as*

Adjective			Noun		
maith		good	*maitheas*		goodness
buíoch		grateful	*buíochas*		gratitude
tinn	/iː/	sick	*tinneas*	/i/	sickness
beo		alive, quick	*beos*		aliveness, quickness

Some adjectives of one syllable form an abstract noun by adding *-(e)as; -eas* follows a slender consonant, e.g. *maith, maitheas;* the ending *-as* follows a broad consonant, e.g. *buíoch, buíochas;* by spelling convention *s* follows *o: beo, beos.*

Somewhat similar are *te* /t´e/ 'hot', *teas* /t´æːs/ 'heat'; *soibhir* /sew´ər´/ 'rich', *soibhreas* /saiw´r´əs/ 'richness'.

(c) with *-(e)adas*

Adjective			Noun		
ciúin		quiet	*ciúineadas*		quietness
binn	/iː/	melodious	*binneadas*	/i/	melodiousness

Similar to the above are: *úr* 'fresh', *úireadas* 'freshness' (the final *r* becomes slender); *dorcha* 'dark', *dorchadas* 'darkness'.

(ii) Abstract nouns formed from agent nouns

Agent noun		Abstract noun	
bádóir	boatman	*bádóireacht*	boating
feilméara	farmer	*feilméaracht*	farming
sclábhaí	labourer	*sclábhaíocht*	labouring
siopadóir	shopkeeper	*siopadóireacht*	shopping
cabaire	natterer	*cabaireacht*	nattering

To form an abstract noun the ending *-(e)acht* is often added to an agent noun; for the selection of the variants *-eacht, -acht, -ocht* see (a) above. Agent nouns in *-úr* become slender and add *-eacht*, e.g. *táilliúr* 'tailor', *táilliúireacht* 'tailoring'.

Abstract nouns of this sort can be used as verbal nouns, e.g. *ag feilméaracht* 'farming'.

6. ORDINAL NUMBERS

1st	*an chéad cheann*	/ə x´e:d/
2nd	*an dara*[1] *ceann*	/ə da:rə/
3rd	*an tríú ceann*	/ə t´r´i:wu:/
4th	*an ceathrú ceann*	/ə k´æ:ru:/
5th	*an cúigiú ceann*	/ə ku:g´u:/
6th	*an séú ceann*	/ə s´e:u:/
7th	*an seachtú ceann*	/ə s´æ:xtu:/
8th	*an t-ochtú ceann*	/ə toxtu:/
9th	*an naoú ceann*	/ə Ni:u:/
10th	*an deichiú ceann*	/ə d´eu:/
11th	*an t-aonú ceann déag*	/ə ti:Nu: . . . d´e:g/
12th	*an dóú ceann déag*	/ə do:u: . . . d´e:g/
13th	*an tríú ceann déag*	/ə t´r´i:u: . . . d´e:g/
	etc.	
19th	*an naoú ceann déag*	/ə Ni:u: . . . d´e:g/
20th	*an fichiú ceann*	/ə f´i:u:/
21st	*an t-aonú ceann fichead*	/ə ti:Nu: . . . f´i:d/
22nd	*an dóú ceann fichead*	/ə do:u: . . . f´i:d/
23rd	*an tríú ceann fichead*	/ə t´r´i:u: . . . f´i:d/
	etc.	
30th	*an deichiú ceann fichead*	/ə d´eu: . . . f´i:d/
31st	*an t-aonú ceann déag is fiche*	/ə ti:Nu: . . . d´e:g əs f´i/
32nd	*an dóú ceann déag is fiche*	/ə do:u: . . . . /
33rd	*an tríú ceann déag is fiche*	/ə t´r´i:u: . . . . /
	etc.	
39th	*an naoú ceann déag is fiche*	/ə Ni:u: . . . . /

The ordinal numbers can be seen in the above table. *An chéad* 'the first' lenites a following noun (except those beginning with *t, d*), e.g. *an chéad bhord* 'the first table'; *an chéad duine* 'the first person'. *An chéad* used with *eile* means 'the next', e.g. *an chéad uair eile* 'the next time', *an chéad bhliain eile* 'next year'. All the ordinal numbers except *an chéad*, prefix *h* to a following vowel, e.g. *an dara háit* 'the second place', *an tríú húlla* 'the third apple'.

[1] A common alternative is *darna* /dɑ:rNə/

LESSON 33

Ordinals above thirty-nine are generally avoided by the use of circumlocution, e.g. *Sin (anois) dhá fhichead leabhar* 'That there (now) is forty books'; *Sin (anois) leabhar is dá fhichead* 'That there (now) is forty-one books'; or by using the older system reintroduced through the schools:

40th	*an daicheadú ceann*	/ə da:du:/
41st etc.	*an t-aonú ceann is daichead*	/ə ti:Nu: . . . əs da:d/
50th	*an caogadú ceann*	/ə ki:gədu:/
60th	*an seascadú ceann*	/ə s´æ:skədu:/
70th	*an seachtadú ceann*	/ə s´æ:xtədu:/
80th	*an t-ochtódú ceann*	/ə toxto:du:/
90th	*an nóchadú ceann*	/ə No:xədu:/
100th	*an céadú ceann*	/ə k´e:du:/
1000th	*an míliú ceann*	/ə m´i:l´u:/
1,000,000th	*an milliúnú ceann*	/ə m´iL´u:Nu:/

After an ordinal numeral, nouns remain unchanged in the genitive, e.g. *clann an dara bean* 'the second wife's family'.

TEXT

AN FIACLÓIR

Deireann na fiaclóirí i gcónaí go mba chóir dhuit a ghoil acu ar a laghad faoi dhó sa mbliain. Bím féin i gcónaí ag caint ar a ghoil ag an bhfiaclóir. Bím i gcónaí go díreach ag goil ag cur glaoch air nuair a thosaím ag braiteoireacht. B'fhéidir gurbh fhearr é a chur siar cupla seachtain eile ! Ar an gcaoi seo, éiríonn liom a ghoil aige ar a mhéad 'chuile thrí'ú bliain.

Bhí mé ag an bhfiaclóir an lá cheana. Nuair a bhí mé i mo shuí sa seomra ag fanacht le a ghoil isteach aige, tháinig bean isteach sa seomra. Ní raibh fonn cainte ormsa ach níor éirigh an bhean as a bheith ag cabaireacht: 'Tá mé cráite ag an bhfiacail seo. Níor chodail mé néal le dhá oíche. Shílfeá go raibh 'chuile chnáimh i mo cholainn tinn, tá an oiread sin pian inti.'

Thar éis tamaill, ghlac mé truaí don bhean bhocht. Thosaigh mé a rá nach raibh an scéal baileach chomh dona sin agus ag inseacht dhi cé chomh maith is a bhí an fiaclóir agus cén muinín a bhí agamsa as. Ach bhí 'chuile locht aicese air.

'Níl maith ar bith ann !' a deir an bhean. 'Chaith mé féin thar sé bliana thar sáile agus bhí na fiaclóirí go hiontach. Bhí siad thar a bheith go maith. Ach maidir le fiaclóirí na cathrach seo, nó fiaclóirí na hÉireann, ní dhéanfainn aon mhuinín astu.'

Faoin am ar cuireadh fios ormsa le a ghoil isteach ag an bhfiaclóir, bhí mé ag creathadh leis an bhfaitíos. Ach chuaigh fear eile tharam ar a bhealach amach agus dúirt seisean liom mo mhisneach a choinneál. Ní raibh sé chomh dona sin !

'Tá fáilte romhat,' a deir an fiaclóir, 'cén chaoi a bhfuil tú   is fada nach bhfaca mé thú.'

'Thar cionn,' a deirimse. Bhí mé ag iarraidh a chur ina loighe orm féin go raibh.

'Caith fút ansin !'

Shuigh mé sa gcathaoir agus chas an fiaclóir rotha beag. D'ardaigh sé an chathaoir le mé a dhéanamh níos compóirtí. Ansin leag sé túáille beag cosúil le neaipicín póca ar an ráille in aice liom. Líon sé gloine agus leag[1] *í ar an mbáisín beag a bhí in aice na cathaorach. Shá sé rud eicínt isteach i mo bhéal agus thosaigh sé ag piocadh as mo chuid fiacla. Chaith sé scaitheamh ag baint scil astu agus ag cuartú poill. Ansin dúirt sé gur cuireadh coróin ar cheann de na fiacla cupla bliain ó shin agus go raibh barr na corónach briste. Chaithfinn a thíocht ar ais lá eile. D'fhéadfainn coinne a dhéanamh leis an rúnaí ar mo bhealach amach.*

Is duine deas é an fiaclóir. Agus ar ndóigh, tá sé an-oilte. Mar sin féin, caithfidh mé a rá go raibh áthas orm nuair a bhain mé an doras amach !

EXERCISES

A. Complete these sentences, using the appropriate prepositional pronoun to replace the brackets, e.g. **thairis.**

1. *Chaith an madadh léim (thar an mbosca).*
2. *Shiúil go leor daoine (thar Bhríd) ar maidin.*
3. *Lig muid an bhliain (thar) (muid) gan mórán oibre a dhéanamh.*
4. *Bhí an iomarca ciumhaiseanna (thar) (mé) sa leaba aréir. Bhí mé rósta.*
5. *An ndeachaigh an dochtúr (thar) (thusa) gan beannú dhuit ar chor ar bith ?*
6. *Ní chuirfinn (thar na comharsanna) rud chomh gránna sin a dhéanamh.*
7. *Chuaigh uachtarán na hÉireann (thar) (seisean) sa gcarr.*
8. *Chonaic mé carr na comharsan ag imeacht (thar) (sibh) ar an mbealach aniar.*

B. Give the nominative singular of the noun which is in the genitive, e.g. *caora.*

1. craiceann caorach 2. póca tónach 3. cois na cathaorach 4. os cionn na glúnach 5. i lár na cathrach 6. fuinneoig na traenach 7. ceathrú caorólach 8. os cionn mo shúlach 9. chomh buí le cois lachan 10. in aghaidh a tholach 11. muintir na Ceathrún Rua(í) 12. cuid na comharsan 13. sclábhaithe na hÉireann 14. cluais na cránach

C. Write out fully, e.g. **an dara h***úlla.*

1. *2ú húlla* 2. *30ú fear* 3. *21ú ceann* 4. *5ú áit* 5. *15ú duine* 6. *11ú bord*

LESSON 33

TRANSLATE:

1. Just when I was going to ring the dentist I began to hesitate. This (here) is the third time I have done that. 2. The neighbour's son was at the doctor yesterday. They say that he has some peculiar sickness. 3. I was annoyed by people ringing me. At last, against my will, I made an appointment with one of them. 4. I did not feel like talking but there are always people who want to natter. 5. The doctors of this city are extremely good. I would be willing to trust any of them. 6. He was over fifteen years abroad. He was farming in America. There is great wealth in that country. 7. He placed a handkerchief on the rail and a glass of water on the basin. 8. At least I bought a quarter of fresh mutton from the shopkeeper yesterday. 9. Was the president of Ireland at the big match on Sunday ? 10. Did you shut the train door ?

[1] In a sentence where the same subject pronoun occurs after two or more verbs in the past tense, it is sometimes to be understood. This is a feature of narrative style.

LESSON 34

VOCABULARY

aithrist *fem.*	/æ:r´əs´t´/		imitation, mimicry
ál	/ɑ:L/	*álta*	clutch, litter
bois *fem.*	/bos´/	*bosa*	palm *(of hand)*
call	/kɑ:L/		call, necessity
dair *fem.*	/dæ:r´/		oak
dícheall	/d´i:L/		best effort
gaol	/gi:L/	*gaolta*	relation
jab	/dʒa:b/	*jabanna*	job
masla	/ma:sLə/	*maslaí*	insult
naprún	/Na:pru:N/	*naprúin* /Na:pru:n´/	apron
radharc	/rairk/		sight
ronnach	/ruNəx/	*ronnacha*	mackerel
scornach	/sko:rNəx/	*scornaí*	throat
maslaigh 2	/ma:sLə/		insult
maslú	/ma:sLu:/		insulting
smaoinigh 2	/smi:n´ə/		think (*ar:* about), recall
smaoiniú	/smi:n´u:/		thinking
téamh	/t´e:w/		heating
téigh 1	/t´e:/		heat, warm
aerach	/e:rəx/		airy, lighthearted, giddy
cneasta	/k´r´æ:stə/		honest
leadránach	/L´ɑ:drɑ:Nəx/		boring, tedious
slachtmhar	/sLa:xtər/		handsome, well-finished
ainneoin (go/nach)	/iN´u:n´/	*(with gen.)*	despite, in spite of
ar nós	/ər Nu:s/	*(with gen.*[1]*)*	like
i gcomórtas le	/ə gumo:rtəs/		in comparison with
'tuige	/tig´ə/		why?

VOCABULARY NOTES:

1. *Tá gaol agam le* I am related to
2. *ag cur duine in aithne do dhuine eile* introducing a person to another person
3. *cogar!* (*lit.* whisper!), hey, tell me!, say!
4. *lán na súl a bhaint as* (*lit.* to take the full of the eyes out of), to get a good and proper look at
5. *Déanfaidh sé cúis dhom* That will be sufficient for me; that will do me

[1]Exceptionally *ar nós* (a preposition which can take the genitive) is followed directly by *mise, mé féin*, etc., e.g. *Tá Gaeilge aige ar nós thú féin* 'He can speak Irish like yourself'.

GRAMMAR

1. EMPHATIC WORD ORDER

(i) Fronted sentences

The copula (see Lesson 11) can be used to emphasise or 'front' the part of a sentence to which particular importance is given.

Tá an fear ag caint le Cáit anois. The man is talking to C. now.

Fronting:

(a) *Is é an fear atá ag caint le Cáit.* It is **the man** who is talking to C.

(b) *Is ag caint le Cáit atá an fear anois.* (*lit.* It is talking to C. that the man is now)[1]
The man is **talking to C. now.**

(c) *Is le Cáit atá an fear ag caint anois.* It is **to C.** the man is talking now.

(d) *Is anois atá an fear ag caint le Cáit.* It is **now** that the man is talking to C.

The appropriate pronoun (*é, í, iad*) is used before a definite noun, e.g. *Is é an fear atá ...* 'It is the man who is ...'; *Is í Cáit atá ...* 'It is C. who is ...'; *Is iad mo mhuintir atá ...* 'It is my people who are ...'; (see Lesson 14).

Ní bhíonn sé anseo go minic. He is not often here.
Ní minic a bhíonns sé anseo. It is not often that he is here.

When an adverb or adjective with *go* (e.g. *go minic, go maith*) is fronted, no *go* is required following the copula.

(ii) Responses

(a) *Ab é an fear atá ag caint le Cáit ?* *Is é.* /s´e:/ *Ní hé.* /N´i: he:/
Is it **the man** who is talking to C. ? Yes. No.

In responses the appropriate pronoun is repeated with the required form of the copula (see Lesson 14.)

(b) *Ar ag caint le Cáit atá an fear ?* *Is ea.* /s´æ:/ *Ní hea.* /N´i: hæ:/
Is it talking to C. that the man is ? Yes. No.
Is the man **talking to C.** ?

(c) *Ar le Cáit atá an fear ag caint ?* ....
Is it **to C.** that the man is talking ?

(d) *Ar anois atá an fear ag caint le Cáit ?* ....
Is it **now** that the man is talking to C. ?

(e) *Ar cúthal atá an fear atá ag caint le Cáit ?* ....
Is it **shy** that the man who is talking to C. is ?
Is the man who is talking to C. **shy** ?

[1] This type of sentence is common in English as spoken in Ireland.

When a preposition, adverb or adjective is fronted, *ea* is used in responses with the required form of the copula. For a more emphatic response a prepositional pronoun or an adjective can be repeated, e.g. *Ar le Cáit atá ...? Is léi; Ar dearg atá ...? Is dearg.*

In all the above fronted sentences the copula is often simply understood, e.g. *Ag caint le Cáit atá ...? Is ea.*

(iii) Fronted copula sentences

Ba cheart dhuit a thíocht.	You should come.
Thusa a ba cheart a thíocht.	**You** should come.

The topics in copula sentences are not normally fronted in statements except in the phrases *ba cheart, ba chóir* 'you should ...'. In this case the contrast form of the personal pronoun, e.g. *thusa,* corresponding to the form of *do,* e.g. *dhuit,* in the basic sentence is fronted.

2. EMPHATIC CONSTRUCTIONS

(i) *Is é an chaoi*

Bhris sé an bord.	He broke the table.
Is é an chaoi ar bhris sé an bord.	Actually, he **broke** the table.
An nglanann Cáit an bord ?	Does C. clean the table ?
Ab é an chaoi a nglanann Cáit an bord.	Does C. actually **clean** the table ?

The verb can be emphasised by using *is é an chaoi*[1] /s´e: xi:/ or *ab é an chaoi*[1] /əb´ e: xi:/ in questions. They are both followed by an indirect relative clause (see Lesson 18). Alternatively *is amhlaidh* /əs auLə/, *ar amhlaidh* /ər auLə/ can be used with a direct relative clause.

(ii) *Is éard*

Dúirt sé go raibh sé ag imeacht.	He said he was going off.
Is éard a dúirt sé go raibh sé ag imeacht.	What he said is that he was going off.

Is éard /s´e:rd/, which is followed by a direct relative (see Lesson 13), is used to emphasise following indirect speech. The forms of the copula which are employed before *é, í, iad* (see Lesson 11) are used, e.g. *Ab éard ...? Nach éard ...?*

3. SOME IRREGULAR GENITIVES

bean	/b´æ:N/	woman	*cóta na mná*	/mrɑ:/	the woman's coat
driofúr	/d´r´aur/	sister	*fear mo dhreifíre*	/ɣ´r´ef´i:r´ə/	my sister's husband
lá	/Lɑ:/	day	*solas an lae*	/Le:/	the daylight
teach	/t´æ:x/	house	*doras an tí*	/t´i:/	the door of the house
leaba	/L´æ:bə/	bed	*bun na leapa*	/L´æ:pə/	the bottom of the bed
mí	/m´i:/	month	*deireadh na míosa*	/m´i:sə/	the end of the month
trá	/trɑ:/	shore	*barr na trá*	/trɑ:w/	the top of the shore

[1]As in *cén chaoi* 'how' and *ar aon chaoi* 'anyhow', 'at any rate', the *n* is not pronounced.

dair	/dæ:r´/	oak	*crann daraí*	/da:ri:/	an oak tree
talamh	/ta:Lə/	ground	*ag tomhais*	*an talaimh*/ta:Lə/ *na talún* /ta:Lu:N/	measuring the ground

The genitive of *trá* is pronounced with a final /w/. The genitive of *talamh* may be either *an talaimh* or *na talún*.

4. GENITIVE OF CERTAIN VERBAL NOUNS IN SET EXPRESSIONS

In set phrases, certain verbal nouns have a genitive form which is similar to the verbal adjective. The following are some examples:

caitheamh	smoking	*cead caite*	permission to smoke
pósadh	marrying	*fáinne pósta*	a wedding ring
téamh	heating	*deis téite*	a heating apparatus
suí	sitting	*áit suite*	a place to sit
loighe	lying	*áit loite*	a place to lie

5. GENITIVE PLURAL IN SET EXPRESSIONS

Tá na báid anseo.	The boats are here.
Tá úinéaraí na mbáid anseo.	The owners of the boats are here.

Normally there is only one plural form (see Lesson 25). However, in some set phrases (mostly concerning animals or parts of the human body) an older genitive plural is still used:

		nom. pl.	*gen. pl.*	
éan	bird	*éanacha*	*ceol na n-éan*	the song of the birds
cearc	hen	*cearca*	*teach na gcearc*	the hen house
bois	palm	*bosa*	*ag bualadh bos*	clapping (hands)
ronnach	mackerel	*ronnacha*	*ag iascach ronnach*	fishing (for) mackerel

In form, the old genitive plural is generally the same as the nominative singular, e.g. *éan* 'bird', *ceol na n-éan* 'the song of the birds'. However, in the case of a feminine noun like *bois* it is the same as the old nominative (ending in a broad consonant), e.g. *bois* 'palm of hand', *bualadh bos lit.* 'hitting of hands', 'clapping'; *muic* 'pig', *cuid na muc* 'the food of the pigs', 'pig food'.

In the case of nouns which add a consonant in the genitive singular, e.g. *lacha*, gen. *lachan* (see Lesson 33) the old plural genitive is the same as the genitive singular, e.g. *ál lachan* 'a brood of ducks'.

Radharc na súl (from *súil* 'eye') 'the sight of the eyes', 'eyesight' is exceptional.

6. *DHÁ* 'HOWEVER' WITH ABSTRACT NOUN

	dheacracht	difficult	
	dheirgeacht	red	
	bharúlacht	amusing	
Dhá	*aistí*	strange	*é, beidh Cáit sásta.*
However	*shlachtmhaire*	handsome	it is, C. will be pleased.
	chruacha	hard	
	fheabhas	good, excellent	

LESSON 34

Dhá /ɣɑː/, /ɑː/ which is not stressed, causes lenition and is followed by a form which is the same as the abstract noun (see Lesson 33), e.g. *deacracht* 'difficulty', *dhá dheacracht* 'however difficult'. Nouns ending in *-(e)ach*, e.g. *aisteach* 'strange', or in *-mhar*, e.g. *slachtmhar* 'handsome', or nouns pronounced with a final vowel, e.g. *crua* 'hard', take a form the same as the comparative, e.g. *níos aistí* 'stranger', *dhá aistí* 'however strange'; *níos slachtmhaire* 'handsomer', *dhá shlachtmhaire* 'however handsome'; *níos cruacha* 'harder', *dhá chruacha* 'however hard'.

A sentence of the type 'the bigger, the better' is expressed by *dhá mhéad é is ea is fearr.* This use of *is ea* reflects a usage (which is now most infrequent) where it followed an adverbial phrase which was fronted, e.g. *Ar an mbóthar is ea a chonaic mé í* 'On the road I saw her'.

7. *A ... IS* 'HOW'

Is iontach a fheabhas is atá sé. It is amazing how good he is.

A /ə/ which is not stressed and causes lenition takes the same form of an adjective as follows *dhá* 'however' (see above). This construction precedes *is* and a direct relative clause (see Lesson 13).

TEXT

AN TARBH

Is cuimhne liom go maith an samhradh a chaith muid ag obair i Sasana. Mic léinn a bhí ionainn an uair sin agus is muide a bhí óg agus aerach ! Dháiríre, ní raibh call ar bith dhúinn an samhradh a chaitheamh ag sclábhaíocht. Bhí scoláireachtaí againn agus ní raibh an t-airgead ag tastáil chomh géar sin uainn. Ach bhí gaol eicínt ag fear mo dhreifíre le fear a raibh teach ósta mór aige i Sasana agus chuaigh muid anonn ag iarraidh jab air.

Fear mór láidir ar nós tarbh a bhí ann. 'An Tarbh' a thugadh muide i gcónaí air. Chuir muid muid féin in aithne dhó. Dúirt mé leis go raibh gaol agam leis. Ní roshásta a bhí sé. Is é an chaoi a sílfeá gur ag iarraidh é a mhaslú a bhí muid ! Ach thug sé posta dhúinn ag níochán soithí sa gcisteanach.

B' uafásach an sclábhaíocht é. Bhíodh muid ag obair deich n-uaire an chloig sa ló[1] *aige. Bhíodh an t-aer chomh dona sin go mbíodh mo scornach tinn i gcaitheamh an lae. B' éigean dhúinn naprúin mhóra fhada a chaitheamh agus sheasadh muid ag an mbáisín ó mhaidin go hoíche ag níochán agus* **ag triomú soithí**. *A leithéide d' obair leadránach !*

Is cuimhne liom go raibh mé ag obair an-chrua. Bhí mé ag iarraidh mo dhícheall a dhéanamh agus mo chuid airgid a shaothrú go cneasta. Ach dhá chruacha a bhínn ag obair, is ea is cantalaí a bhíodh an Tarbh. Dhá mhéad oibre a dhéanfá, ní fhéadfá an Tarbh a shásamh. B'fhearr leis a bheith ag clamhsán.

'Cogar !' a deir comrádaí liom lá amháin. 'Tuige a bhfuil tusa ag briseadh do chroí ag obair mar sin ? Tóig go bog é ! Is é an chaoi nach bhfeiceann an Tarbh ar chor ar bith thú. Tá radharc na súl go dona aige.'

[1] In certain set phrases *ló* may replace *lá* following a preposition.

Sin é a shíl muid nó go raibh muid ina seasamh ag an mbáisín lá amháin ag déanamh aithrist air agus chonaic sé muid. A leithéide de bhuille is a bhuail sé ar mo chomrádaí ! Hóbair dhó é a mharú. Ach nuair a smaoiním anois air, is dóigh go raibh an t-ádh orainn nar briseadh muid.

Is cuimhne liom an chéad pháí a fuair mé. Bhreathnaigh sí chomh mór an uair sin dhúinn i gcomórtas leis an airgead a bhíodh ag mac léinn. Bhí seomra codlata againn i dteachaín beag ar chúla an tí mhóir ('teach na gcearc' a thug mo chomrádaí air). Dhúisigh ceol na n-éan go moch ar maidin mé. D'éirigh mé agus leag mé mo chuid airgid amach ag bun na leapa go díreach le lán mo shúl a bhaint as !

Gheall an Tarbh dhá scór punt eile an duine dhúinn dhá bhfanfadh muid go deireadh na míosa. Shíl muide go ndéanfadh an t-airgead a bhí saothraithe againn cúis dhúinn agus d'imigh muid abhaile.

Ainneoin go raibh an obair crua, ní chreidfeadh ar muintir a fheabhas is a bhí muid ag breathnú nuair a bhain muid an baile amach.

EXERCISES

A. Rewrite the following, bringing the words in **bold face** to the front of the sentence, e.g. *Is ag goil abhaile atá mé.*

1. *Tá mé* **ag goil abhaile**
2. *Tá* **Cáit** *anseo.*
3. *Beidh Bríd anseo* **amáireach.**
4. *Tá* **an carr** *ar chúla an tí.*
5. *Beidh Tomás ag tíocht* **ag deireadh na míosa.**
6. *Bhí an fáinne pósta* **ar an mbord.**
7. *Tá* **crann daraí** *ansin.*
8. *Tá Peige* **ag cóiriú na leapa** *anois.*
9. *Bíonn sé ag caint leis an dochtúr* **go minic.**
10. *Tá teach mo dhreifíre* **i nGaillimh.**
11. *Bhí* **mé** *óg aerach an uair sin.*
12. *Ba cheart* **dhuitse** *caint leis.*

B. Prefix *sílim* to the fronted forms of the above sentences, e.g. *Sílim gur ag goil abhaile atá mé.*

C. Rewrite the following, using *is éard* or *is é an chaoi* appropriately to emphasise the words in bold face, e.g. *Shíl mé go raibh sé ann ach is é an chaoi a raibh sé imithe.*

1. *Shíl mé go raibh sé ann ach* **bhí sé imithe.**
2. *Ní raibh mé tuirseach.* **Bhí mé thar cionn.**
3. *Deir sé* **go bhfuil Máire tinn.**
4. *Bhí mé cinnte go raibh an bord glan.* **Ní raibh sé glan ar chor ar bith.**
5. *Is* **amadán** *é féin.*
6. *Dúirt sé* **nach raibh sé sásta.**

D. Give positive responses to the following fronted sentences, e.g. *Is ea.*

1. *Ar ag caint le Bríd atá sé ?*
2. *Ab é Pádraig atá ann ?*
3. *Ab iad na comharsanna a dúirt é ?*

4. *Ar ag tomhais na talún a bhí sé ?*
5. *Ar amáireach a bheas Tomás anseo ?*
6. *Ar i gcaitheamh an lae a bhíonns tú ag obair ?*

E. In the following fronted sentences the copula is understood. Give negative responses, e.g. *Ní hea.*

1. *Máirtín an t-ainm atá air ?*
2. *Inné a tháinig sé.*
3. *Bríd Bheag a thugann muide uirthi.*
4. *Ag deireadh na míosa a bheas an leabhar réidh ?*
5. *Ceol na n-éan a dhúisigh thú ?*
6. *Máirtín a rinne é.*
7. *Na daoine céanna a dúirt é.*
8. *Ag cóiriú na leapa atá Bríd ?*
9. *Cáit a deireanns é sin i gcónaí.*
10. *'Fear' an Ghaeilge atá ar* 'woman' ?
11. *Crann daraí atá ann ?*
12. *Trí phunt atá orthu sin.*

TRANSLATE:

1. The woman's coat is on the ground. 2. I thought she would be there but actually, she wasn't there at all. 3. What he said was that he was not satisfied. 4. It is Máire who said that. 5. Is Pádraig **fishing for mackerel** ? 6. I was doing my best. 7. Was Tomás imitating Séamas ? 8. You are **insulting him.** 9. It was **cold** today compared to yesterday. 10. Why was the work boring ? 11. I thought I was related to him but, actually, I was not related to him at all. 12. There was no call for us to work. 13. My throat was sore all day. 14. Hey, tell me, was the wedding ring on the table ?

LESSON 35

VOCABULARY

abairt *fem.*	/a:bərt´/	*abairtí*	sentence
brabach	/bra:bəx/		profit
brí *fem.*	/b´r´i:/		importance, energy
caisleán	/kus´l´ɑ:N/	*caisleáin* /kus´l´ɑ:n´/	castle
fráma	/frɑ:mə/	*frámaí*	frame
milleán	/m´iL´ɑ:N/		blame
príosún	/p´r´i:su:N/	*príosúin* /p´r´i:su:n´/	prison
rothar[1]	/rohər/	*rothair*	bicycle
scabhtéara	/skaut´e:rə/	*scabhtéaraí*	scoundrel
stair *fem.*	/stæ:r´/		history
tíreolas	/ˌt´i:'ro:Ləs/		geography
toirneach *fem.*	/taurN´əx/		thunder
Carna	/kɑ:rNə/		*(place-name)*
Corcaigh	/korkə/		Cork
marcaíocht *fem.*	/ma:rki:əxt/		riding; lift
parcáil 1	/pa:rkɑ:l´/		park
parcáil *fem.*	/pa:rkɑ:l´/		parking
pléasc 1	/p´l´e:sk/		burst, explode
pléascadh	/p´l´e:skə/		bursting
cruógach	/kru:əgəx/		busy
folláin	/foLɑ:n´/		healthy
siúráilte	/s´u:rɑ:L´t´ə/		sure
céardós	/k´erdo:s/		what sort of ?
de réir a chéile	/gə r´e:r´ ə x´e:l´ə/		gradually, bit by bit
feasta	/f´æ:stə/		from now on, in future
marach	/ma:rəx/		but for, except for

VOCABULARY NOTES:

1. *cupla bliain nó a trí* two or three years
2. *ag cur as do dhuine* upsetting a person
3. *ag ligean orm féin (go/nach)* pretending (that)
4. *ag tabhairt faoi* attacking, coming to grips with
5. *Cén bhrí ach ...* I wouldn't mind but ...; what would it matter except that ...

[1] According to the rules of the dialect *rothar* would be pronounced /ro:r/. However, as this word is a modern coinage, /rohər/ is probably more often used. See Appendix I.3.

GRAMMAR

1. INFINITIVE CONSTRUCTION WITH *A BHEITH*

(i) Optional replacement of *go/nach* clauses

(a) After prepositional idioms with the copula

Ba mhaith liom an carr a bheith ag Cáit.	I would like C. to have the car.
Ní miste gan airgead a bheith ag Máirtín.	It doesn't matter that M. has no money.

After prepositonal phrases with the copula, e.g. *is maith liom, is cuma liom,* etc. (see Lessons 20 and 23) *go/nach* clauses are frequently replaced by using the subject followed by *a* /ə/ which causes lenition, and the verbal noun, e.g. *Ba mhaith liom an carr a bheith ag Cáit* 'I would like C. to have the car', instead of *Ba mhaith liom go mbeadh an carr ag Cáit*. A negation is expressed by using *gan* /gəN/ before the subject, e.g. *Ba mhaith liom gan an carr a bheith ag Cáit* 'I would like C. not to have the car'.

(b) After certain conjunctions

marach only that *thar éis* notwithstanding the fact that	*Cáit a bheith anseo* C. is here.

After a certain few conjunctions the infinitive construction with *a bheith* can optionally replace *go/nach* clauses, e.g. *marach Cáit a bheith anseo* for *marach go raibh Cáit anseo; thar éis Cáit a bheith anseo* for *thar éis go bhfuil Cáit anseo*.

In the case of the prepositions *ach* 'as soon as', 'provided that'; *ag* 'as a result of the fact that', 'because', this construction is always used: *ach/ag Cáit a bheith anseo* 'as soon as / because C. is here'.

(ii) In double conditions

Dhá mbeadh Máirtín anseo agus carr a bheith aige, bheadh Cáit sásta.	If M. was here and if he had a car, C. would be content.
Dhá mbeadh fear ag Cáit agus gan airgead a bheith aige, ní bheadh sí sásta.	If C. had a man and if he hadn't any money, she would not be pleased.

In the case of a second condition, instead of simply using another *dhá/mara* clause, e.g. *Dhá mbeadh Máirtín anseo agus dhá mbeadh carr aige ...* 'If M. was here and if he had a car ...', the infinitive construction may be used: *Dhá mbeadh Máirtín anseo agus carr a bheith aige ...*

2. IDIOMATIC USES OF *AGUS/IS*

(i) Two principal clauses

Bhí Bríd ann agus í tinn.	B. was there and she was sick.
Tá Cáit ansin agus leabhar mór aici.	C. is there and she has a big book.
D'imigh Máirtín amach agus gan aon chóta air.	M. went out and he had no coat on.

When two principal clauses are connected by *agus*, the verb *tá* may be omitted in the second: (a) if the same subject is in both clauses, e.g. *Bhí Bríd ann agus í tinn;* (b) if the preposition in a prepositional idiom, e.g. *Tá leabhar agam*, refers to the subject of the first principal clause, e.g. *Tá Cáit ansin agus leabhar mór aici.*

This construction may be used to imply a certain element of surprise: *Bhí Bríd ann agus í tinn* 'B. was there even though she was sick'.

(ii) *Agus/is* meaning 'when', 'since'

Bhí an bosca ansin is mé ag tíocht abhaile.	The box was there when I was coming home.
Bhí an lá gearr is thú ag imeacht thart mar sin.	The day was short since you were going round like that.

A circumstantial phrase ('when ...', 'while ...'. 'since ...', 'as ...') can be introduced by *agus/is* and the verb *tá* is then omitted.

(iii) Use of *agus/is* in responses

Statement	Response
An bhfuil sé mhíle as seo go Carna ? Is it six miles from here to Carna ?	*Tá agus deich míle !* Indeed it is (probably) ten miles.
Tá mé ag imeacht anois. I am going off now.	*Tá agus mise.* Yes, and so am I.
Is maith liom an áit seo. I like this place.	*Is maith agus liomsa.* Yes, and so do I.

In responses of this sort, which while in unison with the statement or question, add to an amount (e.g. *Tá agus deich míle !*) or add to the subject (e.g. *Tá agus mise*) *agus/is* is used and the verb *tá* need not be repeated. Note the use of the contrast form of pronouns or prepositional pronouns, e.g. *Tá agus* **mise** *!* *Is maith agus* **liomsa.**

If the statement or question is in the negative *ná* /Nɑ:/ can be used similarly, e.g. *Níor cheannaigh Cáit trí chóta ? – Níor cheannaigh ná dhá chóta !* 'C. didn't buy three coats ? ' – 'No, she didn't and she didn't even buy two coats !'; *Níl mé sásta. – Níl ná mise.* 'I am not satisfied.' – 'No, indeed, and neither am I.'

3. EMPHATIC RESPONSES

Statement	Response
Rinne mé go maith. I did well.	*Rinne tú.* Indeed you **did**.
Bhidís sásta leis. They used to be pleased with it.	*Bhidís, muis !* They **were**, indeed !

Where a response is emphasised the subject pronouns may be repeated, e.g. *Rinne tú* 'Indeed, you did !', and both receive equal stress. When a combined form is pronounced with a long final syllable it can be stressed equally with the first syllable, e.g. *bheidís* /'w´e'd´i:s´/, *íocfar* /'i:'kɑ:r/. The second syllable of the optional third person plural past form (see Lessons 7 and 26) can also be stressed, e.g. *bhíodar* /'w´i:'dor/ as opposed to nonstressed /'w´i:dər/.

4. *A* 'ALL OF THAT WHICH'

Sin a bhfuil anseo.	That is all of that which is here.
Chaith sé a raibh d'airgead aige.	He spent all of the money he had.

A /ə/ which causes eclipsis (and is followed by the dependent form of an irregular verb) is used to express 'all of that which', e.g. *Sin a bhfuil anseo* 'That is all of that which is here'. The preposition *de* is used before a following noun, e.g. *Chaith sé a raibh d'airgead aige (lit.* He spent all of that which he had of money), 'He spent all the money he had'.

When the preposition *de* is used in a partitive sense (see Lesson 24) it combines with the relative *a(r)* to give *dhá(r)* /ɣɑ: (r) /, e.g. *Ní raibh duine dhá raibh ann sásta* 'No one of all those who were there was pleased'; *Ní chreidim focal dhár 'úirt sé* 'I don't believe a word of all that he said'.

5. MONTHS OF THE YEAR

1	*Eanáir*	/æ:Nɑ:r´/	7.	*Iúil*	/u:l´/
2.	*Feabhra*	/f´aurə/	8.	*Lúnasa*	/Lu:Nəsə/
3.	*Márta*	/mɑ:rtə/	9.	*Meán Fómhair*	/m´ɑ:N fu:wər´/
4.	*Aibreán*	/aib´r´ɑ:N/	10.	*Deireadh Fómhair*	/d´er´ə fu:wər´/
5.	*Bealtaine*	/b´ɑ:Ltən´ə/	11.	*Samhain*	/saun´/
6.	*Meitheamh*	/m´ehəw/		*Mí na Samhna*	/m´i: Nə sauNə/
			12.	*Nollaig*	/NoLək´/
				Mí na Nollag	/m´i: Nə NoLək/

The above are now accepted as the standardised names of the months. Some of them are traditional in the dialect, e.g. *An Márta* 'March', *An tAibreán* 'April'; *An Bhealtaine* 'May', and these take the article, e.g. *san Aibreán* 'in April'. Others have been introduced through the school system[1], e.g. *Meitheamh* 'June', *Iúil* 'July'. *Mí* 'month' is often prefixed, e.g. *Mí Eanáir* 'the month of January', *Mí Meán Fómhair* 'September'.

TEXTS

AN CARR

Cheannaigh mé seancharr cupla bliain ó shin. Ní raibh sí agam ach lá amháin nuair a d'éirigh liom bualadh faoi charr a bhí parcáilte taobh amuigh de theach na comharsan. A leithéide de phlump ! Rith na comharsanna uilig amach agus iad ag ceapadh go mb' fhéidir gur bhuail plump mór toirní teach eicínt.

Sheas an carr cupla bliain nó a trí. Ansin thosaigh sí ag titim óna chéile. Bhí mé ag caitheamh a raibh d'airgead agam uirthi agus b' éigean dhom í a dhíol.

Thug mé ag fear a bhí ag plé le seancharranna briste í. Bhí sé an-chrúógach agus shíl mé go raibh mé ag cur as dhó. Chaith sé súil ar an gcarr.

'An bhfuil tú siúráilte go bhfuil tú ag iarraidh í a dhíol ?' a deir sé.

'Tá,' a deirimse.

[1] This explains the exceptional pronunciation of *Meitheamh*.

'Dhá mbeadh rotha nua uirthi agus gan an doras sin a bheith briste, thabharfainn cupla punt dhuit uirthi. Ní fiú tada mar sin í.'

D'fhan mé ciúin ar feadh nóiméad nó dhó. Bhí mé ag ligean orm féin nar airigh mé ar chor ar bith é.

'Tabharfaidh mé scór dhuit ach í a fháil ar an bpointe.'

'Dúirt mé leis nach bhféadfainn scaradh léi ar níos lú ná dhá scór. Níor chreid sé focal dhár 'úirt mé.

'Scoiltfidh mé leat é,' a deir sé féin.

'Tá go maith.'

D'airigh mé cupla seachtain ina dhiaidh gur dhíol an scabhtéara an carr ar leathchéad punt an lá ina dhiaidh. Bhí brabach mór aige.

AN ROTHAR

Lá amháin, tháinig an dearthair is óige atá agam[1] *abhaile agus rothar nua aige. Gan mórán achair, bhí mé féin ag baint traoiáil aisti freisin. D'aontaigh an bheirt againn go raibh an rothar an-fholláin le hais an chairr. Shocraigh muid dhá mbeadh rothar agamsa agus an t-am a bheith agam, go bhféadfadh muid imeacht ag breathnú ar an tír. Bhí an-spéis ag mo dhearthair sa tíreolas agus i stair na tíre.*

Cheannaigh mé rothar go díreach cosúil lena cheann seisean agus thosaigh muid amach.

Hóbair dhó mé a mharú ! Dhá mbeadh sé de chiall againn tabhairt faoi de réir a chéile. Ach ní raibh. Níl a fhios agam céardós fuadar a bhí fúinn. Bhí seisean ag iarraidh seanphríosún nó caisleán eicínt i lár na tíre a fheiceáil. Réab muid linn nó gur shíl mé go bpléascfadh mo chroí. Shíl mé dhá mbeadh i bhfad eile le déanamh agam go gcaithfinn an rothar thar an gclaí agus go n-iarrfainn marcaíocht abhaile ar dhuine eicínt. Thosaigh mé ag cur a mhilleáin ar mo dhearthair. Cén bhrí ach ní raibh seisean tuirseach ar chor ar bith. Thóigfeadh muid scíth ach a mbainfeadh muid an caisleán amach.

Ba chuma liom carr eile a cheannacht (ach, ar ndóigh, an t-airgead a bheith agam). B'fhéidir nach mbacfaidh mé feasta le deis iompair ar bith. Deirtear go bhfuil an siúl barrfholláin !

EXERCISES

A. Rewrite the following sentences using the infinitive construction, e.g. *Ba mhaith liom an leabhar sin* **a bheith** *ag Cáit.*

1. *Ba mhaith liom go mbeadh an leabhar sin ag Cáit.*
2. *Ní miste nach bhfuil airgead agam.*

[1]'My youngest brother': the use of possessive pronouns before comparative degrees of the adjective is avoided.

3. *Dhá mbeadh an t-am agam agus dhá mbeadh an t-airgead agam, dhéanfainn é.*
4. *Marach nach raibh mo bhean sásta, cheannóinn uait é.*
5. *Dhá n-imeofá abhaile agus dhá ligfeá do scíth, bheifeá níos fearr anocht.*
6. *Is cuma liom nach bhfuil Máirtín anseo.*

B. Rewrite the following sentences using *agus* idiomatically as explained in this lesson, e.g. *Bhí Bríd anseo ar ball* **agus í** *ag caoineadh.*

1. *Bhí Bríd anseo ar ball agus bhí sí ag caoineadh.*
2. *Tháinig mo dhearthàir abhaile agus bhí bean leis.*
3. *D'imigh Pádraig amach agus ní raibh cóta ar bith air.*
4. *Ní fiú dhuit cóta eile a cheannacht. Tá cóta nua sa mbaile agat.*
5. *Cé a thiocfadh isteach ach Peadar ? Bhí an hata air.*
6. *Bhris siad an fhuinneoig. Bhí siad ag iarraidh caoi a chur ar an bhfráma.*

Cuir Gaeilge ar na habairtí seo:

1. Who should come home yesterday but my sister and she had a man with her. 2. Which of them is healthier, a car or a bicycle ? 3. We parked the car outside the neighbour's house. 4. My youngest sister was very interested in geography and in history. She wanted to see an old castle in the centre of Ireland. 5. I thought that my heart would burst. 6. We got a lift home. 7. Look at the profit the scoundrel makes ! 8. If we had the time and if we had permission, we would spend two months in France. 9. We would have been *there* last year except for the fact that Máirtín was sick. 10. I will go there next year provided that I get the money.

LESSON 36

VOCABULARY

amhránaí	/o:ra:Ni:/	*amhránaithe* /o:ra:Ni:/	singer
amhránaíocht *fem.*	/o:ra:Ni:əxt/		singing of songs
Árannach	/a:rəNəx/	*Árannaí*	Aran islander
bainisteoir	/ba:n´əs´t´o:r´/		manager
comhar	/ku:r/		co-operation
comharchumann[1]	/ko:rxuməN/		co-operative society
Corcaíoch	/korki:əx/	*Corcaíochaí*	Corkman
dabht[2]	/ḍauṭ/		doubt
filí	/f´il´i:/	*filithe* /f´il´i:/	poet, local song maker
filíocht *fem.*	/f´il´i:əxt/		poetry
freagra	/f´r´a:grə/	*freagraí*	answer
galltacht *fem.*	/ga:Ltəxt/		non-Irish speaking area
gearrscéal	/g´a:rs´k´e:L/	*gearrscéaltaí*	short story
iarracht *fem.*	/i:ərəxt/	*iarrachtaí*	attempt
líne *fem.*	/L´i:n´ə/	*línte* /L´i:N´t´ə/	line
litríocht *fem.*	/L´it´r´i:əxt/		literature
prós	/pro:s/		prose
scéalaíocht *fem.*	/s´k´e:Li:əxt/		storytelling
scéim *fem.*	/s´k´e:m´/	*scéimeanna*	scheme, project
scríbhneoir	/s´k´r´i:N´o:r´/	*scríbhneoirí*	writer
seirbhís *fem.*	/s´er´əw´i:s´/	*seirbhísí*	service
sompla	/su:mpLə/	*somplaí*	example
státa	/sta:tə/	*státaí*	state *(political)*
státseirbhís *fem.*	/sta:ts´er´əw´i:s´/	*státseirbhísí*	civil service
státseirbhíseach	/sta:ts´er´əw´i:s´əx/	*státseirbhísí*	civil servant
teideal	/t´ed´əL/		title
traidisiún	/træ:d´əs´u:N/	*traidisiúin* /træ:d´əs´u:n´/	tradition
úrscéal	/u:rs´k´e:L/	*úrscéalta*	novel

Beartla	/b´æ:xl´ə/	*(man's name)*
Breathnach	/b´r´æ:Nəx/	*(surname)*
de Búrca	/ˌə 'bu:rk/	*(surname)*
Mac Suibhne	/ˌək 'si:w´n´ə/	*(surname)*
Ó Direáin	/ˌo: 'd´ir´a:n´/	*(surname)*
Ó hEidhin	/ˌo: 'hain´/	*(surname)*
Ó Máille	/ˌo: 'ma:L´ə/	*(surname)*
Ó Ríordáin	/ˌo: 'ri:rda:n´/	*(surname)*

blais 1	/bLa:s´/	taste
blaiseadh	/bLa:s´ə/	tasting
cum 1	/kum/	compose, make up
cumadh	/kumə/	composing
feabhsaigh 2	/f´ausə/	improve
feabhsú	/f´ausu:/	improving
foilsigh 2	/fail´s´ə/	publish
foilsiú	/fail´s´u:/	publishing
freagair 2	/f´r´æ:gər´/	answer
freagairt *fem.*	/f´r´æ:gərt´/	answering
gluaiseacht *fem.*	/gLu:əs´əxt/	moving; movement
scabhléaracht *fem.*	/skaul´e:rəxt/	scolding, abusing, giving out (*ar:* to)

[1] The pronunciation with /o:/ is explained by its being a modern coined word.

[2] In phrases such as *gan dabht* 'without doubt'.

áitiúil	/ɑ:t´u:l´/		local
cáiliúil	/kɑ:l´u:l´/		famous
cumasach	/kuməsəx/		superb, extremely capable
foighdeach	/faid´əx/		patient
mór-le-rá	/mo:r l´ə rɑ:/		important, widely spoken of
poiblí	/paib´l´i:/		public
ara	/a:rə/	*(interjection indicating dismissal)*	
cheal	/x´æ:L/	*(with gen.)*	for lack of
choíchin	/xi:n´/		never
cibé ar bith[1]**(cé/céard)**	/k´e b´i/		whoever, whatever
rud eile dhe	/rud el´ə ɣ´e/		furthermore, moreover

VOCABULARY NOTES:

1. *ina bhainisteoir ar* (being) manager of
2. *Déanfaidh sin !* o.k. will do !
3. *Tá go maith*[2] Very well
4. *togha fir (lit.* a choice of a man), excellent fellow. Rather exceptionally *togha* is also used in the phrase *tá sé togha* 'it is excellent, grand !'
5. *Níor mhór dhom ...* I would have to ...
6. *ceart a bhaint de* to get good of, to manage, to find satisfactory
7. *Cheal nach bhfuil tú fuar ?* Are you not cold ? (The preposition *cheal* may be prefixed to a negative question in response to a negative or inferred negative; it expresses surprise. /x´æ:/, /k´e:/ are common alternatives. *Tuige* may be used in a similar fashion.)
8. *ar na filithe* among the poets
9. *a chuaigh i gcion ar* /ə g´iN ər´/ who impressed, affected, influenced

GRAMMAR

1. THE SUBJUNCTIVE

(i) The Present Subjunctive

Go sábhála Dia sinn[3] *!*	God save us !
Go gcuire Dia an t-ádh ort !	May God make you lucky !
Go mbeannaí Dia dhuit !	May God bless you !
Nár éirí sin leat !	May you not succeed with that !

The present subjunctive is largely confined to set phrases expressing wishes or curses. *Go* /gə/ , which causes eclipsis (e.g. *go gcuire* ... 'that ... may put') is used in the positive and *nár* /Nɑ:r/, which causes lenition (e.g. *nár fheice Dia an t-ádh ort* 'may God not see you lucky') in the negative. The *r* in *nár* is slender before a following *i* or *e*, e.g. *nár éirí* /Nɑ:r´ air´i:/.

[1]Some common alternative pronunciations are /p´e: b´i:/, /f´e: b´r´i:/, /he: b´i:/.

[2]In certain set phrases *sé* is not required.

[3]*Sinn* (an older form) occurs in a few set phrases instead of *muid* 'we, us'.

Type 1 verbs add *a* or *e* /ə/: *a* to a broad consonant, e.g. *go sábhála* ... 'may ... save', *e* to a slender consonant, e.g. *go gcuire* ... 'may ... put'. Type 2 verbs add *aí* or *í* /iː/: *aí* to a broad consonant, e.g. *go mbeannaí* ... 'may ... bless', *í* to a slender consonant, e.g. *go n-éirí go geal leat !* 'may you succeed brilliantly !'. The form of irregular verbs used is that of the habitual tenses, e.g. *feiceann sé* 'he sees', *nár fheice Dia an t-ádh ort !* 'may God not see you lucky !'.

The present subjunctive of *tá* is *go raibh* /rə/, e.g. *go raibh maith agat (lit.* may you have good), 'thank you', and *ná raibh.* The present subjunctive of the copula is *go mba* /mə/ which prefixes *h* to *é*, e.g. *go mba hé dhuit* or *go mba amhlaidh dhuit* 'the same to you', and *nár ba*, e.g. *nár ba fearr a bheas tú !* 'may you not be better !'

(ii) The Past Subjunctive

The use of the past subjunctive, which is in form the same as the habitual past (see Lesson 24) is very limited. It may be used optionally instead of the conditional following *dhá*, e.g. *D'ólfainn deoch dhá ngabhfainn ann* 'I would have a drink if I went there' or *D'ólfainn deoch dhá dtéinn ann* 'I would have a drink if I should go there'.

2. SECONDARY IMPERATIVE FORMS (CORRESPONDING TO *BÍODH)*

Glanadh sé an bord agus níodh Cáit na soithí.	Let him clear the table and have C. wash the dishes.
Léadh Máirtín an leabhar ach ná briseadh sé an chathaoir.	Let M. read the book but let him not break the chair.
Coinníodh muid an cóta sin ach ná salaíodh muid é.	Let us keep the coat but let us not dirty it.
Osclaíodh Cáit an doras agus imríodh muide cluife eile.	Have C. open the door and let us play another game.

Type 1	Type 2
adds *-(e)adh* /əx/	adds *-(a)íodh* /iːx/
glanadh	*salaíodh*
briseadh	*coinníodh*
léadh	*osclaíodh*
níodh	*imríodh*
Final *-igh* is dropped after a long vowel. After a short vowel a final *-gh* is dropped and the syllable is lengthened; see Lesson 12. After *í* by spelling convention *-odh* is added, e.g. *níodh.*	When the ending has an initial vowel, the last syllable is always lost; see Lesson 12.

All verbal endings are spelt with a 'broad' vowel, e.g. *-adh, -aíodh,* after a broad consonant, e.g. *glan-, sal-, oscl-,* and with a 'slender' vowel, e.g. *-eadh, -íodh,* after a slender consonant, e.g. *bris-, coinn-.*

Although normally the future is used as a quasi-imperative, e.g. *Ólfaidh muid deoch* 'We will have a drink', 'Let's have a drink', the above forms can be used with *sé/seisean, sí/sise, siad/siadsan, muid/muide;* see also Lesson 8.

3. *DIABHAL/DHEAMHAN* AS EMPHATIC NEGATIVE

Diabhal /d´auL/ 'devil' and *dheamhan* /γ´u:N/ 'demon' can be used to form emphatic negatives.

(i) Use with indirect relative

Ní bhacfaidh mé leis.	I won't bother with it.
Diabhal a mbacfaidh mé leis.	Indeed I won't bother with it.

Diabhal or *dheamhan* can be used with any verb in an indirect relative clause (see Lesson 18).

Diabhal/dheamhan can contain a partitive idea and be followed by the preposition *de,* e.g. *Diabhal ar chuala mé den fhocal sin ariamh* 'Indeed I never heard (anything of) that word'.

(ii) Use with fronted emphasised subject in sentence containing the verb *tá*

Ní raibh duine ar bith ann ach thú féin.	There was no one there but yourself.
Diabhal duine ar bith a bhí ann ach thú féin.	Indeed no one was there but yourself.

Diabhal/dheamhan can be used to bring an emphasised subject to the front of a sentence containing the verb *tá.* In this case a direct relative (see Lesson 13) is used.

(iii) Assertive use before *go/nach* clause

Diabhal go bhfuil an áit seo go deas.	Indeed this place is nice.

(iv) Use in responses

An bhfuil bosca ar bith ann ? – Diabhal bosca !	Is there any box ? – Indeed no, there isn't.
Ar léigh tú an leabhar seo ariamh ? – Diabhal léamh !	Did you ever read this book ? Indeed no, I didn't.

In responses the topic of the question, e.g. *bosca,* or the verbal noun of the question verb, e.g. *léamh,* are used after *diabhal* or *dheamhan,* e.g. *Diabhal bosca ! Diabhal léamh !* Alternatively *é* can be used, e.g. *An bhfuil bosca ar bith ann ? – Dheamhan é.*

4. OPTIONAL VERBAL FORMS

Glanfaidh tú an bord, an nglanfais ?	You will clean the table, will you ?
Ar nigh tú na soithí ? Níos.	Did you wash the dishes ? Yes, I did.
Nigh mé ar ball iad.	I washed them a while ago.
Léigh an leabhar ach ná bris an chathaoir, nó má bhrisins ...	Read the book but do not break the chair, or if you do ...
Ar choinnigh tú an cóta ? Ar ndóigh, choinníos.	Did you keep the coat ? Yes, of course I did.

Optionally, when a verb is 'echoed' in the same utterance (e.g. *Glanfaidh tú an bord, an nglanfais ?)* or in a response (e.g. *Ar nigh tú na soithí ? – Níos.)* special 'echo' forms may be used in the first and second person singular of the future and past, and in the second person singular of the habitual present. Only an adverb is allowed with these forms, e.g. *Ar ndóigh, choinníos; Choinníos, go deimhin.*

(i) Future

(a) First person singular

Type 1	Type 2
adds *-f(e)ad* /əd/	adds *-ód, -eod* /o:d/
glanfad	*salód*
brisfead	*coinneod*
léifead	*osclód*
nífead	*imreod*

(b) Second person singular

Type 1	Type 2
adds *-f(a)is* /əs´/	adds *-óis, -eois* /o:s´/
glanfais	*salóis*
brisfis	*coinneois*
léifis	*osclóis*
nífis	*imreois*

(ii) Past

(a) First person singular

Type 1	Type 2
adds *-(e)as* /əs/	adds *-(a)íos* /i:s/
ghlanas	*shalaíos*
bhriseas	*choinníos*
léas	*d'osclaíos*
níos	*d'imríos*
d'fhliuchas	

(b) Second person singular

Type 1	Type 2
adds *-(a)is* /əs´/	adds *-(a)ís* /i:s´/
ghlanais	*shalaís*
bhrisis	*choinnís*
léis	*d'osclaís*
nís	*d'imrís*
d'fhliuchais	

(iii) Habitual present

(a) Second person singular

Type 1	Type 2
adds *-(a)ins* /ən´s´/	adds *-(a)íns* /i:n´s´/
glanains	*salaíns*
brisins	*coinníns*
léins	*osclaíns*
níns	*imríns*

In Type 1, a final *-gh* is dropped and a short syllable is lengthened (see Lesson 12); optionally in the past or future the short vowel may be retained, e.g. *nios* /n´is/. In Type 2 the last syllable is always lost before an ending with an initial vowel (see Lesson 12).

All verbal endings are spelt with a 'broad' vowel (*-fad, -fais, ód, -óis, -as, -ais, -aíos, -aís, -ains, -aíns)* after a broad consonant *(e.g. glan-, sal-, oscl-),* and with a 'slender' vowel *(-fead, -fis, -eod, -eois, -eas, -is, -íos, -ís, -ins, -íns)* after a slender consonant (e.g. *bris-, coinn-, imr-)*; see Lesson 12.

The special forms of *tá* are *táim* /tɑ:m´/ *(an bhfuilim ?* etc.), *táis* /tɑ:s´/ *(an bhfuilis ?* etc.).

A slender *r* may be optionally substituted for *s* /s´/ in second person singular endings, except in the habitual present, e.g. *glanfair* /gLa:Nər´/ or *ghlanfais* /ɣLa:Nəs´/.

5. OPTIONAL OMISSION OF *ATÁ*

Cén aois atá Tomás ? *Cén aois Tomás ?*	What age is Tomás ?
Cén t-achar atá tú anseo ? *Cén t-achar anseo thú ?*	How long are you here ?
Is minic atá sé léite agam. *Is minic léite agam é.*	I have it read often.

When an adjective or noun of amount or frequency, e.g. *aois* 'age', *achar* 'period, distance' *méad* 'amount', *minic* 'often', are introduced by the copula (incl. *cé,* see Lesson 13), a following *atá* can be omitted. The normal rules for the use of the disjunctive pronouns apply (see Lesson 9). Further examples are:

Cén t-am atá sé ? *Cén t-am é ?*	What time is it ?
Is iomaí[1] *teach atá péinteáilte aige.* *Is iomaí teach péinteáilte aige.*	He has many a house painted.
Diabhal peann ná páipéar atá i mo sheomrasa. *Diabhal peann ná páipéar i mo sheomrasa.*	Indeed there is neither pen nor paper in my room.

As *diabhal/deamhan* contains a partitive idea (see 3(i) above) the verb *tá* can be omitted. This omission is normal in some common stressed phrases, e.g. *Diabhal a fhios agam* 'Indeed, I don't know'.

Atá may be similarly omitted in a clause introduced by *ó* 'since', e.g. *ós ag caint air sin (atá) muid* 'since we are talking about that'.

6. ALTERNATIVE WORD ORDER IN SENTENCES WITH RELATIVE CLAUSE

(i)	*Chonaic mé an fear a bhris an fhuinneoig, chonaic mé ar maidin é.*	I saw the man who broke the window, I saw him this morning.
(ii)	*An fear a bhris an fhuinneoig, chonaic mé ar maidin é.*	The man who broke the window, I saw him this morning.

[1]The adjective *iomaí* /umi:/ or /umu:/ 'many' is only used in the fronted type sentence.

In a sentence of the sort *Chonaic mé an fear a bhris an fhuinneoig ar maidin*, where a relative clause *(a bhris an fhuinneoig)* intervenes, possible confusion[1] is avoided by repeating the verb, or by starting the sentence with the topic *(an fear a bhris an fhuinneoig)*. This type of word order is used after *an té* 'he who', e.g. *An té a bheadh ansin, bheadh sé sásta* 'He who would be there would be content'.

A further alternative is that the topic may be appended, e.g. *Chonaic mé ar maidin é, an fear a bhris an fhuinneoig* 'I saw him this morning, the man who broke the window'. In a similar fashion, when it occurs in an emphatic sentence, the subject pronoun + *féin* may be appended, e.g. *Beidh mé ag goil ansin, mé féin* 'I will be going there myself'.

In a narrative or similar style, the topic may start the sentence, even though no relative clause follows, e.g. *Focal níor labhair sé nó gur tháinig sí ar ais* 'Not a word did he speak until she came back.'

7. USE OF SURNAMES

	Pádraig Ó Cadhain	
voc.	*a Phádraig Uí Chadhain*	
gen.	*teach Phádraig Uí Chadhain*	Pádraig Ó Cadhain's house
fem.	*Bríd Ní Chadhain*	
	muintir Chadhain	the Ó Cadhain people
	an Cadhanach	the person called Ó Cadhain

The prefix Ó originally meant 'descendant' and was followed by a genitive and prefixed *h* to a vowel, e.g. *Ó hEidhin*. In the vocative and genitive it takes the form *Uí* /i:/, which causes lenition.

In the case of females *Ní*[2] is used instead of *Ó* and is followed by lenition, e.g. *Ní Chadhain, Ní Mháille, Ní Fhlaithearta, Ní Eidhin.*

After *muintir, Ó* is normally dropped and the remaining portion is treated as a proper noun, e.g. *muintir Chadhain.*

A noun can be formed from a surname. The last consonant is made broad (restoring the original nominative) and *-(e)ach* /əx/ is added, e.g. *Cadhain: Cadhanach, Máille: Máilleach, Flaithearta: Flaitheartach*. These then behave as masculine nouns ending in *-ach*, e.g. *leabhar an Chadhanaigh* 'Ó Cadhain's book', *na Flaitheartaí* 'the Ó Flaitheartas.' Traditionally women either retained their maiden name or used their husband's name, e.g. *Bean Phádraig Uí Chadhain*. In recent years, however, the formula *Bean Uí Chadhain* has been introduced and corresponds to 'Mrs Ó Cadhain'. Similarly, in official usage *An tUasal Ó Cadhain* corresponds to 'Mr. Ó Cadhain'.

Mac /ək/ behaves somewhat similarly, e.g. *Seán Mac Suibhne, tigh Sheáin Mhic Shuibhne*. Certain surnames have a prefix *de* /ə/, e.g. *Máirtín de Búrca, Bríd de Búrca*. In this case the *de* is retained except when a noun is formed, e.g. *na Búrcaigh*. Some surnames end in *-ach*, e.g. *Tomás Breathnach*. They can be lenited after a female name, e.g. *Máire Bhreathnach*. They are also treated as a noun, e.g. *na Breathnaigh* 'the Breathnachs.'

[1] *Ar maidin* could also be taken to be part of the relative clause: 'I saw the man who – broke the window in the morning'.

[2] Originally from *inín Uí* 'daughter of'.

TEXTS

AN COMHARCHUMANN

Tá go leor comharchumainn anois sna Gaeltachtaí uilig. Bíonn na comharchumainn sin ag plé le feilméaracht agus le hiascaireacht nó le scéim ar bith a shíleanns siad a chuirfeas feabhas ar shaol na ndaoine. Bíonn cuid acu ag iarraidh na seirbhísí poiblí ar nós seirbhísí uisce agus leictreachais a fheabhsú. Bíonn tilleadh acu i mbun coláistí Gaeilge (i.e. coláistí a cuireadh ar bun le Gaeilge a mhúnadh sa samhradh do ghasúir as an nGalltacht). Bíonn corrcheann mór ag plé le foilsiú leabhartha Gaeilge, go háirithe leabhartha scoile.

Tá Beartla Ó Flaithearta ina bhainisteoir ar cheann de na comharchumainn seo. Deirtear gur bainisteoir cumasach é agus go bhfuil sé thar cionn ag plé le 'chuile dhuine. Bíonn neart oibre le déanamh aige ag iarraidh cúrsaí a fheabhsú. Bíonn air a ghoil (go) Baile Átha Cliath go minic le castáil ar státseirbhísí agus ar lucht gnaithí.

Deir Beartla gur minic a bhíonns an obair an-deacair. Mar shompla, an lá cheana, bhí sé ag iarraidh ar fheilméara obair áirithe a dhéanamh don chomharchumann. I dtosach, ní raibh an feilméara sásta an obair a dhéanamh.

'Diabhal a mbacfaidh mé leis go ceann píosa, ar aon chaoi,' a deir an feilméara, 'tá an iomarca le déanamh 'am faoi láthair.'

Rinne Beartla iarracht a chur ina loighe air go mba chóir dhó é a dhéanamh.

'Nach ndéanfaidh tú é ?' a deir Beartla.

'Ní dhéanfad,' a deir an fear eile, 'ara nach mbeidh tú féin in ann é a dhéanamh.'

'Thusa a ba cheart é a dhéanamh. Tá tusa tharr barr ag obair mar sin,' a deir Beartla, 'ach mara ndéanfaidh tú é, bhoil, diabhal neart 'am air !'

'Feicfidh muid,' a deir an feilméara, 'beidh muid ag caint faoi arís t.'

'Déanfaidh sin,' a deir Beartla.

'Tá go maith.'

'Togha fir !'

Scaití, níor mhór dhuit an-fhoighid a bheith agat le daoine. Rud eile dhe, cibé ar bith céard a tharlós, ní féidir choíchin do chloigeann a chailleadh. Is cuma cé chomh gar dhóibh féin is a bheas daoine, caithfear a bheith foighdeach. Ní fiú dhuit a bheith ag scabhléaracht. Tá Beartla thar cionn ar an gcaoi sin cé go n-amhdaíonn sé gur deacair ceart a bhaint de chuid de na daoine.

Bíonn clár ar Raidió na Gaeltachta[1] *a thuganns eolas do na daoine i dtaobh obair na gcomharchumainn. Uaireanta, bíonn sé fíor-spéisiúil.*

[1]The Official Standard Irish genitive form is *Gaeltachta* (see Lesson 25.1 (v)). It is here used in an official title.

AN LITRÍOCHT

Ó tháinig gluaiseacht na Gaeilge chun cinn ag tús na haoise seo, táthar ag foilsiú scéalta agus filíocht sa nGaeilge. Ar ndóigh, tá traidisiún láidir amhránaíocht agus scéalaíocht sna Gaeltachtaí atá ag goil i bhfad siar; ach ó cuireadh an státa nua ar bun sa mbliain 1922 bhí deis ní b'fhearr ag daoine leabhartha a fhoilsiú.

Is é Máirtín Ó Cadhain (1906 – 1970) an scríbhneoir próis is mó-le-rá dhá raibh againn. B' as Cois Fhairrge é agus scríobh sé sé leabhar gearrscéalta agus an t-úrscéal cáiliúil úd 'Cré na Cille', a foilsíodh go gairid thar éis an chogaidh.

Ar na filithe is mó a chuaigh i gcion ar na Gaeilgeoirí, tá Seán Ó Ríordáin agus Máirtín Ó Direáin. Corcaíoch a bhí in Seán Ó Ríordáin agus is Árannach é Máirtín Ó Direáin. 'Línte Liombó' an teideal atá ar cheann de na leabhartha filíocht a chum Seán Ó Ríordáin.

EXERCISES

A. Rewrite the following sentences using *diabhal.* The words in bold face are to be 'fronted', e.g. *Diabhal pingin ar bith a thabharfas mé dhó.*

1. *Ní thabharfaidh mé* **pingin** *ar bith dhó.*
2. *Ní bhfacfaidh mé leis.*
3. *Níl* **a fhios** *agam.*
4. *Níl* **leabhar** *ar bith san áit.*
5. *Ní raibh* **duine** *ar bith sásta.*
6. *Níor chuala mé a leithéide ariamh.*
7. *Ní dhearna sé* **blas** *ar bith ó mhaidin.*

B. Rewrite the following negative responses. The words in bold face are to be 'fronted', e.g. *Diabhal focal ar bith a thig mé.*

1. *Ar thig tú an fear sin ? Níor thig mé* **focal** *ar bith.*
2. *Meas tú céard atá air ar chor ar bith ? Níl* **a fhios** *agam.*
3. *Is mór an truaí gur bhris muid an fhuinneoig. Níl* **neart** *anois air.*
4. *Caith siar an deoch seo ! Ní dhéanfaidh sé* **dochar** *ar bith dhuit.*
5. *Céard a dúirt an máistir leis ? Ní raibh* **aird** *ar bith aige air.*
6. *An bhfuil scéal ar bith agat ? Níl* **scéal** *ar bith agam.*

C. Replace the forms in bold face by the special 'echo' forms, e.g. *Nach rabhais ?*

1. *A. Ní raibh mé i mBaile Átha Cliath ariamh. B: Nach* **raibh** *?*
2. *A: An bhfuil tú go maith ? B:* **Tá.**
3. *A: Ar ghlan tú an bord ? B:* **Ghlan.**
4. *A: An gcoinneoidh tú é ? B:* **Coinneoidh.**
5. *An bhfuil tú fuar,* **an bhfuil** *?*
6. *Nar léigh tú an leabhar ariamh,* **nar léigh** ?
7. *A: Ar tháinig tú ar ais aréir ? B:* **Tháinig.**
8. *Déanfaidh tú dhom é, nach* **ndéanfaidh** *?*
9. *A: An raibh tú sásta ? B:* **Bhí.**
10. *A: An mbrisfidh tú é ? B: Ní* **bhrisfidh.**
11. *A: Ar oscail tú an doras ? B:* **D'oscail.**
12. *Ach d'imir tú cluife,* **nar imir** *?*
13. *A: Ní raibh mé i nGaillimh ariamh. B: Chea(l) nach* **raibh** *?*

Cuir Gaeilge ar na habairtí seo:

1. Pádraig is a manager of one of the local co-operatives which are working to improve life in the Gaeltacht. 2. The colleges are supposed to teach Irish to children from the non-Irish speaking area. 3. Séamas is a superb writer. He wrote a fine novel and a book of short stories. 4. Pádraig had a meeting last week with an important civil servant. They discussed the colleges. 5. When this state was founded people had a better opportunity to publish Irish language books. 6. Did you read that book ? Yes, I did without doubt. 7. A: We will be here tomorrow at six. B: O.K.! 8. You did well ! 9. Well, indeed, I couldn't help it. 10. A: Did you taste the wine ? B: Yes, I did. 11. A: Did you answer him ? B: No, I didn't.

APPENDIX I

SPELLING AND PRONUNCIATION: KEY TO IRISH SPELLING

1.

LETTER or combination of letters	PHONETIC SYMBOL(S) for the usual sound(s) of this letter or combination	EXAMPLES
(a) Long vowels in spelling		
(e)á(i)	/ɑ:/	*tá, breá, Cáit, Seáinín*
é(a), éi, ae(i)	/e:/	*sé, Séamas, Éire, lae, Gaeilge*
(u)í, oí, ao(i)	/i:/	*sí, buí, oíche, gaoth, naoi*
(u)ío, aío	/i:/	*buíon, naíonán*
	/i:ə/ when before *r, l, ch*	*fíor, síol, críochnú, buíoch*
ó(i)	/o:/	*bó, bádóir*
	/u:/ when next to *n, m, mh*	*nós, tóin, mó*
eo(i)	/o:/	*beo, feoil*
	/u:/ when next to *n, m, mh*	*leonta, ainneoin*
	/o/ when before *ch*[1]	*eochair*
(i)ú(i), (i)omh(a), (i)umh(a), (i)ubh(a)	/u:/	*Úna, iúl, glúin, ciúin, Domhnach dumhach, ciumhais, dubhaigh, tiubhaigh*
(b) Short vowels in spelling		
a (in a stressed syllable)	/a:/	*Sasana*
	/u/ when before a consonant and *(e)á(i)*	*scadán*
ai (in a stressed syllable)	/a:/	*baile*
	/æ:/ when at the beginning of a word; when after *t, d, s, r* or *h* and before a slender cons.	*aire, tais, dair, saicín, raithneach, haitín*
	/u/ when before a consonant and *(e)á(i)*	*caisleán*
ea(i) (in a stressed syll.)	/æ:/	*fear, cleas, peain*
	/a:/ when after *sr*	*sream*
	/i/ when before *r, s, n, t, d* and *(e)á(i)*	*gearán, spreasán, geadán*
e(i) (in a stressed syll.)	/e/	*te, eile*
	/i/ when before *n, m, mh*	*deimhin*
	/ei/ (very rarely)	*beidh*
(u)i	/i/	*milis, duine*

[1] Also in the words *seo* /s´o/, *anseo* /ə'n´s´o/.

	/u/ when after a broad consonant and before final *gh* or *th* in a one-syllable word	*suigh, bruith*
io	/u/	*siopa, iondúil*
	/i/ when not at beginning of word and before *r, s, n, t, d* or a final *th*	*bior, fios, cion, giota, giodam, cioth*
o (in a stressed syllable)	/o/	*pota*
	/u/ when before *n, m, mh*	*Donncha, cromadh*
oi	/e/	*troid, soir*
	/i/ when before *n, m, mh* (not followed by *l* or *n)*	*coinne, troime, roimh*
	/o/ when before *rt, rn, rd, rl* or *cht;* also when after broad consonant and before final *gh* or *ch* in a one-syllable word	*doirt, boicht, loigh, sroich, cloich*
(i)u	/u/	*dubh, tiubh*
	/o/ when before *ch, r, l*	*luch, fliuch, anuraidh, culaith*
a(i), e(a), i, o (in an unstressed syllable)	/ə/	*Sasana, Diarmaid, seisean, Máire, tobac, milis*

(c) Diphthongs and triphthongs in spelling

ia(i)	/iːə/	*Diarmaid, bliain*
	/iː/ when before *n, m, mh* in certain words	*mian, srian*
ua(i)	/uːə/	*fuar, Ruairí*
	/uː/ when before *n, m, mh* in certain words	*uan, stuaim*
(e)abh(a), (e)amh(a), odh(a), ogh(a) (when in a stressed syllable and not at the end of a word)	/au/	*abhann, treabhsar, reamhar, samhradh, bodhar, foghail*
(e)adh(a), agh(a), aidh, aigh(e), eidh, eigh(e), oigh(e) (when in a stressed syllable and not at the end of a word)	/ai/	*meadhg, aghaidh, aidhm, staighre, feidhm, leigheas, loighe*
uadhadh (in a stressed syllable)	/uːəuː/	*chuadhadh*
uaiche, uaithe (in a stressed syllable)	/uːəiː/	*cruaiche, tuaithe*

(d) Consonants

b (broad)	/b/	*Bairbre, leaba*
	/p/ when before *th* or *f*	*scuabtha, scuabfaidh*

bh (broad)	/w/	*Bhairbre, taobh, tábhachtach*
	/f/ when before *th* or *f*	*scríobhfaidh*
	/uː/ when it combines with a preceding stressed *(i)u* and is followed by an unstressed short vowel	*dubhaigh, tiubhaigh*
	/au/ in the middle of a word due to combining with a preceding *(e)a*	*abhann, leabhar*
	silent when at the end of a one-syllable word, after a short vowel	*gabh*
b (slender)	/b˜/	*béal*
bh (slender)	/w˜/	*bhéal, ruibh, aibhneacha*
	/f˜/ when before *th* or *f*	*deilbhfidh*
c (broad)	/k/	*Cáit, bacach*
ch (broad)	/x/	*Cháit, bacach*
c (slender)	/k˜/	*Ciarraí*
ch (slender)	/x˜/	*Chiarraí*
	silent when in the middle or at the end of a word	*Mícheál, deich*
d (broad)	/d/	*Donncha, siúd*
	/t/ when before *th* or *f*	*rodtha, féadfaidh*
dh (broad)	/ɣ/ when at the beginning of a word	*Dhonncha*
	/ai/ due to combining with preceding *(e)a* in the middle of a word	*meadhg, Tadhg*
	/au/ due to combining with preceding *o* in the middle of a word	*bodhar*
	silent when at the end of a word	*samhradh*
d (slender)	/d˜/	*Diarmaid*
	/t˜/ when before *th* or *f*	*goidthe, céadtha, goidfidh*
dh (slender)	/ɣ˜/ when at the beginning of a word	*Dhiarmaid*
	/ai/ due to combining with preceding *ai* or *ei* in the middle of a word	*aidhm, feidhm*
	silent when at the end of a word	*réidh, brisfidh*
f (broad)	/f/	*fós*
f (slender)	/f˜/	*Fionnasclainn*
fh (broad or slender)	*silent*	*Fhionnasclainn, fharraige*
g (broad)	/g/	*gasúr, leagan*
	/k/ when before *th* or *f*	*leagtha, leagfaidh*

gh (broad)	/ɣ/ when at the beginning of a word	*ghasúr*
	/au/ due to combining with preceding *o* in the middle of a word	*foghail*
	/ai/ due to combining with preceding *a* in the middle of a word	*aghaidh*
g (slender)	/g´/	*geata, chúig*
	/k´/ when at the end of a word, after an unstressed short vowel (/ə/) shown in spelling;	*Pádraig, tháinig, roilig*[1]
	when before *th* or *f*	*tigthe, ligfidh*
	/N´/ due to combining with preceding *n* at the end of a word	*scilling, fairsing*[1]
gh (slender)	/ɣ´/ when at the beginning of a word	*gheata, Ghlinsce*
	/ai/ due to combining with preceding *ai, ei* or *oi* in the middle of a word	*staighre, leigheas, loighe*
	silent when at the end of a word	*bacaigh*
h	/h/ (always at beginning of word)	*hata, na heochracha*
l, ll (broad)	/L/	*lota, call, balla*
l (slender)	/l´/	*milis, cáil, buile*
	/L´/ when at the beginning of a word (unless lenited)	*leisciúil, leaba*
	/L´/ when before *t* or after *r*	*ceilt, comhairle*
ll (slender)	/L´/	*caill, buille*
m (broad)	/m/	*Máire, am*
mh (broad)	/w/	*Mháire, námhaid, snámh*
	/f/ when before *th* or *f*	*snámhfaidh*
	/au/ due to combining with preceding *(e)a* in the middle of a word	*reamhar, samhradh*
	/u:/ due to combining with preceding *o* or *u* in the middle of a word	*Domhnach, dumhach*
	silent when at the end of a word after an unstressed short vowel	*falamh, déanamh*
m (slender)	/m´/	*milis, feicim*
mh (slender)	/w´/	*mhilis, deimhin, cnáimh*
	silent when at the end of a word after unstressed short vowel	*Gaillimh*

[1]This pronunciation is not affected by the addition of an ending: *roiligeacha* /riLə̄k´əxi:/, *níos fair-singe* /N´i:s fa:rs´əN´ə/.

n (broad)	/N/	*naoi, snámh, lán, fána*
	/ŋ/ when before *c, ch, g, gh*	*uncail, long*
	/r/ when following any consonant except *s(h)* at the beginning of a word	*mná, tnúth, cnoc, gnaithe*
	/r/ when following *m* in the middle of a word	*damnú*
nn (broad)	/N/	*tonn, ann*
n (slender)	/n´/	*ciúin, uaigneas, 'spáin*
	/N´/ when at the beginning of a word (unless lenited)	*neart, ním*
	/N´/ when before *t* or after *mh* or *bh*	*muintir, doimhne, aibhneacha*
	/ŋ´/ when before *c, ch, g, gh* (but see next entry)	*Fraincis, ingne*
	/N´/ when before *g*, which is silenced, at the end of a word in an unstressed syllable	*scilling*
	/r´/ when following any consonant except *s(h)* at the beginning of a word	*cneasta, gníomh*
	/r´/ when following *m* in the middle of a word	*imní*
nn (slender)	/N´/	*cinnte, tinn, fáinne, Spáinn*
p (broad)	/p/	*Páidín, capall*
ph (broad)	/f/	*Pháidín*
p (slender)	/p´/	*Peige, coirp*
ph (slender)	/f´/	*Pheige*
r, rr (broad)	/r/	*Ruairí, bord, barr*
r (slender)	/r´/	*Ruairí, fir*
	/r/ when at the beginning of a word	*reamhar, rí*
	/r/ when before *t, d, n, l, th,* or after *s*	*Máirtín, airde, tairne comhairle, beirthe, sreang*
rr (slender)	/r´/	*bairr*
s (broad)	/s/	*Sasana, fios*
sh (broad)	/h/	*Shasana*
s (slender)	/s´/	*Séamas, aois*
sh (slender)	/h/	*Shéamas*
	/x´/ when before *eá(i), eo(i), iú(i), io* (/ɑ:/, /o:/, /u:/, /u/)	*Sheáin, sheol, shiúil, shiopa*
t (broad)	/t/	*Tomás, bocht*
	/d/ when at the end of a word after an unstressed short vowel /ə/	*agat, tharat*
th (broad)	/h/	*Thomáis*
	silent when in the middle or at the end of a word (see App. I.4)	*athair, cioth*

t (slender)	/t´/	*tír, cinnte, ceilt*
th (slender)	/h/	*thír*
	/x´/ when at the beginning of a word and before /u/	*thiocfadh*
	silent when in the middle or at the end of a word (see App. I.4)	*flaithis, maith*

Only the three consonants *l, n, r* are ever doubled. They are never doubled at the beginning of a word.

The above table is qualified by the following:

2. THE 'HELPING' VOWEL /ə/

After a short stressed syllable ending in *l, r,* or *n* an additional /ə/ occurs before *b, bh, f, m, ch* or *g.* In technical terms this 'helping' (or 'epenthetic') vowel can be said to occur between a voiced dental and any non-dental consonant except *p* and *c.* This rule is common to all Irish dialects.

Examples[1]

Consonants following *l, n, r* in spelling

	b	*bh*	*f*	*m*	*ch*	*g*
l	*Albain* /a:Ləbən´/	*seilbh* /s´el´əw´/	*deilbhfidh* /d´el´əf´ə/	*seilmide* /s´el´əm´əd´ə/	----	*bolg* /boLəg/
n	*Banba* /ba:Nəbə/	*bainbh* /ba:n´əw´/	----	*ainm* /æ:n´əm´/	*seanchaí* /s´æ:Nəxi:/	----
r	*Bairbre* /ba:r´əb´r´ə/	*seirbhís* /s´er´əw´i:s´/	*dearfa* /d´æ:rəfə/	*gorm* /gorəm/	*dorcha* /dorəxə/	*dearg* /d´æ:rəg/

The consonants separated by the 'helping' vowel always agree in quality: they are both either broad or slender, e.g. *gorm* /gorəm/, *níos goirme* /N´i:s ger´əm´ə/.

No additional /ə/ occurs between *n* and *g:* the sound of the *n* is influenced by that of the *g* and the two are usually pronounced /ŋg/ or /ŋ´g´/, e.g. *rang* /ra:ŋg/. Also after a syllable having a long vowel sound (except /a:/, /æ:/) no additional vowel develops, e.g. *téarma* /t´e:rmə/.

A weak additional /ə/ may sometimes occur between *d* and *r* and between *m* and *l,* e.g. *simléar* /s´im´l´e:r/ or /s´im´əl´e:r/.

3. SYLLABLE LENGTHENING

Certain stressed syllables which are written short (e.g. *im, poll)* are pronounced as long syllables. When an original short syllable is lengthened, the following five changes occur:

[1] Where no example is given, words of the type are rare or non-existent.

Vowel change	Historical[1] short vowel	Long vowel (or diphthong) that may replace it
1	/i/	/i:/
2	/u/	/u:/
3	/e/	/ai/
4	/o/	/au/
5	/a:/ /æ:/	/ɑ:/

The manner and extent of this lengthening is one of the major differences between dialects of Irish. The rules as given here are common to the greater part of West Galway.

These changes occur under the following three conditions:

(i) One-syllable word (or verb root) before *ll, rr, nn, m*

Vowel Change	Example	Pronunciation
1	*tinn*	/t´i:N´/
	im	/i:m´/
	droim	/dri:m´/
2	*fonn*	/fu:N/
	trom	/trum/ or /tru:m/
3	*poill*	/paiL´/
4	*poll*	/pauL/
	corr	/kaur/
5	*feall*	/f´ɑ:L/
	fearr	/f´ɑ:r/
	ann	/ɑ:N/
	am	/ɑ:m/

In a verb like *meall* /m´ɑ:L/ older speakers may shorten the vowel before an ending with a vowel, e.g. *meallann* /m´æ:LəN/. Generally, however, the long vowel is kept in all forms.

As the table shows, change 2 is optional in a one-syllable word where the vowel /u/ is followed by *m*, e.g. trom /trum/, /tru:m/.

Changes 1 and 2 may also, optionally, take place in a one-syllable word where the vowel is followed by *ng*, e.g. *long* /Luŋg/ or /Lu:ŋg/.

From the table we should expect *donn* to be pronounced /du:N/, following the same pattern as *fonn;* but the word is exceptionally pronounced /dauN/.

(ii) Any word, before certain combinations of consonants

Vowel Ch.	Example	Pronunciation
(a) *ls, br, bl*		
1	*milse*	/m´i:l´s´ə/
3	*soilse*	/sail´s´ə/
	oibriú	/aib´r´u:/
	poiblí	/paib´l´i:/

[1] See Lesson 1.6(c).

In a limited number of words, the changes may also take place before *rs*, e.g. *geirseach* /g´airs´əx/ (a variation of *girseach* /g´ir´s´əx/ 'girl'). Change 5, exceptionally, does not take place before *ls, br, bl, (rs)*, e.g. *ailse* /æ:l´s´ə/ 'cancer'.

(b) *bhn, mhn, bhr, mhr, mhl*

Vowel Change	Example	Pronunciation
1	*geimhreadh*	/g´i:w´r´ə/
3	*doimhne*	/daiw´N´ə/
	soibhreas	/saiw´r´əs/

(c) *rl, rn, rd*

Vowel Change	Example	Pronunciation
4	*orlár*	/aurLɑ:r/
	toirneach	/taur´N´əx/
	bord	/baurd/
5	*tarlú*	/tɑ:rLu:/
	tairne	/tɑ:r´N´ə/
	garda	/gɑ:rdə/

From the table, we should expect *airde* to be pronounced /ɑ:rd´ə/, and it is so pronounced in the set phrase *in airde* but elsewhere it is pronounced, exceptionally, as /aird´ə/ 'height, tallness'.

(d) In a word of two or more syllables where the vowel is followed by one of the following combinations of consonants; note that the change is optional in all these cases:

Vowel Change	Example	Pronunciation (short)	(long)
mp, nr			
1	*timpeall*	/t´impəL/	/t´i:mpəL/
2	*iompar*	/umpər/	/u:mpər/
	conra	/kuNt̤rə/	/ku:Nt̤rə/
5	*teampall*	/t´æ:mpəL/	/t´ɑ:mpəL/
	anró	/a:Nt̤ro:/	/ɑ:Nt̤ro:/
gr, gl, dr			
5	*freagra*	/f´r´æ:grə/	/f´r´ɑ:grə/
	eaglais	/æ:gLəs´/	/ɑ:gLəs´/
	paidreacha	/pa:d´r´əxi:/	/pɑ:d´r´əxi:/
nt, ns, ml, mn, mr, ngl, ngr			
1	*muintir*	/miN´t´ər´/	/mi:N´t´ər´/
	inseacht	/in´s´əxt/	/i:n´s´əxt/
	imleacán	/im´l´əkɑ:N/	/i:m´l´əkɑ:N/
	imní	/im´r´i:/	/i:m´r´i:/
	imríonn	/im´r´i:N/	/i:m´r´i:N/
	brionglóid	/b´r´iŋgLo:d´/	/b´r´i:ŋgLo:d´/
	ingne	/iŋ´g´r´ə/	/i:ŋ´g´r´ə/
2	*contae*	/kuNde:/	/ku:Nde:/

In a small number of words where, according to the table, changes 1 and 2 should be optional, they in fact never take place, e.g. *pionta* /p´iNtə/.

4. PRONUNCIATION OF WORDS SPELT WITH *TH* OR SLENDER *CH*

In most dialects of Irish a *th* or slender *ch* between vowels is pronounced as /h/. In Cois Fhairrge, however, a *th* or slender *ch* are silent between two vowels.

(i) Absorption of short vowel

Any short vowel is absorbed by a neighbouring long vowel (including /a:/ or /æ:/).

Example	Pronunciation in other Conamara dialects	Cois Fhairrge pronunciation
bóthar	/bo:hər/	/bo:r/
scáthán	/skɑ:hɑ:N/	/skɑ:N/
oíche	/i:hə/	/i:/
athar	/ahər/	/a:r/
mothú	/mohu:/	/mu:/

Cathaoir /kair´/, *beithígh* /b´ei/, *breithiúnas* /b´r´auNəs/ are exceptional as /a:/, /e/ combine with /i:/, /u:/ to form a diphthong.

The reduction of verbal forms, e.g. *mothú* /mu:/, *mothaigh* /mu:/ to one syllable leads to verbs in which the first syllable has developed a final long vowel to be optionally treated as Type 1, e.g. *mothaím* /mu:i:m´/ or *mothaim* /mu:m´/, similarly *dubhaím* /du:i:m´/ or *dubhaim* /du:m´/.

(ii) No long vowel

(a) A stressed vowel is lengthened and absorbs the other vowel:

Example	Pronunciation in other Conamara dialects	Cois Fhairrge pronunciation
ithe	/ihə/	/i:/
rotha	/rohə/	/ro:/
mothaigh	/mohə/	/mu:/

Cioth /k´i/, *pl. ciothanna* /k´uNi:/; the plural ending *-(e)anna* /əNi:/ is simply added to a noun ending in *th*. For pronunciaiton of 'echo' forms (*d'itheas* etc.) see Lesson 36.

(b) Two unstressed vowels combine and are pronounced as /i:/

Example	Pronunciation in other Conamara dialects	Cois Fhairrge pronunciation
imithe	/im´ihə/	/im´i:/
osclaithe	/oskLəhə/	/oskLi:/

The pronunciations of the following words show a similar development: *tuaithe* /tu:əi:/, *cuaiche* /ku:əi:/; for *cloiche* /kLo:i:/, *fliche* /f1´ehi:/ see Lesson 30.

5. DROPPING OF THE VOWEL /ə/

The neutral vowel /ə/, to which all unstressed short vowels are reduced, is dropped beside another vowel. Although this is sometimes to be seen in the spelling (e.g. *faoin* from *faoi an),* it is more often not shown.

(i) Within a word

		+ diminutive *-ín* /i:n´/	+ plural *-í* /i:/	+ present *-eann* /əN/
Noun	*maide* /ma:d´ə/	*maidín* /ma:d´i:n´/	*maidí* /ma:d´i:/	
Verb	*caith* /ka:/			*caitheann* /ka:N/

(ii) Between words

balla + ard /ba:Lə ɑ:rd/	*balla ard* /ba:L ɑ:rd/
sé + anseo /s´e: ə'n´s´o/	*tá sé anseo* /tɑ: s´e: n´s´o/

(iii) Optionally at the beginning of an utterance

A + Bhríd /ə w´r´i:d´/	*A Bhríd* /w´r´i:d´/
An + bhfuil /ə wil´/	*An bhfuil sé anseo ?* /wil´ s´e: n´s´o/

6. THREE SPELLING CONVENTIONS

(i) After *í* /i:/, *o* rather than *a* is written before a broad consonant

Corcaíoch	compared with	*Francach*
claíocha		*éanacha*
sclábhaíocht		*feilméaracht*
dlíodóir		*siopadóir*
níonn		*molann*

(ii) After *á, é, ú* the *a* of an ending is omitted

dó + ann	*dónn*
bá + adh	*bádh*

(iii) The letters *th* are dropped before a verbal ending beginning with *-t*

caith + tear	*caitear*
bruith + te	*bruite*

APPENDIX II

GENERAL GUIDE TO PLURAL OF NOUNS AND FORMATION OF VERBAL NOUNS

1. PLURAL OF NOUNS

	EXAMPLES	TYPE OF NOUN
(i) Final consonant is made slender		
	bád: báid *páipéar: páipéir*	A large group of masc. nouns whose genitive sing. is similar in form (see Lesson 27); many ending in *r, n, l, s*
	Búrcach: Búrcaigh	Two-syllable names of peoples or surnames, ending in *-(e)ach*
	francach: francaigh[1]	A few two-syllable nouns ending in *-(e)ach*
(ii) Addition of *-a, -e* /ə/		
	peann: peanna *focal: focla* *súil: súile*	A small group of nouns pronounced with one syllable (where there are two, the middle one is dropped); mostly masculine and ending mainly in *l, n, s.*
VARIANTS:		
Final cons. made slender before ending	*capall: caiple* *doras: doirse*	Most two-syllable masc. nouns which add *-e* /ə/.
Final cons. made broad before ending	*láimh: lámha* *cois: cosa*	A group of one-syllable fem. nouns which form their genitive by adding *-e* (see Lesson 29)
Infixing *th* before *-a*	*leabhar: leabhartha* *spéir: spéartha*	Nouns ending in *r* which add *-a* /ə/ (see above)
Infixing *t* before *-a*	*scéal: scéalta* *gleann: gleannta*	One-syllable nouns with long syllable ending in *l, n, r*
Infixing of *t* and dropping of final *e*	*míle: mílte* *líne: línte*	A small group mostly with a medial *l* or *n*
(iii) Addition of *-(a)í* /iː/		
	Gaeltacht: Gaeltachtaí	Two-syllable nouns ending in *-(e)acht*
	bádóir: bádóirí	Two-syllable nouns ending in *-óir/eoir*
	cabaire: cabairí[2]	Two-syllable nouns ending in *-aire*
	siúinéara: siúinéaraí	Two-syllable nouns ending in *-éara*
	ronnach: ronnacha[3]	A large group of two/three-syllable nouns ending in *-(e)ach*
	balla: ballaí *maide: maidí*	Most nouns ending in /ə/ when spelt with final *-a, -e*

[1]See also (iii) below.

[2]Under a general rule of pronunciation (see App. I.5) /ə/ is dropped before *-í*.

[3]See also (i) above.

VARIANTS:

Final *-(e)ach* dropped before ending	*Éireannach: Éireannaí*	Three-syllable names of peoples or surnames
	éadach: éadaí	A group of two/three-syllable nouns ending in *-(e)ach*
Final consonant made slender before ending	*rásúr: rásúirí*	Nouns ending in *-úr* (except *gasúr, peictiúr* which do not add *í)*
Final consonant made broad before ending	*fuinneoig: fuinneogaí*	Two-syllable nouns ending in *-óig/ eoig*
t infixed before ending	*rí: rítí*	Nouns pronounced with one syllable and ending in an long vowel
t infixed before ending and final /ə/ dropped	*rása: rástaí*	Some few nouns

(iv) Addition of *-(e)acha* /əxi:/

	tuairisc: tuairisceacha *bainis: bainseacha*	A large number of two-syllable nouns not included in (i)-(iii); the second syllable may be dropped
	áit: áiteacha	A small group of one-syllable nouns not included in (i)-(iii)

VARIANTS:

Final cons. made slender before ending	*ubh: uibheacha*	
Final cons. made broad before ending	*candáil: candálacha* *láir: láracha*	Mainly nouns ending in *-áil,* or which are broadened before genitive ending *-ach* (see Lesson 33)
Infixed *t* (and dropping of /ə/)	*léine: léinteacha*	A few two-syllable nouns pronounced with final /ə/ and medial *n, r*
Infixed *t* (final cons. made broad)	*traein: traentacha*	A few one-syllable nouns with final *n, r*
Infixed *r*	*carraig: carraigreacha*	A few random nouns
Infixed *tr* (final cons. made broad)	*aill: alltracha*	A few nouns with one long syllable ending in *l, n*
Infixed *n*	*anam: anamnacha*	A few one-syllable nouns ending in *m*
Infixed *g* (final cons. made broad)	*clais: clasganna*	A very few one-syllable nouns ending in *s*
Infixed *í*	*samhradh: samhraíocha* *creideamh: creidíocha* *ola: olaíocha*	Two-syllable nouns spelt with final *-(e)adh, -(e)amh;* and a few ending in /ə/ and mostly having a medial *l, n, r*
Infixed *ú*	*gloine: gloiniúcha*	A very few nouns mostly with medial *l, n, r, t*

(v) Addition of *-(e)anna* /əNi:/

	bus: busanna	Most one-syllable nouns not included in (i)-(iv) above

VARIANTS:

-(e)anta /əNti:/	*uair: uaireanta*	A few words connected with time
-(e)anta /əNti:/, and final *í* dropped	*garraí: garranta*	A very few words

(vi) Some more marginal types

-n	*meach: meachain* *lacha: lachain*	
-íl	*plump: plumpaíl*	
-s	*leoraí: leoraíos*	In some recent English borrowings (or in child language)
-bha /wə/	*gé: géabha*	

2. FORMATION OF VERBAL NOUNS

(i) Main types

ENDING	EXAMPLES	TYPE OF VERB
(a) no ending	*fás 1, scríobh 1, foghlaim 2 péinteáil 1*	All verbs with roots ending in *-(e)áil*, and a group of mainly Type 1 verbs pronounced with one syllable
(b) *-t* /t´/	*baint 1, ceilt 1, labhairt*[1] *2, coisint 2, oscailt 2, imirt 2*	All verbs of Type 1 and all Type 2 verbs ending in slender *l, n, r*
(c) *-(e)adh* /ə/	*glanadh 1, briseadh 1*	The majority of Type 1 verbs (no other verbs take this ending)
(d) *-(i)ú* /u:/	*maslú 2, ciúiniú 2*	A large number of derived Type 2 verbs (no other verbs take this ending)

(ii) More marginal types

(a) *-(e)amh* /ə/	*seasamh 1, comhaireamh 1*	A group of Type 1 verbs
(b) *-(a)í* /i:/	*tosaí 2, éirí 2*	A group of Type 2 verbs (mostly also in (i)(d) above)
(c) *-(e)ach* /əx/	*screadach 1, réiteach 2*	Very few verbs
-(e)acht /əxt/	*fanacht*[2] *1, ceannacht 2*	Very few verbs
-(e)achtáil /əxtɑ:l´/	*maireachtáil 1, amhdachtáil 2*	A group of verbs of Types 1 and 2
-(e)achan /əxəN/	*lagachan 1, comhairleachan 2*	A small group of derived verbs (see also *tiúchan, dúchan, tanaíochan)*
-(e)achán /əxɑ:N/	*níochán 1*	A few Type 1 verbs with roots ending in *-igh*
Note also:	*tóraíocht 2* *béiciúch 2*	
(d) *-(e)áil* /ɑ:l´/	*fágáil 1, tóigeáil 1*	Very few verbs of Type 1
-eál /ɑ:L/	*coinneál 2*	Very few verbs of Type 2
-táil /tɑ:l´/	*castáil 1*	Very few verbs of Type 1

[1] Can also belong to Type 1, e.g. *labharfaidh mé* or *labhróidh mé*. This can be explained by the fact that it is pronounced with one syllable.

[2] Can also belong to Type 2 in all but the past tense, e.g. *fanfaidh mé* or *fanóidh mé*.

(e)	*-(e)an* /əN/	*leagan 1, ligean 1*	Very few verbs of Type 1 (optionally also *-int,* see below)
	-int /əN´t´/	*ligint 1, tiscint*[1]	Very few verbs of Type 1
(f)	*-iúint* /u:N´t´/	*feiliúint 1, creidiúint 1 cailliúint (cailleadh) 1*	A group of Type 1 verbs; optionally some Type 1 verbs with roots ending in /L´/ or /r/
(g)	*-im* /əm´/	*titim 1, doirtim 1*	Very few verbs of Type 1
(h)	*-e* /ə/	*guidhe 1*	Very few verbs of Type 1

[1]A few verbs of Type 1 have an infixed *s: creid, v.n. creisdiúint; tig, v.n. tiscint.*

APPENDIX III

THE SPELLING IN THIS BOOK AND OFFICIAL STANDARD IRISH

As stated in the Introduction the spelling throughout this book is largely that of Official Standard Irish[1]. This standard is to an extent based on the 'common core' of all Irish dialects, or the most frequent forms, and partly on random choice. As an aid to the learner of the Cois Fhairrge dialect some departures[2] have been made from the standard. These departures will be best grasped by the learner by understanding the following points in the general context of variation between dialects of Irish. (Standard forms are given below in brackets.)

1. VARIATION IN CONSONANTS

(i) Broad/slender quality consonants

(a) Initial *t* tends to vary in quality, e.g. *tig (tuig), teag (tag), tilleadh (tuilleadh), tórainn (teorainn), tastaigh (teastaigh).*

(b) Medial *r, n, l* tend to vary in quality, e.g. *amáireach (amárach), múnadh (múineadh);* see also *aimhreas (amhras).*

(c) The final consonants of verbal roots vary somewhat, e.g. *dúin (dún), tóig (tóg);* but note also the medial consonants in *coisin (cosain), taspáin (taispeáin).*

(d) Final *r* may tend to be broad in masculine nouns, e.g. *dochtúr (dochtúir), saighdiúr (saighdiúir), táilliúr (táilliúir).*

(e) Feminine nouns which add *e* /ə/ in the genitive (see Lesson 29) tend to end in a slender consonant. Almost all of these are in Official Standard Irish written broad, e.g. *bróig (bróg), spúnóig (spúnóg), fuinneoig (fuinneog), láimh (lámh), cois (cos), cluais (cluas), snáthaid (snáthad),* etc.

(f) In certain loanwords, e.g. *suíleáil (síleáil), traoiáil (triáil), Meireacá (Meiriceá),* there is variation.

(ii) Extra consonants

A *t* tends to be added to an original final slender *s,* e.g. *aríst (arís), aithrist (aithris).*

(iii) Permanent lenition

Some words, particularly prepositions or prepositional pronouns, which are weakly stressed tend to be permanently lenited, e.g. *thrí (trí), thar éis (tar éis);* note also *chúig (cúig), dháiríre (dáiríre).*

2. VARIATION IN VOWELS

(i) Variation in length

In certain words variation in vowel length occurs, e.g. *slainte (sláinte), ro- (ró-), ar /ə/ (ár), deá (dea).*

[1] *Gramadach na Gaeilge agus Litriú na Gaeilge: An Caighdeán Oifigiúil. Baile Átha Cliath 1968.*

[2] In order to avoid excessive departure from Standard Irish, certain spellings which are at variance with the dialect have been retained and a footnote has been added.

(ii) Variation of vowel quality

(a) The vowels *a/o* alternate in certain words, e.g. *baladh (boladh), falamh (folamh), fascadh (foscadh), sompla (sampla), craith (croith), soibhir (saibhir);* also the spelling *soibhreas (saibhreas)* best explains its pronunciation.

(b) The vowels *i/ei* tend to alternate in certain words, e.g. *leitir (litir), peictiúr (pictiúr), peiliúr (piliúr).*

(c) The vowels *o/u* alternate in certain words, e.g. the spelling *orlár (urlár)* best explains the pronunciation.

(d) The vowels *ó/ua* alternate in certain words, e.g. *fuagair (fógair), comhlódar (comhluadar).* Similarly: *paráiste (paróiste).*

(iii) Additional vowel

An extra *-a/e* has been added to certain words, e.g. *úlla (úll), uachta (uacht), státa (stát), posta (post), rása (rás), rotha (roth), oifige (oifig), sochraide (sochraid).*

The ending *-éara* is used in place of *-éir,* e.g. *búistéara (búistéir), tincéara (tincéir).*

A vowel *í* occurs in the following: *truaí (trua), páí (pá), nuaíocht (nuacht), béilí (béile), filí (file).*

3. VARIATION IN INFLECTION

(i) Dialectal variation

There is a deal of variation between dialects, and even within one dialect, in inflection. This is particularly true of the plural endings, the irregular verbs and, to an extent, of verbal noun endings. The tendency is for generalised 'long' endings in the plural (*-acha, -anna,* etc.) to spread: *éanacha (éin), leabhartha (leabhair),* etc.; and similarly in the case of verbal nouns, e.g. *lagachan (lagú).*

(ii) *a/o* in inflection

The change *a* to *o* in inflection is not shown in Standard spellings *glas / níos gloise (glaise); lag / níos loige (laige); crann / an chroinn (chrainn); abhainn / oibhneacha (aibhneacha).*

4. VARIATION IN USE OF LENITION/ECLIPSIS

There is a certain limited variation in the use of lenition and eclipsis, the most notable example being after prepositions following the singular article. The usage in Official Standard Irish is based on the most frequent situation and is at variance with this dialect only in the case of *sa,* e.g. *sa mbád (sa bhád).*

5. SOME INDIVIDUAL WORDS

Most of the following forms can be explained by developments within Irish or by their origin as loanwords: *mara (mura), goil (dul), loigh (luigh), loighe (luí), gluigh (glaoigh), eicínt (éigin), sol (sula), tumáil (tiomáin), amhdaigh (admhaigh), túin (tathain) doirt (druid); beainc (banc), bricfásta (bricfeasta), cabhantar (cuntar), cluife (cluiche), compóirt (compord), cuisliméara (custaiméir), drama (dráma), farc (forc), fata (práta), feilméara (feirmeoir), gallaoireach (gallúnach), seilp (seilf).*

APPENDIX IV

PRONUNCIATION OF ALPHABET

As stated in Lesson 1, the English names of the letters are commonly used. The following system[1] may, however, be recommended:

a	*á*	/ɑ:/	*n*	*ein*	/en´/
b	*bé*	/b´e:/	*o*	*ó*	/o:/
c	*cé*	/k´e:/	*p*	*pé*	/p´e:/
d	*dé*	/d´e:/	*q*	*cú*	/ku:/
e	*é*	/e:/	*r*	*ear*	/æ:r/
f	*eif*	/ef´/	*s*	*eas*	/æ:s/
g	*gé*	/g´e:/	*t*	*té*	/t´e:/
h	*héis*	/he:s´/	*u*	*ú*	/u:/
i	*í*	/i:/	*v*	*vé*	/w´e:/
j	*jé*	/dʒe:/	*w*	*wae*	/we:/
k	*ká*	/kɑ:/	*x*	*ex*	/eks/
l	*eil*	/el´/	*y*	*yé*	/ɣ´e:/
m	*eim*	/em´/	*z*	*zae*	/ze:/

[1] As given in *Graiméar Gaeilge na mBráithre Críostaí* *Baile Átha Cliath 1960.*

KEY TO TEXTS

In this key an effort has been made to keep as close as possible to the wording of the original Irish, even at the expense of more idiomatic English.

Lesson 2

I. 1. Máirtín is *there.* 2. He is *there* now. 3. Cáit is *there* too. 4. She is *there* too. 5. Are they satisfied ? 6. He is satisfied but she is not satisfied. 7. I am here. 8. We are here. 9. I am satisfied but are you satisfied ? 10. You *(pl.)* are not here now. 11. Isn't anybody satisfied ? 12. One is (people are) not satisfied here now.

II. 1. The house is *there.* 2. Is there anyone there ? 3. There isn't anybody at all there now. 4. They say that Cáit isn't there now. 5. But is Bríd there ? 6. Bríd isn't there either. 7. There is a door here. 8. There is a table and a lamp *there.* 9. There are cups and other things *there* too. 10. They say that there is a teacher here now. 11. We are satisfied but are they satisfied ?

Lesson 3

Rooms

There are lots of rooms here. Is Donncha and Cáit and Peige and Bairbre here ? Donncha's room is *there,* Cáit's room *there,* Peige's room *there,* and Bairbre's room is *there.* Aren't Páidín and Máire and Diarmaid there too ? Páidín's room is *there* and Diarmaid's room is *there* too. Máire's room is here. Máire's coat is here and Máire's money too. Séamaisín's books are not here.

A Map

Tomáisín's map is here. Where is Conamara and Kerry ? Conamara is here and Kerry is *there.* I see Tír an Fhia and Glinsce here and Fionnasclainn *there.* Isn't Gaoth Sáile here ? Gaoth Sáile isn't here. Gaoth Sáile is *there.* Are the farmers of Kerry satisfied ? The farmers of Kerry are satisfied but the Conamara farmers are not satisfied. Neither the Glinsce people nor the Fionnasclainn people are satisfied at all. Cáit's uncle says that the people of Gaoth Sáile are not content either.

Máirtín's House

The Tír an Fhia road is *there.* There is another field there. Here there is a wall and a gate and *there* is Máirtín's house. Máirtín's son and Bríd's father are there now too, but there are lots of rooms. There are lots of books and pictures and papers. I see the map of England and the map of America there too.

Lesson 4

Another Map

'Cáit, is there a map ? ' 'There is a map, certainly.' 'There are lots of countries on the map. America is *there* and there is another big country here.' 'The light isn't good here. There aren't any windows.' 'There is a good lamp here.' 'Now, where is Ireland and where is Conamara ? ' 'Ireland is here and Conamara is *there.'* 'Is Conamara big 'It is reasonably big.' 'Where is Kerry ? Is there a Gaeltacht there too ? ' 'There is lots of Irish there too.' 'Is there a college ? ' 'Maybe there is one. I am not sure. There is another nice place there and there is a small Gaeltacht too.'

Pictures

Well, there are lots of pictures here at any rate. Aren't they nice ? Cáit and another fine woman is *there* and there are other women here. There is another nice picture here but there is rain and the light isn't good. There is a priest there and Páidín's wife and another Irish person here. They are wonderful ! There is another amazing one here. There are lots of things on the ground there ! Bríd's house is here and there is a big hen and a small pot. There is another beautiful one there and there is a big harp and a penknife there. They are beautiful !

Lesson 5

Máirtín's Room

There is a field and a little river beside the college. There is also a road but the road is quiet. There is a big stone on the other side and there is a bird on the stone.

The college is reasonably big and there are plenty of rooms. Máirtín's room and Donncha's room are on the same floor. There is a kitchen there too. Máirtín's room isn't big but it is nice all the same. There is a nice big window. There are tables and a few chairs. There is a chair beside the window and there is another one beside the door. There is a little table near the fire. The phone is on the table. There is a fine high ceiling. There is paper on the wall. There is a clock on the wall near the door. There is a map and pictures on the door. Of course, there is also a bed ! It is not big but it is comfortable, all the same. Máire's picture is on the wall beside the bed.

It is night time now and Máirtín's books and papers are on the little table beside the phone. The lamp is on the table. There is food and drink on the big table now. There is a dinner plate and a side plate there. There is a knife and fork beside the plate. There is also a cup and there is a saucer under the cup. There is a teaspoon on the saucer. There is also a glass on the table. Máirtín is *there.* His hand is on the glass and he is, of course, content. He is a year here now. He is pleased with the English (language) teacher but he is not satisfied with the Irish (language) teacher. Nevertheless, he is satisfied with the college.

Lesson 6

Dublin

Máire Bheag was never there. 'Dublin is big, certainly,' says Máire's mother, 'there are lots of streets and there are not many trees there at all.' Máire's mother was a week there last year, but Máire was sick and so she was never there. 'Mammy, are there many cars and buses there ? ' says Máire. 'Yes, there are, and of course there are lots of shops.' 'Are they nice ? ' 'Yes, they are certainly; there is a nice big shop and we will be there tomorrow.' 'Were you ever there, Daddy ? ' says Máire. 'I was, indeed, I was often there. It is not like the shop here.' 'Are there lots of clothes ? ' 'Of course, there is everything (there). There are plenty of counters. Maybe there will be coats and jackets at one counter and there will be pairs of trousers and suits at another.' 'Aren't there shirts and jumpers ?' 'Yes, certainly (there are). There is everything like that.' 'There are dresses and skirts, too,' says Máire's mother. 'There were shoes and socks last year near the door.' 'Yes,' says Máirtín, Máire's father, 'and I'm sure that they were dear.' 'No, indeed, they weren't dear at all. They were fairly cheap. Shoes were cheap there anyway. I am not sure whether they will be there tomorrow or not. Dublin is wonderful.'

Lesson 7

Máirtín's People's Farm

Máirtín's people have a fairly big farm. They are not rich although there are lots of rich farmers and gentry here. Of course, they are not poor either ! Máirtín has plenty of milch cows and lots of sheep. There is a small hill beside the farm and Máirtín's sheep are (normally) there. Máirtín's cows are (usually) on the good land just beside the house. The grass is good there. There are no pigs now although there used to be lots of pigs a few years ago. There are hens as well and, of course, there is a cat and a dog. The cat is important because there are too many big rats here. The cat is sort of blind now but he is cunning enough all the same. Blind cats are often like that. Cats are interesting like that.

Máirtín has small children. Everybody has a pet. Seáinín, Máirtín's son, has a donkey and of course he steals (*lit.* is stealing) now and again. There aren't (normally) many donkeys here now but a few years ago there were lots and lots of donkeys here. They are (wont to be) dear now. Bríd, Máirtín's daughter, also has a pet. Bríd has a small horse.

Bairbre Bheag was a few months here last year and she was satisfied with the life here. Small children are pleased with the life here.

Máirtín had a good year last year. The weather was good. The summer was wonderful although there was not enough water. 'The summer is (normally) nice here but the winter is (normally) bad. Dublin people are always like that ! You would be satisfied here now but maybe the winter would be cold and would you be happy then ?' says Máirtín to the young girl. 'Yes,' says Bairbre Bheag. 'I am not sure you would !' says Máirtín. 'O now ! The poor thing !' says Cáit, Máirtín's wife, 'she would be content certainly. Young people are always content, aren't they, Bairbre Bheag ?'

Lesson 8

Ruairí's People

Ruairí and Úna have a nice comfortable house on the big street beside the school. There are a few young children now and Ruairí has a good job. Úna's mother used to be there but she is dead now. The woman was (*lit.* had) a great age and her heart was not good. Ruairí's brother, Páidín, is there now and again. Ruairí hasn't any sister.

Donncha

I don't see Donncha often now. Of course, he is old and he is often tired, especially in the evening. Usually he is kind of bad-humoured with the child here. 'Be quiet !' he always says, or 'Don't be bold like that !' I hear that his leg was sore again last month and he was a fortnight in bed. I think that the (his) leg isn't right since. If he is well next week, he will be here again.

The School

The school is here. It is big enough. There are plenty of teachers here, although there aren't many children altogether here. Páidín's father has a job here.

Sometimes, if the weather is bad, the children have dinner here. Yesterday and the day before yesterday it was wet and all the small children were tired and bad-humoured. Of course if they are tired, usually they are bold as well. If the entire week is wet, the teachers say that it is bad. I understand the situation well.

Lesson 9

A Letter

Dublin 2

Dear Pádraig,

Dublin is nice now, there is no cold although there is snow yet on the mountains. The autumn and the winter were wonderful here. There were new plays almost every month and a new picture nearly every week. The art gallery and the National Library are near the house. As for the public houses, those are plentiful here !

They say that the spring and summer will be hot here this year. I myself don't believe that the heat will be bad as the sea is on this side and the mountains on the other side. *That* Máirtín isn't usually here now, although I don't understand why. Is the weather good there ? Are Bríd and Cáit and the whole crowd there still ? Of course, I don't see them at all now, although I see Bairbre now and then. Maybe you yourself will be here next year ?

Seáinín.

The Sea

All the children were at the sea yesterday. The weather was lovely. The sea was nice and the water was warm enough. The strand was reasonably good although there were lots of other children. The children had buckets and little spades. The strand was clean and the sand was nice. There was lots of fun. Everybody was pleased with the day.

There will be school again tomorrow and the whole crowd will have breakfast early in the morning. If the weather is good, perhaps the children will have another nice day next week.

Lesson 10

At The Doctor

Máirtín Beag was at the doctor yesterday. There is a new hospital now beside the town and there are lots of doctors. Every doctor has his own room.

There was a nurse at a table beside the door. 'Where is your card ? ' she said. 'It is here,' said Máirtín Beag. 'Doctor Ó Flaithearta isn't here just now. He isn't here at this time, but he will be here in a little while.'

The room was nice although there was horrible colour on the walls. There was a table beside the window. His bag was on the table and there was a needle beside the bag.

Then the doctor came back. The doctor had the card as Máirtín had had an accident a few months ago and his hand was bad. 'I see here,' says the doctor, 'that your hand was still somewhat sore a month ago. Show me your hands. Show me your sore finger again.' The hand was in order again. 'Well, now ! What is it this time ?' 'I don't feel well. My stomach isn't well and there is a strange taste on my mouth,' said Máirtín Beag. 'Too much sugar !' says the doctor 'or too many cakes, maybe ?' Máirtín Beag hadn't a word to say for sometimes the doctor is bad-humoured enough. 'There is a bottle here,' says the doctor, 'it isn't full but you will have enough there.' Máirtín Beag wasn't long sick.

Diary

Sunday. – I am here near Spidéal again. This house is comfortable. There are a few other strangers lodging here. Their Irish is good. I was here a while last year too and I was sufficiently pleased with the place. There was a Mass early in the morning and the church was full. If all the strangers weren't here, it is unlikely that it would be full at all.

There was fog last night and this morning there is rain and a strong (*lit.* big) wind. I see the sea and the rocks but I don't see the islands at all. If there was fine weather, I think I would be happy enough here.

Lesson 11

On Holidays

I used to be on holidays there beside Ceathrú Rua years ago, maybe ten years or so. I wasn't married that time.

This year my wife and (I) myself and the children were a few weeks there. 'Who are you ?' said the lady who was in charge of the house. 'I am Máirtín,' said I (myself). 'Are you ? Are you Máirtín ?' 'Yes, I am.' 'And is that (lady) your wife ?' 'Yes. Cáit is my wife and Bríd and Máirtín are the children.' 'Are they ? Aren't they nice ?'

There were a lot of people around about and I wasn't certain whether the house would be full or not.

'Are there many strangers here this year ?' I said (myself). 'Yes, there are really, but although all these rooms are full, there are more at the back of the house. There are still two rooms empty there, but I am not sure if they would be sufficiently big.' 'Show me them,' I said (myself). 'They are identical, really,' said the lady of the house, 'but there are two windows here and three windows there.'

My wife was pleased with the rooms and we were there three weeks all together. The weather was good and everybody had a fine rest.

The Shop

There is a new shop near the office. Although the shop is only there a few weeks, Cáit was there already seven times. Cáit almost always has a list as the shop is big and there is (normally) a tremendous amount of people there.

She was there last week and even though the place was crowded, she got everything on her list. She got a quarter pound of tea, coffee, three bottles of milk, two pounds of sugar, and bread. The tea was dear; it is nearly a pound per pound now. The fish was dear too but she got nice meat. She got lots of vegetables and a small bag of potatoes. There are also big four-stone bags but they are terribly heavy and Cáit has no car. Her basket was almost full; was everything there ? No. There were two other things on the list. She got butter and six eggs at another counter. Then everything was in order.

Lesson 12

The Primary School

Bairbre is a teacher. Today is Monday and she is sort of tired. The children are (normally) tired and bold on Monday, especially if Saturday and Sunday are wet. Bairbre has children of four and five years. Donncha had a small accident and there is blood on his nose. 'Clean your nose, now, Donncha,' says the schoolmistress. 'Donncha is a good boy, isn't he ?' 'Yes, he is,' says the whole class. 'You clean the blackboard now, Donncha !'

It is a great pity that the children are somewhat tired as the inspector will be there in a while. 'Now, place (put) the books and the pens on the tables,' says the schoolmistress. 'Clean your hands and don't dirty the tables or the chairs for the inspector will be here in a while. Open the books and read them !'

Then the inspector came. 'What day is today ?' says the inspector to the class. The class couldn't say a word with fear. 'You put the questions to the children yourself,' says the inspector to the schoolmistress.

'Today is Monday,' says Bairbre, 'tomorrow is ...? ' 'Tomorrow is Tuesday,' says the whole class. 'And the day after tomorrow ?' 'Wednesday.' 'And then ...?' 'Thursday.' 'And then ...?' said the inspector himself. 'Friday,' said the entire class. 'This is a wonderful class,' said the inspector.

Education

The Irish system is more or less like the system anywhere. Initially there is the primary school, then there is the secondary school, and then there is the university and other colleges similar to the university. Usually, children are about six years at the primary school and approximately the same amount at the secondary school. There are a few types of secondary school. The community school is common enough now. The community school is a secondary school, really, but trades are prominent (given prominence) together with the other basic subjects. One time there used to be boys' schools and girls' schools but now usually the boys and girls are together. There are Catholic schools and Protestant schools. Indeed sometimes there is also a Jewish school. People say that there isn't much difference between these schools and that it is a great pity that there shouldn't be just the one type. (Other) people say that it is right that the three kinds exist and that the difference is important. The matter is very complicated.

Lesson 13

The Weekend

When there is a holiday on a Monday, the weekend is very long. The city is a lonely place at a time like that. Around Christmas, for example, it is really lonely. There are lots of people here, especially old people, who are lonely at the weekend. Loneliness is worse here than (the way) it is in the country. The neighbours here aren't the way they would be in the country. People don't have the time here. Everybody has some work or business here. There is a constant hurry.

Lots of people have the notion that the town is better for young people. People say that there are dances and music and every kind of sport here and that there is a better chance of work. All the same, there are lots of young people who are not satisfied to remain here at all at the weekend. They say that the fun is better at home and that there is nothing here but bad dances and that every place is crowded. Of course, there are lots of young girls who are friendly with the boys at home.

There are special buses at the weekend and as soon as there is an end to work on Friday evening, the young people are on their way home. Sometimes they are four hours on the way. I myself think that that is too long; I would be tired before I would be at home at all. I would be happier if there was an aeroplane. It would be better. Even so, the young people have music and songs on the bus and although it is full, I think they are happy enough. Of course, there are a lot of people extraordinarily tired on Monday morning !

Lesson 14

The Old And The New

We got a new school here two years ago. In the beginning, people were willing to knock down the old building (*lit.* house). Then a few months ago, two strangers came around and they said that the young people would be able to make rings here and that they themselves would be happy to set up a small factory, if people were willing to keep the old school.

Then the young women were at the old school every day. It was necessary to wash the walls and paint the doors and to clean the whole place. They said that it would be wonderful if the young people had work.

'When there isn't work,' said one woman, 'there isn't money. Then the people are not willing to stay here.' 'Isn't that the point,' said another woman, 'when there isn't money, there aren't any marriages. Everything will be better now.'

But, of course, everybody wasn't pleased. I was at Máirtín's (the public house here) the other night and I was able to hear the old men although I couldn't see them all. I think there were five or six around the table.

'They say that the young people will have work now,' said one man. 'Oh indeed !' said another old man, 'I can't understand the young crowd at all. They are not satisfied to do the work. Isn't (the) land plentiful around here ? There are far too many schools and they are not willing to dirty their hands with the land. They are not able to sow seeds, or to grow potatoes or oats or anything !' 'When we were young,' said another old man, 'we were able to do the work ! That is my opinion !' 'That is the truth,' said all the men.

Lesson 15

Worry

Máire is married to Pádraig. Pádraig is a nice pleasant person and I was pleased when Máire was marrying him. They are married now about seven months and I think Máire is satisfied with life. But I always say that Máire has great patience !

Máire and Pádraig had good positions. Máire had a good pay. She is a wonderful typist and she usually works (is working) as a secretary. He was working for some company selling and buying old cars. Then one day he came home and he said that he was finished with the cars and that he was going to begin learning some other trade.

'But what is he doing now ?' said I, 'or what is he going to learn ?' 'I am not certain yet, father, what he is going to do,' says Máire. 'He is going to do some course. He will be starting learning German or Spanish. He says that Spanish is a big important language.' 'It is alright to (be) talk(ing) of education,' said I, 'but will Pádraig have any pay while he will be learning languages ?' 'No, but what harm ? Amn't I earning well ? We are young and what is the good of worrying ?'

But I do worry. I am not certain that I understand these matters at all. I see Máire going working every morning and coming home then in the evening washing dishes and clothes and making beds. Pádraig has an easy life there, reading and writing. I often see him going off playing cards or drinking a pint. Máire, however, is always working. When I was young, if a young man had a position, he would want to keep it, either that or he would be working hard to get a better one.

Lesson 16

New Offices

There are new offices being built on the street near this house of ours. This Máirtín of ours has a pal and he is a carpenter and he is working there. The two of them were at a wedding together the other day and they were talking about the offices.

'I know you have a good job there, Seáinín,' said Máirtín, 'but, honestly, have people who are knocking down fine old houses like that any sense ? Weren't those old houses good enough for them?' 'Of course, you are right,' said Seáinín. 'The doors and the windows were wonderful and the wood was fairly good. The floors were falling a little bit, although some of them were alright. All the same, it is a miserable thing to knock down houses like that.'

'I don't know but I think they would be able to fix up the floors ?' 'Yes, certainly they would,' said Seáinín, 'but it is pointless for you to talk to that crowd. There is no knowing what (how much) money the big companies have and they want to spend it.'

But now people were putting a start to music and to the dancing, although some people were still eating and drinking. 'Somebody is going to sing a song in a few minutes,' said Seáinín's wife, 'and I hope that you are not going to be talking about politics again. You have no permission to talk about those matters here now !' Then there was an end to the conversation about the new offices.

Evening

Ruairí and Páidín were working there digging potatoes. It was getting late now and the sun was setting. There were wonderful colours in the sky and the air was cold. Ruairí was getting tired and he was wanting a rest. 'Pass me my pipe and that tobacco ! Where is my penknife ?'

Páidín was not too tired but he was willing to take a rest and to go home then. He also wanted to light his pipe. The two of them were there peacefully smoking beside the stonewall and looking at the sky. The night was falling. The year was almost over and the winter was coming. In a while, the moon would be rising.

Lesson 17

The Theatre

Last Friday evening my wife Cáit appeared tired. She was afraid that she was getting a cold but even so she felt like going to the theatre. I was glad myself as I am (normally) reluctant to stay at home at the weekend. At first we were looking at the paper looking for some play that would be good. Then Cáit said that she felt like seeing the new Irish (language) play 'An Tincéara Rua' (The Tinker with the Reddish Brown Hair), although I was doubtful as to whether it would be good. It was getting late already. We were in a hurry as we were afraid that the theatre would be full.

We got seats, although they weren't too good. We regretted that we were not near the stage as the two of us have bad sight. It was not long until the place was crowded.

The play itself wasn't too good, but the actors were wonderful, even though they are not very well known at all. All the same it appeared that lots of people were satisfied. Everybody was laughing at the tinker with the reddish-brown hair. He had reddish-brown hair and a big grey beard. He had a big yellow hat on his head and wore a little red trousers. He hadn't any shoes on at all and he had a big long stick. I was surprised thet he wasn't cold walking around like that.

When the play was over we were hungry and we went visiting friends. We had a small meal together.

Lesson 18

A Student

Bríd is almost three years at the university now. Initially she was involved with chemistry. She had a great respect for the science teacher that she had at the secondary school and she had good knowledge of chemistry and physics. At the same time she was very keen on languages. Then she got a chance of changing. She had an opportunity of doing French and Russian. She did not have French or Russian as subjects at the secondary school and so it was very difficult for her. She was going to a special course by herself for a while and then she got permission to go to the lectures which other students were going to.

It was really difficult to learn the two languages together. It wasn't easy to understand the lectures. Then one day the lecturer said that she would have to go to France and spend six consecutive months, or maybe even a year, learning French.

Bríd got a scholarship last year and she was able to spend almost a year at a French university. She wasn't long getting to know that college nor it wasn't long till she had got to know lots of other students. The French were always asking her questions: 'Where are you from ? Where is Galway ? Why are you here ? ' But she was pleased enough with the place except that she hated the food. When she came home she had perfect French.

This year, Bríd has about ten lectures every week. Sometimes she is very tired. She doesn't feel like doing anything except to go home and light the fire and turn on the radio. Other times she says that it is better to turn off the radio and to sleep for a while.

Although Bríd's people are well off and though they have a big house near the sea, she herself has a flat. The flat is beside the university. She says that she can't read at home. The young children are (usually) making noise and stealing her books (*lit.* on her). Even so she is fond of them. She visits them at the weekend. She takes pleasure in playing with the children and in getting fun out of them. They are in the habit of going swimming together.

Isn't it a wonderful life which students have !

Lesson 19

The Island

This is a small island. There is about six miles between it and the coast. The island itself is about three miles wide and a mile long. The land is extremely bad. There are more rocks and large flat stones than anything else. Of course, people say that it is the most beautiful place in the world. It is wonderful to see the sea and the cliffs. The sea is very deep and very blue.

There is not more than two hundred or two hundred and fifty (*lit.* two and a half hundred) people. But how can the people live there ? 'Just barely,' lots of people say and that is true. All the same, they are able to break the stones and to make small fields. It was necessary to make walls with the broken stones. They have cows and sheep and hens. People work with the horses and the donkeys which they have. One sows potatoes and grows vegetables. The people were wonderful at working together and they were able to extract an existence from the island.

Of course, they could always live on fish, although there isn't the same amount of young people fishing now as there used to be. They have a particular small boat. 'Currach' is its name. The currach is common around Conamara and around the entire west coast.

However, life used to be far more difficult fifty or even twenty years ago. It is far easier on them now. A boat comes to them often except when there are high seas. The worst thing is that the boat cannot go into the pier as it is not long enough. A plane lands there now a few times every week.

But what do people do when they are not working ? The men go to the public house. The men and women are together at the chapel on a Sunday. There is a hall near the school. Sometimes the young crowd are over there (in the more westerly part of the island) dancing or playing cards or just meeting one another.

But are there not big changes in the life now ? Yes, certainly. The young crowd are going to secondary school away from the island (*lit.* outside). I notice that the children are in the habit of looking at pictures from America on the television. There is not the same amount of young people marrying and staying there. What is going to happen now ? Life is not as hard as it used to be but is it changing too quickly ? Will the young people (be) become(ing) dissatisfied ? That is the question.

Conversation

There were a few women walking (eastwards) to the post office together. They were talking like this:

'It is a fine day !' 'Indeed even if it is, yesterday was finer.' 'Maybe it was,' 'The summer came very early this year.' 'Yes, it did.' 'It is warmer and drier than it was last year.' 'Indeed I am sure it is.' 'It is hot enough at any rate.'

We are forever talking about the weather here.

Lesson 20

A Letter

Dear Pádraig,

I suppose you know now that we will have another election in a few weeks. For a week now, one cannot ignore political affairs. If you listen to the radio or look at a paper or at the television, everybody is talking about the election. We can't think about anything else ! We are all arguing about politics so that it is like a war here. It is a great pity that you are abroad for there is no end to the (*lit.* one doesn't know what) amount of fun we are getting out of it.

Fine Gael and the Labour Party are standing together again this time. Úna says that the coalition which we have had for four years is the best government we ever had. Tomás is wont to agree with Úna but Cáit and Bríd (usually are) say(ing) that Fianna Fáil is better than the other two parties. Ruairí is teasing them all. He says that he doesn't care about politics as long as everybody has enough to eat and drink.

It is difficult to say who will win. The papers (are) say(ing) that it seems likely that the coalition will win. All the same, I remember that they were wrong the last time.

The house is to be painted again this summer and there is lots to do. Mammy is working away, cleaning and painting. Ruairí and myself are helping her. Cáit is also helping us (now and again).

I suppose that there is great heat over there now. They say that Spain is very hot at this time. Of course you like the heat. I prefer the cold.

We will be expecting another letter shortly.

Mícheál.

Lesson 21

Monday morning

It is wonderful at the weekend. One can sleep out in the morning. But tomorrow is Monday and everybody will be getting up early again.

Pádraig will get up first. He will open the door and let the dog out. He will put on the kettle. He will make a drop of tea and (he will) cut a few pieces of bread and (he will) put butter on them. He will listen to the news on the radio while he will be eating his breakfast. When the news is over he will wash himself and (he will) shave himself and (he will) put on his clothes. Then when Cáit will hear Pádraig going off, she herself will get up and will wake the children. She will prepare the breakfast while the children are getting up.

The children don't like getting up on Monday morning. They won't get up until the breakfast will be ready and then they will be in a flurry searching for their clothes and getting ready to go to school. Something (*lit.* will be astray on somebody) belonging to somebody will be astray. Then the commotion will start.

'Where are my shoes ?' 'That fool will always lose something !' 'You keep your mouth quiet !' 'Get a hold of your socks anyway ! Where had you them last night ?' 'I can't walk to the bus without shoes !' 'Look at them there under the chair !' 'Oh the fool !'

After breakfast the children will kiss Cáit and say goodbye to her. 'You will have to hurry or you will miss the bus,' Cáit always says. 'We will have to run !' say the children.

Cáit will shut the door. She will sit down and drink a cup of coffee. 'The winter is so dark and gloomy,' Cáit always says to herself. 'How nice it will be come Maytime when the trees will be in bloom again. Perhaps this year we will be able to go on holidays to Scotland ...'

However there are clothes to be washed and the entire house will have to be cleaned and swept (*lit.* one will have to clean and sweep the whole house). The shopping is to be done. There is so much to do on a Monday morning.

Lesson 22

The Park

There is no saying (*lit.* one does not know) how nice the park is which is here. I think that it is really pleasant to take a walk here, particularly when the trees and bushes are in bloom. Sometimes I prefer just to sit on a bench and look around me. Every sort of person is here, both old and young. You might see children laughing and playing, or pensioners whispering and conversing together; you might see nuns saying their prayers or young workers stretched on the grass relaxing and sunbathing.

There is a little lake and a stream and there is a little bridge over the stream. There are nice hedges on the right-hand side and there is a nice comfortable bench on the left-hand side. This is the place that I prefer. If there was wind, you would have shelter here.

I recognise an occasional person here and there. However, I like best not to speak to anyone. Here now come (*lit.* are) people throwing old bits of bread to the ducks ! It is great fun (*lit.* to be) looking at the ducks catching the bread.

Isn't it a great pity that the weather is forever changing ! The sun might be shining like this now in the morning and without any cloud to be seen, but you would not know what might happen in the evening. It might be raining or even snowing ! If one could depend on the weather here, who would bother with going on holidays abroad ? We would not need any other place. We would only want to sit here at our ease. There wouldn't be any place in the world that would please me better than this park.

A Conversation About The Post Office

I don't know for the life of me where the post office is. We will be able to ask the man who is coming up the road. 'Do you know where the post office is ?' 'Yes, I do. Go down this road and turn on the right-hand side. Continue on (*lit.* east) down the road and you will see the post office on the left-hand side.' 'What colour is it ?' 'It is white and it has a green door.' 'Do you know what time the post will be going (off) ?' 'No, I don't. You will be able to find out from the woman there what time it will be going.' 'Thank you !' 'Good day now !' 'Good bye !'

Lesson 23

Carpentry

Peadar doesn't like to be working at home. He is tired in the evening and he feels like relaxing. He likes to read a book or listen to music. He prefers to avoid work if he can. His wife is always joking about him. She says that she works much harder than him.

Sometimes she starts to grumble: 'Isn't it well for you, who can sit there listening to records. Look at the amount that I have to do. I prepare the meals and wash the dishes and clean the kitchen. I make the beds and keep the whole house clean. You don't give me any help. You will have to make shelves for all your books !' 'But give me time, I am tired tonight,' says Peadar, 'but I promise you that I will make them tomorrow.'

Peadar is a good carpenter. He is experienced in (*lit.* has experience on) carpentry. If he starts on work he isn't long finishing it. 'Where is the hammer and the saw ?' he says to his wife. 'They are on the stool.' 'Are there nails and screws there too ? Give them to me !' 'Have you enough there ?' 'That is enough. There is no need for that amount. Show me the wood now !'

The boards were not suitable for the wall. They were too long. He had to cut them with the saw. He got a tape-measure to measure them. They were right this time.

It was difficult to make holes for the screws. He almost hurt his finger with the hammer. All the same, it wasn't long until the work was done. His wife was pleased although there was dust and dirt everywhere. She had to brush the floor and clean the room again.

The Public House (A Conversation)

'Hello, Máirtín !' 'Hello ! How are you ?' 'I'm middling,' says Seáinín, 'how are you yourself ?' 'I am well enough, brother ! What will you drink ?' 'I'll drink a pint so.'

They each got a pint. '(To your) health !' said Seáinín. 'I will be going to Galway tomorrow,' says Máirtín, 'I am going to the races. Who do you reckon will win the big race ?' 'Fisherman's Bloom, either that or The Lord.' 'Maybe so,' says Máirtín, 'but I think it is better to put the money on Butcher's Knife.' 'Indeed, it is not worth your while putting a bet on that old horse !' says Seáinín laughing. 'We'll see !' says Máirtín.

Lesson 24

The Boarding School

I was five or six years at a boarding school. Sometimes when I rise in the morning I think again about that school.

The bell was rung and the light lit (*lit.* one struck the bell and lit the light) at ten to seven every morning. Initially, the bell would frighten you. Of course, you used not feel a bit like getting up. The sheets and the blankets used to be so comfortable and the world outside used to be so cold ! If you could just settle your pillow and turn over and sleep again ! But we had to get up. You had to put on your clothes and tie your shoes and make for the chapel.

We used to have breakfast at eight o'clock. After breakfast we were obliged to spend a quarter of an hour walking around out in (*lit.* under) the air and then we used to make the beds. We used to learn the lessons then until the classes began at twenty past nine. The classes used to go on from that until half past twelve (apart from a quarter of an hour when we had permission to read our letters).

We had dinner at one. How hungry we were ! But you used not be allowed (*lit.* used not have permission) to run. You had to walk nice and politely. If you were to run, there would be some punctilious teacher at the door who would stop you. He would send (*lit.* put) you back and you would have to walk again nice and easily.

We used to be taught again between two and four. We used to play games between four and five. Then we used to drink a cup of tea and eat a piece of bread before we used to begin our lessons.

We used to have supper at half past seven. After that we used to have almost an hour to ourselves. Such fun we used to have talking and arguing ! Class six used to be allowed to smoke. It used to please those fellows greatly to (be) light(ing) their pipes and show off !

At a quarter to nine we were obliged to (go) pray(ing) again. Then when prayers used to be over we were allowed to go to bed. I used to be so tired that I didn't feel like taking my clothes off at all. I could stretch out (*lit.* back) on the bed and fall asleep. The lights were extinguished at half past ten.

Lesson 25

The Meeting

The women of the village are trying to found (*lit.* to put afoot) a place which the people of the village could use for plays and dances. The Farmers' Society and the Parish Society are talking of something of that sort for twenty-five years but there has been no result to all the talk. Recently, the (*lit.* woman of the shop) proprietress of the shop and the butcher's wife came together to discuss the affair. Now they are putting pressure on the women of the village to do something about the matter. There was a meeting the other night.

The room was not long filling. At eight o'clock there were thirty-three people there. We had to elect a chairman. Some of the women were proposing the butcher's wife, but everybody was not willing to accept her. The schoolmistress was proposing the postmistress. At last, everybody was willing to accept the shop proprietress as chairman. Then we could begin to discuss matters connected with the hall.

Certain people were wanting to use the old school as a hall. They said that it would be to costly to build a new hall. The ground itself would cost too much. The schoolmistress had to tell them that the old school is dangerous and that stones are falling from the walls. The old school would not be suitable at all.

This meeting was like any other meeting. There were lots and lots of people wanting to talk. 'Perhaps one could rent a house,' said one speaker, 'so that expense could be saved.' 'But where could we find a house ?' said another speaker, 'I think that it is a mistake to rent a house, and that it is better to build a new hall.' 'But where could we buy the land ?' said another woman. 'How much would one spend now on an acre? It is most unlikely that we have the money.' 'Most probably there isn't anybody who would be willing to sell the land to us,' said someone else.

Then the shop proprietress said that she and her husband would be willing to sell the field opposite the new shop. Would everybody be satisfied with that ? No. The postmistress was against it. She (*lit.* was working out) that the shop proprietress was trying to attract more customers to her own shop. She said that that field opposite the new houses would be better.

The meeting wasn't over until eleven. We were not succeeding in settling anything. At last we had to elect a committee to examine the matter.

I'm afraid that we ourselves will be worse than the Farmers' Society or the Parish Society.

Lesson 26

Commotion

We had a match yesterday. We were playing against the new college. We won the game. I myself scored two points.

A lot of the team came back here to the flat after the match. There was a crowd of students from the new college with us. We had great 'gas'. Some of the people were sitting in the corner singing songs. More of them were dancing in the centre of the room. A crowd of students were standing on the other side of the room arguing about the match. One of them was drunk and he started to boast. He said that he played better than anybody else. Somebody else said that he never played well and that he was no good as a footballer. They started to fight. To make matters worse, didn't one of the neighbours send for the guards. (He had been asleep until the noise woke him.) Then when the two of them were tearing away, somebody burnt a hole in the curtain with a cigarette. He almost set the entire house on fire.

We succeeded in stopping the fight just in time, when we heard the guards' car coming around the corner. Only for that we would be in a fix. The guards recognised some of the people and they wrote down the names of all the people.

When the guards went away, everybody cleared off home.

It was bright daylight when I woke up. I think it was about ten o'clock. I was not long awake when I thought of last night. I sat up in the bed and looked around me (*lit.* myself). The room was in a mess. One would feel like crying. Everything was ruined in the upheaval.

When I got up, I put on my clothes. I didn't wash myself or shave myself nor did I succeed in finding a towel or soap or a razor in the mess. I opened the window and began cleaning the room.

Lesson 27

Peadar And His House

Peadar's house is in the centre of the town. It is only 'a tiny little house' as he says himself. There are two storeys. There is one room and a small kitchen downstairs. There are two bedrooms upstairs. There is a yard at the back of the house. There is a small outhouse in the yard for (the) coal.

The house did not cost a lot of money. It was in a district were houses had been let (*lit.* go to the bad) become delapidated. From the wartime onwards, the people of the town were leaving districts like this for the sake of the new houses which are a distance out from the town. Then, before long, there were not many families remaining there. According as the old people were dying, the whole area was becoming delapidated. However, for a year or two, it is greatly in fashion for young people to buy houses like those.

Peadar did not understand until it was bought how bad the house was. The floor upstairs was rotten. Indeed, the stairs itself was beginning to rot. One of the walls in the kitchen was cracked. I myself think there was a crack on one of the gable walls. Everybody was saying that it was a mistake to buy an old house. 'Buy an old thing and be without anything' people were saying. Clever people always have such proverbs in a case like this.

Peadar admitted that the house was in a bad way. However, there was no helping it now except to start working. No work is impossible (to do) if you keep your courage (up).

To be sure, Peadar did not lose his courage. You would see him there every night of the week working and sweating. He is a wonderful carpenter and he is fine and strong. He is good at using the hammer and dealing with the saw. It was not long until new wood had been put in place of old wood and all the doors painted. Before long, all the walls were fixed up.

Peadar is a lawyer and he likes to reside in the centre of the town. The house is adjacent to the courts and that suits him. Of course, the value of the house is rising according as the young people are buying and (*lit.* settling) fixing up other old houses in the district. It will be worth a pile of money in the future. 'However, it is not the money which counts,' said Peadar. 'I'm content here and I don't intend to stir from here for the sake of money.'

Lesson 28

The Accident

Tomás Mór was killed on Tuesday night. It happened suddenly. Nobody was expecting it. (Although I must say that I had a strange dream concerning death on Monday night.)

Tomás was a huge big man. He was a shy person; the poor man – God rest him. He was on holiday down in County Mayo when the accident happened. He was very fond of fishing and was going to spend a fortnight fishing throughout County Mayo together with Seán. Seán is a first cousin (*lit.* to him).

On Tuesday evening he was wanting to go on a visit to his son's wife in Gaoth Sáile. (She had a child recently.) It was a crooked narrow road. It was slippery because it was raining. There was a big heavy lorry in the middle of the road on which there was barrels tied with ropes. All the ropes weren't tight enough. Suddenly Seán noticed one of the ropes was loose so that it had not a proper grip on one of the barrels. He started to call out to the driver of the lorry: 'Watch out ! Watch out !'

It was too late. The barrel fell down on top of the car. She went (*lit.* from) out of control. She was lifted off the road and she was (*lit.* hit) smashed against the ditch. Tomás Mór was thrown out head first. Between ourselves, it was a terrible thing that the door wasn't locked.

The driver of the lorry survived whole and entire. He was not hurt at all. Tomás Mór and Seán were brought to the County Hospital. Tomás Mór's neck was broken and he died an hour afterwards. Seán's legs were broken, but he will survive, (*lit.* with the help of God) please God.

Tomás Mór's body was brought home here as he was born and raised in this parish. The wake was on Tuesday night and the funeral was on Thursday morning. He was buried after twelve (o'clock) Mass.

There was a big funeral. Both young and old people were there. There was (in or) about a hundred cars outside the graveyard. The people were to and fro talking with the widow. 'I am sorry for (*lit.* I don't like) your trouble,' they said (that is what everybody says here). 'I know that, dear,' said the widow. 'Indeed, the poor fellow, he went off suddenly,' the people were saying. The men carried the coffin to the grave. Then the priest said the prayers.

Tomás Mór was buried in the grave that his father was buried in twenty years ago when he was drowned.

Lesson 29

Housework

There was a holiday yesterday and thanks be to God we had no school. It is probable that every teacher is tired like that at the end of a term. It is but a short time now until it will be Christmas and I will take life easier then.

I intended to get up early as I had plenty of work to do in the house. I didn't wake until I heard the postman at the door. I got up and went downstairs to look at the l letters.

The letters did not appear very interesting. There was only an electricity bill and an account from the bank.

There was a mass of dirty dishes in the kitchen to wash. I cleared the table and placed the sugar bowl and the milk jug in the press. Then I began washing clothes. I washed all the towels and dishcloths. Then I washed the two sheets and the pillow-slip. I put other clothes steeping. There was a lot of sun around midday and I succeeded in hanging them out in the yard at the back of the house. They were not long drying. I didn't bother to iron them as I was too tired.

Then I called up Mícheál and invited him for supper. He was grateful to me for he said that he himself did not feel at all like cooking. Really, he has no interest in cooking if he can avoid it.

I relaxed then for an hour or two. I listened to records. I read the paper and I read a few pages (*lit.* out of) of 'Cré na Cille'.

At seven o'clock I started to prepare the supper. I (*lit.* cleaned) peeled the potatoes and put them on. When they were cooked, I mashed them. I cut an onion. I put the onion and a little bit of butter and salt on the mashed potatoes and I mixed them in the saucepan. I boiled the bacon and the cabbage in a big wide pot. They taste better like that. However, you must keep the lid on the pot or you will have the smell all over the place.

At a quarter to eight, I laid the table beside the window. I used the new tablecloth that I bought recently in Galway city and I lit a candle on the table.

Mícheál came on the stroke of eight exactly when the supper was ready and he drew the cork out of the bottle of wine for me. He is much stronger than me !

We (*lit.* got enjoyment out of) enjoyed the meal together. I think that it is delightful to be eating and drinking and conversing like that by candle light. We will have another meal together at the end of next week.

Lesson 30

The Cheque

Everything is much dearer now besides how it used to be a few years ago before we entered the Common Market. Of course, the price of oil is also connected with this situation. It is hard on married people who have responsibility or on older people who are depending on the pension.

Peige's uncle died six months ago. He left a sum of money (*lit.* by will) in his will. She (herself) got a cheque from the lawyer the other day. She was never more grateful to anybody than she was to her poor uncle. She had no money to spend for many a day. She felt like buying some clothes.

She got up earlier yesterday than she usually gets up. She was standing outside the shop before it was opened. (If she should be there much later the shops would be crowded. There are hoards of country people on holiday up here at present).

It was so difficult for her to make her mind up. She was wondering what she would buy. She prefers cotton dresses. They are lighter and usually they are brighter. But it is autumn now and the summer frocks are getting scarcer. They have the nicest ones sold by now.

There was one dress that Peige greatly liked. This dress came down only as far as the knees so that it was a little bit shorter than the dresses which were in (the) fashion this year. It had a nice narrow waist. The bottom portion was wider and it had a high neck. She tried the dress on her but it was too small. It was too narrow around the shoulders.

Then she went across the street to a big shop which is very famous. She thought that it would be more farseeing and sensible to buy winter clothes. The shopkeepers are preparing already for the winter and anyway it is only a short time until the weather will be getting harsher.

They had sheepskin coats very cheap and overcoats which were made of wool. 'The customers are wild about the sheepskin coats this year,' the shop girl said to her. 'They are really a wonderful bargain !'

Peige bought a coat which had a nice belt and little buttons sewn on each side. After that she bought brown shoes which had leather soles and high heels. She was just going (off) out of the shop when she saw a pair of beautiful gloves and a scarf which were the same colour as the coat. That is the worst thing concerning clothes, if you buy one garment, it seems difficult not to buy another one.

A Conversation

'Hello !' 'Hello !' 'Where are you (yourself) from, if you don't mind my asking you ?' 'I am from France.' 'What is your name ?' 'Pierre. What is your own name ?' 'Seán Ó Flaithearta. Seáinín Thomáis people call me here. How long is it since you came here ?' 'I am here a few weeks. I am learning Irish.' 'Do you reckon Irish is difficult ?' 'It isn't that difficult.' 'Indeed, you (*lit.* have) can speak marvellous Irish, God bless you ! Where are you staying ?' 'In that house on the righthand side.' 'I know, at Máirtín Mór's. How do you like this place ?' 'I like it a lot but the weather isn't too good at present.' 'Well, good day to you now !' 'Good bye.'

Lesson 31

Journalism

Liam is a journalist. He has been connected with journalism since he left school. He is attached to the same paper now for six or seven years. He has a great interest in politics. He writes a couple of articles every week about politics. He has also an interest in sport and sometimes, if there is some big match on, he writes an account of it.

Sometimes in the summer, when some of the other journalists are on holiday, Liam has to write other reports. The year before last, for example, he was asked if he would mind describing fashion affairs. He had to do it as he didn't want to refuse the man who was over him. He wrote an article about the type of boots and glasses that would be fashionable in the autumn !

Then, last year, the man who is supposed to deal with religious affairs was sick. Liam was asked to give a report on a conference which church people were holding. He said that he didn't have much knowledge of those matters but people said to him that it did not matter about that. Liam was obliged to spend a few days shaking hands with ministers and interviewing bishops. However, he succeeded in writing a few articles. It is said that it is worth reading them.

The Thief

Tomás is an engineer. He spent a couple of weeks recently working in the west, in Cois Fhairrge. A factory is being built there. He liked the few weeks very much and he was feeling sentimental when he was leaving. He was saying to the local people that he would prefer to live in Cois Fhairrge than in Dublin.

When he came home he got a fright when he saw the house. It was broken into while he was in the west. A television and a camera were stolen, not to mention all his records. The house was in a mess. A lot of his books were thrown all around the room (as a result of the action of) by the thief. Tomás was terribly upset.

He sent for the police immediately. He was shaking when he came. The police looked at the house but it was difficult to make out how the thief had got in. A policeman asked Tomás if the door had been locked. Tomás said that it was. They reckoned that perhaps the thief had used a ladder and that he came in upstairs.

Tomás did not get anything back but he hopes to get money from the insurance people. Maybe he won't get the money for a few months.

Lesson 32

Advice

Colm is sixteen years working in Dublin. He left Cois Fhairrge when he was eighteen years of age. He was a very intelligent boy. He spent four years at the university and then when he took his degree he got a position as a teacher.

In the beginning he was sharing a flat with his brother Pádraig and with another lad from home. The other lad was working as a plumber. He was a drole (*lit.* man) character and the three of them used to have great gas together. Then the brother married and he bought a house. (The other lad was married three months before that). Colm was left alone.

He spent a year like that. During that year Colm considered his position. What hurry was he in to marry ? Didn't he have plenty of time ? All the same, he was wondering if he would be more (*lit.* settled in himself) at ease with himself if he should buy a house. But, in a way, if you had such responsibility, would not life be more difficult ? If there was someone there to meet you when you would come home from work, matters would be much better. Colm was lonely.

He (himself) and Pádraig went home on holiday around Easter last year. The turf was to be cut around Eastertime. One day the two brothers were helping the father when he was cutting the turf. After a while, Colm said that he had a pain in his backbone from bending down and that he needed a rest. Pádraig also took a rest and the two of them sat on the bank of a lake and began to talk. 'You would be as well off (*lit.* it would be as well for you) to buy a house,' said Pádraig. 'You are only wasting your money paying rent like that.' 'What harm,' said Colm, 'life is long !'

But Colm yielded to his brother. When the two of them returned to Dublin, Colm started to look for a house. One day, a house was shown to him and as soon as he walked in through the door, he understood that that was the house he wanted. It was just like his brother's house. The house was auctioned three weeks after that and Colm succeeded in buying it. There were a lot of people bidding for the house and as a result of that it cost a lot. However, all things considered, Colm was well satisfied with it.

We heard recently that Colm is to be married.

Lesson 33

The Dentist

The dentists always say that you should go to them at least twice (*lit.* in the) per year. I am always talking about going to the dentist. I am always just calling him up when I begin to hesitate. Maybe it would be better to put it back another week ! In this way, I succeed in going to him at most every third year.

I (*lit.* was at) visited the dentist the other day. When I was sitting in the room waiting to go into him, a woman came into the room. I didn't feel like talking but the woman didn't cease: 'I'm tormented by this tooth ! I didn't sleep a wink for two nights. You would think that every bone in my body was sore, it is so painful.'

After a while pity seized me for the woman. I began to say that the situation wasn't quite that bad and to tell her how good the dentist was and what trust I had in him. However, she had every fault to find with him.

'He is no good !' said the woman. 'I (myself) spent over six years abroad and the dentists were wonderful ! They were extremely good. But as far as the dentists of this city or (*lit.* the dentists of Ireland) the Irish dentists are concerned, I would not trust them !'

By the time I was sent for to go into the dentist I was trembling with fear. However another man went past me on his way out and he said to me to keep my heart up. It wasn't that bad !

'(You are) welcome !' said the dentist. 'How are you – it is a long time since I've seen you !' 'Excellent,' I (myself) said. (I was trying to persuade myself that I was.) 'Take a seat there !'

I sat down in the chair. The dentist turned a little wheel and raised the chair to make me more comfortable. Then he placed a little towel resembling a handkerchief on the rail near me. He filled a glass and placed it on the small basin which was near the chair. He stuck something into my mouth and commenced to pick (*lit.* out of) at my teeth. He spent a while examining them and looking for holes. Then he said that a crown was put on one of the teeth a few years ago and that the top of the crown was broken. I would have to come back another day. I could make an appointment with the secretary on the way out.

The dentist is a nice person, and of course, he is very skilled. All the same, I must say I was glad when I reached the door.

Lesson 34

The Bull

I remember well the summer we spent working in England. We were students that time and (*lit.* it is we who were) we were young and lighthearted ! Really, there was no call for us to spend the summer labouring. We had scholarships and we didn't need the money that acutely. However, my sister's husband was related in some way to a man who had a big inn in England and we went over to ask him for a job.

He was a big strong man like a bull ('The Bull' we always used to call him). We introduced ourselves to him. I said to him that I was related to him. (*Lit.* It is not too pleased that he was) he was not too pleased. (*Lit.* It is the way that you would think that it was trying to insult him we were) actually you would think we were trying to insult him. However, he gave us a position washing dishes in the kitchen.

It was a terrible drudgery. He had us work ten hours a day. The air used to be so bad that my throat used to be sore during the day. We were obliged to wear big long aprons and we used to stand at the basin from morning until night washing and drying dishes. Such boring work !

I remember that I was working very hard. I was wanting to do my best and to earn my money honestly. But however hard I used to work the more bad-humoured the Bull used to be. However much work you might do, you could not satisfy the Bull ! He would prefer to (be) complain(ing).

'Hey, tell me,' said a companion to me one day, 'why are you breaking your heart working like that ? Take it easy ! (Lit. It is the way that) actually the Bull doesn't see you at all. He has bad eyesight.'

That is what we thought until we were standing one day at the basin imitating him and he saw us. Such a blow he hit my companion ! He nearly killed him. However, when I think about it now, it seems that we were lucky that he didn't sack us.

I remember the first pay I got. It looked so big to us that time in comparison with the money which students used to have. We had a bedroom in a little house at the back of the big house (the 'henhouse' my pal used to call it). The song of the birds woke me early in the morning. I got up and laid out my money at the bottom of the bed just to get a good and proper look at it !

The Bull promised us forty pounds each if we would remain until the end of the month. We thought that the money which we had earned would be sufficient for us and we went off home.

Despite the fact that the work was hard, our people could not believe how well we were looking when we got home.

Lesson 35

The Car

I bought an old car a few years ago. I only had it one day when I succeeded in hitting against a car which was parked outside of the neighbour's house. Such a bang ! The neighbours all ran out and they thought that perhaps a great clap of thunder had hit some house.

The car lasted two or three years. Then it began to fall asunder. I was spending all of the money which I had on it and I had to sell it.

I brought it to some man who dealt with old broken cars. He was very busy and thought that I was upsetting him. He cast an eye (*lit.* on) over the car.

'Are you sure that you want to sell it ?' said he. 'Yes, I am,' said I. 'If it had a new wheel and if that door wasn't broken, I would give you a few pounds for it. It is not worth anything as it is.'

I remained quiet for a minute or two. I was pretending that I did not hear him at all. 'I will give twenty pounds provided that I get it (the car) on the spot.' I said to him that I couldn't part with it for less than forty (pounds). He didn't believe a word I said. 'I will split it with you,' he (himself) said. 'Very well.'

I heard a few weeks afterwards that the scoundrel sold the car for fifty pounds the following day. He had a big profit.

The Bicycle

One day my youngest brother came home with a new bicycle. Before long, I too was having a go at it. The two of us agreed that a bicycle is very healthy compared to a car. We decided if I had a bicycle and if I had the time, that we could go off looking at the country(side). My brother was very interested in geography and in the history of the country.

I bought a bicycle exactly like his and we started out.

He almost killed me ! If we had only had a sufficient amount of sense to attack it gradually. But no ! I don't know what sort of haste we were in. He wanted to see an old prison or some castle in the centre of the country. We tore away until I thought that my heart would burst. I thought if I had much more to do that I would throw the bicycle over the ditch and that I would ask somebody for a lift home. I started blaming my brother. I wouldn't mind but he wasn't tired at all. We would take a rest as soon as we reached the castle.

I wouldn't mind buying another car (if I had the money, of course). Maybe from now on I won't bother with any means of transport. It is said that walking is extraordinarily healthy !

Lesson 36

The Co-operative Society

There are lots of co-operative societies now in the Irish-speaking areas. The co-operatives deal with farming and fishing, or with any scheme which they think will improve the lives of the people. Some of them are trying to improve the public services like the water and electricity services. Others are in charge of Irish language colleges (i.e. colleges that were founded to teach Irish in the summer to children from the non-Irish speaking areas). The occasional big one is involved with the publication of Irish language books, particularly school books.

Beartla Ó Flaithearta is a manager of one of these co-operative societies. It is said that he is a superb manager and that he is extremely good at dealing with everybody. He has plenty of work to do trying to improve matters. He has often to go to Dublin to meet civil servants and business people.

Beartla says that often the work is very difficult. For example, the other day he wanted a farmer to do certain work for the co-operative. At first the farmer wasn't willing to do the work.

'I won't bother with it for a while at any rate,' said the farmer, 'I have too much to do at present.'

Beartla made an attempt to persuade him that he should do it. 'Won't you do it ? ' said Beartla. 'No,' said the other man, 'won't you yourself be able to do it ? ' 'You should do it. You are outstandingly good at work like that, but if you won't do it, well I just can't do anything about it.' 'We'll see,' said the farmer, 'we will talk again about it.' 'Okay,' said Beartla. 'Very well.' 'Good man.'

Sometimes you would need great patience with people ! Furthermore, whatever (*lit.* will) may happen, one can never lose one's head. No matter how selfish people are, one must be patient. It is not worth your while giving out. Beartla is excellent in that way although he admits that it is hard to manage some of the people.

There is a programme on Raidió na Gaeltachta which gives information to the people concerning the work of the co-operatives. Sometimes it is really interesting.

Literature

Since the Irish language movement came to the fore at the beginning of this century people are publishing stories and poetry in Irish. Of course, there is a strong tradition of singing songs and storytelling in the Irish speaking areas, which goes a long way back; but since the new state was founded in the year 1922 people had a better opportunity of publishing books.

Máirtín Ó Cadhain (1906 – 1970) is the most important writer of prose of all those which we have had. He was from Cois Fhairrge and he wrote six books of short stories as well as the well-known novel Cré na Cille which was published shortly after the war.

Among the poets who most impressed Irish speakers are Seán Ó Ríordáin (1916 – 1977) and Máirtín Ó Direáin. Seán Ó Ríordáin was a Corkman and Máirtín Ó Direáin is an Aran islander. 'Línte Liombó' is the title of one of the books of poetry which Seán Ó Ríordáin composed.

KEY TO EXERCISES

Lesson 2

1. Tá Máirtín agus Bríd ansin. 2. Tá teach ansin. 3. Nach bhfuil boird agus rudaí eile ann ? 4. Níl doirse ar bith anseo. 5. Níl fir ná gasúir anseo. 6. Nach bhfuil lampa ar bith ann ? 7. Níl lampa ar bith ann. 8. Níl doras ná lampa anseo. 9. Tá mé sásta anois. 10. An bhfuil tú sásta ? 11. Deir sé go bhfuil siad anseo freisin. 12. Tá muide sásta ach an bhfuil sibhse sásta ? 13. Tá múinteoirí agus daoine eile ann freisin. 14. Níl tusa sásta ach tá mise sásta. 15. Táthar sásta ansin.

Lesson 3

1. Tá peictiúr, páipéar, leabhar agus boird anseo. 2. Tá bád Pháidín ansin agus tá mapa anseo. 3. Níl muintir Mheireacá ná muintir Shasana sásta anois. 4. Tá cailín Dhonncha agus fear Pheige ansin. 5. Níl feilméaraí Chiarraí sásta agus níl feilméaraí Chonamara sásta ach a oiread. 6. Tá garraí Sheáinín ansin agus tá tarbh Sheáinín ansin freisin. Tá teach Dhiarmaid anseo. 7. Tá muintir Thomáisín sásta. 8. Tá go leor seomraí (seomraí go leor) anseo. Tá seomra uncail Bhairbre anseo freisin. 9. Cá bhfuil bóthar Ghaoth Sáile ? 10. Níl páipéir ar bith anseo ar chor ar bith, ach tá leabhartha eile ann.

Lesson 4

1. Tá go leor tíreacha ar an mapa. 2. A Cháit, cá bhfuil Sasana ? 3. Tá fuinneoig mhór ansin agus fuinneoig dheas eile anseo. 4. Tá sé go deas anois. Tá sé go hálainn. 5. Tá fear maith ansin agus bean mhaith freisin. 6. Tá Gaeilge mhaith anseo. Níl coláiste ar bith ann ar chor ar bith. 7. A Dhiarmaid tá seomra mór ansin agus tá cláirseach bhreá ann freisin. 8. Tá fuinneoig mhór bhreá anseo. 9. Tá go leor tíreacha agus náisiúin ann. 10. B'fhéidir go bhfuil bean Pháidín agus fear Bhríd anseo. 11. Tá báisteach agus fuacht ann. 12. Tá bean dheas ann, agus sagart, feilméara mór agus Éireannach mór eile anseo. 13. Tá Gaeltacht mhór anseo ar aon chaoi. 14. Tá áit bhreá anseo agus b'fhéidir go bhfuil ceann eile ansin. 15. Tá muid anseo arist. Tá sé go hiontach.

Lesson 5

1. Tá seomra Bhríd anseo. Tá sé beag ach mar sin féin, tá sé go deas. 2. Tá cisteanach ann agus tá sí mór freisin. 3. Tá na leabhartha ansin ar an orlár. Tá go leor ar an mbord freisin. 4. Tá Máire ar an bhfón. Cá bhfuil an fón ? Tá sé ansin in aice leis an doras. 5. Tá bia ar an bpláta. 6. Tá cupla cathaoir in aice leis an tine. 7. Tá leabhartha agus páipéir ar an gcathaoir. 8. Tá láimh Mháirtín ar an ngloine. 9. An bhfuil tú sásta leis an náisiún ? 10. Tá spúnóig bheag ar an sásar. 11. Níl siad sásta leis an múinteoir ar chor ar bith. 12. Tá an áit dheas ar an mapa. 13. An bhfuil Fraincis ansin ? 14. Tá Fraincis mhaith ansin.

Lesson 6

1. Beidh Baile Átha Cliath go hiontach amáireach. 2. Bhí mé seachtain ann anuraidh. 3. An raibh sibh tinn inné ? 4. An mbeidh tusa anseo amáireach ? Beidh muide anseo cinnte ar aon chaoi. 5. Níl sé cinnte an mbeidh sé anseo arist nó nach mbeidh. 6. Bhí teach mór ag an mbean agus bhí go leor seomraí ann. 7. An raibh leabhartha agus páipéir ar an mbord ? Bhí, muise. 8. Tá cóta deas ag Máire freisin agus gúna iontach. Tá, muise. 9. An raibh mórán daoine ann ? An rabhadh sásta leis an áit ? 10. Beidh go leor leor carranna agus busanna ar an mbóthar ach ní bheidh mórán croinnte ann. 11. Bhí cupla duine ag an ngeata arís t, mar sin bhí Cáit sásta. 12. Tá léine dheas ag Diarmaid, nach bhfuil ? 13. Bhí sráid ar an taobh eile ach ní raibh mórán daoine ann. 14. Bhí athair agus máthair Pheige réasúnta sásta leis an bpeictiúr. 15. Bhí léinteacha agus treabhsair agus go leor éadaí eile ar an orlár in aice leis an bhfuinneoig.

Lesson 7

1. Bhí gasúir bheaga ag Máirtín. 2. Tá fuinneogaí móra deasa anseo. 3. Tá croinnte móra agus garrantaí deasa anseo anois ach beidh tithe agus coláistí anseo. 4. Bhíodh go leor beithígh agus caiple anseo ach anois níl mórán ann ar chor ar bith. 5. Bhídís sásta leis an bhfeilm, nach mbídís ? 6. Ní bhíodh an talamh go maith anseo agus bhíodh an iomarca uisce ann. 7. An mbeitheá sásta leis an saol ar an bhfeilm ? Bheinn, cinnte. 8. Bheadh an geimhreadh agus an samhradh go deas anseo. 9. Bhí neart daoine soibhir anseo. 10. Bhí mé ansin cupla seachtain anuraidh agus bhí an aimsir go hiontach. 11. Tá mac agus inín ag an mbean. 12. Ó muise, an créatúr ! Tá sé fuar anseo arís t. 13. Tá caoirigh agus caiple ar an gcnoc. 14. A dhaoine uaisle, an bhfuil 'chuile dhuine sásta leis an áit ? 15. Tá mé cinnte nach mbeadh an leabhar spéisiúil ar aon chaoi.

Lesson 8

1. Ní raibh croí Úna go maith ariamh. Tá sí marbh anois, an créatúr ! 2. Tá gasúr amháin ann agus tá sé réasúnta óg i gcónaí. 3. Má bhíonn Páidín anseo tráthnóna, go hiondúil bíonn sé cantalach go háirithe leis an ngasúr. 4. Ná bígí dána mar sin ! Bígí ciúin ! 5. Go hiondúil, bíonn muid tuirseach tráthnóna. 6. Má bhíonn Seáinín ansin, tá mé sásta. 7. Feicim go bhfuil an eochair ansin ar an mbord, ach níl mé cinnte cá bhfuil an doras. 8. Má bhíonn an t-úlla ansin amáireach, beidh Cáit sásta. 9. Mara mbeidh an teach in aice leis an scoil, beidh Ruairí cantalach. 10. Má bhíonn tusa anseo amáireach, beidh mise anseo freisin. 11. Bhí sé anseo tráthnóna amháin agus bhí sé tinn. 12. Má bhíonn sé anseo tráthnóna, beidh 'chuile dhuine sásta.

Lesson 9

1. Bhí an múinteoir tuirseach ach bhí an feilméara é féin ann freisin. 2. Tigim anois é. Tá an doras ansin agus tá na heochracha ar an mbord. 3. An bhfuil tú ansin ? Feicim anois thú. 4. Deir sí go mbeidh an dream uilig ag an bhfarraige amáireach ach ní chreidim ar chor ar bith í. 5. Tigim thusa go maith ach ní thigim iadsan ar chor ar bith. 6. Deir siad go bhfuil na sléibhte ansin ach ní fheicim féin ar chor ar bith iad. 7. Tá scáthán anseo..Feicim mé féin anois. 8. Beidh mise agus thusa sásta leis an bhfómhar agus leis an earrach anseo. 9. An raibh tusa thú féin ag an leabharlann inné ? Bhí ? Tá sé sin go maith. An raibh tú ansin go moch ar maidin ? 10. Bheidís siúd sásta leis na tithe ósta anseo. 11. Bhí an aimsir go maith i mbliana cé go raibh sneachta ar na sléibhte uilig. 12. Bhí muid coicís anseo anuraidh ach ní raibh sibhse ann ar chor ar bith.

Lesson 10

1. Bhí mo mháthair agus m'athair anseo anuraidh. 2. An bhfuil t'athair agus do mháthair sásta leis an teach nua ? 3. Tá mo chuid leabharthasa anseo ach níl do chuidsa anseo ar chor ar bith. 4. Tá ar gcuid Gaeilge muide go maith ach níl 'ur gcuid sibhse go maith. 5. Tá do chuid bainne fein géar. 6. Tá a sheomra seisean anseo. Tá a seomra sise ansin. 7. Bhí sí ag a theach siúd arís inné. 8. Bíonn (cuid) éadaí Mháirtín go deas i gcónaí. 9. Mara mbeadh a cuid Béarla go maith, ní bheadh a huncail sásta ar chor ar bith. 10. Tá a bhéal tinn agus tá blas gránna ar a theanga. 11. Dhá mbeadh a méir ceart, bheadh an dochtúr ag an ospidéal sách sásta (sásta go leor). 12. Ní móide go mbeidh mé i bhfad ar lóistín anseo. Tá an aimsir go dona. Tá báisteach agus gaoth ann agus ní fheicim an fharraige ná na hoileáin ar chor ar bith. 13. Dhá mbeadh aifreann ann go moch Dé Domhnaigh, ní bheadh teach an phobail lán ar chor ar bith. 14. 'Níl an dochtúr anseo ach beidh sé ar ais ar ball beag,' a deir an bhanaltra. 'Tá ceo ann agus bhí timpiste ar an mbóthar ar ball.' Bhí a mhála ar an mbord agus bhí snáthaid aisteach in aice leis an mála. 15. Níl an buidéal lán ach tá mo dhóthain anseo. 16. Níl an teanga seo deacair ach deir siad go bhfuil do cheannsa sách deacair (deacair go leor).

Lesson 11

A. *1. Ar ...? Is mé. 2. Ar ...? Is mé. 3. Ab í ...? Is í. 4. Ab é ...? Is é. 5. Ab é ...? Is é. 6. Ab í ...? Is í. 7. Ab é ...? Is é. 8. Ab í ...? Is í. 9. Ab iad ...? Is iad. 10. Ar ...? Is mé.*

B. *1. Nach í ...? Ní hí. 2. Nach iad ...? Ní hiad. 3. Nach é ...? Ní hé. 4. Nach í ...? Ní hí. 5. Nach ...? Ní mé. 6. Nach ...? Ní mé. 7. Nach í ...? Ní hí. 8. Nach é ...? Ní hé.*

C. *1. Marab ... 2. Deir siad gurb ... 3. Más ... 4. Maran ... 5. Deir siad gur ... 6. Is ... 7. Nach ...?*

1. cóta amháin 2. aon bhád amháin 3. ocht seachtainí 4. seacht n-úlla 5. chúig bhliana 6. trí huaire 7. sé phunt 8. cheithre phunt 9. naoi bpunt deich bpingine 10. dhá bhád 11. ocht gcathaoir 12. sé bliana

1. Tá mo chuid leabhartha anseo. Tá do chuidsa ansin. Tá a chárta seisean anseo. Tá a cárta sise ansin. 3. Tá ar dteach féin go deas. 4. Tá a gheata siúd ansin. 5. Fuair bean an tí feoil agus iasc agus im agus arán. Fuair sí sé huibhe agus fataí agus torthaí freisin. 6. Bhí mé tamall ar saoire in aice leis an gCeathrú Rua trí bliana ó shin. Bhí an t-uafás daoine ann. Bhí an áit plódaithe.

Lesson 12

A. *1. A: Is ... B: Ab ea ? 2. A: Ar ... B: Is ea. 3. A: Is ... B: ab ea ? 4. A: Ar ... B: Is ea. 5. A: Nach ... B: Is ea.*

B. *1. deas 2. maith 3. bocht 4. mór*

C. *oscail, salaigh, nigh, pacáil*

D. *imrígí, brisígí, léigí, glanaigí, péinteálaigí*

1. an t-aon bhean amháin 2. na cheithre leabhar dheasa 3. na trí fhuinneoig mhóra 4. an t-aon fhear mór amháin 5. an (na) dá theach mhóra

1. Ní banaltra mé. Is dochtúr mé. Tá an t-ospidéal ansin. Nach deas é ? Níl anseo ach an t-aon ospidéal amháin. 2. Ar dochtúr thusa freisin ? Is ea. 3. Go deimhin, deir sé gur dochtúirí nó múinteoirí iad na daoine sin uilig (ar fad). 4. Coinnígí na leabhartha ach ná salaigí iad leis na peanna. 5. Glan thusa an bord. Ansin nigh na soithí. Ná bruith an fheoil arís agus ná hoscail an doras ar chor ar bith. 6. 'Glan do shrón, más é do thoil é, agus ansin glan an clár dubh,' a deir an mháistreás. 'Glan féin é agus glan do shrón féin,' a deir an buachaill. 7. Is mór an truaí go raibh Máirtín dána Dé Céadaoin agus Déardaoin. Bhí sé dána Dé Luain, an tseachtain seo caite. 8. Bíonn buachaillí agus cailíní in éindí ag an rang Dé Máirt agus Dé hAoine.

Lesson 13

A. *1. a bhí 2. atá 3. a bheas 4. a bhíonns 5. a bheadh*

B. *1. nach bhfuil 2. nach mbíonn 3. nach mbeidh 4. nach raibh 5. nach mbíodh*

1. Tá an droch-sheancharr céanna ag Cáit, an carr a bhí ag Bríd nuair a bhí sí anseo anuraidh. 2. Cé atá ansin ? Mise, oscail an doras ! 3. Tá an áit seo go díreach mar a bhíodh sé nuair a bhínn anseo cupla bliain ó shin. 4. Bíonn an bus i gcónaí luath, chomh luath is a bhíonns tú ag an siopa bíonn sí ann. 5. Tá mo gheansaí anseo ach tá sí i bhfad romhór. 6. Bhí na comharsanna uilig ag an damhsa Dé Sathairn. Bhí sé fíormhaith. Bhí ceol agus amhráin ann. 7. Tá barúil ag daoine go bhfuil an chathair níos measa, go háirithe faoi Nollaig. Tá mé cinnte go mbíonn sí uaigneach ag an deireadh seachtaine.

Lesson 14

A. *1. a thiscint 2. fás 3. a oscailt 4. a chreisdiúint 5. a léamh 6. a ghoil 7. a bheith 8. a bhriseadh 9. a theacht 10. pósadh*

B. *1. Is ea. 2. Is í. 3. Is iad. 4. Is é. 5. Is í. 6. Is é.*

C. *1. Ní hea. 2. Ní hí. 3. Ní hí. 4. Ní hé. 5. Ní hea. 6. Ní hea.*

1. Tá cúigear nó seisear anseo atá in ann Fraincis a thiscint. 2. Sin iad na trí shagart a bhí ag teach an phobail Dé Domhnaigh seo caite. 3. Seo é an dream óg atá sásta an obair a dhéanamh. Tá siad in ann síolta a chur agus fataí agus coirce a fhás. 4. B'éigean a ghoil ag an seanteach arís anuraidh agus na doirse agus na fuinneogaí a phéinteáil agus an áit uilig a ghlanadh. 5. Ní raibh ach aon duine amháin ann a bhí sásta a theacht (a thíocht). 6. Déanaigí na boscaí ach ná déanaigí an iomraca.

Lesson 15

A. *1. ag fás 2. ag ól 3. ag foghlaim 4. ag briseadh*

B. *1. a dhéanamh 2. a thóigeáil 3. a bhriseadh 4 a fhoghlaim 5. a phacáil 6. a iarraidh*

C. *1. do mo phósadh 2. dhá bualadh 3. dhar bplé 4. dhá thóigeáil 5. dho'ur moladh 6. á phéinteáil*

1. Tá an-fhoighid ag Máire. Is clóscríobhaí maith í agus is rúnaí iontach í. Bíonn a hathair i gcónaí ag moladh Mháire. 2. Bhí sé ag plé le ceannacht agus díol carranna agus bhí sé ag saothrú go maith. Anois tá sé ag goil ag foghlaim Gearmáinis agus Spáinnis. Níl pá ar bith ar chor ar bith ag an gcréatúr, ach cén dochar ? 3. Cén mhaith a bheith ag foghlaim ceird eile go cúramach ? Chúns atá sé dhá fhoghlaim, bím ag déanamh imní faoi na cúrsaí seo. 4. Tá daoine áirithe sásta go díreach an rud a deirim a dhéanamh. 5. Díolaigí an carr sin agus ansin ceannaígí ceann eile.

Lesson 16

A. *1. agam 2. aice féin 3. aige 4. aige sin 5. aige 6. agat féin 7. aige 8. agaibhse 9. againne 10. acu*

1. Bhí sé an-deas ag Ruairí a thíocht an tráthnóna cheana. Bhí comrádaí eile anseo agam agus is siúinéara é atá ag obair ar an tsráid in aice leis an gceann seo 'ainne. 2. Is mór an truaí seantithe mar sin a leagan agus oifigí nua a thóigeáil. Bhí an t-adhmad go maith. Cé go raibh na horláir ag titim ruainne beag, tá mé beagnach cinnte go bhféadfaí caoi a chur ar 'chuile shórt mar sin. 3. Tá sé fánach agat (a bheith ag) caint leis an dream úd. Níl a fhios cén t-airgead atá ag na daoine seo. Bíonn comhlachtaí mar sin sásta rud ar bith a dhéanamh. 4. Bhí roinnt daoine ag an mbainis a bhí ag ithe agus ag ól. Bhí daoine eile ag casadh amhráin agus ag damhsa. 5. Tá súil agam go bhfuil an ceart agat agus go mbeidh Cáit ag tíocht anseo amáireach. 6. Bhí sé ag éirí fuar agus bhí an oíche ag titim. Tá an bheirt acu ag caitheamh píopaí go suaimhneach in aice leis an gclaí, agus ag tóigeáil scíth.

Lesson 17

A. *1. brón 2. áthas 3. drogall 4. faitíos 5. ocras 6. fearg 7. fonn 8. imní 9. tart 10. deifir*

B. *1. bán 2. gorm 3. liath 4. glasa 5. dearg 6. buí 7. dubh, donn 8. uaine 9. rua*

1. Bhí sciorta gorm uirthi agus cóta buí. Bhí sí ag breathnú go maith cé go raibh cuma thuirseach uirthi. 2. Tá sé ag breathnú ar an bpáipéar ag tóraíocht eolas faoin drama nua, an ceann a shílim a bheas go maith. 3. Bhí an amharclann plódaithe. Mar sin féin, fuair muid suíocháin in aice leis an stáitse ar phunt. Bhí an drama go maith ach bhí na haisteoirí go dona, cé go bhfuil cliú orthu. 4. Bhí treabhsar agus léine ormsa. Bhí sciorta agus geansaí ortsa. Bhí cóta agus caipín airsan mar bhí slaghdán air. 5. Bhí ocras agus tart orainn agus mar sin chuaigh muid ar cuairt acu. Bhí fonn orainn béilí maith a ithe. 6. Breathnaígí 'chuile áit. Tóraígí an fáinne !

Lesson 18

A. *1. Tá crann ansin a bhfuil billeogaí buí air. 2. Feicim an bhean a raibh cóta gorm uirthi. 3. Tá an fear anseo a bhfuil a mhac tinn. 4. Sin é an lá a raibh Cáit anseo. 5. Sin é an fáth a mbeidh mé sásta. 6. Sin é an uair nach raibh tú sásta. 7. Sin é an buachaill a shílim a mbeidh an leabhar aige.*

1. Bhí cion aice ar an múinteoir eolaíocht ach bhí an-tóir aice ar theangacha. 2. Bhí na léachtóirí agus na léachtanna an-dona. Maidir leis na scrúdaíocha, bhí siad uafásach ! 3. Bhí mé asam féin. An raibh tusa asat féin freisin ? Tá sé deacair aithne a chur ar dhaoine ar an ollscoil. 4. Tá aithne agam ar Mháirtín ach níl a fhios agam cá bhfuil sé (cén áit a bhfuil sé) anois. 5. Cé as na daoine sin ? Níl mé cinnte ar as an bhFrainc nó as an Spáinn iad. 6. Fuair mé leitir as Meiriceá dhá lá as a chéile. 7. Ní raibh torann ar bith astu ar feadh píosa. 8. Casaigí as an raidió ! Lasaigí an tine agus athraígí 'ur gcuid éadaí ! Tá daoine ag tíocht ar cuairt againn. Níl a fhios agam cén fáth a bhfuil siad ag tíocht anois. 9. Cé air a bhfuil an leabhar ? Ar an mbord. 10. Tóig an leabhar aníos as an mála !

Lesson 19

A. *1. Is dorcha an seomra seo ná an ceann eile. Sin é an seomra is dorcha. 2. Is tiúcha an t-adhmad seo ná an cineál eile. Sin é an t-adhmad is tiúcha. 3. Is cruacha a bheas an ubh seo ná do cheannsa. Sin í an ubh is cruacha. 4. Is fusa an leabhar seo. Sin í an leabhar is fusa. 5. Is measa a bheas an peictiúr eile. Sin é an peictiúr is measa. 6. Is fearr an aimsir seo. Sin í an aimsir is fearr. 7. Is foide an bóthar eile. Sin é an bóthar is foide. 8. Is lú an teach seo. Sin é an teach is lú.*

B. *1. amuigh 2. aníos 3. anuas 4. aniar 5. thoir 6. thuas 7. istigh 8. istigh*

C. *1. sé chéad duine 2. ocht mbád déag 3. trí phunta dhéag 4. cheithre horlaí déag 5. sé pingine déag 6. chúig sheomra dhéag 7. trí chupán déag 8. dhá phláta dhéag 9. dhá fhichid (dhá scór) bliain 10. fiche (scór) pingin 11. deich n-uaire 12. chúig chathaoir déag 13. cheithre chrann déag 14. trí pingine déag 15. cheithre fichid (scóir) míle 16. naoi gcupán déag 17. ocht gcéad teach 18. aon bhord déag 19. chúig bhliana déag 20. trí mhíle bliain*

1. Níl an saol chomh crua sin anois. Tá mé cinnte nach bhfuil sé chomh crua is a bhíodh (sé). 2. Tugaim faoi deara go mbíodh an geimhreadh níos cruacha agus bhíodh sé níos trioma freisin. 3. Tá Bríd níos lú ná Cáit. Tá Bairbre chomh beag céanna. 4. Chomh beag leis an mbean sin ! 5. Beidh ar Mháirtín bocht a ghoil siar amach. Tá sé chomh míshásta sin go mbeidh ar Bhríd a ghoil freisin.

Lesson 20

A. *1. ... nach féidir a oscailt. 2. ... is féidir a oscailt. 3. ... nach féidir a bhriseadh. 4. ... ar mhaith léi ceol. 5. ... nach maith leis gasúir bheaga. 6. ... ar maith léi a bheith ag foghlaim teangacha.*

B. *1. leisean 2. leisean 3. leo 4. linn 5. leatsa 6. libh 7. liom 8. léi 9. leis 10. léi*

1. Le mí anuas anois, tá 'chuile dhuine ag cuimhniú ar an toghachán agus ag caint faoin bpolaitíocht. Ní maith liomsa páirtí ar bith. Níl mé ag goil ag caitheamh vóta. 2. Bíonn muid ag éisteacht leis an raidió agus ag breathnú ar an nuaíocht ar an teilifís beagnach 'chuile lá. Is deacair a rá cé aige a mbeidh an bua. 3. Tá na ballaí agus na doirse agus na fuinneogaí uilig le glanadh agus le péinteáil aríst i mbliana. 4. Ní cuimhne liom an oíche a raibh tú anseo. 5. Ní maith linn an teas. Is fearr linn an fuacht. 6. Bhí Ruairí gránna le Mícheál. Tá éad aige leis. 7. Bhí droim Mháirtín leis an ngeata agus bhí sé ag caitheamh toitín. 8. Cé as thú ?

Lesson 21

A. *1. Imreoidh tú ... 2. Osclóidh tú ..., dúinfidh tú ... 3. Breathnóidh tú ..., léifidh tú ... 4. Coinneoidh tú ... Pacálfaidh tú ... 5. Athróidh tú .... glanfaidh tú ... 6. Nifidh tú ..., fágfaidh tú ...*

B. *1. Beidh sé ag glanadh agus ag scuabadh na seomraí uilig. 2. Beidh siad ag léamh leabhartha agus ag foghlaim teangacha. 3. Beidh muid ag éisteacht leis an raidió agus beidh muid ag cuidiú libh ag an am céanna. 4. Nuair a bheas mé ag déanamh cupán tae, beidh mé ag breathnú ar an bpáipéar. 5. Nuair a bheas sí ag cóiriú na leapacha, beidh sí sásta.*

C. *1. fúmsa 2. faoi 3. fúthu 4. fúinne 5. fúibhse 6. fút 7. fúithi*

1. Éireoidh mé go moch ar maidin amáireach. Dúiseoidh mé na gasúir agus réiteoidh mé an bricfásta. Tá faitíos orm go gcaillfidh siad an bus aríst amáireach. 2. Bhí Pádraig anseo faoi Cháisc agus beidh sise anseo go gairid. 3. Lig amach an t-uisce sin. Nífidh mé mé féin agus bearrfaidh mé mé féin anois. Ansin cuirfidh mé orm mo chuid éadaí. 4. Bhí faoi Mháirtín a ghoil (go) Baile Átha Cliath inné. Is dóigh liom go bhfuil sé ann faoi seo. Beidh mise ag fanacht go dtí Dé Domhnaigh. 5. Caithfidh mé imeacht anois gan mhoill ach cuir síos an citeal agus ólfaidh muid braon tae i dtosach. 6. Bhí 'chuile dhuine sásta seachas thusa.

Lesson 22

A. *1. Ní phósfadh ... 2. D'osclóidís ... 3. Ní bhacfá ... 4. D'fhéadfainn ... 5. Chaillfeadh sé ... mara ndéanfadh sé ... 6. Ní scuabfadh sí ná ní nífeadh sí ... 7. D'osclóidís ... 8. Labhreoinn ... 9. Shuídís ... 10. D'fhliuchfá ... 11. Bhrisfí ... 12. Shalófaí ...*

B. *1. uainn 2. uaidh 3. uaithi 4. uaibh 5. uaithi 6. uaimse ... uaitse 7. uaidh*

1. Tá Máirtín anseo ó mhaidin. 2. Tastaíonn uaim a fhiafraí cén áit a (cá) bhfuil an teach. 3. D'fheicfeá beagnach 'chuile shórt (chineál) duine anseo; mná rialta agus pinsinéaraí, mic léinn agus oibrithe, sagairt agus gasúir. 4. Dhá mbeadh an aimsir te, thaith-

neodh sé liom mo scíth a ligean agus bolg-le-gréin a dhéanamh. 5. Ní raibh uaidh ach a fháil amach cén áit a raibh an posta agus cén t-am a mbeadh an posta ag imeacht. 6. D'fhéadfadh an ghrian a bheith ag scairteadh inniu agus amáireach d'fhéadfadh sé a bheith ag báisteach nó ag cur shneachta. Ní bheadh a fhios agat céard a tharlódh. 7. Fuair mé leitir uaitse an tseachtain seo caite agus ceann uathusan inné. 8. Caithfidh mé úlla a ithe 'chuile lá ó bhí mé tinn.

Lesson 23

A. *1. Scairteann ... 2. Cleachtann sé ... 3. Ním ... agus cóirím ... 4. Breathnaíonn sí ... 5. Osclaíonn siad ... agus dúineann siad ... 6. Léim ... ach ní shalaím iad ... 7. Seachnaím Baile Átha Cliath ...*

B. *1. dhúinn 2. dhomsa 3. dhó 4. dhaoibh 5. dhi 6. dhuitse 7. dhóibh 8. dhuit ... dhó*

1. Taithníonn sé liom a bheith anseo. Tastaíonn uaim léamh agus éisteacht le ceirníní. Is féidir liom daoine as Baile Átha Cliath a sheachaint. 2. Má thosaíonn tú ag scríobh leitir, ní bhíonn sé deacair í a chríochnú. 3. (Ta)spáin dhom an sábh agus an casúr. Cén áit a (cá) bhfuil na tairní agus na scriúanna ? An bhfuil siad feiliúnach don pholl seo ? 4. Má tá tú ag goil ag an rása mór, cuir geall ar Scian an Bhúistéara. 5. Thar éis don teach ósta dúnadh, tháinig sé abhaile. 6. Hóbair dhó titim ar an mbóthar. Bhí an bóthar an-fhliuch. 7. Is furasta dhuitse a bheith ag magadh faoi.

Lesson 24

A. *1. Chaitheadh muid ... 2. Léadh cuid ... ach bhíodh cuid acu nach léadh ... 3. Ní bhreathnaíodh ... 4. D'éiríodh ... 5. An n-óltá ... ? 6. Cheanglaínnse ... 7. Cé a níodh ... nó an nítí ... ? 8. Mh'anam go n-imrídís ...*

B. *1. dhíom 2. dhíot 3. dhínne 4. dhi 5. dhíbh 6. dhe 7. dhíobh 8. dhi*

C. *Tá sé ... 1. leathuair thar éis an trí 2. ceathrú don naoi 3. fiche (nóiméad) thar éis an seacht 4. an haon (a chlog) 5. fiche (nóiméad) don sé 6. chúig (nóiméad) thar éis an trí 7. ceathrú thar éis an dó dhéag 8. fiche (nóiméad) thar éis an naoi 9. an deich (a chlog) 10. leathuair thar éis an haon déag*

1. Ní bhíodh fonn orm mo chloigeann a thóigeáil den pheiliúr. 2. Tá na bráillíní agus na ciumhaiseanna ag titim den leaba. 3. Bhí an múinteoir ag iarraidh buille maith den mhaide a thabhairt don bhuachaill. 4. Ní raibh sé d'am (de spás) againn léimt anuas den bhalla sol má tháinig an múinteoir. 5. Tá mé tuirseach de 'chuile shórt ! 6. An bhfuil peictiúr agat dhi ? 7. Bain dhíot do chóta. Cuir ort do sheaicéad agus ceangail do chuid bróga. 8. Múch (cas as) an solas mór agus las an lampa. 9. Scanraínnse i gcónaí nuair a stopadh an carr ag na soilse. 10. Mhúineadh Máirtín gasúir anseo freisin. 11. Bhíodh sé an-phointeáilte ! Bhíodh 'chuile dhuine bréan dhe. 12. Bhí duine dhá chuid mic ar scoil anseo freisin.

Lesson 25

A. **(a)** *1. ... na hoifige. 2. ... an bhúistéara ... 3. ... na Gaeltacht ... 4. ... an tincéara ... 5. ... na n-iascairí ... 6. ... na dtithe ...*

(b) *1. ... an bhúistéara. 2. ... na hoifige. 3. ... Sheáinín. 4. ... mhuintir na Gaeltacht.*

(c) *1. ... an bhúistéara ... 2. ... an tseomra ... 3. ... an bhalla. 4. ... na hoifige. 5. ... na farraige. 6. ... na dtithe ... 7. ... mhuintir Chonamara.*

B. *1. ... os mo chionn 2. ... os ar gcomhair 3. ... os a cionn ... 4. os a chomhair 5. ... le t'aghaidh 6. ... os do chionnsa*

C. *1. trí bhád is trí fichid 2. aon leaba dhéag is dá fhichead 3. bliain is fiche 4. deich n-úlla is cheithre fichid 5. deich bpunt is trí fichid 6. fiche bád 7. chúig sheomra dhéag is fiche 8. aon éan déag is trí fichid 9. cheithre fichid duine 10. dhá fhichead peann 11. seacht bpunta fhichead 12. ocht gcrann is cheithre fichid 13. deich gcathaoir fhichead 14. sé dhuine is dá fhichead 15. naoi gcinn déag is cheithre fichid 16. sé pingine is dá fhichead 17. céad is dhá bhád 18 trí fichid bliain*

1. Drochsheans go n-aontóidh bean an tsiopa le bean an phosta. 2. Tá siad ag tóigeáil an halla nua os comhair na dtithe nua. 3. Tá an talamh an-chostasach anois. Cé mhéad a d'íocfá ar acra ? 4. Glacfaidh an coiste le bean an bhúistéara mar chathaoirleach. Ní bheidh toghachán ar bith ann. 5. Coisníonn 'chuile shórt an iomarca anois. 6. Tá sé ar intinn agam carr a thóigeáil ar cíos. 7. Tá doras na hoifige os comhair an phosta.

Lesson 26

A. *1. Ar shalaigh tú ... ? 2. Ar nigh tú ... ? 3. Nar léigh tú ... ? 4. Ar oscail tú ... ? 5. Ar bhris tú ... ? 6. Ar imir tú .... bhfuil tú ... ? 7. Ar fhoghlaim tú ... ? 8. Ar tóigeadh ... ? 9. Ar hosclaíodh ... ? 10. Nar glacadh le ...*

B. *Deir siad ... 1. gur shalaigh tú ... 2. gur nigh tú ... 3. nar léigh tú ... 4. gur oscail tú ... 5. nar bhris tú ... 6. gur imir tú ... go bhfuil tú ... 7. gur fhoghlaim tú ... 8. gur tóigeadh ... 9. gur hosclaíodh ... 10. nar glacadh le ...*

C. *1. inti 2. ionainne 3. ionatsa 4. ansin 5. iontu 6. ionam 7. ionaibh 8. ann 9. inti*

1. Tá an dochtúr i ngrá le banaltra atá ina cónaí san ospidéal. 2. Mac léinn atá ionam (Is mac léinn mé). Tá mé i mo chónaí san árasán seo le sé bliana. 3. Chuir mé na buidéil i bhfalach in aonturas. 4. Bhí cuid de na daoine ina suí sna cúinní ag imirt chártaí. Bhí tilleadh acu ina seasamh i lár an tseomra ag déanamh gaisce faoin gcluife. 5. Dhóigh duine eicínt poll sa gcúirtín. Mar bharr ar an gclampar, bhí comharsa ina dhúiseacht agus chuir sé fios ar na gárdaí. 6. Bhí mé i mo shuí ag an sé maidin inné. Bhí mé chomh tuirseach sin nach raibh mé in ann mo thúáille ná an ghallaoireach a fháil. 7. Nuair a imeos na saighdiúirí agus na gardaí, baileoidh muid linn abhaile. 8. Milleadh an gasúr.

Lesson 27

A. *1. glanta 2. péinteáilte 3. athraithe 4. nite 5. osclaithe 6. dúinte 7. curtha 8. ceannaithe 9. ligthe 10. dóite 11. scuabtha 12. déanta*

B. *1. casúr, gasúr, dochtúr, saighdiúr 2. orlár, clár, carr 3. pórtar, Peadar, cabhantar, bóthar, treabhsar 4. féar, páipéar, suipéar 5. doras, solas, turas 6. bás, Tomás 7. béal, séipéal, scéal, éan 8. tamall, capall, tuarastal, pobal 9. ceol, stól 10. arán, amadán, oileán, sruthán 11. airgead, droichead 12. clog, corp 13. cat, cnoc 14. aonach, bealach, Sasanach 15. cogadh, samhradh, geimhreadh, deireadh 16. iasc, cliabh 17. bord, neart, sagart, saol*

1. D'amhdaigh Tomás go raibh bun an doiris lofa agus go raibh an balla scoilte. Ní raibh a fhios aige é nó go raibh an teach ceannaithe. 2. Choinnigh sé a mhisneach agus bhí an teach nite agus glanta agus péinteáilte gan mórán achair. 3. De réir mar a bhí na comhlódaracha ag fágáil an cheantair agus na seandaoine ag fáil bháis, bhí an ceantar ag goil chun donacht. 4. Deir siad gurb é an mhisneach a chomhaireanns. Má choinníonn tú do mhisneach, ní bheidh obair ar bith dodhéanta. 5. Bhí carr an tsagairt treasna an bhóthair uaim ag geata an tséipéil. 6. Ná corraigh ! Fan san áit a bhfuil tú ! Ní bheidh mé ag fanacht i bhfad.

Lesson 28

A. *Chuala ... 2. ... íosfaidh ... 3. Tiocfaidh ... teagann ... 4. ... déarfá ... 5. Nar 'úirt ... rá. 6. Rug ... 7. ... rugadh ... 8. Teara ... 9. Ní 'éarfainn ... 10. ... go dtiocfaidh ... 11. ... breith ... 12. ... breith ...*

B. *1. crann 2. sac 3. ceann 4. leanbh 5. fear 6. mac*

C. *1. cóitín 2. teachaín 3. maidín 4. deochaín 5. leabhairín 6. saighdiúirín 7. bróigín 8. doirisín*

1. Bhí mé ag brionglóidí aríst aréir i dtaobh an bháis (faoin mbás). Bhí mé ag cur allais leis an bhfaitíos. 2. Fainic ! Tá rópa scaoilte. Níl greim ar bith aige ar an mbairrille. Fainic a dtitfeadh sé. 3. Bhí mé ag fuagairt ar thumálaí an leoraí. 4. Cé gur thit an bairille anuas go tobann i mullach an chairr, níor gortaíodh duine ar bith. 5. Rugadh agus tóigeadh bean Thomáis Mhóir sa bparáiste seo. Cuireadh í san uaigh chéanna. Bhí sochraide mhór ann. 6. Tá an-dúil ag Seán i gcarranna. Is tumálaí an-chontúirteach é. An bhfuil doras an chairr glasáilte ?

Lesson 29

A (a) *1. Ní dhearna ... 2. Ní théann ... 3. Ní dheachaigh ... 4. Ní bhfaighidh ... 5. Ní ghabhfaidh ... 6. Ní bhfuair ... 7. Ní fhaca mé ... 8. Ní fhaigheann ...*

(b) *1. An ndearna ... ? 2. An dtéann ... ? 3. An ndeachaidh ... ? 4. An bhfaighfidh ... ? 5. An ngabhfaidh ... ? 6. An bhfuair ... ? 7. An bhfaca ... ? 8. An bhfaigheann ... ?*

B. *1. caint 2. ceist 3. gruaig 4. áit 5. tír 6. scoil 7. seachtain 8. cluais 9. spéir 10. bróig 11. páirc 12. oíche 13. sráid 14. muintir 15. roilig 16. ceird 17. cúis 18. aois 19. láimh 29. cois 21. im 22. aimsir 23. moill 24. suim 25. Fraincis 26. fuinneoig 27. leabharlann*

C. *1. ... na coille. 2. ... na muice ... 3. ... an tsléibhe. 4. ... na sráide ... 5. ... céille. 6. ... na gréine ... 7. ... na háite. 8. ... na haille ...*

D. *1. níos goirme 2. níos bodhaire 3. níos reimhre 4. níos coithrime 5. níos milse 6. níos soibhre 7. níos troime 8. níos teáinne 9. níos ísle*

1. Ní dheachaidh mé síos an staighre leis na leitreacha a fháil. Bhí a fhios agam nach bhfaighinn ach billí nó cuntas ón mbeainc. 2. Thug mé cuireadh do thriúr nó ceathrar aréir. 3. Tá jug an bhainne agus babhal an tsiúcra ar an mbord. Cá (cén áit a) bhfuil an taepait agus na cupáin agus na sásair ? 4. Cuirfidh mé síos na fataí. Má tá fonn cócaireacht ort, gearr suas an gabáiste agus an t-oinniún. Measc ar an bpeain iad. 5. Taithníonn uibheacha róstaithe agus bagún liom. (Is maith liom ...) 6. Sín agam an t-im, más é do thoil é ! 7. Ní fhaca mé ariamh i mo shaol bóithre níos caime ná níos cuinge ná na ceanna a chonaic mé i lár na tíre. 8. Níl ann ach braon bainne ar thóin an bhuidéil. Gabhfaidh mé ag an siopa agus ceannóidh mé buidéal eile. 9. Tá an siúcra agus an tae gann. 10. Ním mo chuid léinteacha féin agus crochaim sa ngeard iad. Triomaíonn siad an-sciobtha.

Lesson 30

A. *báisteach 2. scian 3. cloch 4. curach 5. fearg 6. uaigh 7. tuath 8. cisteanach 9. glac 10. baintreach 11. cearc 12. gealach*

B. *1. ... os a chionn. 2. ... ina bun ? 3. ... ina dtaobh ... 4. ... dhá bharr. 5. ... lena ais. 6. ... os a cionn. 7. ... ina measc. 8. ... ina dhiaidh.*

C. *1. ... os mo chionn. 2. ... inar n-aghaidh. 3. ... i do dhiaidhsa. 4. ... os mo chomhair ... 5. ... ar a son.*

D. *1. níos soilche, níos gloine 2. níos fliche, níos trioma 3. níos moiche, níos deireanaí 4. níos sine, níos óige 5. níos girre, níos foide 6. níos gile, níos dorcha 7. níos leithne, níos caoile 8. níos ceirte, níos contráilte 9. níos loige, níos láidire 10. níos moille, níos scioptha 11. níos goinne, níos fairsinge 12. níos goirbhe, níos mine 13. níos mó, níos lú 14. níos airde, níos ísle 15. níos ciallmhaire, níos seafóidí 16. níos milse, níos seirbhe*

1. D'éirigh mé inné níos moiche ná go hiondúil. Shíl mé (Bhí mé ag ceapadh) dhá bhfanfainn go mbeadh na siopaí plódaithe. 2. Go minic, bíonn cadás níos gile ná olann ach éiríonn cadás níos soilche níos scioptha. Go hiondúil, bíonn olann níos seasmhaí. 3. Thraoiáil mé orm an chulaith. Bhí an seaicéad rochúng thart ar na guaillí. Bhí an treabhsar níos girre ná an ceann a bhí orm. Níor tháinig sé anuas ach go dtí mo rúitíní. 4. Bheadh sé níos ceirte do chuid airgid a choinneáil le haghaidh na coise tinne. 5. Ní fhaca mé ariamh bord cisteanaí níos aistí ! Tá sé níos gloine ná ar gceann muide (an ceann seo 'ainne) ach tá sé scoilte ag an ngrian. 6. Tugann muid Máirtín ar an bhfear sin. 7. Cé atá i mbun na háite ?

Lesson 31

A. *1. Ba chuma. 2. Ba mhaith. 3. Ba deacair. 4. B'éigean. 5. B'fhiú. 6. B'fhearr. 7. Ba chóir. 8. Ba é.*

B. (a) *1. Níorbh éigean ... 2. Níorbh fhearr ... 3. Níorbh fhiú ... 4. Ní ba deacair (Níor dheacair) ... 5. Ní ba chóir (Níor chóir) ... 6. Níorbh fhurasta ...*

(b) *Deir sé ... 1. gurbh éigean ... 2. gurbh fhearr ... 3. gurbh fhiú ... 4. go mba deacair (gur deacair) ... 5. go mba chóir (gur chóir) ... 6. gurbh fhurasta ...*

C. *Ba mhaith liom ... 2. Ba chuma ... 3. Níorbh fhiú ... 4. ... a ba cheart ... 5. ... nach mba ghá (nar ghá) ... 6. B'fhearr ... 7. B'fhurasta ... 8. Arbh fhearr ... 9. B'fhiú ... 10. Arbh fhearr ... 11. Dhá mba 'in ..., ní bheinn ... 12. ... nach mba mhaith (nar mhaith) ...*

1. Chaith mé an tseachtain ag craitheadh láimh le ministéaraí agus ag caint le easpaig. 2. Is iriseoir maith é (Iriseoir maith atá ann). Scríobh sé cupla alt breá i dtaobh an chluife mhóir (faoin gcluife mór) an tseachtain seo caite. 3. Bhí sé ag inseacht do mhuintir na háite gurbh fhearr leis cónaí i gCois Fhairrge. 4. Ní raibh a chuid spéacláirí air agus chraith sé láimh lena dhriofúir in áit an easpaig. 5. Goideadh a chuid ceirníní uilig, gan trácht ar a chuid leabhartha. 6. An mba chuma leat (Ar chuma leat) dhá gcaithfinn toitín ? 7. Tá mé cinnte gurbh fhiú dhuit muintir Árann a chloisteáil ag caint. 8. An mba deacair (An mbeadh sé deacair) iad a thiscint ? 9. An mba 'in é an dochtúr thall ansin ? Ba cheart dhom caint leis. 10. Fuair mé cuireadh le a ghoil ar cuairt ag teach a hathar. Ní raibh mé ag iarraidh í a eiteachtáil. 11. Ní fhéadfá cur síos ar an teach. 12. Bhí mé ceaptha a ghoil ar ais an tseachtain seo caite, ach bhí mé tinn.

Lesson 32

A. *1. ...rompu. 2. ... thríd. 3. ... roimhe. 4. ... roimpi ... 5. ... thrít. 6. ... romhat ... 7. ... romhainn ... 8. ... thríthe. 9. ... romham. 10. ... romhaibh ...*

B. *1. móin 2. gleann 3. maitheas 4. am 5. fuil 6. Samhain 7. bliain 8. dearthháir*

1. Tá fáilte romhat. 2. Ní raibh mé in ann feiceáil thríd an bhfuinneoig. 3. Thríd is thríd, bheadh sé i bhfad níos deise dhá mbeadh duine eicínt as an mbaile romhat i mBaile Átha Cliath. 4. Tá mo shrón ag cur fola. 5. Thairg sé fiche míle punt ar theach a dhearthára. 6. Tá an leabhar seo i bhfad níos spéisiúla. 7. Bhí tús na bliana fuar. Bhí sé ag cur shneachta agus ag cur sheaca. 8. Bhí an teach seo 'ainne i lar an ghleanna. 9. Is buachaill an-mheabhrach é deartháir Phádraig (Buachaill an-mheabhrach atá i ndeartháir

Phádraig). Bhain sé a chéim amach thar éis trí bliana ar an ollscoil. 10. Shíl mé (Bhí mé ag ceapadh) go mbeadh sé chomh maith dhom teach a cheannacht. 11. Ní raibh mé ach ag cur mo chuid airgid amú ag íoc cíos. 12. Bhí sé i bhfad níos socra ann féin nuair a ghéill sé dhá dheartháir. 13. Bhí siad ag cuidiú leis an athair a bhí ag baint mhóna. 14. Bhí pian ina dhroim ag Colm ó bheith ag cromadh anuas. 15. Shuigh an bheirt acu ar bhruach na locha agus thóig siad scíth.

Lesson 33

A. *1. ... thairis. 2. ... thairti ... 3. ... tharainn ... 4. ... tharam ... 5. ... tharatsa ... 6. ... thartu ... 7. ... tharsan ...*

B. *1. caora 2. tóin 3. cathaoir 4. glúin 5. cathair 6. traein 7. caoireoil 8. súil 9. lacha 10. toil 11. An Cheathrú Rua 12. comharsa 13. Éirinn (Éire) 14. cráin*

C. *1. an dara húlla 2. an deichiú fear fichead 3. an t-aonú ceann fichead 4. an cúigiú háit 5. an cúigiú duine déag 6. an t-aonú bord déag*

1. Go díreach nuair a bhí mé ag goil ag cur glaoch ar an bhfiaclóir thosaigh mé ag braiteoireacht. Seo é an tríú huair a rinne mé é sin. 2. Bhí mac na comharsan ag an dochtúr inné. Deir siad go bhfuil tinneas aisteach eicínt air. 3. Bhí mé cráite ag daoine ag cur glaoch orm. Faoi dheireadh, in aghaidh mo tholach, rinne mé coinne le duine acu. 4. Ní raibh fonn cainte ar bith ormsa ach bíonn daoine ann i gcónaí a bhíonns ag iarraidh a bheith ag cabaireacht. 5. Tá dochtúirí na cathrach seo thar a bheith go maith. Bheinn sásta muinín a dhéanamh as duine ar bith acu. 6. Bhí sé thar chúig bhliana déag thar sáile. Bhí sé ag feilméaracht i Meireacá. Tá soibhreas mór sa tír sin. 7. Leag sé neaipicín póca ar an ráille agus gloine uisce ar an mbáisín. 8. Ar a laghad, cheannaigh mé ceathrú caorólach úr ón siopadóir inné. 9. An raibh uachtarán na hÉireann ag an gcluife mór Dé Domhnaigh ? 10. Ar dhúin tú doras na traenach ?

Lesson 34

A. *1. Is ag goil abhaile atá mé. 2. Is í Cáit atá anseo. 3. Is amáireach a bheas Bríd anseo. 4. Is í an carr atá ar chúla an tí. 5. Is ag deireadh na míosa a bheas Tomás ag tíocht. 6. Is ar an mbord a bhí an fáinne pósta. 7. Is crann daraí atá ansin. 8. Is ag cóiriú na leapa atá Peige anois. 9. Is minic a bhíonns sé ag caint leis an dochtúr. 10. Is i nGaillimh atá teach mo dhreifíre. 11. Is mé a bhí óg aerach an uair sin. 12. Thusa a ba cheart caint leis.*

B. *Sílim ... 1. gur ag goil abhaile atá mé. 2. gurb í Cáit ... 3. gur amáireach ... 4. gurb í an carr ... 5. gur ag deireadh na míosa ... 6. gur ar an mbord ... 7. gur crann daraí ... 8. gur ag cóiriú na leapa ... 9. gur minic ... 10. gur i nGaillimh ... 11. gur mé ... 12. gur thusa ...*

C. *1. ... is é an chaoi a raibh sé imithe. 2. ... is é an chaoi a raibh mé thar cionn. 3. Is éard a deir sé go bhfuil Máire tinn. 4. ... Is é an chaoi nach raibh sé glan ar chor ar bith. 5. Is éard é féin amadán ! 6. Is éard dúirt sé nach raibh sé sásta.*

D. *1. Is ea. 2. Is é. • 3. Is iad. 4. Is ea. 5. Is ea. 6. Is ea.*

E. *1. Ní hea. 2. Ní hea. 3. Ní hea. 4. Ní hea. 5. Ní hé. 6. Ní hé. 7. Ní hiad. 8. Ní hea. 9. Ní hí. 10. Ní hea. 11. Ní hea. 12. Ní hea.*

1. Tá cóta na mná ar an talamh. 2. Shíl mé (Bhí mé ag ceapadh) go mbeadh sí ann ach is é an chaoi nach raibh sí ann ar chor ar bith. 3. Is éard a dúirt sé nach raibh sé sásta. 4. Is í Máire a dúirt é sin. 5. (Ar) ag iascach ronnach atá Pádraig ? 6. Bhí mé ag déanamh mo dhíchill. 7. An raibh Tomás ag déanamh aithrist ar Shéamas ? 8. Dhá mhaslú atá tú ! 9. (Is) fuar a bhí sé inniu i gcomórtas leis an lá inné. 10. 'Tuige (Cén fáth) a raibh an obair leadránach ? 11. Shíl mé (Bhí mé ag ceapadh) go raibh gaol agam leis ach is é an chaoi nach raibh gaol ar bith agam leis. 12. Ní raibh call ar bith dhúinn obair a dhéanamh. 13. Bhí mo scornach tinn i gcaitheamh an lae. 14. Cogar ! (Ar) ar an mbord a bhí an fáinne pósta ?

Lesson 35

A. *1. Ba mhaith liom an leabhar sin a bheith ag Cáit. 2. Ní miste gan airgead a bheith agam. 3. Dhá mbeadh an t-am agam agus an t-airgead a bheith agam, dhéanfainn é. 4. Marach mo bhean a bheith míshásta, cheannóinn é. 5. Dhá n-imeofá abhaile agus do scíth a ligean, bheifeá níos fearr anocht. 6. Is cuma liom gan Máirtín a bheith anseo.*

B. *1. Bhí Bríd anseo ar ball agus í ag caoineadh. 2. Tháinig mo dhearthár abhaile agus bean leis. 3. D'imigh Pádraig amach agus gan cóta ar bith air. 4. Ní fiú dhuit cóta nua a cheannacht agus cóta nua sa mbaile agat. 5. Cé a thiocfadh isteach ach Peadar agus hata air. 6. Bhris siad an fhuinneoig agus iad ag iarraidh caoi a chur ar an bhfráma.*

1. Cé a thiocfadh abhaile inné ach mo dhriofúr agus fear léi. 2. Cé acu is folláine (atá níos folláine), carr nó rothar ? 3. Pharcáil muid an carr taobh amuigh de theach na comharsan. 4. Bhí an-spéis ag an driofúir is óige atá agam sa tíreolas agus sa stair. Bhí sí ag iarraidh seanchaisleán a fheiceáil i lár na tíre. 5. Shíl mé go bpléascfadh mo chroí. 6. Fuair muid marcaíocht abhaile. 7. Breathnaigh an brabach a dhéananns an scabh-téara ! 8. Dhá mbeadh an t-am againn agus cead a bheith againn, chaithfeadh muid dhá mhí sa bhFrainc. 9. Bheadh muid ansin anuraidh marach go raibh Máirtín tinn (marach M. a bheith tinn). 10. Gabhfaidh mé ann an bhliain seo chugainn (an chéad bhliain eile) ach a bhfaighidh mé an t-airgead.

Lesson 36

A. *1. Diabhal pingin ar bith a thabharfas mé dhó. 2. Diabhal a mbacfaidh mé leis. 3. Diabhal a fhios agam. 4. Diabhal leabhar ar bith (atá) san áit. 5. Diabhal duine ar bith a bhí sásta. 6. Diabhal ar chuala mé a leithéide ariamh. 7. Diabhal blas ar bith a rinne sé ó mhaidin.*

B. *1. Diabhal focal ar bith a thig mé. 2. Diabhal a fhios agam. 3. Diabhal neart anois air. 4. Diabhal dochar ar bith a dhéanfas sé dhuit. 5. Diabhal aird ar bith (a bhí) aige air. 6. Diabhal scéal ar bith agam.*

C. *1. Nach rabhais ? 2. Táim. 3. Ghlanas. 4. Coinneod. 5. ... an bhfuilis ? 6. Nar léis ? 7. Tháinigeas. 8. ... nach ndéanfais ? 9. Bhíos. 10. Ní bhrisfead. 11. D'osclaíos. 12. ... nar imrís ? 13. Chea(l) nach rabhais ?*

1. Tá Pádraig ina bhainisteoir ar cheann de na comharchumainn áitiúil atá ag obair le feabhas a chur ar shaol na Gaeltacht (le saol na Gaeltacht a fheabhsú). 2. Tá na coláistí ceaptha Gaeilge a mhúnadh do na gasúir as an nGalltacht. 3. Is scríbhneoir cumasach é Séamas (Scríobhnóir cumasach atá in Séamas). Scríobh sé úrscéal breá agus leabhar gearr-scéalta. 4. Bhí cruinniú ag Pádraig le státseirbhíseach mór-le-rá (tábhachtach) an tseach-tain seo caite. Phléigh siad na coláistí. 5. Nuair a cuireadh an státa seo ar bun bhí deis ní b'fhearr (níos fearr) ag daoine leabhartha Gaeilge a fhoilsiú. 6. Ar léigh tú an leabhar sin ? Léas (léigh) gan dabht. 7. A: Beidh muid anseo amáireach ag an sé. B: Déanfaidh sin ! 8. Rinne tú go maith. 9. Bhoil, diabhal neart (a bhí) 'am air ! 10. A: Ar bhlais tú an fíon ? B: Bhlais(eas). 11. A: Ar fhreagair tú é ? B: Níor fhreagair (Níor fhreagraíos).

IRISH – ENGLISH VOCABULARY

The number in each entry refers to the lesson where the word (and its pronunciation) was given in the vocabulary section.

WORD	GRAMMATICAL NOTES		MEANING	LESSON
a	vocative particle			4
a	adj.		his, her, their	5, 10
a	relative particle			13
a	particle (with indep. numbers)			24
a	conj.		all that (which)	35
ab	question form of copula			11
abair	vb.	hab. *deir-*, fut. *déar-*, past *dúirt*, v.n. *rá*, v.adj. *ráite*	say	28
abairt	n. fem.	gen. *-e*, pl. *-í*	sentence	35
abhaile	adv.		home(ward)	13
abhainn	n. fem.	gen. *abhann*, pl. *aibhneacha*	river	5
ábhar	n.	gen., pl. *ábhair*	subject, material	12
ach	conj.		but, only, provided that	2, 35
ach a oiread			either	2
ach amháin			except	19
achar	n.	gen. *achair*	distance, period of time	
gan mórán achair			before long	27
acra	n.	pl. *-í*	acre	25
ádh	n.		luck	24
adhmad	n.	gen. *adhmaid*	wood	16
aduaidh	adj., adv.		north	19
aer	n.	gen. *aeir*	air, sky, firmament	16
aerach	adj.		airy, lighthearted, giddy	34
ag	prep.		at, to	6, 15, 16
	(with v.n.)		on account of	35
agallamh	n.	gen. *agallaimh*	interview	31
ag cur a. ar			interviewing	31
aghaidh				
in aghaidh	prep. (+ gen.)		against	25
ar aghaidh	prep. (+ gen.)		in front of	29
le haghaidh	prep. (+ gen.)		for (the purpose of)	25
agus	conj.		and	2
			and ... is	35
aibí	adj.		ripe, smart	33
aibíocht	n. fem.		ripeness, smartness	35
Aibreán	n.	gen. *-áin*	April	35
aice				
in aice (le)	prep. (+ gen.)		beside, near	5, 29
aidhm	n. fem.		aim	App.I
aiféal	n.		regret	17
Aifreann	n.	gen. *-inn*, pl. *-acha*	Mass	10
aill	n. fem.	gen. *-e*	cliff, big rock	19
áille	comp. of *álainn*		more/most beautiful	19
aimhreas	n.		doubt, suspicion	17
aimsir	n. fem.	gen. *-e*	weather, time	7
ainm	n.	gen. *-neacha*	name	19
ainneoin	prep. (+ gen.)		despite	34
a. go/nach	conj.		despite the fact that	20

aird	n. fem.		heed, notice	20
airde	n. fem.		height, tallness	App. I
in airde	adv.		high up	
aire	n. fem.		care	App. I
aireachtáil	v.n. fem.	(see *airigh)*		
airgead	n.	gen. *airgid*	money	3
airigh	vb. 2	v.n. *aireachtáil*	hear, feel	14
áirithe	adj.		certain, particular	15
go háirithe	adv.		particularly, especially	8
ais				
le hais	prep. (+ gen.)		besides, compared with	30
ar ais	adv.		back	10
aisteach	adj.	comp. *aistí*	peculiar, strange, queer	10
aisteoir	n.	gen. *-eora,* pl. *-í*	actor	17
áit	n. fem.	gen. *-e,* pl. *-eacha*	place	4
in áit	prep. (+ gen.)		in place of, instead of	
aithne	n. fem.		knowing (of person)	18
cur in a. do			introduce	34
aithneachtáil	v.n. fem.	(see *aithnigh)*		
aithnigh	vb.	past *d'aithin*	recognise	22
aithrist	n. fem.		imitation, mimicry	34
áitiúil	adj.	comp. *-úla*	local	36
ál	n.	gen. *áil,* pl. *álta*	clutch, litter	34
álainn	adj.	comp. *áille*	beautiful	4, 19
Albain	n. fem.		Scotland	18
allas	n.	gen. *-ais*	sweat	27
cur allais			sweating	
alt	n.	gen. *ailt,* pl. *-anna*	article	31
altóir	n. fem.	gen. *-óra,* pl. *-acha*	altar	32
am	n.	gen. *ama,* pl. *-anna*	time	3
amanna	adv.		sometimes	
in am	adv.		in time	26
amach	adv.		out(wards)	19
a. anseo			in the future, in a while	
a. is a.			extremely	
amadán	n.	gen, pl. *-áin*	fool	21
amáireach	adv.		tomorrow	6
an lá a.			tomorrow	12
amháin	adj.		only	5, 11
amharc	n.		sight	17
amharclann	n. fem.	gen. *-ainne,* pl. *-a*	theatre	17
amhdachtáil	v.n. fem.	(see *amhdaigh)*		
amhdaigh	vb. 2	v.n. *amhdachtáil*	admit	27
amhrán	n.	gen., pl. *-áin*	song	13
amhránaí	n.	pl. *-aithe*	singer	36
amhránaíocht	n. fem.		singing	36
amplúch	adj.	comp. *amplaí*	greedy	30
amú	adv.		astray, wasted	21
amuigh	adv.		without, out	19
an	question particle			2
an	article			4, 5
an-	adj.		very, excellent	13
anachain	n. fem.	gen. *anachan*	misfortune	31
anall	adv.		from over there, from beyond	19
anam	n.	gen. *anaim,* pl. *-nacha*	soul	3
aneas	adv., adj.		south	19
aniar	adv., adj.		from behind, from the west	19
a. sa leaba			up in the bed	26

aníos	adv.		up from below	18, 19
ann	adv.		there	2, 26
ann				
in ann	adv.		able (can)	14, 26
annamh	adj.		rare	15
anocht	adv.		tonight	12
anóir	adv., adj.		from the east	19
anois	adv.		now	2
anonn	adv.		over, across	19
anró	n.		hardship	App. I
anseo	adv.		here	2
ansin	adv.		there	2
ansiúd	adv.		'there' (implying distance)	2
anuas	adv., adj.		down from above	19
le seachtain *etc.* **a.**			for the last week etc.	20
anuraidh	adv.		last year	6
aoibhinn	adj.		pleasant	4
aois	n. fem.	gen. *-e*, pl. *-eanna*	age, century	8
aon	num.		one, any	13
aonach	n.	gen. *-aigh*, pl. *aontaí*	fair	27
aontaigh	vb. 2	v.n. *aontú*	agree	20
aontú	v.n.	(see *aontaigh)*		
aonú	num.			
a. ... déag			eleventh	33
a. ... fichead			twentieth	33
ar	prep.		on	4
ar bith *etc.*		(see *bith* etc.)		
ar	adj.		our	10
ar	question form of copula			11
ar	question particle (past tense)			26
ar	indirect relative particle (past tense)			26
ara	interjection (expressing offhandedness, dismissal)			36
árachas	n.	gen. *-ais*	insurance	31
arán	n.	gen. *aráin*	bread	11
Árainn	n. fem.	gen. *Árann*	Aran	31
Árannach	n.	gen. *-aigh*, pl. *-aí*	Aran islander	36
árasán	n.	gen., pl. *-áin*	flat, apartment	18
arbh	question form of copula (past/cond.)			31
ard	adj.	comp. *airde*	high, tall	5, 30
ardaigh	vb. 2	v.n. *ardú*	raise, rise, grow higher	27
ardú	v.n.	(see *ardaigh)*		
aréir	adv.		last night	10
an oíche a.			last night	
ariamh	adv.		ever, never	6
aríst	adv.		again	4
arm	n.	gen., pl. *airm*	army, weapon	26
ar ndóigh		(see *dóigh)*		
arú amáireach	adv.		the day after tomorrow	8
arú anuraidh	adv.		the year before last	8
arú inné	adv.		the day before yesterday	8
as	prep.		out of, from	18
asal	n.	gen., pl. *asail*	donkey	7
atá		(see *tá)*		
athair	n.	gen. *athar*, pl. *-eacha*	father	3
áthas	n.	gen. *-ais*	joy	17
athraigh	vb. 2	v.n. *athrú*	change	18
athrú	v.n.	(see *athraigh)*		

ba	past/ cond. of copula			31
bá	v.n.	(see *báigh)*		28
babhal	n.	gen. *babhail*, pl. *-anna*	bowl	29
bac	vb. 1	v.n. *bacadh*	bother, prevent	22
bacach	adj.	comp. *bacaí*	lame	33
bacadh	v.n.	(see *bac)*		
bacaíl	n. fem.	gen. *bacaíola*	lameness	33
bád	n.	gen., pl. *báid*	boat	3
bádóir	n.	gen. *-óra*, pl. *-í*	boatman	32
bádóireacht	n. fem.		boating	33
bagún	n.		bacon	29
báigh	vb. 1	v.n. *bá*	drown	28
bail	n. fem.		blessing	30
b. ó Dhia ar			a blessing from God on	
baile	n.	pl. *bailte*	home, village	13
as an mb.			from home	32
Baile Átha Cliath			Dublin	6
baile mór	n.	pl. *bailteacha móra*	town	10
baileach	adv.	(in negatives/interrogatives)	exactly, quite	33
bailigh	vb. 2	v.n. *bailiú*	collect	26
bailiú	v.n.	(see *bailigh)*		
bailiú leis			clearing off	
bain	vb. 1	v.n. *baint*	take (with effort), extract, reap	16
báineacht	n. fem.		whiteness	33
bainis	n. fem.	gen. *bainse*, pl. *bainseacha*	wedding (feast)	16
bainisteoir	n.	gen. *-eora*, pl. *-í*	manager	36
bainne	n.		milk	7
bainríon	n. fem.	gen. *-a*, pl. *-acha*	queen	32
baint	v.n. fem.	(see *bain)*		
b. as			teasing	20
b. de			taking off/from	24
b. amach			reaching, achieving	32
tá b. agam le			I am connected with	30
baintreach	n. fem.	gen. *baintrí*, pl. *-aí*	widow	28
Bairbre			*(woman's name)*	3
bairille	n.	pl. *-í*	barrel	28
báisín	n.	pl. *-í*	basin	33
báisteach	n. fem.	gen. *báistí*	rain(ing)	4
baladh	n.	gen. *-aidh*	smell	18
ball				
ar b.	adv.		in a while, a while ago	10
ball	n.	gen., pl. *boill*	member, piece (of furniture or clothing), instrument, place	28
balla	n.	pl. *-í*	wall	3
bán	adj.	comp. *báine*	white	17
banaltra	n. fem.	pl. *-í*	nurse	10
banbh	n.	gen., pl. *bainbh*	piglet, young pig	App. I
barr	n.	gen. *bairr*	top	26
de bh.	prep (+ gen.)		on account of	27
thar b.	adv.		outstandingly good	33
barr-	adj.		outstanding	13
barúil	adj.	comp. *-úla*	drole, amusing, comical	32
barúil	n. fem.	pl. *barúlacha*	notion, opinion	13
barúlacht	n. fem.		drollery	33
bás	n.	gen. *báis*, pl. *-anna*	death	17
fáil bháis			dying	
chun báis			to death	27

básta	n.	pl. *-í*	waist	30
beag	adj.	comp. *lú, beige*	small, little	4
b. bídeach			tiny little	27
beagán	n.		a little	27
beagnach	adv.		almost	9
beainc	n. fem.	gen. *-e*, pl. *-eanna*	bank (money)	29
béal	n.	gen., pl. *béil*	mouth, brim, opening	10
bealach	n.	gen. *-aigh*, pl. *bealaí*	way	13
chun bealaigh			away	27
Bealtaine	n. fem.		May	21
bean	n. fem.	gen., pl. *mná*	woman, wife	4
b. an tí			the lady of the house, hostess	11
b. rialta			nun	22
beannaigh	vb. 2	v.n. *beannú*	bless, salute, greet	33
beannú	v.n.	(see *beannaigh)*		
Béarla	n.		English (language)	5
bearr	vb. 1	v.n. *bearradh*	shave, cut (hair)	21
Beartla			(man's name)	36
b'éigean		(see *éigean)*		14
béilí	n.	pl. *-ocha)*	meal	17
beilt	n. fem.	gen. *-e*, pl. *-eanna*	belt	30
beir	vb. 1	hab. *beir-*, fut. *béar-*, past *rug* v.n. *breith*, v.adj. *beirthe*	give birth to, lay (eggs)	22
b. ar			seize, catch, hold	
beirt	n. fem.	gen. *beirte*	two people	14
beithíoch	n.	gen., pl. *beithígh*	cow, beast	7
beo	adj.	comp. *-cha, -chte*	alive, lively, quick	19
beos	n.		aliveness, quickness	33
b'fhéidir	adv.		perhaps, maybe	4
bheith	v.n.	(see *bí)*		
bhí	(past tense of *bí)*			
bhoil	(pause word)		well	4
bí	vb. 1	pres. *tá*, hab. *bí-*, fut. *beidh* past *bhí*, v.n. *bheith*	be	7. 8
bia	n.		food	5
bille	n.	pl. *-í*	bill	29
billeoig	n. fem.	gen. *-e*, pl. *-oga*	leaf	17
binn	n. fem.	gen. *-e*, pl. *beanna*	gablewall	27
binn	adj.	comp. *-e*	sweetsounding, melodious	33
binneadas	n.	gen. *-ais*	melodiousness	33
binse	n.	pl. *-í*	bench	22
bior	n.	pl. *-anna*	point, pointed stick	App. I
bith				
ar b.	adv.		at all	2
blais	vb. 1	v.n. *blaiseadh*	taste	36
blaiseadh	v.n.	(see *blais)*		
blaosc	n. fem.	gen. *blaoisce*, pl. *-anna*	eggshell, skull	29
blas	n.		taste, good accent; anything	10
blasta	adj.		tasty, sharp (knife)	19
bláth	n.	pl. *-anna*	bloom, blossom	21
bliain	n. fem.	gen. *bliana*, pl. *blianta*	year	5. 11
i mbliana			this year	9
bó	n. fem.	pl. *ba* (generally *beithígh)*	cow	7
bocht	adj.		poor	7
bodhar	adj.	comp. *bodhaire*	deaf, hollow (sound)	26
bog	adj.	comp. *boige*	soft, tender, mild and damp	15
bog	vb. 1	v.n. *bogadh*	soften, move about	29

bogadh	v.n.	(see *bog)*		
ar b.			steeping	
bois	n. fem.	gen. *-e*, pl. *bosa*, gen.pl. *bos*	palm of hand	34
bualadh bos			clapping	
bolg	n.	gen. *boilg*	belly	22
déanamh b.-le-gréin			sunbathing	
bonn	n.	gen., pl. *boinn*	coin	29
		gen. *boinn*, pl. *-acha*	sole	29
bord	n.	gen., pl. *boird*	table	2
bosca	n.	pl. *-í*	box	14
bóthar	n.	gen. *bóthair*, pl. *bóithrí*	road	3
brabach	n.		profit	35
bradach	adj.	comp. *-aí*	thieving, sly, dishonest	7
bráillín	n. fem.	pl. *-í*	sheet (bed)	24
braiteoireacht	n. fem.		hesitating	33
braith	vb. 1	v.n. *brath*	depend	22
braon	n.	pl. *-acha*	drop	21
brath	v.n.	(see *braith)*		
breá	adj.	comp. *-cha, -chte*	fine	4
breac	n.	gen., pl. *bric*	fish	28
bréag	n. fem.	gen. *bréige*, pl. *-a*	lie, falsehood	1
bréan	adj.		rotten smelling	24
Breathnach	n.	gen., pl. *Breathnaigh*	*(surname)*	36
breathnaigh	vb. 2	v.n. *breathnú*	look	16
breathnú	v.n.	pl. *-í* (see *breathnaigh)*		
b. uaidh			looking (idly) into distance	22
breith	v.n. fem.	(see *beir)*	birth	22, 28
breithiúnas	n.		judgment, opinion	App. I
brí	n. fem.		force, vigour	35
cén bhrí ach ...			what would it matter except ...	
Bríd			*(woman's name)*	2
bricfásta	n.	pl. *-í*	breakfast	9
bris	vb. 1	v.n. *briseadh*	break, sack	12
briseadh	v.n.	pl. *brisíocha* (see *bris)*		
briste	v.adj.		broken	19
brionglóidí	v.n.		dream(ing)	28
bróig	n. fem.	gen. *-e*, pl. *-óga*	shoe	6
broinn	n. fem.		breast, womb	22
brón	n.	gen. *bróin*	sorrow	17
brú	v.n.	(see *brúigh)*		
bruach	n.	pl. *-anna*	bank (river)	31
brúigh	vb. 1	v.n. *brú*	press, bruise, crush, mash	29
bruith	vb. 1	v.n. *bruith*	boil, cook	12
bua	n.		victory	20
buachaill	n.	gen. *buachalla*, pl. *-í*	boy	12
buail	vb. 1	v.n. *bualadh*	hit, strike, beat, come/go briskly	15
bualadh	v.n.	(see *buail)*		
buatais	n. fem.	gen. *-e*, pl. *-í*	boot	31
buí	adj.	comp. *buíocha*	yellow, bronzed (from sun)	17
buicéad	n.	gen., pl. *-éid*	bucket	9
buidéal	n.	gen., pl. *-éil*	bottle	10
buile	n. fem.		fit of anger	1
buille	n.	pl. *buillí*	blow, stroke	24
buíoch	adj.	comp. *buíche*	grateful	29
buíochas	n.	gen. *-ais*	gratitude, thanks	18
b. le Dia			thanks be to God	29
buíon	n. fem.		band (of people)	App. I

búistéara	n.	pl. *-í*	butcher	23
bun	n.		bottom, basis	12
ar bun			afoot, going on	
cur ar bun			setting up, founding	14
i mbun			in charge of, running	30
bunábhar	n.	gen., pl. *bunábhair*	basic subject, raw material	12
bunscoil	n. fem.	gen. *-e*, pl. *-eanna*	primary school	12
bus	n.	pl. *-anna*	bus	6
cá	adv.	(+ dep. form)	where ?	3
cabaire	n.	pl. *-í*	talkative person, natterer	4
cabaireacht	n. fem.		prattling, nattering	33
cabhantar	n.	gen., pl. *-air*	counter	6
cáca	n.	pl. *-í*	cake, (homemade) bread	10
cadás	n.	gen. *-ais*	cotton	30
cáideo	adv.	(= *cá fhaid ó)*	how long since ?	30
caife	n.		coffee	11
cáil	n. fem.		fame, renown, reputation	30
cailc	n. fem.	gen. *-e*	chalk	App. I
cailín	n.	pl. *-í*	girl	3
cáiliúil	adj.	comp. *-úla*	famous, renowned	36
caill	vb. 1	v.n. *cailleadh*	lose, miss	21
cailleadh	v.n.	(see *caill*)		
caint	n. fem.	gen. *-e*, pl. *-eanna*	talk(ing), expression	15
caint ar			mentioning, talking of	25
cainteoir	n.	gen. *-ora*, pl. *-í*	talker, speaker	25
caipín	n.	pl. *-í*	cap	12
caiptín	n.	pl. *-í*	captain	27
Cáisc	n. fem.	gen. *Cásca*	Easter	21
caisleán	n.	gen., pl. *-áin*	castle	35
Cáit			*(woman's name)*	2
caite	(see *caith*)			
caith	vb. 1	v.n. *caitheamh*, v.adj. *caite*	use (up), spend, wear, throw, shoot	16
			have to	21
... seo caite			last ...	8
caitheamh	v.n.	(see *caith*)		
c. faoi			taking a seat	33
i gc.			during	29
Caitliceach	adj.	comp. *-í*	Catholic	12
	n.	gen. *-igh*, pl. *-í*		
call	n.		call, need, necessity	34
cam	adj.	comp. *caime*	crooked	28
candáil	vb. 1	v.n. *candáil*	auction	4
	n.		auction	
cantalach	adj.	comp. *-aí*	cantankerous, bad-humoured	8
caoga	num.		fifty	25
caogadú	num.		fiftieth	33
caoi	n. fem.	pl. *-nna*	way, means	14
ar aon ch.			at any rate	4
cur c. ar			fixing, mending	16
sa gc. go/nach			in order that, so that	20
cén ch.			what way, how	23
is é an ch.			actually	34
caoin	vb. 1	v.n. *caoineadh*	cry, lament	26
caoineadh	v.n.	(see *caoin*)		
caoireoil	n. fem.	gen. *caorólach*	mutton	33

caol	adj.	comp. *caoile*	slender	30
caora	n. fem.	gen. *-ach,* pl. *caoirigh*	sheep	7
capall	n.	gen. *capaill,* pl. *caiple*	horse	7
carabhata	n.	pl. *-í*	scarf	30
caraid	n. fem.	gen. *carad,* pl. *cairde*	friend	9
carr	n.	gen. *cairr,* pl. *-anna*	car, cart	6
carraig	n. fem.	gen. *-e,* pl. *-reacha*	rock	10
cárta	n.	pl. *-í*	card	10
cás	n.	pl. *-anna*	case, sympathy	13
cuir i gc.			take for instance, for example	
cas	vb. 1	v.n. *casadh*	turn, sing, play	16
cas	vb. 1	v.n. *castáil*	meet	19
casadh	v.n.	(see *cas*)	turning	
casta	v.adj.	(see *cas*)	complicated	12
castáil	v.n.	(see *cas*)	meeting	
casúr	n.	gen., pl. *-úir*	hammer	23
cat	n.	gen., pl. *cait*	cat	7
cathair	n. fem.	pl. *cathracha*	city	13
cathaoir	n. fem.	gen. *cathaorach,* pl. *-eacha*	chair	5
cathaoirleach	n.	gen., pl. *-igh*	chairman	25
cé	pron.		who ? what ? where ?	9
cé mhéad/cén mhéid			how much ? what size ?	
níl a fhios cén ...			there is no knowing how ...	16
cé go/nach	conj.		although, even though	7
ceacht	n.	pl. *-anna*	lesson	24
ceachtar	pron.		either, any	24
cead	n.		permission, leave	16
céad	n.	pl. *-tha*	hundred, hundredweight	19
céadú	num.		hundredth	33
ceamara	n.	pl. *í*	camera	31
ceangal	v.n.	(see *ceangail*)		
ceangail	vb. 2	v.n. *ceangal*	tie, bind	24
ceann	n.	gen. *cinn,* pl. *cinn/ceanna*	head, roof, end, one	4
faoi ch.			at the end of, after	16
go c.			for (a space of time)	31
tinneas cinn			headache	17
céanna	adj.		same	5, 19
ceannacht	v.n.	(see *ceannaigh*)		
ceannaigh	vb. 2	v.n. *ceannacht*	buy	15
ceantar	n.	gen. *-air,* pl. *ceantracha*	area, district	27
ceap	vb. 1	v.n. *ceapadh*	think	23
ceaptha	v.adj.		supposed to	31
ceapadh	v.n.	(see *ceap*)		
ceaptha	v.adj.	(see *ceap*)		
cearc	n. fem.	gen. *circe,* pl. *-a*	hen	4
céard	pron.		what ?	10
c. é féin			what is it ?	
céardós			what sort of ?	35
ceart	adj.	comp. *ceirte*	right, correct	8
ceart	n.		right, correctness	16
c. a bhaint			to manage, find satisfactory	36
ceas	n.		heavy feeling after meal	1
ceathair	num.		four	24
ceathrar	n.		four people	15
ceathrú	n. fem.	gen. *-n,* pl. *-naí*	quarter, thigh, quatrain	11
ceathrú	num.		fourth	33
Ceathrú Rua (An Ch.)			*(place-name)*	11

céibh	n. fem.	gen. *-e*, pl. *-eanna*	pier, quay	19
ceil	vb. 1	v.n. *ceil*	conceal	App. I
céile				
a ch.			one another	
le(n)a ch.			together	
ó(n)a ch.			asunder	
as a ch.			in a row, consecutively	18
mar a ch.			alike, same	11
céílí	n.	pl. *-ocha*	(traditional) dance	25
ceilt	v.n.	(see *ceil*)		
céim	n. fem.	gen. *-e*, pl. *-eanna*	step, degree, style	32
ceimic	n. fem.	gen. *-e*	chemistry	18
céir	n. fem.	gen. *céarach*	wax	23
ceird	n. fem.	gen. *-e*, pl. *-eanna*	trade, skill	12
ceirnín	n.	pl. *-í*	gramophone record	23
ceist	n. fem.	gen. *-e*, pl. *-eanna*	question	
i gc.			in question, under consideration	12
ceo	n.		fog; anything, nothing	10
ceol	n.	gen. *ceoil*, pl. *-ta*	music	13
'chaon	adj.	(= *gach aon*)	each of, every	30
chéad	num.		first	
an ch. ... eile			the next	33
cheal	prep. (+ gen.)		for lack of	36
cheana	adv.		previously	
an lá ch.			the other day	16
ch. féin			already	11
cheithre	num.		four	11
choichín	adv.		never	36
chomh	conj.		as	19
ch. ... le			as ... as	
ch. ... is			as ... as	
ch. maith			as well	7
chúig	num.		five	11
chugainn				
seo ch.			next, coming	8
'chuile	adj. (+ len.)	(= *gach uile*)	every	7
chun	prep. (+ gen.)		to	27
chúns	conj.		while	15
ciall	n. fem.	gen. *céille*	sense	16
ciallmhar	adj.		sensible	30
Ciarraí			Kerry	3
cibé ar bith cé			whoever, whatever	36
cigire	n.	pl. *-í*	inspector	12
cill	n. fem.	gen. *-e*	churchyard	29
cine	n.	pl. *-íocha*	race	
cineál	n.	pl. *-acha*	kind, sort	7
	adv.		sort of, somewhat	
cinn	vb. 1	v.n. *cint, cinneadh*	decide	1
cinneadh	v.n.	(see *cinn*)		
cint	v.n.	(see *cinn*)		
cinnte	adj., adv.		sure, certain	4
cion	n.		affection	18
cion				
goil i gc. ar			impressing, affecting, influencing	36
cionn				
os c.	prep. (+ gen.)		above, over	25
thar c.	adv.		excellent	33

cíor	n. fem.	pl. *-anna*, gen. *círe*	comb, ridge	1
cíos	n.	pl. *-anna*	rent	25
tóigeáil ar c.			hiring	
ciotach	adj.	comp. *ciotaí*	gauche, awkward	33
ciotaíl	n. fem.	gen. *ciotaíola*	gaucheness, awkwardness	33
cioth	n. fem.	(gen. *ceatha*), pl. *-anna*	shower	App. I
ciseán	n.	pl. *ciseáin*	basket	11
cisteanach	n. fem.	gen. *cisteanaí*, pl. *-aí*	kitchen	5
citeal	n.	pl. *-acha*	kettle	21
ciúin	adj.	comp. *-e*	quiet	5
ciúineadas	n.	gen. *-ais*	quietness, silence	33
ciúinigh	vb. 2	v.n. *ciúiniú*	quieten	App. II
ciúiniú	v.n.	(see *ciúinigh*)		
ciumhais	n. fem.	gen. *-e*, pl. *-eanna*	blanket (single width)	24
claí	n.	pl. *-ocha*	stonewall (around field), fence	16
clais	n. fem.	gen. *-e*, pl. *clasganna*	furrow, drain	App. II
cláirseach	n. fem.	gen. *cláirsí*, pl. *-a*	harp	4
clamhsán	n.	gen. *-áin*	grumbling, complaining	23
clampar	n.	gen. *-air*	commotion, quarrel	21
mar bharr ar an gc.			to make matters worse	26
clann	n. fem.	gen. *cloinne*, pl. *-anna*	family, offspring, children	30
clár	n.	gen. *cláir*, pl. *-acha*	board, lid, programme	12
clár dubh			blackboard	12
cleacht	vb. 1	v.n. *cleachtadh*	be accustomed to, practise	23
cleachtadh	v.n.	(see *cleacht*)		
cleas	n.	gen. *cleis*, pl. *-anna*	trick, plan	App. I
clí	adj.		left	22
cliabh	n.	gen., pl. *cléibh*	pannier basket	27
cliste	adj.		clever	27
clistíocht	n. fem.		cleverness	33
cliú	n.		fame, renown	17
cloch	n. fem.	gen. *cloiche*, pl. *-a*	stone, stoneweight	5
clog	n.	gen. *cloig*, pl. *-anna*	clock, bell	
a chl.			o'clock	24
cloich		(= *cloch*)		
cloigeann	n.	gen. *cloiginn*, pl. *cloigne*	head	17
clois	vb. 1	hab./fut. *clois*, past *chuala*, v.n. *cloisteáil*, v.adj. *cloiste*	hear	14, 28
cloisteáil	v.n. fem.	(see *clois*)		
clóscríobhaí	n.	pl. *clóscríobhaithe*	typist	15
cluais	n. fem.	gen. *-e*, pl. *cluasa*	ear	29
cluasánach	n.	voc., pl. *cluasánaí*	fathead	28
clúdach	n.	gen. *-aigh*	cover	29
cluife	n.	pl. *-í*	game, match	12
cnáimh	n. fem.	pl. *-í*	bone	32
cnaipe	n.	pl. *-í*	button	30
cneasta	adj.		honest	34
cnoc	n.	gen., pl. *cnoic*	hill	7
cócaireacht	n. fem.		cooking	29
codail	vb. 2	v.n. *codladh*	sleep	18
codladh	v.n.	(see *codail*)		
i mo *(etc.)* **ch.**			asleep	26
a chodladh			to sleep, asleep	24
cogadh	n.	gen. *-aidh*, pl. *cogaíocha*	war	20
cogar	n.		whisper	22
cogar !			hey, tell me ! say !	34
cogarnaíl	n. fem.	gen. *cogarnaíola*	whispering	22

coicís	n. fem.	gen. *-e*	fortnight	8
coill	n. fem.	gen. -e, pl. -te	wood, forest	29
coinne	n. fem.	pl. *-í*	appointment	33
coinneal	n. fem.	gen., pl. *coinnle*	candle	29
coinneál	v.n.	(see *coinnigh*)		
coinnigh	vb. 2	v.n. *coinneál*	keep, hold	12
cóir	adj.	comp. *córa*	fair, generous	32
coirce	n.		oats	14
cóirigh	vb. 2	v.n. *cóiriú*	arrange, make (a bed)	15
cóiriú	v.n.	(see *cóirigh*)		
coirnéal	n.	gen., pl. *-éil*	corner	26
cois	n. fem.	gen. *-e*, pl. *cosa*, (gen.pl. *cos*)	leg, foot, shaft (knife, broom etc.)	8
Cois Fhairrge			*(place-name)*	31
coisin	vb. 2	v.n. *coisint*	cost; defend	25
coisint	v.n.	(see *coisin*)		
coiste	n.	pl. *-í*	committee	25
coitianta	adj.		common	12
colainn	n. fem.	gen. *-e*, pl. *-eacha*	body	33
coláiste	n.	pl. *-í*	college	4
col ceathar	n.	pl. *col ceathracha*	first cousin	28
Colm		gen. *Coilm*	*(man's name)*	32
comhair				
os c.	prep. (+ gen.)		in front of, opposite	25
comhair	vb. 1	v.n. *comhaireamh*	count	27
comhaireamh	v.n.	(see *comhair*)		
comhairle	n. fem.	pl. *-acha*	advice	32
cur c. ar			advising	
comhairleachan	v.n.	(see *comhairligh*)		
comhairligh	vb. 2	v.n. *comhairleachan*	advise	App. II
comhar	n.	gen. *comhair*	co-operation	36
comharchumann	n.	gen., pl. *-ainn*	co-operative society	36
comharsa	n. fem.	gen. *-n*, pl. *-nna*	neighbour	13
comhdháil	n. fem.	gen. *-ála*, pl. *-eanna*	conference	31
comhlacht	n.	pl. *-aí*	(business) company	15
comhlódar	n.	gen., pl. *-air*	company, household, family	27
Cómhargadh	n.	gen. *-aidh*	Common Market	30
comhrá	n.	pl. *comhráití*	conversing, conversation	16
comhrialtas	n.	gen. *-ais*	coalition government	20
comórtas	n.	gen. *-ais*, pl. *comórtaisí*	competition, comparison	34
i gc. le (mar)			in comparison with	
compóirt	n.		comfort, ease	22
ar mo ch.			at my ease	
compóirteach	adj.	comp. *-í*	comfortable	5
comrádaí	n.	pl. *comrádaithe*	comrade, pal	16
cónaí	v.n.	(see *cónaigh*)		
i gc.			always	7
i mo *(etc.)* **ch.**			residing, standing idle	26
cónaigh	vb. 2	v.n. *cónaí*	reside	26
Conamara			*(place-name)*	1
congarach	adj.	comp. *-aí*	near, adjacent	27
conra	n. fem.	pl. *-íocha*	coffin	28
contae	n.	pl. *-cha*	county	28
Contae Mhaigh Eo			Co. Mayo	28
contráilte	adj.		wrong	20
contúirt	n. fem.	gen. *-e*, pl. *-eacha*	danger	25
contúirteach	adj.	comp. *-í*	dangerous	25
cor	n.	pl. *-anna*	stir, movement, twist, situation	18
ar ch. ar bith			at all	3

córas	n.	gen., pl. *-ais*	system	12
corc	n.	gen.., pl. *coirc*	cork, plug	29
Corcaigh			Cork	35
Corcaíoch	n.	pl. *Corcaíocha*	person from Cork	36
coróin	n. fem.	gen. *corónach,* pl. *corónacha*	crown	33
corp	n.	gen., pl. *coirp*	corpse	27
corr	adj.		occasional, odd	22
corraí	v.n.	(see *corraigh*)		
corraigh	vb. 2	v.n. *corraí*	stir, move	27
cósta	n.	pl. *-í*	coast	19
costas	n.	gen. *-ais,* pl. *costaisí*	cost	25
costasach	adj.	comp. *-aí*	costly, expensive	25
cosúil	adj.	comp. *-úla*	alike, like	6
cosúlacht	n. fem.	pl. *-aí*	appearance, resemblance	17
cóta	n.	pl. *-í*	coat	2
c. mór		pl. *-í móra*	great coat	30
cothrom	adj.	comp. *coithrime*	level, equal	29
crá	v.n.	(see *cráigh*)		
craic	n. fem.		fun, 'gas', a laugh and a chat	13
craiceann	n.	gen. *craicinn,* pl. *craicne*	skin	30
c. caorach			sheepskin	
cráigh	vb. 1	v.n. *crá*	torment, annoy	33
cráin	n. fem.	gen. *cránach,* pl. *-tacha*	sow	33
craith	vb. 1	v.n. *craitheadh*	shake, upset	31
craitheadh	v.n.	(see *craith*)		
cr. láimh le			shaking hands with	31
crann	n.	gen. *croinn,* pl. *croinnte*	tree	6
cré	n. fem.		clay	29
c. na cille			the clay of the churchyard	
creath	vb. 1	v.n. *creathadh*	shake, tremble	31
creathadh	v.n.	(see *creath*)		
créatúr	n.	gen., pl. *-úir,* voc.pl. *-acha*	poor thing, poor fellow	7
creid	vb. 1	v.n. *creisdiúint*	believe	14
creideamh	n.	gen. *-imh,* pl. *creidíocha*	faith, religion	31
creisdiúint	v.n.	(see *creid*)		
críoch	n. fem.		finish, end	23
i gcrích			to completion	
críochnaigh	vb. 2	v.n. *críochnú*	finish	23
críochnú	v.n.	(see *críochnaigh*)		
cró	n.	pl. *cróití*	(small) outhouse	27
croch	vb. 1	v.n. *crochadh*	lift, hang, go up	28
crochadh	v.n.	(see *croch*)		
croí	n.	pl. *-tí*	heart	8
crom	vb. 1	v.n. *cromadh*	stoop, bend (a limb)	32
cromadh	v.n.	(see *crom*)		
crua	adj.	comp. *-cha, -chte*	hard, harsh	15
cruach	n. fem.	gen. *cruaiche,* pl. *-a*	stack of turf	App. I
cruógach	adj.	comp. *-aí*	busy	35
cruinneál	v.n. fem.	pl. *-acha* (see *cruinnigh*)	gathering; collection	25
cruinnigh	vb. 2	v.n. *cruinneál*	gather, collect	25
cruinniú	n.	pl. *cruinníocha*	meeting	25
cuach	n. fem.	gen. *cuaiche,* pl. *cuacha*	cuckoo	30
cuairt	n. fem.		visit	17
ar c.			visiting	
cuan	n.	pl. *-ta*	bay	32
cuan mara	n.	pl. *-ta mara*	sea urchin	32
cuartú	v.n.	(see *cuartaigh*)		
cuartaigh	vb. 2	v.n. *cuartú*	search	32

cuid	n. fem.	(gen. *codach*)	part, share, portion (of food)	10
cuidigh	vb. 2	v.n. *cuidiú*	help	20
cuidiú	v.n.	(see *cuidigh*)		
cúig	num.	(after *a)*	five	24
cúigear	n.		five people	14, 15
cúigiú	num.		fifth	33
cuimhne	n. fem.	pl. *-í*	memory	20
is c. le				
cuimhnigh	vb. 2	v.n. *cuimhniú*	recollect, think	20
cuimhniú	v.n.	(see *cuimhnigh*)		
c. air féin			considering one's position	32
cúinne	n.	pl. *-í*	(internal) corner, nook	26
cuir	vb. 1	v.n. *cur*	put, sow, bury	12
cuireadh	n.	gen. *-idh*, pl. *cuiríocha*	invitation	29
cúirt	n. fem.	gen. *-e*, pl. *-eanna*	court	27
cúirtín	n.	pl. *-í*	curtain	26
cúis	n. fem.	gen. *-e*, pl. *-eanna*	cause, case	29
déanann sé c.			it is sufficient	34
cuisliméara	n.	pl. *-í*	customer	25
cúl	n.		back	11
ar chúla			behind	
culaith	n. fem.	pl. *cultacha*	suit (of clothes)	6
cum	vb. 1	v.n. *cumadh*	compose, make up	36
cuma	n. fem.		appearance, look	17
as c.			out of shape	18
cuma				
is c. le			it seems all the same to	20
cumadh	v.n.	(see *cum*)		
cumann	n.	gen., pl. *-ainn*	society, club	25
cumasach	adj.	comp. *-aí*	superb, extremely capable	36
cumha	n.		loneliness, homesickness	31
cúnamh	n.		help, aid	28
le c. Dé			with God's help	
cúng	adj.	comp. *cuinge*	narrow	28
cuntas	n.	gen. *-ais*, pl. *cuntaisí*	account	29
cupán	n.	gen., pl. *-áin*	cup	2
cupla	n.		a few, two or three	5
c. ceann nó trí			two or three	35
cur	v.n.	(see *cuir*)		
c. síos citeal			putting on a kettle	21
c. as do			upsetting	35
c. síos			description	31
cúr	n.		foam, froth, skum	1
curach	n. fem.	gen. *-aí*, pl. *-a*	curragh, coracle	19
cúram	n.	gen. *cúirim*	responsibility, care, task	27
cúramach	adj.	comp. *-aí*	careful	15
cúrsa	n.	pl. *-aí*	course, *pl.* matters, affairs	15
cúthal	adj.	comp. *cúthaile*	shy	28

dabht	n.		doubt	36
daichead	num.		forty	25
daicheadú	num.		fortieth	33
dair	n. fem.	gen. *daraí*	oak tree	34
dall	adj.	comp. *doille*	blind	7
damhsa	n.	pl. *-í*	dance, dancing	13
dána	adj.		bold	8

dánlann	n. fem.	gen. *dánlainne*, pl. *-a*	art gallery	9
daor	adj.	comp. *daoire*	dear, expensive	6
dara	num.		second	33
dath	n.	pl. *-anna*	colour	10
ar aon d.			the one colour	30
de	prep.		off, of	24
de bharr, *etc.*		(see *barr*, etc.)		
de Búrca			*(surname)*	36
Dé				
D. Céadaoin			Wednesday	12
D. Domhnaigh			Sunday	10, 12
D. hAoine			Friday	12
D. Luain			Monday	12
D. Máirt			Tuesday	12
D. Sathairn			Saturday	12
deá(-)	adj.		good	13
deacair	adj.	comp. *deacra*	difficult	10
deacracht	n. fem.		difficulty	33
déag	num.		-teen	19
deaide	n.		daddy	6
déan	vb. 1	hab./fut. *déan-*, past *rinne*, v.n. *déanamh*, v.adj. *déanta*	do, make	14, 29
déanamh	v.n.	(see *déan*)		
d. amach			making out, reckoning	22
d. ar			making for	24
deara				
tugaim faoi d.			I notice	19
Déardaoin	n.		Thursday	12
dearfa	adj.		positive	App. I
dearg	vb. 1	v.n. *deargadh*	redden, light (pipe, fire)	14
dearg	adj.	comp. *deirge*	red	17
deargadh	v.n.	(see *dearg*)		
dearmad	n.	pl. *-acha*	mistake	25
déanamh d.			forgetting	
deartháir	n.	gen. *-ára,* pl. *-áracha*	brother	8
deas	adj.		right (side)	22
deas	adj.	comp. *deise*	nice	4
deich	num.		ten	11
deichiú	num.		tenth	33
deichniúr	n.		ten people	15
deifir	n. fem.		hurry, haste	13
deilbh	vb. 1	v.n. *deilbh,* v.adj. *deilfe*	warp (in weaving)	App. I
deimhin				
go d.			indeed	12
deir	vb. 1	hab. *deir-*, fut. *déar-*, past *dúirt*, v.n. *rá,* v.adj. *ráite*	say	2, 28
deireadh	n.	gen. *-idh,* pl. *deirí*	end	
d. seachtaine			weekend	13
chun deiridh			backwards	27
faoi dheireadh			at last	21
Deireadh Fómhair			October	35
deireanach	adj.	comp. *-aí*	last, late	16
deirgeacht	n. fem.		redness	33
deis	n. fem.	gen. *-e,* pl. *-eanna*	opportunity, apparatus	18
deo				
go d.	adv.		for ever; really	30
deoch	n. fem.	pl. *-eanna*	drink	5

dhá	conj.		if	10
dhá	num.		two	11
dhá	prep.+ pron.		to/of him/her, *etc.*	15, 23
dhá			of all those that	35
dhá fhichead	num.		forty	19
dháiríre	adv.		in earnest, seriously	11
dhar	prep.+ pron.		to/of us, *etc.*	15, 23
dháréag	n.		twelve people	15
dheamhan				36
dheas				
ó dh.	adv.		southwards, in/from the south	19
Dia	n.	gen. *Dé*	God	22
D. dhuit/dhaoibh			*(greeting)*	23
diabhal	n.	gen. *diabhail,* pl. *deabhala*	devil	28, 36
diaidh				
i nd.	prep. (+ gen.)		after	24, 26
dialann	n. fem.	gen. *dialainne,* pl. *-a*	diary	10
Diarmaid			*(man's name)*	
dícheall	n.	gen. *díchill*	(best) effort	34
difríocht	n. fem.	pl. *-aí*	difference	12
dílis	adj.	comp. *dílse*	faithful, dear	29
dínnéar	n.	gen., pl. *-éir*	dinner	8
díol	vb. 1	v.n. *díol*	sell	15
díreach	adj.	comp. *dírí*	straight, direct, honest	15
go d.			exactly, directly, just	7
diúil	vb. 1	v.n. *diúil*	suck	1
dlí	n.	pl. *-onna*	law	27
dlíodóir	n.	gen. *-óra,* pl. *-í*	lawyer	27
dó	v.n.	(see *dóigh*)		
do	adj.		your	10
do	prep.		to, for	23
dó	num.		two	
ceann nó dhó			one or two	24
faoi dhó			twice	33
dochar	n.		harm	15
dochtúr	n.	gen. *-úir,* pl. *-úirí*	doctor	10
dodhéanta	adj.		impossible to do	27
dóigh	vb. 1	v.n. *dó*	burn	26
dóigh	adj.		likely, probable	
is d. (le)			it seems likely (to), suppose	20
ar nd.			of course, needless to say	5
doimhne	n. fem.		depth	33
doirt	vb. 1	v.n. *doirtim*	approach, draw near	App. I
doirtim	v.n.	(see *doirt*)		
doiséinne	n.		dozen	26
domhain	adj.	comp. *doimhne*	deep	19, 28
domhan	n.	gen. *domhain*	world	19
dona	adj.	comp. *measa*	bad(ly)	4
donacht	n. fem.		badness, illness	27
donn	adj.	comp. *doinne*	brown	17
Donncha			*(man's name)*	3
doras	n.	gen. *doiris,* pl. *doirse*	door, doorway	2
dorcha	adj.		dark	17
dorchadas	n.	gen. *-ais*	darkness	33
dóthain	n.		sufficiency	
mo dh.			enough for me	10
dothóigthe	adj.		impossible to rear	27

drama	n.	pl. *-í*	play, drama	9
dream	n.	pl. *-anna*	group of people, crowd	9
dréimire	n.	pl. *-í*	ladder	31
driofúr	n. fem.	gen. *-íre,* pl. *-úracha*	sister	8
droch-	adj.		bad	13
drogall	n.		reluctance	17
droichead	n.	gen., pl. *droichid*	bridge	22
droim	n.	gen. *drama,* pl. *dramanna*	back	20
druncaera	n.	pl. *-í*	drunkard	25
dubh	adj.	comp. *dúcha, duibhe*	black	12
dubhaigh	vb. 2	v.n. *dúchan*	blacken	App. I,II
dúchan	v.n.	(see *dubhaigh*)	blackening; potatoe blight	App. I
dúchas	n.	gen. *-ais*	nature, background, instinct	22
dúil	n. fem.		desire	28
dúin	vb. 1	v.n. *dúnadh*	close, shut	21
duine	n.	pl. *daoine*	person	2
dúirt		(see *deir*)		
dúiseacht	v.n.	(see *dúisigh*)		
i mo dh.			awake	
dúisigh	vb. 2	v.n. *dúiseacht*	wake, awaken	21
dul		(see *goil*)		
dumhach	n. fem.	gen. *-aí,* pl. *-anna*	sandhill	App. I
dúnadh	v.n.	(see *dúin*)		
dusta	n.		dust	23
é	pron.	(disjunctive)	he, him	9
ea	pron.	'neuter' (in response)		12
éad	n.		jealousy	20
éadach	n.	gen. *-igh,* pl. *éadaí*	clothe(s)	6
éadan	n.	gen., pl. *-ain*	face, forehead	17
éadrom	adj.	comp. *éadroime*	light	30
eaglais	n. fem.	gen. *-e*	church	31
éan	n.	gen. *éin,* pl. *-acha*	bird	5
Eanáir	n.		January	35
éard	pron.			34
earrach	n.	gen. *-aigh,* pl. *earraí*	Spring	9
easpag	n.	gen., pl. *-aig*	bishop	31
éasca	adj.		easy, quick	16
éascaíocht	n. fem.		easiness, quickness	33
eicínt	adj.		some	13
éigean				
b'éigean do ...			... was obliged to	14
éigin				
ar éigin			barely, almost	19
eile	adj.		other	2
éindí				
in éindí (le)			along (with), together, suddenly	12
Éireannach	n.	gen. *-aigh,* pl. *Éireannaí*	Irish person	4
	adj.	comp. *-aí*	Irish	
éirí	v.n. fem.	(see *éirigh*)		
é. as			ceasing, stopping	33
é. le			succeeding	25
éirigh	vb. 2	v.n. *éirí*	get up, rise, become	16
Éirinn	n.	alt. *Éire,* gen. *Éireann*	Ireland	4

éis				
thar éis	prep. (+ gen.)		after	21
thar éis dhom			after I had ...	23
thar éis go/nach			notwithstanding	36
eisean	pron.	(contrast form of *é*)	he, him	9
éist	vb. 1	v.n. *éisteacht*	listen, keep quiet, not interfere	20
éisteacht	v.n.	(see *éist*)		
eiteachtáil	v.n. fem.	(see *eitigh*)		
eitigh	vb. 2	v.n. *eiteachtáil*	refuse	31
eitleán	n.	gen., pl. *-áin*	aeroplane	13
'eo	pron.			14
eochair	n. fem.	gen. *eochrach*, pl. *eochracha*	key	8
eolaíocht	n. fem.		science	18
eolas	n.	gen. *-ais*	knowledge	17
fad	n.		length	19
i bhf.			far, long way	10
ar f.			altogether	11
ar fh.			in length	19
fada	adj.	comp. *foide*	long	13
le f.			for a long time, this long time	
le f. an lá			for many 's the day	30
fadbhreathnaíoch	adj.	comp. *–naí*	farseeing	30
fág	vb. 1	v.n. *fágáil*	leave	15
fágáil	v.n.	(see *fág*)		
faigh	vb. 1.	hab. *faigh-*, fut. *gheobh-*, past *fuair*, v.n. *fáil*, v.adj. *fáite*	get, find	15, 29
fáil	v.n.	(see *faigh*)		
f. amach			finding out	22
faillíoch	adj.	comp. *faillí*	neglectful	30
fáilte	n.	pl. *-í*	welcome	32
fainic	n. fem.	pl. *-eacha*	warning	
	interj.	(+ indir. rel.)	beware (of) !	28
fáinne	n.	pl. *-í*	ring	14
fairsing	adj.	comp. *-e*	plentiful, spacious	9
faisean	n.		fashion, habit	27
faiseanta	adj.		fashionable	31
faitíos	n.	gen. *faitís*	fear, timidity	12
fál	n.	pl. *-ta*	fence, hedge	22
falach				
i bhf.	adv.		in hiding, hidden	26
falamh	adj.		empty	11
fan	vb. 1	v.n. *fanacht*	wait, stay, remain	17, App. II
fána				
le f.	adv.		sloping	App. I
fánach	adj.	comp. *-aí*	pointless, aimless	13
fanacht	v.n.	(see *fan*)		
faoi	prep.		under, about	5, 21
farc	n.	pl. *-anna*	fork	5
farraige	n. fem.	pl. *-í*	sea	9
fás	vb. 1	v.n. *fás* (gen. *fáis*, pl. *-anna*)	grow	14
fascadh	n.	gen. *-aidh*	shelter	22
fata	n.	pl. *-aí*	potato	11
cur fhataí			sowing potatoes	16
fáth	n.		reason, cause	9
cén f.			for what reason, why	9

feabhas	n.	gen. *feabhais*	excellence	27
chun feabhais			improving	27
Feabhra	n.		February	35
feabhsaigh	vb. 2	v.n. *feabhsú*	improve	36
feabhsú	v.n.	(see *feabhsaigh*)		
féad	vb. 1	v.n. *féadachtáil*	can	22
féadachtáil	v.n. fem.	(see *féad*)		
feadaíl	n. fem.	gen. *feadaíola*	whistling	4
feadh				
ar f.	prep. (+ gen.)		during, for the duration of	18, 27
feall	n.	gen. *feill*	treachery, foul deed	28
fear	n.	gen., pl. *fir*	man	2
féar	n.	gen. *féir*	grass	7
fearg	n. fem.	gen. *feirge*	anger	17
fearr	adj.	(comp. of *maith*)	better, best	13
is f. le			prefer	20
féasóig	n. fem.	gen. *-e*, pl. *-ógaí*	beard	17
feasta	adv.		from now on, in future	35
feic	vb. 1	hab./fut. *feic-*, past *chonaic* v.n. *feiceáil*, v.adj. *feicthe*	see	14, 29
feiceáil	v.n. fem.	(see *feic*)		
feidhm	n.		use, function	App. I
féidir				
is f. le			can	20
feil	vb. 1	v.n. *feiliúint*	suit, be appropriate	27
feiliúint	v.n.	(see *feil*)		
feiliúnach	adj.	comp. *-aí*	suitable, appropriate	23
feilm	n. fem.	gen. *-e*, pl. *-eacha*	farm	7
feilméara	n.	pl. *-í*	farmer	3
feilméaracht	n.fem.		farming	33
féin			self, even	9, 19
feoil	n. fem.	gen. *feola*	meat	11
fiacail	n. fem.	pl. *fiacla*	tooth	33
fiaclóir	n.	gen. *-óra*, pl. *-í*	dentist	33
fiafraí	v.n. fem.	(see *fiafraigh*)		
fiafraigh	vb. 2	v.n. *fiafraí*	ask, enquire	22, 31
fiáin	adj.	comp. *fiáine*	wild, fierce	30
Fianna Fáil			*(political party)*	20
fiche	n. fem.	gen., pl. *fichid*	twenty	11, 19. 25
filí	n.	pl. *filithe*	poet, local songmaker	36
filíocht	n. fem.		poetry	36
fill	vb. 1	v.n. *filleadh*	return, fold	32
filleadh	v.n.	(see *fill*)		
Fine Gael			*(political party)*	20
fíon	n.		wine	15
Fionnasclainn			*(place-name)*	3
fíor(-)	adj.		real, true, genuine	13
fios	n.	pl. *-anna*	knowledge, information	16
cur f. ar			sending for	26
tá a fh. agam			know	
fírinne	n. fem.		truth	14
fisic	n. fem.	gen. *-e*	physics	18
fiú				
is f.			it is / it seems worthwhile	20, 23
flaithis	n. pl.		heaven	App. I
fliuch	adj.	comp. *fliche*	wet	8
fliuch	vb. 1	v.n. *fliuchadh*	wet	22

fliuchadh	v.n.	(see *fliuch*)		
focal	n.	gen. *-ail*, pl. *focla*	word	10
foghail	n. fem.	gen. *foghla*	stealing, trespassing	App. I
foghlaim	vb. 2	v.n. *foghlaim*	learn	15
foighdeach	adj		patient	36
foighid	n. fem.	gen. *-e*	patience	15
fóill				
go f.			for a while, yet	15
foilsigh	vb. 2	v.n. *foilsiú*	publish	36
foilsiú	v.n.	(see *foilsigh*)		
foireann	n. fem.	gen. *foirne*	crew, team, staff, set	26
foláir				
ní f. do			it is obligatory for, must	23
folláin	adj.	comp. *-e*	healthy	35
fómhar	n.	gen. *-air*	autumn, harvest	9
fón	n.	pl. *-anna*	telephone	5
fonn	n.		desire	17
fós	adv.		yet, still	9
Frainc	n. fem.	gen. *-e*	France	18
Fraincis	n. fem.	gen. *-e*	French (language)	5
fráma	n.	pl. *-í*	frame	35
francach	n.	gen., pl. *-aigh*	rat	7
Francach	n.	gen., pl. *-aigh*	Frenchman	18
freagair	vb. 2	v.n. *freagairt*	answer	36
freagairt	v.n.	(see *freagair*)		
freagra	n.	pl. *-í*	answer	36
freisin	adv.		also, as well, indeed	2
fuacht	n.	gen. *fuaicht*	cold	4
fuadar	n.		haste	21
fuagair	vb. 2	v.n. *fuagairt*	call out, announce	28
fuagairt	v.n.	(see *fuagair*)		
fuaigh	vb. 1	v.n. *fuáil*	sew	30
fuáil	v.n.	(see *fuaigh*)		
fuair		(see *faigh*)		
fuar	adj.	comp. *fuaire*	cold	7
fud				
ar f.	prep. (+ gen.)		throughout	28
fuil	n. fem.	gen. *fola*	blood	12
cur fola			bleeding	32
fuinneoig	n. fem.	gen. *-e*, pl. *fuinneogaí*	window	3
furasta	adj.	comp. *fusa*	easy	19

gá	n.		need	23
gabáiste	n.	pl. *-í*	cabbage	21
gabh	vb. 1	hab. *té-*, fut. *gabh-*, past *chuaigh*, v.n. *goil*, v.adj. *goite*	go	19, 29
gach	adj.	(see also *'chuile, 'chaon*)	every	32
gadaí	n.	pl. *gadaithe*	thief	31
Gaeilge	n. fem.		Irish (language)	4
Gaeilgeoir	n.	gen. *-óra*, pl. *-í*	Irish speaker	33
Gaeilgeoireacht	n. fem.		speaking Irish	33
Gaeltacht	n. fem.	pl. *-aí*	Irish-speaking area	4
Gaillimh	n. fem.	gen. *-e*	Galway	21
gaineamh	n.	gen. *gainimh*	sand	9
gáire	n.	pl. *-í*	laugh	17
gáirí	v.n.		laughing	

gairid	adj.		short	33
le g.			recently	
go g.			shortly	20
gaisce	n. fem.		feat, boast	26
déanamh g.			boasting	
galaoireach	n. fem.		soap	26
gall	n.		anglified person, foreigner	1
Galltacht	n.		English-speaking area (in Ireland)	36
galún	n.	gen., pl. *-úin*	gallon	11
gan	prep.		without	14, 21, 35
gann	adj.	comp. *goinne*	scarce	29
gaol	n.	gen. *gaoil,* pl. *-ta*	relation	34
tá g. agam le			I am related to	
gaoth	n. fem.	gen. *-e,* pl. *-anna*	wind	10
Gaoth Sáile			*(place-name)*	3
gar	adj.	comp. *goire*	near	30
g. dó féin			selfish	35
garbh	adj.	comp. *goirbhe*	rough, harsh, coarse	30
garda	n.	pl. *-í*	guard, policeman	26
garraí	n.	pl. *garranta*	field, garden	3
gasúr	n.	gen., pl. *gasúir*	child	2
gé	n. fem.	pl. *géabha*	goose	App. II
geadán	n.		patch of land	App. I
geansaí	n.	pl. *-ocha*	pullover, jumper, jersey	6
geal	adj.	comp. *gile*	bright, white	26
go geal			brilliantly	36
gealach	n. fem.	gen. *gealaí*	moon	16
geall	n.	pl. *-ta*	bet	23
mar gh. ar			on account of	7
geall	vb. 1	v.n. *gealladh*	promise	23
gealladh	v.n.	(see *geall*)		
géar	adj.	comp. *géire*	sharp, sour	10
gearán	n.		complaint	App. I
geard	n.	pl. *-anna*	yard	27
Gearmáinis	n. fem.	gen. *-e*	German (language)	15
gearr	adj.	comp. *girre*	short	
is g. go/nach			it will be a short time until ..	29
gearr	vb. 1	v.n. *gearradh*	cut	21
gearradh	v.n.	(see *gearr*)		
gearrscéal	n.	pl. *-ta*	short story	36
geata	n.	pl. *-í*	gate	3
géill	vb. 1	v.n. *géilleadh*	yield, submit	32
géilleadh	v.n.	(see *géill*)		
geimhreadh	n.	gen. *-idh,* pl. *geimhríocha*	winter	7
geirseach	n. fem.	gen. *geirsí*	small girl	App. I
Ghiúdach	adj.		Jewish	12
gí	conj.		although, even though	1
ginn	n. fem.	pl. *geanntracha*	wedge	24
giodam	n.		sprightly walk	App. I
giota	n.	pl. *-í*	small portion	App. I
glac	vb. 1	v.n. *glacadh*	take, seize, accept	25
glac	n. fem.	gen. *gloice*	closed hand(ful), grasp	25
glacadh	v.n.	(see *glac*)		
gl. le			accepting, assuming	25
glan	adj.	comp. *gloine*	clean, clear	9
glan	vb. 1	v.n. *glanadh*	clean, clear	12
glanadh	v.n.	(see *glan*)		

glaoch	v.n.	(see *gluigh*)		
cur gl. ar			ringing, calling up	29
glas	adj.	comp. *gloise*	green (plants), grey (animals)	17
glas	n.	gen. *glois,* pl. *-anna*	lock	28
glasáil	vb. 1	v.n. *glasáil*	lock	28
gleann	n.	gen. *-a,* pl. *-ta*	valley	32
glic	adj.	comp. *-e*	cute, cunning, clever	7
Glinsce			*(place-name)*	3
gliogar	n.		'crock', sth. unstable	24
gloine	n. fem.	pl. *-iúcha*	glass	5
gluaiseacht	n. fem.	pl. *-aí*	movement, moving	36
gluigh	vb. 1	v.n. *glaoch*	call	29
glúin	n. fem.	gen. *glúnach,* pl. *glúine*	knee	30
		gen. *glúnach,* pl. *glúnta*	generation	30
gnaithe	n.	pl. *-í*	business, affairs	13
gnaoiúil	adj.	comp. *-úla*	decent, generous	20
gníomh	n.	pl. *-anna*	act(ing), action	App. I
gnóthachtáil	v.n. fem.	(see *gnóthaigh*)		
gnóthaigh	vb. 2	v.n. *gnóthachtáil*	win, gain	22
go	particle	(subordinating)		2
go	particle	(adverbial)		15
go	prep.		as far as, up to	21
go	particle	(optative)		36
go ceann, *etc.*		(see *ceann,* etc.)		
gob	n.	gen. *goib,* pl. *-anna*	beak, spout, prow, nib	27
go dtí	prep.		as far as, up to	22
go léir		(see *uilig*)		
goid	vb. 1	v.n. *goid*	steal	18
goil	v.n.	(see *gabh;* also *dul)*	going	14
dul chun cinn			progress	14
goile	n.	pl. *-acha*	stomach, appetite, *pl.* guts	10
goirdeacht	n. fem.		shortness	33
gorm	adj.	comp. *goirme*	blue	17
gortaigh	vb. 2	v.n. *gortú*	hurt, injure	23
gortú	v.n.	(see *gortaigh*)		
grá	n.		love	26
i ngrá			in love	26
gráin	n. fem.	gen. *gránach*	detestation, hatred	18
gránna	adj.	comp. *gráinne*	ugly, horrible	10
grásta	n.		grace(s)	28
gr. ó Dhia air			God rest him	
greann	n.	gen. *grinn*	humour, fun	28
greim	n.	gen. *greama,* pl. *greamanna*	grip, bite, stitch	28
grian	n. fem.	gen. *gréine*	sun	16
gruaig	n. fem.	gen. *-e*	hair	17
gruama	adj.		gloomy	21
gual	n.	gen. *guail*	coal	17
gualainn	n. fem.	gen. *-e,* pl. *guaillí*	shoulder	30
guidh	vb. 1	v.n. *guidhe*	pray	24
guidhe	v.n.	(see *guidh*)		
gúna	n.	pl. *-í*	dress, frock	6
gunna	n.	pl. *-í*	gun	26
gur	particle	(subordinating, past)		26
gur, gurb, gurbh		(subordinating forms of copula)		11, 31

halla	n.	pl. *-í*	hall	19
hata	n.	pl. *-í*	hat	17
hóbair				
h. do			almost	23
i	prep.		in	26
í	pron.	(disjunctive)	she, her	9
iad	pron.	(disjunctive)	they, them	9
iadsan	pron.	(contrast form of *iad*)	they, them	9
iarnáil	vb. 1	v.n. *iarnáil*	iron	29
iarr	vb. 1	v.n. *iarraidh*	attempt, want, request	15
iarracht	n. fem.	pl. *-aí*	attempt	36
iarraidh	v.n.	(see *iarr*)	blow, go	15
d'i. amháin			in one go	
iasacht	n. fem.	pl. *-aí*	loan	28
ar i.			on loan	
iasc	n.	gen. *éisc*	fish	11
iascach	v.n.		fishing	19
iascaire	n.	pl. *-í*	fisherman	23
iascaireacht	n. fem.		fishing, being a fisherman	33
i bhfad	adv.		far, a long way	10
i bhfus	adv.		over here	19
idir	prep.		between, both	12, 28
i dtaobh, *etc.*		(see *taobh*, etc.)		
im	n.	gen. *-e*	butter	11
imeacht	v.n.	(see *imigh;* pl. *-aí*)	departing, *pl.* events	15
imigh	vb. 2	v.n. *imeacht*	depart, go off	15
imir	vb. 2	v.n. *imirt*	play	12
imirt	v.n. fem.	(see *imir*)		14
imleacán	n.		navel	App. I
imní	n. fem.		worry, anxiety	15
'in	pron.			14
in aghaidh, *etc.*		(see *aghaidh*, etc.)		
iníon	n. fem.	gen. *-e*, pl. *-eacha*	daughter	7
inite	adj.		edible	27
inné	adv.		yesterday	6
an lá i.			yesterday	12
innealtóir	n.	gen. *-óra*, pl. *-í*	engineer	31
innis	vb. 2	v.n. *inseacht*	tell, relate	25
inniu	adv.		today	12
an lá i.			today	
inseacht	v.n.	(see *innis*)		
intinn	n. fem.	gen. *-e*	mind, intention	25
ar i.			in mind, intending to	
íoc	vb. 1	v.n. *íoc*	pay	25
íochtar	n.	gen. *íochtair*	bottom part	26
in í.			underneath	
iomaí				
is i.			many 's the ...	36
iomarca	n. fem.		an excess of, too much	7
iompaigh	vb. 2	v.n. *iompú*	turn	24
iompair	vb. 2	v.n. *iompar*	carry	28
iompar	v.n.	(see *iompair*)	carriage, transport	28
i. cloinne			being pregnant	30
iompú	v.n.	(see *iompaigh*)		
ionadh	n.	pl. *iontaí*	wonder, surprise	20

ionann	adj.		same, identical	11
iondúil	adj.	comp. *-úla*	usual	8
go h.			usually	
ionga	n. fem.	pl. *ingne, iongaíocha*	nail (finger, toe)	App. I
iontach	adj.	comp. *iontaí*	wonderful	4
iontas	n.	gen. *iontais*	wonder, amazement	17
déanamh i.			wondering	
iriseoir	n.	gen. *-ora,* pl. *-í*	journalist	31
iriseoireacht	n. fem.		journalism	31
is	copula			11, 20
ise	pron.	(contrast form of *í*)	she, her	9
íseal	adj.	comp. *ísle*	low	7
isteach	adv.		inwards, in	19
istigh	adv.		within, in	19
ith	vb. 1	fut. *íos-,* v.n. *ithe*	eat	16, 28
ithe	v.n.	(see *ith*)		
'iúd	pron.			14
Iúil	n.		July	35
jab	n.	pl. *-anna*	job	34
jug	n.	pl. *-anna*	jug	29
lá	n.	gen. *lae,* pl. *laethanta*	day	8
sa ló			per day	
labhair	vb. 1	v.n. *labhairt*	speak	App.II, 22
labhairt	v.n. fem.	(see *labhair*)		
lách	adj.	comp. *láí*	pleasant	15
lacha	n. fem.	gen. *-n,* pl. *-in,* (gen.pl. *-n*)	duck	22
lag	adj.	comp. *loige*	weak	26
lag	vb. 1	v.n. *lagachan*	weaken	App. II
lagachan	v.n.	(see *lag*)		
laghad	n.		smallness	33
ar a l.			at least	
láidir	adj.	comp. *láidire*	strong	27
láimh	n. fem.	gen. *-e,* pl. *lámha*	hand, arm, handle	5
láir	n. fem.	gen. *lárach,* pl. *láracha*	mare	33
lampa	n.	pl. *-í*	lamp	2
lán	adj.		full	10
	n.		the full of	
lár	n.		centre, middle	25
i lár			in the centre of	
las	vb. 1	v.n. *lasadh*	light	18
lasadh	v.n.	(see *las*)		
láthair				
i l.	prep.	(+ gen.)	in the presence of	
i l. na huaire			at the present moment	30
faoi l.			at present	21
le	prep.		with, against	20
le haghaidh, *etc.*		(see *aghaidh,* etc.)		
leaba	n. fem.	gen. *leapa,* pl. *leapacha*	bed	5
leabhar	n.	gen. *leabhair,* pl. *-tha*	book	3
leabharlann	n. fem.	gen. *leabharlainne,* pl. *-a*	library	9
leac	n. fem.	gen. *leice,* pl. *-racha*	flat stone, slab	19
léacht	n.	pl. *-anna*	lecture	18
léachtóir	n.	gen. *-óra,* pl. *-í*	lecturer	18

leadránach	adj.	comp. *-aí*	boring, tedious	34
leag	vb. 1	v.n. *leagan*	lay, place, knock down	12
leagan	n.	(see *leag;* pl. *-acha*)	version, idiom	14
leaid	n.	pl. *-s*	lad	32
leáigh	vb. 1	v.n. *leámh*	melt, dissolve	1
léamh	v.n.	(see *léigh*)		
lean	vb. 1	v.n. *leanacht*	follow	22
leanacht	v.n.	(see *lean*)		
leanbh	n.	gen. *linbh*	child	28
leann	n.	gen. *-a*	ale	32
leas	n.	(gen. *-a*)	use, benefit	25
baint l. as			using	25
leath	n. fem.	pl. *-acha*	half	19
leathan	adj.	comp. *leithne*	broad, wide	29
leathanach	n.	gen. *-aigh,* pl. *-aí*	page	29
leathar	n.	gen. *leathair,* pl. *-acha*	leather	30
leathchéad	n.		fifty	19
leathshúil	n. fem.	gen. *leathshúlach*	one eye	32
leathuair	n. fem.	gen. *-e*	half-hour	24
leictreachas	n.	gen. *-ais*	electricity	29
léigh	vb. 1	v.n. *léamh*	read	12
léim	n. fem.	gen. *-e,* pl. *-eanna*	jump	
de l.			suddenly	24
caitheamh l.			jumping	33
léim	vb. 1	v.n. *léimt*	jump	24
léimt	v.n.	(see *léim*)		
léine	n. fem.	pl. *-teacha*	shirt, shift	6
leis an		(see *le*)		
leisciúil	adj.	comp. *-úla*	lazy	4
leithead	n.		width	19
ar l.			in width	19
leithéid(e)	n. fem.			
mo l.			the likes of me	24
leith				
go l.			... and a half	19
leitir	n. fem.	pl. *leitreacha*	letter	9
leonta	adj.		sprained	App. I
leor				
go l.			plenty of, enough	3
is l.			enough	23
leoraí	n.	pl. *-s*	lorry	13
Liam			*(man's name)*	31
liath	adj.	comp. *-cha, -chte*	grey	17
lig	vb. 1	v.n. *ligean*	let	21
ligean	v.n.	(see *lig*)		
l. air			pretending	35
líne	n. fem.	pl. *-te*	line	36
líon	vb. 1	v.n. *líonadh*	fill	25
líonadh	v.n.	(see *líon*)		
liosta	n.	pl. *-í*	list	11
litríocht	n. fem.		literature	36
lobh	vb. 1	v.n. *lobhadh*	rot	27
lobhadh	v.n.	(see *lobh*)		
loch	n. fem.	gen. *a,* pl. *-anna*	lake	22
locht	n.	gen. *loicht,* pl. *-anna*	fault	33
tá l. agam ar			I have f. to find with	
Lochán Beag			*(place-name)*	5

loigh	vb. 1	v.n. *loighe*	lie	19
loighe	v.n.	(see *loigh*)		
i mo l.			lying	26
cur ina l. ar			persuading	33
lóistín	n.	pl. *-í*	lodging	10
ar l.			in lodging	
lom	adj.	comp. *loime*	bare, exposed	29
long	n. fem.	gen. *loinge*	ship	App. I
lú		(see *beag*)		
luach	n.		value, price	27
luath	adj.	comp. *-cha, -chte*	early	13
		comp. *túisce*	soon	
lúb	vb. 1	v.n. *lúbadh*	bend, flex	30
lúbadh	v.n.	(see *lúb*)		
luch	n. fem.	pl. *-ain*	mouse	App. I
lucht	n.		people (connected with ...)	20
lúib	n. fem.		loop, stitch (knitting)	
Lúnasa	n.		August	35
má	conj.		if	8
más		(= *má* + *is*)		11
mac	n.	gen., pl. *mic*	son	3
m. léinn			student	18
Mac Suibhne			*(surname)*	36
madadh	n.	gen. *madaidh*, pl. *madraí*	dog	7
magadh	n.	gen. *-aidh*	joke, mocking	23
maide	n.	pl. *-í*	stick, pole	17
maidin	n. fem.	gen. *maidine*, pl. *-eacha*	morning	9
ar m.			in the morning	
maidir le			as for ...	9
maime	n. fem.		mammy	6
mair	vb. 1	v.n. *maireachtáil*	live, last	19
Máire			*(woman's name)*	3
maireachtáil	v.n. fem.	(see *mair*)		
mairg	n. fem.		regret, trouble	21
Máirtín			*(man's name)*	2
máistir	n.	pl. *máistrí*	master, schoolmaster	20
máistreás	n. fem.	pl. *-aí*	mistress, schoolmistress	12
maith	adj.	comp. *fearr*	good	4
	n. fem.			15
maitheas	n. fem.	gen. *-a*	wealth, prosperity	32
mála	n.	pl. *-í*	bag	10
mall	adj.	comp. *moille*	slow, late	30
maoin	n.		riches	1
mapa	n.	pl. *-í*	map	3
mar	prep., conj.		as, like	9, 13
mara	conj.		if not, unless	8, 10, 11
marab	conj.	+ copula		11
marach	prep.		only for, except for	26
m. go/nach			except for the fact that	35
maraigh	vb. 2	v.n. *marú*	kill	28
marar	conj.	(with past)	if not, unless	26
marbh	adj.		dead	8
marc	n.	pl. *-anna*	mark, target	18
as m.			off target, wrong	

marcaíocht	n. fem.		ride, riding, lift	35
margadh	n.	gen. *-aidh*, pl. *margaí*	market	30
Márta	n.		March	35
marú	v.n.	(see *maraigh*)		
masla	n.	pl. *-í*	insult	34
maslaigh	vb. 2	v.n. *maslú*	insult	34
maslú	v.n.	(see *maslaigh*)		
máthair	n. fem.	gen. *máthar*, pl. *-eacha*	mother	6
mé	pron.		me	2
meabhair	n. fem.	gen. *meabhrach*	intelligence, mind	18
meabhrach	adj.	comp. *-aí*	intelligent	32
meach	n. fem.	pl. *meachain*	bee	App. II
méad	n.			
cé mh.			how much	12
ar a mh.			at most	33
meadhg	n.		whey	App. I
meaisín	n.	pl. *-eanna*	machine	13
meall	n.	pl. *-tracha*	lump, mass	29
Meán Fómhair	n.		September	35
meán lae	n.		mid-day	29
meánscoil	n. fem.	gen. *-e*, pl. *-eanna*	secondary school	12
meas	vb. 1	v.n. *meas*	think, reckon	
meas tú			do you think ?	
meas	n.		thinking, esteem, respect	18, 23
measa		(see *dona*)		
measc				
i m.	prep.	(+ gen.)	among, amidst	29
measc	vb. 1	v.n. *meascadh*	mix, stir (liquid)	29
meascadh	v.n.	(see *measc*)		
méid	n.	(lenites adj.)	amount, size	21
cén mhéid			what size	
méir	n. fem.	gen. *-e*, pl. *méaracha*	finger	10
méaracha coise			toes	
Meireacá			America	3
meisce	n. fem.		drunkenness	
ar m.			drunken	26
Meitheamh	n.		June	35
mh'anam		(for *a mh' anam*)	indeed, faith !	19
mí	n. fem.	gen. *míosa*, pl. *-onna*	month	7
mian	n.		desire	App. I
Mícheál	n.	voc., gen. *Míchíl*, *Mícheáil*	*(man's name)*	20
mil	n. fem.	gen. *meala*	honey	32
míle	n.	pl. *mílte*	mile, thousand	14
milis	adj.	comp. *milse*	sweet	29
míliú	num.		thousandth	33
mill	vb. 1	v.n. *milleadh*	ruin, destroy	26
milleadh	v.n.	(see *mill*)		
milleán	n.	gen. *-áin*	blame	
cur m. ar			blaming	35
milliún	n.	gen., pl. *-úin*	million	19
milliúnú	num.		millionth	33
mímhúinte	adj.		bad-mannered, impolite	20
min	n. fem.	gen. *-e*	meal	
mín	adj.	comp. *-e*	fine, smooth	30
minic				
go m.	adv.	comp. *-í*	often	6
ministéara	n.	pl. *-í*	minister, clergyman	31

miosúr	n.	gen. *-úir*	(tape) measure	23
miotóig	n. fem.	gen.. *-e,* pl. *miotógaí*	glove	30
mise	pron.	(contrast form of *mé*)	I	2
misneach	n. fem.	gen. *-í*	courage, heart	27
míshásta	adj.		dissatisfied	19
miste				
ní m le			... doesn't mind	20
mo	adj.		my	10
moch				
go m.	adv.	comp. *moiche*	early (in the morning)	9
móide				
ní m.			it is unlikely	10
moill	n. fem.	gen. *-e,* pl. *-eanna*	delay	17
móin	n. fem.	gen. *móna*	turf, peat	17
mol	vb. 1	v.n. *moladh*	praise, recommend	12
moladh	v.n.	(see *mol*)		
monarcha	n. fem.	gen. *-n,* pl. *-in*	factory	14
mór	adj.	comp. *mó*	big, great	4
m. millteach			huge	28
m.-le-rá			important, widely spoken of	
tá mé m. le			I am friendly with	13
níor mhór dhom			I am obliged to	36
mórán	n.		much	
	adv.		almost	6
mothaigh	vb. 2	v.n. *mothú*	feel, perceive	21
mothú	v.n.	(see *mothaigh*)		
gan mh.			unconscious	21
múch	vb. 1	v.n. *múchadh*	extinguish, quench, put out	24
múchadh	v.n.	(see *múch*)		
muic	n. fem.	gen. *-e,* pl. *muca,* (gen.pl. *muc*)	pig	7
muid	pron.		we	2
muide	pron.	(contrast form of *muid*)	we	2
múin	vb. 1	v.n. *múnadh*	teach	24
muineál	n.	gen. *muiníl*	neck	28
muinín	n.		trust	33
déanamh m. as			trusting	
tá m. agam as			I trust in	
múinte	adj.		polite, well-mannered	20
múinteoir	n.	gen. *-ora,* pl. *-í*	teacher	2
muintir	n. fem.	gen. *-e*	people, family, relations	3
muir	n. fem.	gen. *mara*	sea	32
Muire			The Virgin Mary	23
Dia is M. dhuit		(reply to *Dia dhuit*)		
muis(e)	interj.		indeed ! now !	6
mullach	n.	gen. *mullaigh,* pl. *mullaí*	top, summit	28
múnadh	v.n.	(see *múin*)		24

na	article	(pl. and fem. sing.)		8
ná	conj.		nor, neither	2
ná	particle	(negative, imperative)		8
nach	particle	(negative indir. relative)		2
		(+ copula)		11
nach	particle	(negative relative)		3
nádúrthach	adj.	comp. *-aí*	natural	16
naíonán	n.	gen., pl. *-áin*	infant	App. I
náire	n. fem.		shame	17

náireach	adj.		shameful, disgraceful	16
náisiún	n.	gen., pl. *-úin*	nation	4
náisiúnta	adj.		national	9
námhaid	n. fem.	pl. *-í*	enemy	App. I
naoi	num.		nine	11
naonúr	n.		nine people	15
naoú	num.		ninth	33
naprún	n.	gen., pl. *-úin*	apron	34
nár	particle	(negative optative)		36
nar	particle	(subordinating, past)		26
nar	particle	(question, past)		26
narbh		(= *nar* + copula)		31
nead	n. fem.	gen. *neide,* pl. *-racha*	nest	27
néal	n.		wink of sleep	33
neaipicín	n.	pl. *-í*	napkin	33
n. póca			handkerchief	
neart	n.	gen. *neairt*	strength, lots of	6
ní	particle	(negative)		2,6
		(= *ní* + copula)		11
ní	n.	(in set phrases)	thing	19
Ní		(prefix in surnames)		36
nigh	vb. 1	v.n. *níochán*	wash	12
níl		(neg. of *tá*)		2
níochán	v.n.	(see *nigh*)		
níor	particle	(neg., past)		26
níorbh		(= *níor* + copula)		31
níos		(comp. form of copula)		19
nó	conj.		or	6
nó go/nach	conj.		until	17
nócha	num.		ninety	25
nóchadú	num.		ninetieth	33
nóiméad	n.	gen. *-éid,* pl. *-acha*	minute, moment	16
Nollaig	n. fem.	gen. *Nollag,* pl. *-eacha*	Christmas	13
faoi N.			around Christmas	21
Mí na Nollag			December	35
nós	n.	pl. *-anna*	custom	
ar nós	prep.	(+ gen.)	like	24, 34
nua	adj.	comp. *-cha, -chte*	new	10
nuaíocht	n. fem.		news	20
nuair	conj.		when	13
ó	prep.		from	22
ó ... amach			from ... on	27
Ó		(prefix in surnames)		36
obair	n. fem.	gen. *oibre,* pl. *oibreacha*	work(ing)	13
ocht	num.		eight	11
ochtar	n.		eight people	15
ochtó	num.		eighty	33
ochtódú	num.		eightieth	33
ochtú	num.		eighth	33
ocras	n.	gen. *-ais*	hunger	17
óg	adj.	comp. *óige*	young	7
oibrí	n.	pl. *oibrithe*	worker	22
oibrigh	vb. 2	v.n. *oibriú*	work, use	27
oibriú	v.n.	(see *oibrigh*)		
oíche	n. fem.	pl. *-annta*	night	5
an o. anocht			tonight	12

oideachas	n.	gen. *-ais*	education	12
oifige	n. fem.	pl. *-í*	office	11
óige	n. fem.		youth	8
oileán	n.	gen., pl. *-áin*	island	10
oilte	adj.		skilled	33
oilteacht	n. fem.		skill	33
oinniún	n.	gen., pl. *-úin*	onion	29
oiread	n.	(no *t* prefixed after article)	amount, much	12
an o.			that much	
a o.			so much	
ól	vb. 1	v.n. *ól*, gen. *óil*	drink	15
ola	n. fem.		oil	30
olann	n. fem.	gen. *olla*	wool	30
olc	adj.		evil, wicked	4
ollscoil	n. fem.	gen. *-e*, pl. *-eanna*	university	12
orlach	n.	gen. *-aigh*, pl. *orlaí*	inch	11
orlár	n.	gen., pl. *orláir*	floor	5
oscail	vb. 2	v.n. *oscailt*	open	12
oscailt	v.n.	(see *oscail*)		
os cionn, *etc.*		(see *cionn,* etc.)		
ó shin		(see *sin*)		
ospidéal	n.	gen., pl. *ospidéil*	hospital	10
pacáil	vb. 1	v.n. *pacáil*	pack	14
Pádraig			*(man's name)*	9
Páidín		(dimin. of *Pádraig*)	*(man's name)*	3
paidir	n. fem.	pl. *paidreacha*	prayer	22
pái	n. fem.		pay	15
páipéar	n.	gen., pl. *páipéir*	paper, newspaper	3
páirc	n. fem.	gen. *-e*, pl. *-eanna*	large field, park	22
parcáil	vb. 1	v.n. *parcáil* fem.	park	35
páirtí	n.	pl. *páirtithe*	(political) party	20
P. an Lucht Oibre			Labour Party	20
páiste	n.	pl. *-í*	child	11
paiteanta	adj.		perfect	18
paráiste	n.	pl. *-í*	parish	25
Peadar		gen. *-air*	*(man's name)*	23
peain	n.	pl. *-eanna*	frying pan	29
peann	n.	pl. *peanna*	pen	12
peata	n.	pl. *-í*	pet	7
peictiúr	n.	gen., pl. *úir*	picture	3
Peige			*(woman's name)*	3
peileadóir	n.	gen. *-óra*, pl. *-í*	footballer	26
peiliúr	n.	gen., pl. *-úir*	pillow	24
péinteáil	vb. 1	v.n. *péinteáil* fem.	paint	14
péinteáilte	adj.		painted	19
péire	n.	pl. *-í*	pair, two (things)	12
pian	n. fem.	pl. *-ta*	pain	32
pingin	n. fem.	pl. *pingineacha*	penny	11
pinsean	n.	pl. *-acha*	pension	30
pinsinéara	n.	pl. *-í*	pensioner	22
pioc	vb. 1	v.n. *piocadh*	pick	33
piocadh	v.n.	(see *pioc*)		
pionta	n.	pl. *-í*	pint	15
píopa	n.	pl. *-í*	pipe	16
píosa	n.	pl. *-í*	piece, bit, patch, short period	13

pláta	n.	pl. *-í*	plate	5
pl. beag		pl. *-í beaga*	side plate	
pl. mór		pl. *-í móra*	dinner plate	
plé	v.n.	(see *pléigh*)		
pléasc	vb. 1	v.n. *pléascadh*	burst, explode	35
pléigh	vb. 1	v.n. *plé*	discuss, deal with, be connected	15
plódaithe	adj.		crowded	11
pluiméara	n.	pl. *-í*	plumber	32
pluid	n. fem.	gen. *-e*, pl. *-eanna*	blanket (double width)	24
plump	n.	pl. *-aíl*	bang, loud noise, peal	24
pobal	n.	gen., pl. *-ail*	community, public at large	12
teach an phobail			(catholic) church (building)	10
pobalscoil	n. fem.	gen. *-e*, pl. *-eanna*)	community school	12
póca	n.	pl. *-í*	pocket	4
póg	n. fem.	pl. *-a*	kiss	21
póg	vb. 1	v.n. *pógadh*	kiss	21
pógadh	v.n.	(see *póg*)		
poiblí	adj.		public	36
pointe	n.	pl. *-í*	point, point of time	26
ar an bp.			on the spot, immediately	26
pointeáilte	adj.		punctual, precise, punctilious	24
polaitíocht	n. fem.		politics	16
poll	n.	gen., pl. *poill*	hole	23
pórtar	n.	gen. *-air*	porter, stout	27
pós	vb. 1	v.n. *pósadh*	marry, get married	14
pósadh	v.n.	(see *pós*)		
posta	n.	pl. *-í*	post, job, mail, post office	8
pósta	v.adj.	(see *pós*)	married	11
pota	n.	pl. *-í*	pot	4
praiseach	n. fem.		mess	26
Pratastúnach	adj.		Protestant	12
príosún	n.	gen., pl. *-úin*	prison	35
pros	n.	pl. *-anna*	press, cupboard	29
prós	n.	gen. *próis*	prose	36
puca	n		spread, canvas (of sail)	1
punt	n.	gen. *puint*, pl. *-aí*	pound (weight or money)	11
rá	v.n.	(see *deir*)		20, 28
radharc	n.	gen. *radhairc*	sight	34
raidió	n.		radio	18
ráille	n.	pl. *-í*	rail, railing, banister	33
raithneach	n. fem.	gen. *raithní*	bracken, fern	App. I
rang	n.	pl. *-anna*	class (school)	12
rása	n.	pl. *rástaí*	race	23
rásúr	n.	gen. *-úir*, pl. *-úirí*	razor	13
rath	n.		wealth, prosperity, good	22
réab	vb. 1	v.n. *réabadh*	tear, smash, act violently	26
réabadh	v.n.	(see *réab*)		
reamhar	adj.	comp. *reimhre*	fat, thick	26
réasúnta	adj.		reasonable, reasonably priced	
	adv.		reasonably, moderately, fairly	4
réidh	adj.	comp. *-che, -chte*	ready, finished, easy, smooth	15
réir				
de r.	prep.	(+ gen.)	according to	27
de r. mar	conj.		according as	
de r. a chéile			gradually, bit by bit	35

réiteach	v.n.	(see *réitigh*)		
réitigh	vb. 2	v.n. *réiteach*	prepare, clear, solve	21
rí	n.	pl. *ríti*	king	32
rialta	adj.		regular	22
rialtas	n.	gen. *-ais*	government	20
rifíneach	n.	pl. *-a*	ruffian	7
rith	vb. 1	v.n. *rith*	run	12
ina r.			running	21
ro-	adj.		too, over, excessively	13
robar	n.	gen., pl. *-air*	dishcloth	29
roimh	prep.		before	32
roilig	n. fem.	gen. *-e*, pl. *-eacha*	graveyard, cemetery	28
roinn	n. fem.	gen. *-e*	(state) department	36
roinn	vb. 1	v.n. *roinnt*	divide, share	16
roinnt	v. n. fem.	gen. *-e*, pl. *-eálacha*	dividing, division	16
	adv.		somewhat	16
ronnach	n.	gen. *-aigh*, pl. *-aí*	mackerel	34
rópa	n.	pl. *-í*	rope	28
róst	vb. 1	v.n. *róstadh*	fry, roast	29
róstadh	v.n.	(see *róst*)		
rotha	n.	pl. *róití*	wheel	33
rothar	n.	gen., pl. *rothair*	bicycle	35
rua	adj.	comp. *-cha, -chte*	reddish-brown	17
ruainne	n.		a little bit	16
Ruairí			*(man's name)*	8
rud	n.	pl. *-aí*	thing	2
r. beag			a small quantity, a little bit	10
r. eile dhe			furthermore, moreover	36
sin é an r.			that is the thing (the point)	14
Rúis	n. fem.	gen. *-e*	Russia	18
Rúisis	n. fem.	gen. *-e*	Russian (language)	18
rúitín	n.	pl. *-í*	ankle	30
rúnaí	n.	pl. *-aithe*	secretary	15
ruibh	n. fem.		viciousness	App. I
rusta	n.	pl. *-í*	wrist, cuff	30

sa		(see *i*)		26
sá	vb. 1	v.n. *sá*	stick, stab, shove	33
sábh	n.	pl. *-anna*	saw	23
sábháil	vb. 1	v.n. *sábháilt* fem.	save	25
sábháilt	v.n.	(see *sábháil*)		
sac	n.	gen. *soic*	sack	28
sách	adj.		satisfied (after eating)	
	adv.		sufficiently, enough	10
sagart	n.	gen., pl. *-airt*	priest	4
sáibhéara	n.	pl. *-í*	sawyer	25
saighdiúr	n.	gen. *-úir*, pl. *-í*	soldier	26
sáil	n. fem.	gen. *sála*, pl. *sálta*	heel	30
sáile	n.		brine, seawater	20
thar s.			overseas, abroad	
salach	adj.	comp. *soilche*	dirty	29
salachar	n.	gen. *-air*	dirt	23
salaigh	vb. 2	v.n. *salú*	dirty	12
salann	n.	gen. *-ainn*	salt	29
sall	adv.		over, across	19
salú	v.n.	(see *salaigh*)		

Samhain	n. fem.	gen. *Samhna*	Hallowtide	21
Mí na Samhna			November	35
samhlaigh	vb. 2	v.n. *samhlú*	imagine	22
samhlú	v.n.	(see *samhlaigh*)		
samhradh	n.	gen. *-aidh,* pl. *samhraíocha*	summer	7
san		(see *i*)		
saoire	n. fem.		holiday	11
ar s.			on holiday	
saol	n.	gen. *saoil,* pl. *saolta*	life, world	7
os comhair an tsaoil			publicly, openly	27
saor	adj.	comp. *saoire*	cheap	6
saothraigh	vb. 2	v.n. *saothrú*	earn, achieve (with effort)	15
saothrú	v.n.	(see *saothraigh*)		
sáraíocht	n. fem.		arguing, dispute	20
Sasana			England	3
sásar	n.	gen., pl. *-air*	saucer	5
sáspan	n.	gen., pl. *-ain*	saucepan	29
sásta	adj.		satisfied, content, willing, happy	2
sástaíocht	n. fem.		satisfaction	33
scabhléaracht	n. fem.		scolding, giving out	36
scabhtéara	n.	pl. *-í*	scoundrel	35
scadán	n.	gen., pl. *-áin*	herring	App. I
scairt	vb. 1	v.n. *scairteadh*	shine	22
scairteadh	v.n.	(see *scairt*)		
scaitheamh	n.	pl. *scaití*	period of time	22
	adv.	(pl.)	sometimes	
scamall	n.	gen., pl. *-aill*	cloud	22
scanraigh	vb. 2	v.n. *scanrú*	take fright, frighten, scare	24
scanrú	v.n.	(see *scanraigh*)		
scaoil	vb. 1	v.n. *scaoileadh*	loosen, free	28
scaoileadh	v.n.	(see *scaoil*)		
scar	vb. 1	v.n. *scaradh*	separate, part, spread	27
scaradh	v.n.	(see *scar*)		
scáthán	n.	gen., pl. *-áin*	mirror	9
sceach	n. fem.	gen. *sceiche,* pl. *-a*	hawthorn, briar	30
scéal	n.	gen. *scéil,* pl. *scéalta*	story, news, matter, situation	8
scéalaí	n.	pl. *scéalaithe*	storyteller	4
scéalaíocht	n. fem.		storytelling	36
scéim	n. fem.	gen. *-e,* pl. *-eanna*	scheme, project	36
scian	n. fem.	gen. *scine,* pl. *sceana*	knife	4
sc. phóca			pocket knife, penknife	
scil	n. fem.		skill, knowledge	33
baint sc. as			examining, analysing, diagnosing	33
scilling	n. fem.	pl. *scilleacha*	shilling	11
sciopthа	adj.		fast, speedily	19
sciorta	n.	pl. *-í*	skirt	6
scíth	n. fem.	pl. *-eanna*	rest, school holiday	11
ligean mo *etc.* **scíth**			relaxing	22
sclábhaí	n.	pl. *sclábhaithe*	labourer	33
sclábhaíocht	n. fem.		labouring, hard work, drudgery	33
scoil	n. fem.	gen. *-e,* pl. *-eanna*	school	8
ar sc.			at school	
sc. chónaí			boarding school	24
scoilt	vb. 1	v.n. *scoilteadh*	crack, split	27
scoilteadh	v.n.	(see *scoilt*)		
scoláireacht	n. fem.	pl. *-aí*	scholarship	18
scóp	n.	gen. *scóip*	scope, freedom	1

scór	n.	pl. *scórtha*	score, twenty	11
scór	n.	pl. *-anna*	score (in game)	26
scóráil	vb. 1	v.n. *scóráil* fem.	score	26
scórnach	n.	gen. *-aigh,* pl. *scórnach*	throat	34
screadach	n. fem.		crying out	App. II
scríbhneoir	n.	gen. *-ora,* pl. *-í*	writer	36
scríobh	vb. 1	v.n. *scríobh*	write	15
scriú	n.	pl. *-anna*	screw	23
scrúdaigh	vb. 2	v.n. *scrúdú*	examine	17
scrúdú	v.n.	(see *scrúdaigh*)	examining, examination	17
scuab	n. fem.	gen. *scuaibe,* pl. *-anna*	broom	21
scuab	vb. 1	v.n. *scuabadh*	brush, sweep	21
scuabadh	v.n.	(see *scuab*)		
sé	num.		six	11
sé	pron.		he	2
seachain	vb. 2	v.n. *seachaint*	avoid	23
seachaint	v.n. fem.	(see *seachain*)		
seachas	prep.		besides, except for	21
seacht	num.		seven	11
seachtain	n. fem.	gen. *-e,* pl. *-í*	week	6
seachtar	n.		seven people	15
seachtó	num.		seventy	25
seachtódú	num.		seventieth	33
seachtú	num.		seventh	33
seafóid	n. fem.	gen. *-e,* pl. *-eacha*	nonsense	24
seafóideach	adj.	comp. *-í*	nonsensical	30
seaicéad	n.	gen., pl. *-éid*	jacket	6
Seáinín	n.	(dimin. of *Seán*)	*(man's name)*	3
Séamaisín	n.	(dimin. of *Séamas*)	*(man's name)*	3
Séamas	n.	gen. *-ais*	*(man's name)*	28
Seán	n.	gen. *Seáin*	*(man's name)*	28
sean(-)	adj.	comp. *sine*	old	8, 13
seanchaí	n.	pl. *seanchaithe*	teller of local tales and lore	App. I
seanfhocal	n.	gen. *-ail,* pl. *seanfhocla*	proverb	27
seans	n.	pl. *-eanna*	chance	13
s. go/nach			perhaps	
'chuile sh. (go/nach)			most probably	
drochsheans (go/nach)			most unlikely	25
searbh	adj.	comp. *seirbhe*	bitter	30
searrach	n.	gen., pl. *-aigh*	foal	33
seas	vb. 1	v.n. *seasamh*	endure, last	20
seasamh	v.n.	(see *seas*)	standing, endurance	20
i mo *etc.* **sh.**			standing	26
seasmhach	adj.	comp. *seasmhaí*	lasting	30
seasca	num.		sixty	25
seascadú	num.		sixtieth	33
seic	n.	pl. *-eanna*	cheque	30
seilmide	n.	pl. *-í*	snail	App. I
seilp	n. fem.	pl. *-eanna*	shelf	23
séipéal	n.	gen., pl. *-éil*	chapel	19
seirbhís	n. fem.	gen. *-e,* pl. *-í*	service	36
seisean	pron.	(contrast form of *sé*)	he	2
seisear	n.		six people	14, 15
seo	pron.		this	9
seo		(= is 'eo)	this here is	14
seol	n.	gen. *seoil,* pl. *-ta*	sail	21
faoi lántseol			under full sail, in full swing	

seomra	n.	pl. *-í*	room	3
s. codlata			bedroom	5
séú	num.		sixth	33
sí	pron.		she	2
siad	pron.		they	2
siadsan	pron.	(contrast form of *siad*)	they	2
siar	adv.		westwards, west, backwards, back	19
sibh	pron.		you *(pl.)*	2
sibhse	pron.	(contrast form of *sibh*)	you *(pl.)*	2
síl	vb. 1	v.n. *síleachtáil*	think, be of the opinion	14
síleachtáil	v.n.	(see *síl*)		
simléar	n.	gen., pl. *-éir*	chimney	App. I
sin	pron.		that	9
mar sin			like that, so	6
mar sin féin			even so, all the same	5
ó shin			since then, ago	7
sin nó ...			either that or ...	15
déanfaidh sin			o.k., will do !	36
sin		(= *is 'in*)	that is	14
sín	vb. 1	v.n. *síneadh*	stretch, extend	16
síneadh	v.n.	(see *sín*)		
sinn	pron.	(in prayers or set phrases)	we	36
sínte	v. adj.		stretched, sheer	22
sioc	n.	gen. *seaca*	frost	32
cur sheaca			frosting	32
síol	n.	gen. *síl*, pl. *-ta*	seed	14
siopa	n.	pl. *-í*	shop	6
siopadóir	n.	gen. *-óra*, pl. *-í*	shopkeeper	30
siopadóireacht	n. fem.		shopping	21
síor-	adj.		constantly, for ever, eternally	13
síos	adv.		downwards, down	19
sise	pron.	(contrast form of *sí*)	she	2
siúcra	n.		sugar	10
siúd	pron.		that there (distant)	9
siúd		(= *is 'iúd*)	that there is	14
siúil	vb. 1	v.n. *siúl*	walk, travel	17
siúinéara	n.	pl. *-í*	carpenter	16
siúinéaracht	n. fem.		carpentry, working as a carpenter	23
siúl	v.n.	(see *siúil*)	walking, travelling; speed	14
ar s.			afoot, in progress, on	31
siúlóid	n. fem.		walk, taking a walk	22
siúráilte	adj.		sure	35
slachtmhar	adj.	comp. *-mhaire*	handsome, well finished	34
slaghdán	n.	gen., pl. *-áin*	cold (disease)	17
slainte	n. fem.		health	23
slám	n.	pl. *-anna*	large amount of	22
slán	adj.		sound, safe, whole and entire	21
sl. agat/agaibh			goodbye, farewell	
sl. leat/libh			goodbye, farewell	
fágáil sl. ag			taking leave of	
slat	n. fem.	gen. *sloite*, pl. *slata*	rod, yard	11
sleamhain	adj.	comp. *sleamhaine*	slippery, smooth	28
sliabh	n.	gen. *sléibhe*, pl. *sléibhte*	mountain, waste land	9
slinn	n. fem.	gen. *-e*, pl. *sleanntracha*	slate	29
slua	n.	pl. *sluaite*	crowd, horde (of people)	30
sluasaid	n. fem.	gen., pl. *sluaiste*	shovel	29
smacht	n.	gen. *smaicht*	control	21

smaoinigh	vb. 2	v.n. *smaoiniú*	think (about)	34
smaoiniú	v.n.	(see *smaoinigh*)		
snámh	vb. 1	v.n. *snámh*	swim	18
snáthaid	n. fem.	gen. *-e*, pl. *-í*	needle, injection	10
sneachta	n.		snow	9
cur shn.			snowing	15
sobhriste	adj.		breakable	27
socair	adj.	comp. *socra*	quiet, steady	32
s. ionam féin			at ease with myself	32
sochraide	n. fem.	pl. *-í*	funeral	28
socraigh	vb. 2	v.n. *socrú*	settle, arrange	24
socrú	v.n.	(see *socraigh*)	settling; settlement, arrangement	24
soibhir	adj.	comp. *soibhre*	rich	7
soibhreas	n.	gen. *soibhris*	richness, riches	33
soill	n. fem.	gen. *-e*	fat	29
soir	adv.		eastwards, east	19
soitheach	n.	gen. *soithigh*, pl. *soithí*	dish, (sailing) vessel	12
sol má	conj.		before	13
solas	n.	gen. *solais*, pl. *soilse*	light	4
sompla	n.	pl. *-í*	example	
mar sh.			for example	36
son				
ar shon	prep.	(+ gen.)	for the sake of, on behalf of	25
ar son Dé			for God's sake !	
so-ólta	adj.		easily drunk	27
sórt	n.		sort, kind	6
	adv.		somewhat	6
'chuile sh.	n		every sort, everything	6
spáid	n. fem.	gen. *-e*, pl. *-eanna*	spade	9
'spáin(t)		(see *taspáin(t)*)		
Spáinn	n. fem.	gen. *-e*	Spain	18
Spáinnis	n. fem.	gen. *-e*	Spanish	15
spalptha	adj.		parched	20
spás	n.	gen. *spáis*	space, (necessary) time	23
spéacláirí	n. (pl.)		spectacles, glasses	31
speal	n. fem.	gen. *speile*, pl. *-anna*	scythe	30
spéir	n. fem.	gen. *-e*, pl. *spéartha*	sky	16
speisialta	adj.		special	13
spéisiúil	adj.	comp. *-úla*	interesting	7
Spidéal	n. (+ art.)	gen. *-éil*	*(place-name)*	10
spóirt	n. fem.	gen. *-e*	sport, fun, pleasure	9
baint sp. as			getting fun out of	18
spraoi	n.		spree	
déanamh spr.			playing	18
spreasán	n.	gen., pl. *-áin*	big useless man, 'dope'	App. I
spúnóig	n. fem.	gen. *-e*, pl. *-eanna*	spoon	5
sp. bheag			teaspoon	
sp. mhór			tablespoon	
sráid	n. fem.	gen. *-e*, pl. *-eanna*	street, level ground around house	6
sreang	n. fem.	gen. *sreainge*, pl. *-anna*	cord	App. I
srian	n. fem.	pl. *-ta*	reins	App. I
sroich	vb. 1	v.n. *sroicheachtáil*	reach	App. I
sroicheachtáil	v.n.	(see *sroich*)		
srón	n. fem.	gen. *sróine*, pl. *-anna*	nose	12
sruth	n.	pl. *-anna*	current, flow	20
sruthán	n.	gen., pl. *sruth áin*	stream	22
stadach	adj.	comp. *-aí*	having a stutter	33

stadaíl	n. fem.	gen. *stadaíola*	stutter	33
staighre	n.	pl. *-í*	stairs, stairway	19
stail	n. fem.	gen. *stalach*, pl. *staltracha*	stallion	5
stair	n. fem.	gen. *-e*	history	35
stáitse	n.	pl. *-í*	stage (theatre)	17
státa	n.	pl. *-í*	state (political)	36
státseirbhís	n. fem.	gen. *-e*	civil service	36
státseirbhíseach	n.	gen. *-igh*, pl. *státseirbhísí*	civil servant	36
stoca	n.	pl. *-í*	sock, stocking	6
stócach	n.	pl. *stócaí*	youth	28
stócáil	vb. 1	v.n. *stócáil* fem.	prepare, get ready	21
stól	n.	gen. *stóil*, pl. *-ta*	stool	23
stop	vb. 1	v.n. *stopadh*	stop	24
stopadh	v.n.	(see *stop*)		
stór	n.	gen., voc. *stóir*, pl. *stórtha*	store, treasure, darling	28
stór	n.	gen., pl. *stóir*	storey	27
strainc	n. fem.	gen. *-e*, pl. *-eanna*	grimace	17
strainséara	n.	pl. *-í*	stranger, foreigner	10
stuaim	n. fem.		dexterity, skill	App. I
suaimhneach	adj.	comp. *-í*	peaceful, tranquil	16
suarach	adj.	comp. *-í*	miserable, mean	33
suaraíl	n. fem.	gen. *suaraíola*	meanness	33
suas	adv.		upwards, up	19
suí	v.n.	(see *suigh*)		
i mo *etc.* **shuí**			up (out of bed)	26
suigh	vb. 1	v.n. *suí*	sit	21
súil	n. fem.	gen. *súlach*, pl. *-e*, (gen.pl. *súl*)	eye	8
súil le			expecting, looking forward to	20
baint lán na súl as			getting a good and proper look	34
suíleáil	n. fem.	gen. *-ála*, pl. *-álacha*	ceiling	5
suim	n. fem.	gen. *-e*	interest, amount	29
suíochán	n.	gen., pl. *-áin*	seat	17
suipéar	n.	gen., pl. *-éir*	supper, evening meal	24
tá	(see *bí*)			
tábhachtach	adj.	comp. *-aí*	important	7
tabhair	vb. 1	hab./past *tug*, fut. *tabhr-*, v.n. *tabhairt*, v.adj. *tugtha*	give	28
t. dhom			give me !	23
tabhairt	v.n. fem.	(see *tabhair*)		
t. ar			calling (name)	30
t. faoi			attacking, coming to grips with	35
t. le			bringing, taking away	
tada	n.		anything, nothing, some	13
tae	n.	pl. *-anna*	tea	11
taepait	n.	pl. *-eacha*	teapot	29
taghd	n. fem.		fit of anger	18
táilliúr	n.	gen. *-úra*, pl. *táilliúirí*	tailor	32
táilliúireacht	n. fem.		tailoring	33
tairg	vb. 1	v.n. *tairiscint*	offer	32
tairiscint	v.n. fem.	(see *tairg*)		
t. ar			bidding for	32
tairne	n.	pl. *-í*	nail	23
tais	adj.		damp	App. I
taithneachtáil	v.n. fem.	(see *taithnigh*)		
taithneamh	n.	gen. *taithnimh*	enjoyment, pleasure	29
baint t. as			enjoy	

taithnigh	vb. 2	v.n. *taithneachtáil*	please	22
taithníonn sé liom			it pleases me, I like	
talamh	n. fem.	gen. *talún(a), talaimh,* pl. *taltaí*	ground, land	4
tamall	n.	gen. *tamaill,* pl. *-acha*	period, while, distance	10
tanaí	adj.	comp. *-ocha*	thin	19
tanaigh	vb. 2	v.n. *tanaíochán*	thin	App. II
tanaíochán	v.n.	(see *tanaigh*)		
taobh	n.	gen. *taoibhe,* pl. *-anna*	side, direction	5
ar th. na láimhe deise/clí			on the right/left hand side	22
t. istigh			inside	
t. amuigh			outside	
t. amuigh de			outside of, excluding	24
i dtaobh	prep.	(+ gen.)	concerning, with regard to	28
tarbh	n.	gen., pl. *toirbh*	bull	3
tarlaigh	vb. 2	past *tharla,* v.n. *tarlú*	happen	19
tarlú	v.n.	(see *tarlaigh*)		
tarraing	vb. 2	v.n. *tarraingt*	draw, pull, attract	21
tarraingt	v.n.	(see *tarraing*)		
tart	n.	gen. *tairt*	thirst	17
(ta)spáin	vb. 1	v.n. *(ta)spáint*	show	23
(ta)spáint	v.n.	(see *(ta)spáin*)		
tá mé do mo (th)asp. féin			I am showing off	24
tastaigh	vb. 2	v.n. *tastáil*	need	22
tastaíonn sé uaim			I need	
tastáil	v.n.	(see *tastaigh*)		
te	adj.	comp. *teocha*	hot	9
té				
an té	pron.		he who, a person who	36
teach	n.	gen. *tí,* pl. *tithe*	house	2
t. an phobail		(see *pobal*)		
t. ósta			hostelry, public house, inn	9
teacht	v.n.	alt. *tíocht* (see *teag*)		
t. as			surviving	28
téamh	v.n.	(see *téigh*)		34
teanga	n. fem.	pl. *-cha*	tongue, language	10
teann	adj.	comp. *teáinne*	taut, tight, firm	28
le t.	prep.	(+ gen.)	from sheer ...	30
teannta				
i dt.			in a fix	26
teara	vb. 1	hab. *teag-,* fut. *tioc-,* past *tháinig* v.n. *teacht, tíocht,* v.adj. *teagtha*	come	28
téarma	n.	pl. *-í*	term	29
teas	n.		heat	9
teideal	n.	gen. *teidil*	title	36
téigh	vb. 1	v.n. *téamh*	heat, warm	34
teilifís	n. fem.	gen. *-e,* pl. *-eanna*	television	19
tháinig		(see *teara*)		
thall	adv.		over there, across there	19
thar	prep.		past, beyond, over	33
th. a bheith			more than, extremely	
th. mar			compared with	
thar *etc.* **barr**		(see *barr,* etc.)		
thart	adv.		over, around	11
th. ar			around	
thiar	adv.		in the west, back there	19
thíos	adv.		down below	9
thoir	adv.		in the east	9

thrí	prep.		through	32
thrí thine			on fire	
thrína chéile			upset	32
thrí gach scéal			finally	32
thríd	adv.		through	32
thr. is thr.			all things considered, on the whole	
thú	pron.	(disjunctive)	you	9
thuaidh				
ó th.	adv.		north(wards), in/from the north	19
thuas	adv.		up above	19
thusa	pron.	(contrast form of *thú*)	you	9
tí		(see *teach*)		
tiarna	n.	pl. *-í*	lord	23
tig	vb. 1	v.n. *tiscint*	understand	14
tigh	prep.	(+ gen.)	at the house of, at ...'s	14
tilleadh	n.		more	11
timpeall	n.	gen. *timpill,* pl. *-eacha*	circuit	
	prep.	(+ gen.)	around	29
t. ar			around	
timpeall's			around about, approximately	12
timpiste	n.	pl. *-í*	accident	2
tincéara	n.	pl. *-í*	tinker	17
tine	n. fem.	pl. *tinte*	fire	5
tinn	adj.	comp. *tinne*	sick, sore	6
tinneas	n.		sickness	33
tíocht		(= *teacht*)		14, 28
tír	n. fem.	gen. *-e,* pl. *tíreacha*	country, land	4
Tír an Fhia			*(place-name)*	3
tíreolas	n.		geography	35
tirim	adj.	comp. *trioma*	dry	19
tiscint	v.n. fem.	(see *tig*)	understanding	14
tit	vb. 1	v.n. *titim*	fall	16
titim	v.m.	(see *tit*)		
tiubh	adj.	comp. *tiúcha, tibhe*	thick, dense	19
tiúchan	v.n.	(see *tiubhaigh*)		
tiubhaigh	vb. 2	v.n. *tiúchan*	thicken	App. I
tiús	n.		thickness, density	1
tnúth	n.		longing	App. I
tn. le			longing for	
tobac	n.		tobacco	16
tobann	adj.	comp. *tobainne*	sudden	28
togh	vb. 1	v.n. *togha*	choose, elect	25
togha	v.n.	(see *togh*)	choosing; choice, election	25
t. fir			an excellent man (you are)	
	adj.			
tá sé t.			it is excellent	36
toghachán	n.	gen., pl. *-áin*	election	20
toib				
ar th.			on the point of	30
tóig	vb. 1	v.n. *tóigeáil*	take up, excite, record, build	15
tóigeáil	v.n.	(see *tóig*)		
toil	n. fem.	gen. *tolach*	will	12
más é do th. é			please	
tóin	n. fem.	gen. *tónach,* pl. *-eanna*	bottom, rear end	29
tóir	n. fem.		keen desire, chase	18
toirneach	n. fem.	gen. *toirní*	thunder	35
toitín	n.	pl. *-í*	cigarette	16

tom	n. fem.	pl. *-anna*	bush	22
Tomáisín		(diminutive of *Tomás*)	*(man's name)*	2
Tomás		gen. *-áis*	*(man's name)*	28
tomhais	vb. 1	v.n. *tomhais,* pl. *-í*	measure	23
toradh	n.	pl. *torthaí*	fruit, crop, result, *pl.* vegetables	11
tóraigh	vb. 2	v.n. *tóraíocht*	look for	17
tórainn	n. fem.	gen. *tórann,* pl. *-eacha*	boundary, border, limit	31
tóraíocht	v.n.	(see *tóraigh*)		
torann	n.	gen. *torainn*	noise	18
tórramh	n.	gen. *tórraimh,* pl. *tórraíocha*	wake	28
bhí t. air			he was waked	
tosach	n.	gen. *tosaigh,* pl. *tosaí*	front	
chun tosaigh			forward, ahead	27
i dt.			in the beginning, at first	12
tosaigh	vb. 2	v.n. *tosú*	begin, start	15
tosú	v.n.	(see *tosaigh*)		
trá	n. fem.	gen. *trá,* pl. *-nna*	strand	9
trácht	n.	gen. *tráicht*	mention, trade, traffic	31
gan tr. ar			not to mention	
traein	n. fem.	gen. *traenach,* pl. *traentacha*	train	32
traidisiún	n.	gen., pl. *-iúin*	tradition	36
traoiáil	vb. 1	v.n. *traoiáil* fem.	try, *v.n.* trial, experiment	30
tráthnóna	n.	pl. *-í*	evening	8
treabhsar	n.	gen., pl. *treabhsair*	pair of trousers	6
treasna	prep.	(+ gen.)	across	25
trí	num.		three	11
trí fichid	num.		sixty	19
trioblóid	n. fem.	gen. *-e,* pl. *-í*	trouble	28
ní maith liom do thr.			*(said when sympathising)*	28
tríocha	num.		thirty	25
triomaigh	vb. 2	v.n. *triomú*	dry	29
triomú	v.n.	(see *triomaigh*)		
tríú	num.		third	33
triúr	n.		three people	15
troid	n. fem.	pl. *-eanna*	fight	26
fonn troda			desire to fight	
troigh	n. fem.	pl. *-the*	foot *(measure)*	11
trom	adj.	comp. *troime*	heavy	11
truaí	n. fem.		pity	12
tú	pron.		you	2
túáille	n.	pl. *-í*	towel	26
tuairim	n.	gen. *-e,* pl. *-eacha*	opinion	14
tuairisc	n. fem.	gen. *-e,* pl. *-eacha*	account, inquiry	31
tuarastal	n.	gen. *tuarastail*	salary	26
tuath	n. fem.	gen. *tuaithe*	country(side)	30
tuí	n. fem.		straw, thatch	1
tuige	adv.		why	34
túin	vb. 1	v.n. *túint*	urge, put pressure on	25
túint	v.n.	(see *túin*)		
tuirse	n. fem.		tiredness	20
tuirseach	adj.	comp. *tuirsí*	tired, weary	8
tumáil	vb. 1	v.n. *tumáilt*	drive	28
tumáilt	v.n.	(see *tumáil*)		
tumálaí	n.	pl. *tumálaithe*	driver	28
turas	n.	gen. *-ais,* pl. *-acha*	journey	26
in aon t.			on purpose	
tús	n.		beginning, start	16

tusa	pron.	(contrast form of *tú*)	you	2
tútach	adj.	comp. *tútaí*	mean, clumsy, awkward	33
tútaíl	n. fem.	gen. *tútaíola*	meanness, clumsiness	33
uachta	n. fem.	pl. *-í*	will, testimony	30
uachtar	n.	gen., pl. *-air*	upper part, cream	26
in u.			on top	
uachtarán	n.	gen., pl. *-áin*	president	33
uafás	n.	gen. *uafáis*	terror	
an t-u.			tremendous amount	11
uafásach	adj.	comp. *uafásaí*	terrible, awful	11
uaigh	n. fem.	gen. *-e*, pl. *-eanna*	grave	28
uaigneach	adj.	comp. *uaigní*	lonely	13
uaigneas	n.	gen. *uaignis*	loneliness	13
uair	n. fem.	gen. *-e*, pl. *-eannta*	occasion, time, weather	11, 13
	adv. (pl.)		sometimes	8
u. an chloig			(clock) hour	13
uaine	adj.		green	17
uan	n.	pl. *uain*	lamb	App. I
uasal	adj.	comp., pl. *uaisle*	noble, belonging to gentry	7
ubh	n. fem.	gen. *uibhe*, pl. *uibhe(acha)*	egg	11
úd	pron.		that (distant)	9
údar	n.	pl. *-acha*	reason, cause, material for	18
údar	n.	pl. *údair*	author	
uile		(see *'chuile, uilig*)		
uilig	adj., adv.	(= *uile go léir)*	altogether, entire, whole	8
úinéara	n.	pl. *-í*	owner	25
úireadas	n.	gen. *úireadais*	freshness	33
uisce	n.		water	7
úlla	n.	pl. *-í*	apple	8
Úna			*(woman's name)*	8
uncail	n.	pl. *-eacha*	uncle	3
'ur	adj.		your *(pl.)*	10
úr	adj.	comp. *úire*	fresh	33
úrscéal	n.	gen. *úrscéil*, pl. *-ta*	novel	36
úsáid	n. fem.		usage, using	25
vóta	n.	pl. *-í*	vote	20

ENGLISH – IRISH VOCABULARY

Only words given in the exercises at the end of the lessons are given here. This vocabulary should be used in conjunction with the Irish – English vocabulary, which is more detailed and which refers back to the lessons in which the word was first given. The abbreviations *n.* (noun), *vb.* (verb), *adj.* (adjective) and *adv.* (adverb) are used immediately after the English word where a distinction is necessary.

able	*in ann*
about	*faoi*
abroad	*thar sáile*
accept	*glac*
accident	*timpiste*
according to	*de réir*
account	*cuntas*
acre	*acra*
across	*treasna*
actor	*aisteoir*
actually	*is é an chaoi*
admit	*amhdaigh*
afraid	*tá faitíos ar*
after	*thar éis, i ndiaidh*
again	*arís*
against	*in aghaidh*
ago	*ó shin*
agree	*aontaigh*
all	*uilig, ar fad*
all the same	*mar sin féin*
it seems ...	*is cuma le*
all things considered	*thríd is thríd*
almost	*beagnach, hóbair do*
alone	*as féin*
also	*freisin*
although	*cé*
always	*i gcónaí*
America	*Meireacá*
and	*agus*
ankle	*rúitín*
annoyed	*cráite*
another	*eile*
answer	*freagair*
any	*ar bith, aon*
anyway	*ar aon chaoi*
appearance	*cuma*
apple	*úlla*
appointment	*coinne*
Aran	*Árainn*
are	*bí, is*
around	*thart, timpeall*
article	*alt*
as	*mar*

as for	*maidir le*
ask	*fiafraigh, cuir ceist*
associated with	*ag plé le*
at	*ag*
at all	*ar chor ar bith*
at last	*faoi dheireadh*
autumn	*fómhar*
avoid	*seachain*
awake	*dúiseacht*
back *n.*	*droim*
back *adv.*	*ar ais*
bad *n.*	*donacht*
bad *adj.*	*(go) dona, droch-*
bad-humoured	*cantalach*
bag	*mála*
bank (money)	*beainc*
bank (river)	*bruach*
barrel	*bairille*
basin	*báisín*
bear	*beir*
beautiful	*álainn*
bed	*leaba*
before	*sol má*
before long	*gan mórán achair*
begin	*tosaigh*
in the beginning	*i dtosach*
believe	*creid*
bend (down)	*crom*
beside	*in aice*
besides	*seachas*
best effort	*dícheall*
bet	*geall*
bicycle	*rothar*
big	*mór*
bill	*bille*
bishop	*easpag*
bit	*píosa*
little bit	*ruainne beag, beagán*
blackboard	*clár dubh*
blanket	*ciumhais, pluid*
bleeding	*ag cur fola*
blow	*buille*
blue	*gorm*
boast	*(ag) déanamh gaisce*
boat	*bád*
bold	*dána*
book	*leabhar*
boring	*leadránach*
born (was b.)	*rugadh*
bottle	*buidéal*
bottom	*bun, tóin*

box	*bosca*
boy	*buachaill*
bread	*arán*
breakfast	*bricfásta*
bright	*geal*
brother	*deartháir*
build	*tóig*
bull	*tarbh*
burn	*dóigh*
burst	*pléasc*
bury	*cuir*
bus	*bus*
but	*ach*
butcher	*búistéara*
butter	*im*
buy	*ceannaigh*
by now	*faoi seo*
cabbage	*gabáiste*
call *n.*	*call*
call *vb.*	*gluigh, tabhair ar*
call out	*fuagair*
cap	*caipín*
car	*carr*
card	*cárta*
carefully	*(go) cúramach*
carpenter	*siúinéara*
case	*cás*
in any case	*ar aon chaoi*
cast	*caith*
castle	*caisleán*
centre	*lár*
certain	*áirithe*
certain(ly)	*cinnte*
chair	*cathaoir*
chairman	*cathaoirleach*
change	*athraigh*
chapel	*séipéal*
charge (in ch.)	*i mbun*
child	*páiste, gasúr*
Christmas	*Nollaig*
church	*teach an phobail, eaglais*
cigarette	*toitín*
city	*cathair*
civil servant	*státseirbhíseach*
class	*rang*
clean *vb./adj.*	*glan*
clear *vb./adj.*	*glan*
clear off !	*bailigh leat !*
clothes	*éadaí*
coat	*cóta*
cold *adj.*	*fuar*

cold *n.*	*fuacht*
cold *n.* (disease)	*slaghdán*
college	*coláiste*
come	*teag*
committee	*coiste*
compared to	*i gcomórtas le*
company	*comhlódar*
concerning	*i dtaobh*
consecutive	*as a chéile*
content	*sásta*
cook	*bruith*
cooking	*cócaireacht, bruith*
cooperative (society)	*comharchumann*
corner	*coirnéal, cúinne*
correct	*ceart*
cost *vb.*	*coisin*
cotton	*cadás*
count	*comhair*
country	*tír, tuath*
courage	*misneach*
cow	*bó, beithíoch*
crack *vb., n.*	*scoilt*
crooked	*cam*
crowd	*dream*
crowded	*plódaithe*
cup	*cupán*
curtain	*cúirtín*
cut	*gearr*
cutting turf	*baint mhóna*
dangerous	*contúirteach*
dancing	*damhsa*
daughter	*iníon*
day	*lá*
dead	*marbh*
death	*bás*
degree	*céim*
delay	*moill*
dentist	*fiaclóir*
describe	*cur síos ar*
die	*fáil bháis*
difficult	*deacair*
dirty *adj.*	*salach*
dirty *vb.*	*salaigh*
discuss	*pléigh*
dish	*soitheach*
dissatisfied	*míshásta*
district	*ceantar*
do	*déan*
doctor	*dochtúr*
door	*doras*

doubt	*aimhreas, dabht*
down	*anuas*
downstairs	*síos an staighre*
dream	*brionglóidí*
dress	*gúna*
drink	*ól*
driver	*tumálaí*
drop	*braon*
dry *adj.*	*tirim*
dry *vb.*	*triomaigh*
Dublin	*Baile Átha Cliath*
early	*luath*
early in morning	*go moch*
earn	*saothraigh*
Easter	*Cáisc*
easy	*furasta, éasca*
eat	*ith*
egg	*ubh*
election	*toghachán*
England	*Sasana*
English (language)	*Béarla*
enough	*go leor, dóthain*
especially	*go háirithe*
evening	*tráthnóna*
everybody	*'chuile dhuine*
everything	*'chuile shórt*
exactly	*go díreach*
exam	*scrúdú*
except	*seachas, ach amháin*
except for	*marach*
expensive	*costasach*
extremely	*thar (a bheith)*
fairly	*réasúnta*
fall	*tit*
fame	*cliú, cáil*
family	*comhlódar*
far	*i bhfad*
farm	*feilm*
farmer	*feilméara*
farming	*feilméaracht*
father	*athair*
fear	*faitíos*
fed up	*bréan de*
feel like	*tá fonn ar*
few	*cupla*
field	*garraí*
fifteen	*cúig déag*
find out	*faigh amach*
fine	*breá*
finger	*méir*

finish	*críochnaigh*
fire	*tine*
first (at f.)	*i dtosach*
fish *n.*	*iasc*
fish *vb.*	*iascach*
five	*cúig*
five persons	*cúigear*
fix	*cuir caoi ar*
flat	*árasán*
floor	*orlár*
fog	*ceo*
fond	*tá cion ag ... ar*
food	*bia, beatha*
fortnight	*coicís*
found	*cuir ar bun*
four	*cheithre*
four persons	*ceathrar*
France	*An Fhrainc*
French (language)	*Fraincis*
fresh	*úr*
Friday	*Dé hAoine*
from	*ó, as*
frost	*sioc*
fry	*róst*
full	*lán*
funeral	*sochraide*
gate	*geata*
geography	*tíreolas*
German (language)	*Gearmáinis*
get	*faigh*
get up	*éirigh*
girl	*cailín*
give	*tug*
give in	*géill*
glass	*gloine*
glasses	*spéacláirí*
go	*gabh*
go away	*imigh*
good	*maith*
grave	*uaigh*
great	*an-, mór*
grip	*greim*
ground	*talamh*
grow	*fás*
guard	*garda*
hall	*halla*
hammer	*casúr*
hand	*láimh*
handkerchief	*neaipicín póca*
hang	*croch*

happen	*tarlaigh*
hard	*crua*
hard (difficult)	*deacair*
harm	*dochar*
harp	*cláirseach*
have	*tá ... ag*
he	*sé, seisean*
head	*cloigeann, ceann*
healthy	*folláin*
hear	*clois*
heart	*croí*
heat	*teas*
help *n.*	*cúnamh*
help *vb.*	*cuidigh*
I can't help	*níl neart agam air*
her	*a*
here	*anseo*
hesitate	*braiteoireacht*
hey (tell me!)	*cogar*
hide	*cuir i bhfalach*
hill	*cnoc*
him	*é, eisean*
hire	*tóig ar cíos*
his	*a*
history	*stair*
hole	*poll*
holiday	*saoire*
home(ward)	*abhaile*
from home	*as an mbaile*
hope *n.*	*dóchas*
hope *vb.*	*tá súil ag*
horrible	*gránna*
horse	*capall*
hospital	*ospidéal*
house	*teach*
how much	*cé mhéad*
hunger	*ocras*
hungry	*tá ocras ar*
hurt	*gortaigh*
husband	*fear (céile)*
I	*mé, mise*
if	*má, dhá*
imitate	*déanamh aithrist*
impossible	*dodhéanta*
important	*tábhachtach, mór-le-rá*
improve	*feabhsaigh, cuir feabhas ar*
in	*i*
indeed	*muise, go deimhin*
information	*eolas*
instead of	*in áit*

insult	*maslaigh*
intelligent	*meabhrach*
intend	*tá ... faoi*
interest	*spéis*
interested in	*tá spéis/suim ag ... i*
interesting	*spéisiúil*
invitation	*cuireadh*
invite	*tabhair cuireadh do*
Ireland	*Éirinn*
Irish (language)	*Gaeilge*
Irish (person)	*Éireannach*
is	*bí, is*
island	*oileán*
jacket	*seaicéad*
jealous	*tá éad ar*
jealous of	*tá éad ag ... le*
joking	*ag magadh*
journalist	*iriseoir*
jug	*jug*
jump	*léim*
jumper	*geainsaí*
just	*go díreach*
keen (on)	*tá an-tóir ag ... ar*
keenness	*tóir*
keep	*coinnigh*
Kerry	*Ciarraí*
kettle	*citeal*
key	*eochair*
kitchen	*cisteanach*
knock down	*leag*
know	*tá a fhios ag, tá aithne ag*
lady	*bean*
lady of the house	*bean an tí*
ladies and gentlemen	*a dhaoine uaisle*
lake	*loch*
lamp	*lampa*
land	*tír, talamh*
language	*teanga*
last	*deireanach, an ... seo caite*
at last	*faoi dheireadh*
lasting	*seasmhach*
last night	*aréir*
last year	*anuraidh*
learn	*foghlaim*
least (at l.)	*ar a laghad*
leave	*fág*
lecture	*léacht*
lecturer	*léachtóir*
let	*lig*

letter	*leitir*
library	*leabharlann*
life	*saol*
lift *n.*	*marcaíocht*
light *n.*	*solas*
light *vb.*	*las, dearg*
like *vb.*	*is maith le, taithnigh*
like *prep.*	*mar*
like that	*mar sin*
likely (it is not l.)	*ní móide*
listen	*éist*
live (inhabit)	*cónaigh, ina chónaí*
local	*áitiúil*
local people	*muintir na háite*
lock	*glasáil*
lodging	*lóistín*
lonely	*uaigneach*
long *adv.*	*i bhfad*
look	*breathnaigh*
loose	*scaoilte*
lorry	*leoraí*
lots	*go leor*
love	*grá*
mackerel	*ronnach*
make	*déan*
man	*fear*
manager	*bainisteoir*
many	*go leor, mórán*
map	*mapa*
Mass	*Aifreann*
match	*cluife*
matters	*cúrsaí*
maybe	*b'fhéidir*
meal	*béilí*
meat	*feoil*
meeting	*cruinniú*
mention	*trácht*
middle	*lár*
milk	*bainne*
minister	*ministéara*
mirror	*scáthán*
miss	*caill*
mix	*measc*
Monday	*Dé Luain*
money	*airgead*
month	*mí*
more	*tilleadh*
morning	*maidin*
mother	*máthair*
mountain	*sliabh*
mouth	*béal*

music	*ceol*
must	*caithfidh, tá ar*
mutton	*caoireoil*
my	*mo*
nail	*tairne*
narrow	*cúng*
nation	*náisiún*
nattering	*cabaireacht*
near	*in aice, gar*
necessary (it was n.)	*b'éigean*
need	*tastaigh*
needle	*snáthaid*
neighbour	*comharsa*
neither	*ná*
never	*ariamh, choíchin, go deo*
new	*nua*
news	*nuaíocht*
newspaper	*páipéar (nuaíocht)*
next	*an chéad ... eile*
nice	*deas*
night	*oíche*
noise	*torann*
non-Irish speaking area	*Galltacht*
nor	*ná*
nose	*srón*
notice *vb.*	*tabhair faoi deara*
notion	*barúil*
novel	*úrscéal*
now	*anois*
now !	*muis(e) !*
nun	*bean rialta*
nurse	*banaltra*
o.k.	*déanfaidh sin*
oats	*coirce*
off	*de*
offer	*thairg*
office	*oifige*
often	*go minic*
old	*sean*
on	*ar*
one *n.*	*ceann*
one (only)	*amháin*
onion	*oinniún*
only (there is o.)	*níl ann ach ...*
open	*oscail*
opportunity	*deis*
opposite	*os comhair*
or	*nó*
other	*eile, cheana*

our	*ar*
outside	*taobh amuigh*
over there	*thall ansin*
own	*féin*
pain	*pian*
paint	*péinteáil*
pair of trousers	*treabhsar*
pal	*comrádaí*
pan	*peain*
park *vb.*	*parcáil*
parish	*paráiste*
party	*páirtí*
pass	*sín*
patience	*foighid*
pay *n.*	*páí*
peaceful	*suaimhneach*
peculiar	*aisteach*
pen	*peann*
penny	*pingin*
pensioner	*pinsinéara*
people	*muintir, daoine*
perhaps	*b'fhéidir*
permission	*cead*
person	*duine*
'phone	*fón*
picture	*peictiúr*
pillow	*peiliúr*
pity	*truaí*
place *n.*	*áit*
place *vb.*	*leag*
plate	*pláta*
play *n.*	*drama*
play *vb.*	*imrigh, cas*
playing cards	*imirt chártaí*
please	*más é do thoil é*
pleased	*sásta*
plenty	*go leor*
pointless	*fánach*
politics	*polaitíocht*
poor	*bocht*
poor fellow	*créatúr*
post	*posta*
post office	*posta*
postmistress	*bean an phosta*
potato	*fata*
pound	*punt*
praise	*mol*
prefer	*is fearr le ...*
prepare	*réiteach*
president	*uachtarán*
priest	*sagart*

profit	*brabach*
provided that	*ach*
public house	*teach ósta*
publish	*foilsigh*
punctilious	*pointeáilte*
purpose (on p.)	*in aonturas*
put	*cuir*
put on	*cuir/cas ar, cuir síos*
put off	*cas as*
quarter	*ceathrú*
quickly	*sciobtha, go beo*
quiet	*ciúin*
race	*rása*
radio	*raidió*
rail	*ráille*
rain	*báisteach*
raise	*tóig, croch, ardaigh*
rate (at any r.)	*ar aon chaoi*
read	*léigh*
really	*dháiríre, fíor-*
reasonable	*réasúnta*
record	*ceirnín*
refuse	*eitigh*
related	*tá gaol ag ... le ...*
relax	*lig a scíth*
remember	*is cuimhne le ...*
rent	*cíos*
reside	*cónaigh, tá ... ina chónaí*
rest	*scíth*
rich	*soibhir*
right	*ceart*
ring	*cuir glaoch ar*
road	*bóthar*
room	*seomra*
rope	*rópa*
rotten	*lofa*
ruin	*milł*
same	*céanna*
satisfied	*sásta*
Saturday	*Dé Sathairn*
saucer	*sásar*
saw	*sábh*
say(s)	*deir*
scarce	*gann*
school	*scoil*
at school	*ar scoil*
schoolmistress	*máistreás scoile*
science	*eolaíocht*
scoundrel	*scabhtéara*

screw	*scriú*
sea	*farraige, muir*
search	*tóraigh*
seat	*suíochán*
secretary	*rúnaí*
see	*feic*
seed	*síol*
self	*féin*
sell	*díol*
send for	*cuir fios ar*
shake	*craith*
shave	*bearr*
she	*sí*
sheep	*caora*
sheet	*bráillín*
shine	*scairt*
shirt	*léine*
shoe	*bróig*
shop	*siopa*
shopkeeper	*siopadóir*
shop proprietress	*bean an tsiopa*
short	*gearr, gairid*
shortly	*go gairid*
short story	*gearrscéal*
should	*ba cheart go ...*
shoulder	*gualainn*
show	*taspáin*
shut	*dún*
sick	*tinn*
sickness	*tinneas*
side	*taobh*
since	*ó*
sing	*cas (amhrán)*
sister	*driofúr*
sit	*suigh*
six	*sé*
skirt	*sciorta*
small	*beag*
smoke	*caith*
snow	*sneachta*
snowing	*cur shneachta*
so	*mar sin, chomh ... sin*
soap	*galaoireach*
some	*roinnt, cuid*
soldier	*saighdiúr*
son	*mac*
song	*amhrán*
soon	*luath*
sore	*tinn*
sour	*searbh*
sow	*cuir*
Spain	*An Spáinn*

Spanish (language)	*Spáinnis*
spend	*caith*
split	*scoilt*
Spring	*Earrach*
stage	*stáitse*
stairs	*staighre*
stand	*seas*
start	*tosaigh*
state	*státa*
stay	*fan*
steal	*goid*
stick	*maide*
still	*fós, i gcónaí*
stir	*corraigh*
stonewall	*claí*
stop	*stop*
strange	*aisteach*
street	*sráid*
student	*mac léinn*
sudden	*tobann*
sugar	*siúcra*
sugar bowl	*babhal an tsiúcra*
suit	*culaith*
suitable	*feiliúnach*
Summer	*samhradh*
sun	*grian*
sunbathing	*déanamh bolg-le-gréin*
Sunday	*Dé Domhnaigh*
superb	*cumasach*
suppose	*is dóigh le ...*
supposed to	*ceaptha*
sure	*cinnte, siúráilte*
sweating	*cur allais*
table	*bord*
take	*tóig, bain, tabhair le*
take fright	*scanraigh*
talk(ing)	*caint*
tall	*ard*
taste	*blais*
tea	*tae*
teach	*múin*
teacher	*múinteoir*
teapot	*taepait*
teaspoon	*spúnóig bheag*
television	*teilifís*
tell	*innis*
terrible	*uafásach*
that	*sin; go*
the	*an, na*
theatre	*amharclann*
them	*iad(san)*

then	*ansin*
there	*ansin, ansiúd, ann*
they	*siad(san)*
thing	*rud*
think	*síl, ceap, cuimhnigh*
third	*tríú*
thirst	*tart*
thirsty	*tá tart ar ...*
thousand	*míle*
three	*trí*
three people	*triúr*
throat	*scornach*
through	*thrí*
Thursday	*Déardaoin*
tie	*ceangail*
time	*am, aimsir, uair*
tired	*tuirseach*
together	*le chéile, in éindí*
tomorrow	*amáireach*
tongue	*teanga*
too	*ro-*
too much/many	*an iomarca*
too (also)	*freisin*
top	*barr, mullach*
towel	*túáille*
trade	*ceird*
train	*traen*
tree	*crann*
tremendous amount	*an t-uafás*
trust	*muinín*
try	*traoiáil*
Tuesday	*Dé Máirt*
turn	*cas*
turn off	*cas as*
twenty	*fiche, scór*
two	*dhá, a dó*
two people	*beirt*
typist	*clóscríobhaí*
ugly	*gránna*
uncle	*uncail*
understand	*tig*
university	*ollscoil*
unless	*mara*
unlikely	*drochsheans*
until	*go dtí*
up (out of bed)	*ina shuí*
us	*muid(e)*
usually	*go hiondúil*
valley	*gleann*
vegetables	*torthaí*

very	*an-*
victory	*bua*
visiting	*ar cuairt*
vote	*vóta*
wait	*fan*
wake	*dúisigh*
wall	*balla*
want	*tastaigh, iarr*
warm	*te*
wash	*nigh*
waste	*cuir amú*
watch out !	*fainic !*
water	*uisce*
we	*muid(e)*
wealth	*soibhreas*
wear	*caith*
weather	*aimsir, uair*
wedding	*bainis*
wedding ring	*fáinne pósta*
Wednesday	*Dé Céadaoin*
week	*seachtain*
weekend	*deireadh seachtaine*
welcome	*fáilte*
well *(pause word)*	*bhoil*
well *adv.*	*go maith*
westward	*siar*
wet *adj., vb.*	*fliuch*
when	*nuair*
when ?	*cén uair ?*
where ?	*cá ? cén áit ?*
whether ... or not	*an ... nó nach*
which ?	*cé acu ?*
while *n.*	*tamall*
in a while	*ar ball*
while *conj.*	*chúns*
who ?	*cé ?*
whole	*uilig, iomlán*
why ?	*cén fáth ? tuige ?*
wife	*bean (chéile)*
will	*toil, uachta*
willing	*sásta*
wind	*gaoth*
window	*fuinneoig*
wine	*fíon*
Winter	*geimhreadh*
with	*le*
without	*gan*
woman	*bean*
wonderful	*iontach*
wood	*adhmad*
wool	*olann*

worker	*oibrí*
working	*(ag) obair*
worry	*imní*
worrying	*déanamh imní*
worse	*níos measa*
worthwhile (it seems w.)	*is fiú*
write	*scríobh*
writer	*scríbhneoir*
yard	*geard*
year	*bliain*
this year	*i mbliana*
yellow	*buí*
yesterday	*inné*
you	*tú, tusa, thú, thusa*
you *pl.*	*sibh(se)*
young	*óg*
your	*do*
your *pl.*	*'ur*

A BRIEF BIBLIOGRAPHY

DICTIONARIES

Ó Dónaill, Niall (ed.) *Foclóir Gaeilge-Béarla* (Government Publications, Dublin 1977)

de Bhaldraithe, Tomás (ed.) *English-Irish Dictionary* (Government Publications, Dublin 1959)

GLOSSARIES OF GALWAY IRISH

de Bhaldraithe, Tomás *Foirisiún Focal as Gaillimh* (Royal Irish Academy, Dublin 1985)

Ó Máille, T.S. *Liosta Focal as Ros Muc* (Irish University Press, Dublin 1974)

Ó Siadhail, Mícheál *Téarmaí Tógála agus Tís as Inis Meáin* (Dublin Institute for Advanced Studies, Dublin 1978)

SUGGESTED FURTHER READING

Before proceeding to read material outside the course the learner is strongly advised to study carefully Appendix III.

The following three works are by highly regarded twentieth-century authors who have written *broadly* in a West Galway dialect. They have all been, at least partly, published in English language versions and these are also listed for convenience.

Ó Conaire, Pádraic *Scothscéalta* (Sáirséal agus Dill, Dublin 1956)

Ó Conaire, Pádraic *15 Short Stories translated from the Irish* (Poolbeg Press, Dublin 1982)

Ó Cadhain, Máirtín *An Braon Broghach* (Government Publications, Dublin 1968)

Ó Cadhain, Máirtín *The Road to Bright City* (Poolbeg Press, Dublin 1987)

Ó hEithir, Breandán *Lig Sinn i gCathú* (Sáirséal agus Dill, Dublin 1976)

Ó hEithir, Breandán *Lead Us Into Temptation* (Routledge and Kegan, London 1978)

The following folktale is issued bilingually and may be helpful.

Éamon a Búrc *Eochair Mac Rí in Éirinn: Eochair, a king's son in Ireland* (Comhairle Bhéaloideas Éireann, University College Dublin, 1982)

SPECIALISED LINGUISTIC AND DIALECTOLOGICAL INTEREST

de Bhaldraithe, Tomás *The Irish of Cois Fhairrge, County Galway* (Dublin Institute for Advanced Studies, Dublin 1945)

de Bhaldraithe Tomás *Gaeilge Chois Fhairrge: An Deilbhíocht* (Dublin Institute for Advanced Studies 1953)

Ó Siadhail, Mícheál *Modern Irish* (Cambridge University Press 1989)

O'Rahilly, T.F. *Irish Dialects Past and Present* (Dublin Institute for Advanced Studies, Dublin 1972)

McCloskey, James *Transformational Syntax and Model Theoretic Semantics* (D. Reidel, Dordrecht and Boston 1979)

Stenson, Nancy *Studies in Irish Syntax* (Gunter Narr, Tübingen 1981)

Wigger, Arndt *Nominal Formen in Conamara-Irischen* (Lüdke, Hamburg 1970)

Wagner, Heinrich *Linguistic Atlas and Survey of Irish Dialects: Volumes I-IV* (Dublin Institute for Advanced Studies, Dublin 1958, 1964, 1966, 1969)

SOCIOLOGICAL INTEREST

Hindley, Reg *The Death of the Irish Language* (Routledge, London 1990)

GRAMMATICAL INDEX